普通高等院校汉语言文学专业规划教材

《说文》学导论

万献初 著

WUHAN UNIVERSITY PRESS
武汉大学出版社

图书在版编目(CIP)数据

《说文》学导论/万献初著.—武汉：武汉大学出版社，2014.3(2024.1重印)
普通高等院校汉语言文学专业规划教材
ISBN 978-7-307-12831-6

Ⅰ.说…　Ⅱ.万…　Ⅲ.《说文》—高等学校—教材　Ⅳ.H161

中国版本图书馆 CIP 数据核字(2014)第 032996 号

责任编辑：程牧原　　责任校对：鄢春梅　　版式设计：马　佳

出版发行：**武汉大学出版社**　(430072　武昌　珞珈山)
(电子邮箱：cbs22@whu.edu.cn　网址：www.wdp.com.cn)
印刷：武汉中科兴业印务有限公司
开本：720×1000　1/16　印张：18.25　字数：323 千字　插页：4
版次：2014 年 3 月第 1 版　2024 年 1 月第 8 次印刷
ISBN 978-7-307-12831-6　定价：45.00 元

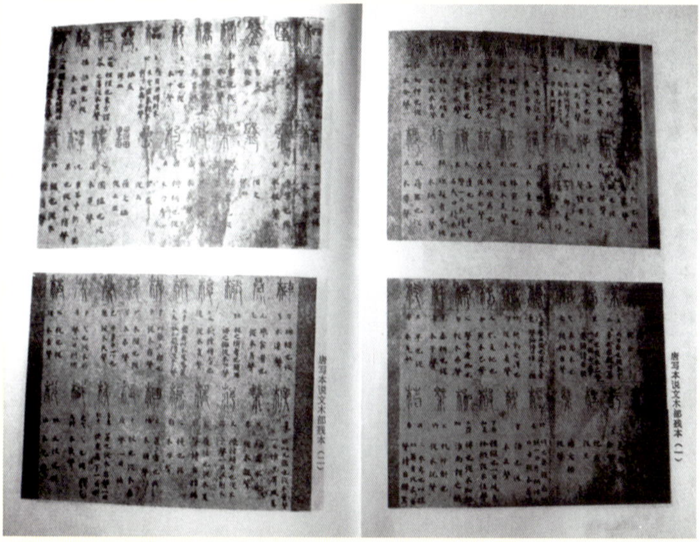

唐写本《说文》木部残卷

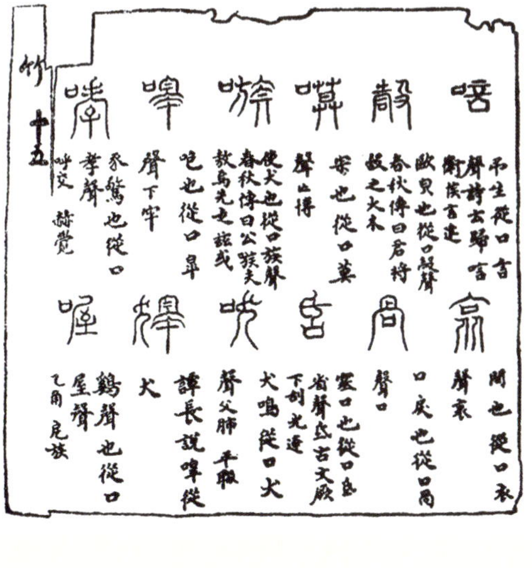

日藏唐写本《说文》口部残简（摹本）

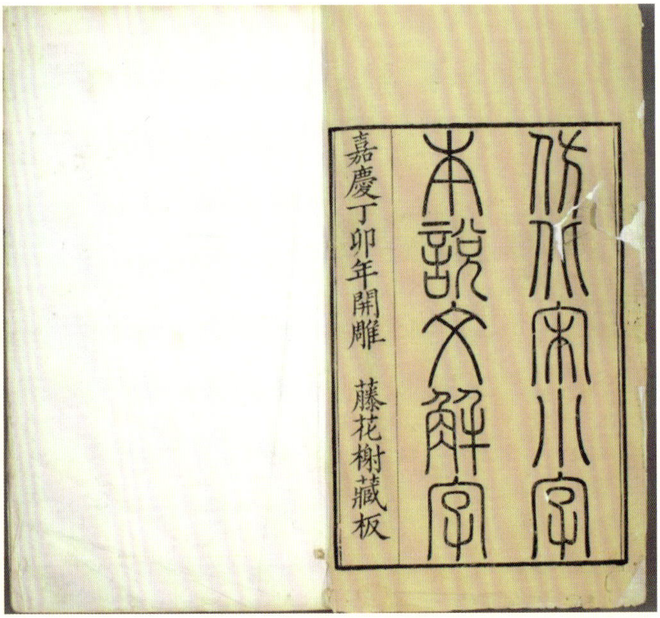

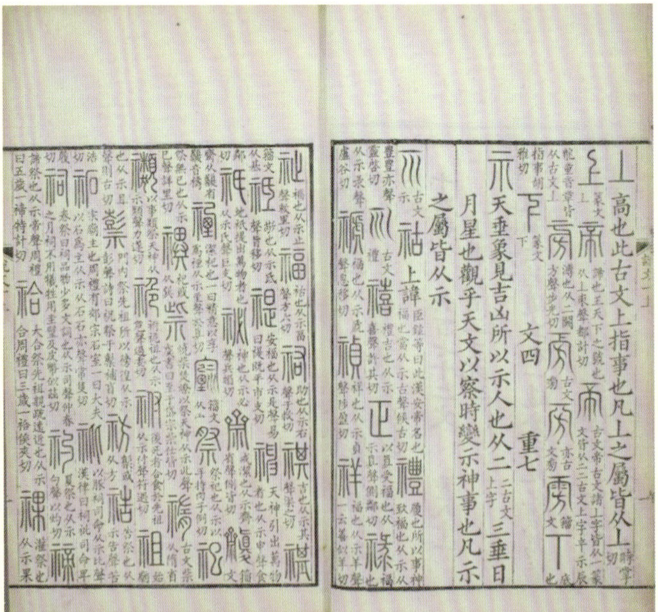

藤花榭本《说文解字》（汪中所藏宋小字本，丁晏道光十八年跋）

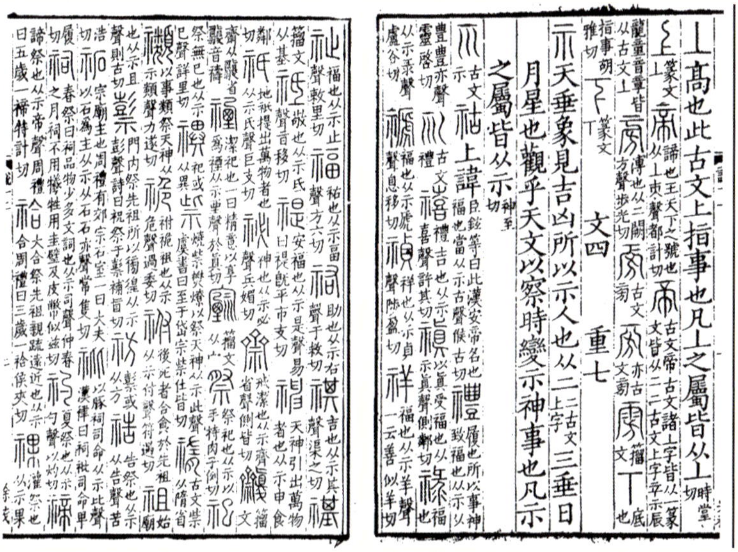
上高也此古文上指事也凡上之屬皆从上

示天垂象見吉凶所以示人也从二三垂日月星也觀乎天文以察時變示神事也凡示之屬皆从示

文四　重七

孙星衍平津馆本《说文解字》（嘉庆九年刻本）

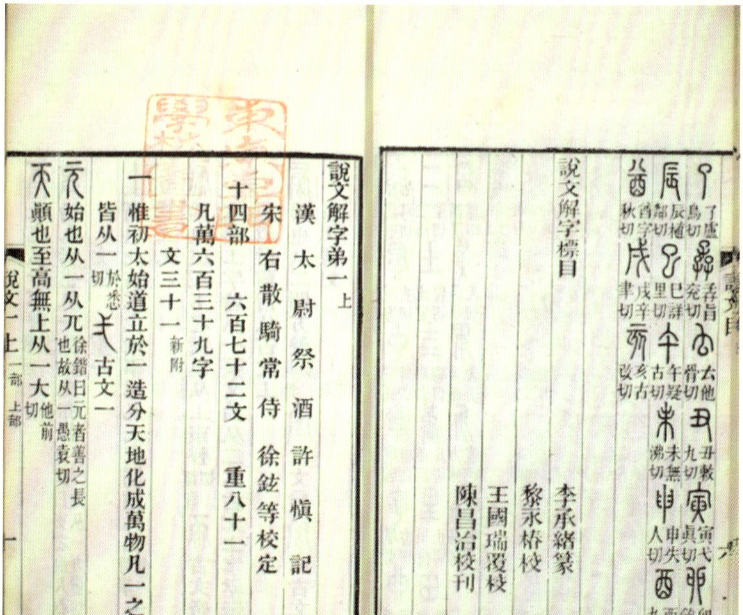
說文解字弟一上

漢太尉祭酒許慎記

宋右散騎常侍徐鉉等校定

十四部　六百七十二文　重八十一

凡萬六百三十九字

文三十一 新附

一 惟初太始道立於一造分天地化成萬物凡一之屬皆从一 於悉切

弌 古文一

元 始也从一从兀 徐鍇曰元者善之長也故从一 愚袁切

天 顛也至高無上从一大 他前切

說文一上 一部 上部 一

了 盧鳥切　孨 旨兖切　𠫓 他骨切　丑 敕九切　寅 弋真切　卯 莫飽切

辰 植鄰切　巳 詳里切　午 疑古切　未 無沸切　申 失人切　酉 與久切

酋 字秋切　戌 辛聿切　亥 胡改切

說文解字標目

李承緒篆

黎永椿校

王國瑞覆校

陳昌治校刊

陈昌治刻《说文解字》一篆一行本（同治十二年刻本）

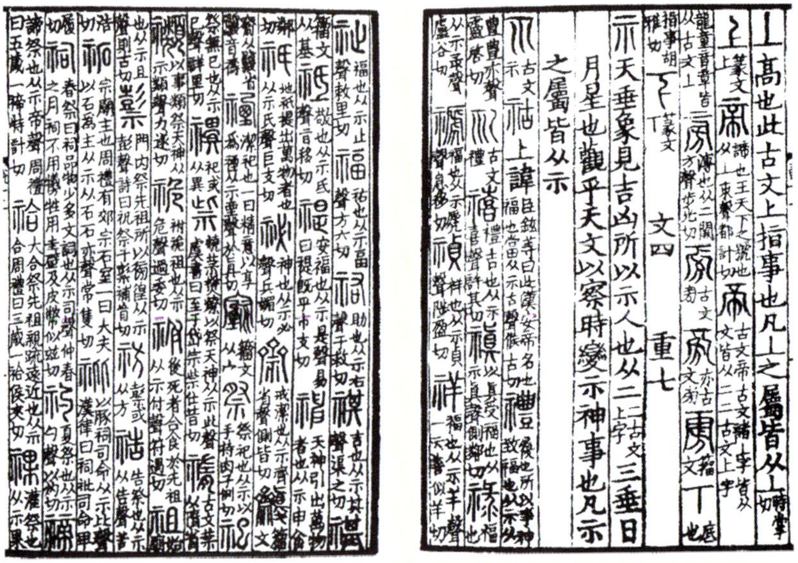

王昶藏宋小字本《说文解字》（四部丛刊影印日静嘉堂存本）

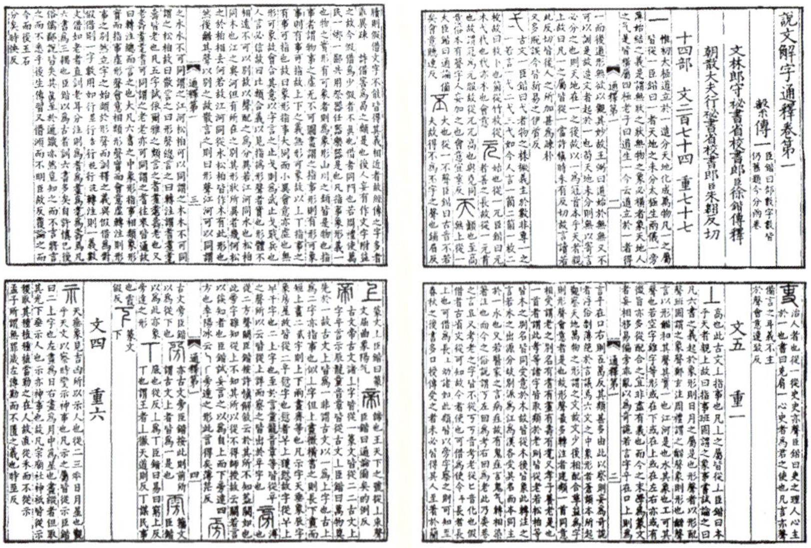

祁刻《说文解字系传》（中华书局影印道光十九年刻本）

目　录

绪论

中国学术史上，有四部经典著作形成专门的学科门类：东汉许慎《说文解字》（简称《说文》），形成"《说文》学"，也称"许学"；南朝梁昭明太子萧统《文选》，形成"选学"；南朝梁刘勰《文心雕龙》，形成"龙学"；清曹雪芹《红楼梦》，形成"红学"。以"《说文》学"形成最早，影响最为深远。

"《说文》学"（许学），是以许慎《说文解字》为研究对象的专门学问，实际上就是"传统汉字学"。许慎撰《说文》，利用汉字形义统一的原理，全面整理汉字，归纳汉字构形系统，形成我国第一部按部首编排的字源字典，是传统汉字学的奠基著作。《说文》产生之时，就引起广泛重视，之后历代研究者很多，至唐代后逐渐形成专门学问——《说文》学。

许慎撰《说文》，博采通人，信而有征，叙录篆文，合采古籀，辨别异体，疏通形义，汇集整理通行文字，成为当时汉字规范体系的完备字书。其主要贡献有：以篆文为中心展示古文字字形的历史发展，清理并规范其时汉字的字用系统，创立部首据形系联的编排体例，完善"六书"理论并用以分析字形结构，说解汉字的构形本义使之达到形义统一。

从学术地位来看，《说文》总结并梳理了先秦、两汉的汉字学成果，系统保存并说解汉字的形、音、义，是研究各类出土古文字及传统文字学、音韵学、训诂学不可或缺的要籍，也是方言学、古文献学以及文史哲各学科重要的参考书籍，对中国学术发展的影响是深广而久远的。故黄侃先生在《文字声韵训诂笔记》（上海古籍出版社 1983，第 71 页）中谓"《说文》者，一切字书之根柢，亦即一切字书之权度也"；又"《说文》一书，于小学实主中之主也"。王鸣盛在《说文解字正义·序》中说："《说文》为天下第一种书，读遍天下书，不读《说文》，犹不读也。"

从汉语言文字学自身的角度看，《说文》是中国语言学史上第一部系统分析字形、说解字义、辨识字音的汉字字典。陆宗达先生在《说文解字通论》(北京出版社 1981，第 6 页)中认为《说文》“创立了汉民族风格的语言学。汉民族语言学的一个主要学科是‘文献语言学’，它研究的对象是周秦的书面语言，研究的内容是文字、声音、训诂，所以又称为‘文字声音训诂之学’。《说文》就是文献语言学的奠基之作”。

可见，《说文》及其研究形成一个专门学科——“《说文》学”是理所当然的，《说文》学的学科形态、内容、成就与影响是值得系统地了解和探讨的。

一、许慎及其《说文》成书的旨趣

许慎(约 58—约 147)，东汉著名的经学家、文字学家，是我国传统汉字学的开山祖师，因而被尊为“字圣”。

许慎字叔重，汝南郡召陵(今河南郾城)人。初在汝南郡任功曹，后举孝廉，至洛阳，任太尉阁祭酒、洨长等职，人称“许祭酒”“许洨长”。许慎曾师从古文经学家贾逵(30—101)习古文经，又于安帝永初四年(110)与马融、刘珍等在皇家图书馆“东观”校五经、诸子和史传，因而精通经学、小学，有“五经无双许叔重”之称。其著述除《说文》外，还撰有《五经异义》《孝经孔氏古文说》《淮南子注》等，均散佚。清人陈寿祺撰《五经异义疏证》为许慎《五经异义》作辑注，较为详备。

许慎历时二十一年著成《说文》，极为用心用力，是他毕生最为重要的事业。他的《说文解字·叙》在永元十二年(100)就已写定，直至建光元年(121)病居家中，才命儿子许冲上表将所著《说文解字》十五卷、《孝经古文说》一篇进献给安帝，可见其看重的程度。关于撰著《说文》的背景、动因、目的、作用等，他在《说文解字·叙》中都有论述。

文字是用来记录语言的，汉民族的历史是由汉字系统记录下来的，汉族各时期的政治制度、社会内容和文化生活，主要靠汉字系统记录并传播下来。许慎很重视汉字的社会作用，其《叙》称：“盖文字者，经艺之本，王政之始，前人所以垂后，后人所以识古。故曰：本立而道生，知天下之至啧而不可乱也。”他著《说文》时，正是古文经通行的时代，今文学者极力非毁古文，谓秦时隶书是古帝先王之书，不得改易。他们据今文随意解说字形，牵强附会，漫无理据。许慎对此类俗儒鄙夫翫其所习、诡更正文、向壁虚造的用字混乱行为深恶痛绝，故努力搜罗篆文、古文、籀文编撰成字书，梳理文字传承历史，保存经传群书的故训，说解字形的构造理据、音读和所载词义，编排成书以便使用。即《叙》谓“今叙篆文，合以古籀，博采通人，至于小大，信而有证。稽譔其说，将以理群类，解谬误，晓学者，达神怡”。

许慎对《说文》收字的系统编排是很费心思的，因而极富于创建性。他之前也有识字读本类的字书，但只是教童蒙识字的“杂字”类通俗字书。《叙》谓“及宣王太史籀，著大篆十五篇，与古文或异。……秦始皇帝初兼天下，丞相李斯乃奏同之，罢其不与秦文合者，斯作《苍颉篇》，中车府令赵高作《爰历篇》，太史令胡毋敬作《博学篇》，皆取史籀大篆，或颇省改，所谓小篆者也”。

《史籀篇》，《说文》引作《史篇》，是中国历史上第一部有文献可考的字书。周宣王太史籀著，原书15篇，为四言韵语式学童识字之书。原书已佚，今存《说文》所引《史篇》及所录“籀文”共223字，其字体同于石鼓文及春秋时代的秦系金文，称“籀文”或“大篆”。《仓颉篇》，也作《苍颉篇》，秦李斯所著字书，以“仓颉”二字开篇，因而得名。《汉书·艺文志》载《仓颉篇》6章，书早亡佚，清马国翰等有辑本，近年出土有《仓颉篇》残简。从佚文和残简看，《苍颉篇》是类似后来《千字文》之类的识字课本，四字成句，两句一韵。如“苍颉作书，以教后嗣。幼子承诏，谨慎受戒”等。《爰历篇》，秦赵高著，是用来规范小篆形体而编成的识字书，早佚，《汉书·艺文志》载原书有6章。《博学篇》，秦胡毋敬著，也是用来规范小篆形体编成的识字书，早佚，《汉书·艺文志》载原书有7章。汉代把《仓颉篇》《爰历篇》《博学篇》三书合为一书，也称《仓颉篇》。全书分55章，每章60字，共收秦代小篆3300字，为许慎撰《说文》收录小篆字形的主要来源。之后，扬雄又续《仓颉篇》而作《训纂篇》，东汉郎中贾鲂又作《滂喜篇》。后人再合《仓颉篇》《训纂篇》《滂喜篇》三者为“三仓”，都是四字成句构成韵语的识字读本。此外，西汉司马相如曾作《凡将篇》，为七字韵语。东汉元帝时史游作《急就篇》，七言、三言、四言交杂，魏晋南北朝时很流行，至今仅能看到《急就篇》全书，有唐颜师古注传世，其他“杂字”书都亡佚了。

许慎著《说文》，依据这些字书收录小篆等古文字形，但不再用它们“杂字”型的编排体例。这些“杂字”书的编排，只是组数字成句，编成韵语，便于记诵，没有字的形义解释和结构分析，没有字系的内在联系，没有理据性的系统编排。许慎撰《说文》的突出贡献，在于他创通汉字构造的条例，通过汉字构形理据的分析，创造性地编出第一部具有内在系统性的字书，为后世字书编纂创立了范式。

许慎《说文解字后叙》（十五卷下）交代《说文》编撰体例，谓“立一为耑，方以类聚，物以群分，同牵条属，共理相贯，杂而不越，据形系联。引而申之，以究万原，毕终于亥，知化穷冥”，是对其编撰宗旨的简明总结。《后叙》还介绍《说文》成书的篇数、部目数、正篆、重文及说解的字数等，谓“此十四篇五百四十部，九千三百五十三文，重一千一百六十三，解说凡十三万三千四百四十一字”。然《说文》成书后屡经传抄，各项数据已不与初本相合了。检今传大徐本《说文》，收正篆9431字，重文1279文，说解字数为122699字。说明在历代流传中，后人改易之处的确不少。《说文》所收的小篆字系是按义类进行规整过的，许慎把9353个小篆字按义符归入540部中，即段玉裁注中所说“凡每部中字之先后，以义之相引为次。《颜氏家训》所谓隐括有条例也”。同义符的字类聚在一起，部内又按意义的关联来排次序，这样就便于比较和分析，也便于整体的贯通。

《说文》书末附有许慎之子许冲《上〈说文解字〉表》，称述其父作《说文》之由，谓“自周礼汉律皆当学六书，贯通其意，恐巧说衺辞使学者疑，慎博问通人，考之于逵，作《说文解字》，六艺群书之诂皆训其意，而天地鬼神、山川草木、鸟兽蚰蟲、杂物奇怪、王制礼仪、世间人事莫不毕载，凡十五卷十三万三千四百四十一字”，简要地说明了《说文》一书的成就与特色。

许慎书名《说文解字》，“文”指独体的象形表意字（或构字部件），“字”指合体的会意字和形声字，独体“文”只能“说”其构形意图，合体“字”则可“解”其构成部分之关系，是为“说文”与“解字”。他完善“六书”理论并用以分析所收篆文的形体构造，根据形符的类别将这些看似杂乱的字形归为有序的540部，每一部立一“部首”统领该部之字，540部首“始一终亥”据形系联地排列为有序的系统，每部内各字再据义分类排列。全书结构有序而系统，正如《叙》所谓“分别部居，不相杂厕。万物咸覩，靡不兼载”。每字的形体，以篆文为主，再列古文、籀文、或体，一一加以说明。每字的说解，先简说字义（主要是造字本义），次说形体构造（六书），特别重视字的形义统一；有的指出读音（读若），有时引用经传文句以为证，有的引前人小学书及故训之说解，还标姓名引用他人说解110余条，即“博采通人”之说。可见许慎撰《说文》以古文经字形为主，同时囊括此前各方面的经说和字说，的确是集两汉字学之大成。《说文》分类纂集并解析了9353个汉字的小篆构形，这种揭示汉字最初据义构形的造字意图的分析可称为“笔意”分析，即构成字形的笔画都有表意作用，《说文》这个基于“笔意”的小篆字系是一个成熟的带有理想化成分的汉字系统。

语言、文字是人类生产劳动和社会生活的产物，也是促进社会快速发展的重要力量，可借以反观古代社会生产、生活的形态。语言文字不只是传承、记录历史与文化的工具，还是民族文明高度发达的直接见证。汉字，是汉民族语言的书面载体，也是华夏数千年历史、社会生活、文化样态的书面载体。汉字系统本身也是中华历史、社会和文化的结晶，蕴含了古远深邃而丰富多样的历史文化信息。章太炎先生1902年在《致吴君遂书》(《章太炎书信集》，河北人民出版社2003，第64页)中认为汉字本身就是历史："上世草昧，中古帝王之行事，存于传记者已寡，惟文字、语言间留其痕迹，此与地中僵石为无形之二种大史。"是说汉字构形本身就是史料，字形所含造字本义直接反映了上古历史文化的基本内容。《说文》是一部辑录、分析早期汉字及其构形系统的传世文献，其中蕴涵着先民生产、生活各个方面的形态、样式、习俗、制度以及智慧、经验等诸多信息，可以把它当作记录先民生产、生活内容的历史文献来进行研究，从而观察、揭示和推论其中的社会文化蕴涵，探索并展示汉字构形理据与社会生活的双向发展关系与规律。有关《说文》文化研究的著述很多，笔者撰有《说文字系与上古社会》(新世界出版社2012)一书对《说文》生产生活部类的字作系统研究，较为细致，正是这类文化研究较为系统的尝试。

总之，许慎创通并建立的《说文》体例和系统，保存了古代的字形演变及所含的社会文化内容，运用"六书"分析造字本义，创立分部首按形义编排字书的体式等，一直为历代字书、韵书所承用，建树颇多，影响深远。段玉裁在为许慎《说文解字·叙》所作的注中盛赞许书的成就，谓"此前古未有之书，许君之所独创。若网在纲，如裘挈领，讨原以纳流，执要以说详。与《史籀篇》《仓颉篇》《凡将篇》乱杂无章之体例，不可以道里计"。

二、《说文》的流传及其版本

《说文》问世后，受到历代学者的重视，注释经典时常引证《说文》。如后汉郑玄、应劭等作注时引《说文》，六朝时《字林》《玉篇》《颜氏家训》等引用《说文》，隋唐时期的《经典释文》《一切经音义》《五经正义》等训释字义也大都依据《说文》。众多引用《说文》的文献中，《字林》《玉篇》引用最多，又以《原本玉篇残卷》各字下引《说文》最为严谨，可校正今传二徐本处甚多。其次以《经典释文》、李善《文选注》、孔颖达《五经正义》较有校勘价值。而玄应、慧琳《一切经音义》所引较为随意，常加删改，王国维谓其"不足信者甚多"。

关于《说文》的版本流传，周祖谟《问学集》(中华书局1966)有《唐本说文与说文旧音》《说文解字之宋刻本》二文，所论颇详。王贵元《〈说文解字〉版本考述》(《古籍整理研究学刊》1999年第6期)有所补苴。现据以作简要介绍。

唐大历中(8世纪中叶)，李阳冰整理《说文》，修正笔法，重加刊定，学者师之而广为传习。修正笔法，如“王：中画近上，王者则天之义；玉：三画正均，如贯玉也”。刊定形声，如“路，《说文》云：道也，从足各聲。阳冰云：非各声，从足輅省”。另立新义，如“木，《说文》云：从屮，下象其根。阳冰云：象木之形，取象于卉乎”。《崇文总目》载《李氏刊定说文》二十卷。而后蜀林罕《字原偏旁小说序》云：“至唐将作少监李阳冰就许氏《说文》复加刊正作三十卷，今之所行者是也。”然李氏书至宋代亡佚无存。尽管徐锴《说文解字系传·祛妄篇》列举李氏改许书 56 个字，五代及宋人多诋毁李阳冰“师心自用，颇有改易”，为许慎罪人，然实际上李阳冰所改并不多，存《说文》之功不可轻毁，因为如果没有李阳冰的整理刊行，《说文》就有可能与《字林》混为一谈而销声匿迹。

今天能见到《说文》最早的版本，为两种唐写本残卷。其一为唐穆宗元和间写本木部残卷，清同治二年(1863)莫友芝从黟县县令张仁发手中得到，仅存 6 纸 188 字。莫友芝以之与二徐本比较，撰写《唐写本〈说文〉笺异》一卷。莫氏去世后，木部残本转入端方之手，后流入日本，由内藤虎收藏。其二为口部残简两种，均为唐代日人摹本，一为日人平子尚所藏，仅存四字；一为日人某氏所藏，存六行 12 字。周祖谟《唐本说文与说文旧音》文中收有影印木部残本 6 页及口部残简 12 字摹本。经对比分析后周先生作出推论：此两种唐本《说文》非李阳冰刊定本，其训解胜于二徐之本，小徐本因袭唐本多，大徐本承袭李阳冰者多且改乱不少，故小徐本优于大徐本；唐以前人所引《说文》之音分两类，一类与《玉篇》音相合，另一类与《字林》音相近，木部、口部残卷之音可能取自《字林》，李阳冰本反切与木部、口部残卷同类，可见是大历间《说文》传本旧貌而非李氏所加音切。

五代南唐时，广陵(扬州)徐锴(字楚金，920—974)取《说文》原本加以注释，成《说文解字系传》四十卷，世称“小徐本”，重在注释，对《说文》原本极少校改，有疑议则在注释中说明。书中前三十卷为“通释”，随文疏释许慎说解，诠释名物，疏证古义。卷三十一至三十二为“部叙”，推论许书 540 部排列的理据；卷三十三至三十五为“通论”，阐发字形构造的含义；卷三十六“祛妄”，论李阳冰之误说；卷三十七“类聚”，论同类名物字的取象根据；卷三十八“错综”，多角度推阐古人造字的意旨；卷三十九“疑义”，论《说文》所缺字及字体与小篆不合者；卷四十“系述”，总述各篇著述的旨趣。全书征引丰富，释义精当，考查古书用字假借，最早指明字有引申义，还利用谐声偏旁探讨字源，内容十分丰富。其兄徐铉在《说文解字韵谱序》中评徐锴《说文解字系传》云：“考先贤之微言，畅许氏之玄旨，正阳冰之新义，折流俗之异端。”赞誉有加。徐锴后来又受徐铉之嘱，编纂《说文解字韵谱》十卷，打乱原序而依《切韵》韵序编次，注语节引《说文》，以二三字为限，后徐铉依李舟《切韵》订正并补入新增文与新附字。

宋太宗雍熙三年(986)，徐锴之兄徐铉(字鼎臣，917—992)等奉敕校订《说文》，参考当时多种《说文》传世版本，取长补短，多所裁定，世称“大徐本”。徐铉校订本《说文》的增改主要有：补出《说文》释语有而字头未列之字19个，常见的有“笑、志、件、借、峰”等；补典籍承用、社会通用而《说文》未收之字于各部末为“新附”402字，用“臣铉等曰”标明增补释语及后出字体，间引李阳冰、徐锴注语，统一改用孙愐《唐韵》反切为各字注音，将《说文》正文十四卷、叙一卷各分上下成三十卷，将《说文》后叙中的卷次与部首目录复加于书首为“说文解字标目”。

南宋孝宗时，李焘、贾端修参照二徐《说文解字韵谱》，编成《说文解字五音韵谱》十二卷，依《集韵》列部次，同部字序依《类篇》排列，李焘、贾端修书成之后又增入徐铉新附字。从明万历二十六年(1598)陈大科刻本来看，正文前后附件虽有改动，但正文是照录《说文》单字解释，增漏甚少，基本保持大徐本原貌，且与藤花榭本多同。由于该书按韵编排而便利检索，元明两代广为流传，大徐本反倒少为人知。

明末清初，常熟毛晋(1599—1659)购得大徐本，嫌其字小，于顺治年间在其私人书楼“汲古阁”用大字开雕，未竟而毛晋卒，其子毛扆承父志于康熙四十年刻竣全书，是为“汲古阁本”。有康熙四十三、四十四年(1704—1705)毛扆手校样本，今藏南京图书馆。又有乾隆三十八年(1773)朱筠据汲古阁本重刻，今有日本静嘉堂藏本，“四部备要”本即据此本影印。又有光绪七年(1881)淮南书局覆刻本。惜毛氏汲古阁本屡据小徐本剜改，讹误较多，清人斥之为“识见驽下”，不以为善本。

清代依宋本刊刻的大徐本还有三种。其一为“平津馆本”，清嘉庆九年(1804)孙星衍校订刊行大徐本《说文》，收入其所集“平津馆丛书”中，故名“平津馆本”。此本存宋本原样，讹误较少，世称精善。此后刊印《说文》者多据此本。如同治十二年(1873)陈昌治据孙氏校订本改刻为一篆一行本，同年粤东书局据刻古经解汇函本，次年有东吴浦氏重印本，光绪元年(1875)有平江洪氏刻本，光绪十一年(1885)有上海同文书局石印本、吴县朱记荣影印平津馆丛书本等。其二为“藤花榭本”，嘉庆十二年(1807)额勒布据鲍惜分家藏宋本刊刻，扉页题“仿北宋小字本说文解字”、“嘉庆丁卯年开雕”、“藤花榭藏版”字样。此本讹误也较少，可与平津馆本比肩，但经与平津馆本比对，所据似非同一宋本。民国间，上海商务印书馆摹印过藤花榭本。其三为“丁少山覆刻宋监本”，光绪七年(1881)许瀚弟子丁少山校订重刊汲古阁旧藏宋监本，扉页题“仿宋监本说文解字”，周祖谟撰《跋丁少山覆刻宋监本说文解字》(《周祖谟语言文史论集》，学苑出版社 2004)一文，介绍丁刻本的特点，其中有称丁氏校改精审者十多处。

清人校刻本多源于宋本，而今见宋刻递修本主要有三种。其一为青浦王昶所藏宋小字本，段玉裁撰《汲古阁说文订》时曾取此本参校。原本曾流入日本岩崎氏静嘉堂，民国间上海涵芬楼借出影印，收入“续古逸丛书”和“四部丛刊”中。此本有阮元收藏时的“阮元私印”与书末题字，谓“毛晋所刻即据此本”。其二是汪中所藏宋小字本，书末有丁晏道光十八年(1838)跋文。原本后归山东聊城杨氏海源阁，杨绍和题识谓“藤花榭所据之宋椠即此本也”，此本也有额勒布收藏的印迹，但经研究者比对，藤花榭本所据宋刻底本并非此本。其三为黄志淳藏本，该宋本缺标目，内有多枚“黄氏志淳”篆文朱文方印。研究者据字迹、避讳、刊工资料等考究，今传三种宋刊本并非同版之书，但源于同一原本或互有传承关系是可能的，三本的刊刻时间最早在南宋初年，并非北宋刊本。

现今最通行的《说文》大徐本，为中华书局 1963 年以陈昌治一篆一行本为底本的整理影印本，各小篆字首加楷体，书末附检字表。《说文解字系传》，最好的版本为道光十九年(1839)祁寯藻刻本，以顾千里所藏影抄宋本为底本，综合汪士钟所藏宋刻残卷，经承培元等仔细校订而成。中华书局 1987 年据祁刻本影印，为今通行的小徐本。

三、《说文》学的发展进程

《说文》成书之后，因其系统、精审而实用，受到历代学者的重视，为之作多方面研究的成果层出不穷。阳海清等编《文字音韵训诂知见书目》(湖北人民出版社 2002)，收录今藏于各类图书馆的 1911 年前的小学著作书目，分文字、音韵、训诂、音义四大类，共 4813 种 12067 部，文字大类下专设“说文解字”类，收《说文》类古书目 1489 部(种)，占全书总数的 12%强，可见《说文》学著作数量之巨。

东汉时，《说文》成书不久，与许慎同时的郑玄注《仪礼》《周礼》就引用《说文》来训释经义了，稍后应劭等注《汉书》也援引《说文》说解以证字义。

魏晋南北朝时期，晋代晋灼注《汉书》引《说文》，北齐颜之推《颜氏家训》论及《说文》，南朝梁庾俨然著《广说文》一卷，《隋书・经籍志》载《说文音隐》四卷，贾思勰撰《齐民要术》、郦道元撰《水经注》引《说文》等。而该时期的《字林》《玉篇》与《说文》的关系尤为密切。《字林》，晋吕忱著，为补《说文》漏略而作。唐封演《封氏闻见记》谓“晋有吕忱，更按群典，搜求异字，复撰《字林》七卷，亦五百四十部，凡一万二千八百二十四字”，是说其编排体例依《说文》，收字比《说文》多。《字林》在唐以前与《说文》并重，甚至一度比《说文》流行得多，后亡佚。清代任大椿有《字林考逸》八卷，陶方琦有《〈字林考逸〉补本》一卷。《玉篇》三十卷，南朝梁陈间顾野王著，是我国现存第一部楷书字典。编排体例仿照《说文》，部目有所增删为542部，部首次序也与《说文》略异。原本《玉篇》收16917字，不用六书条例分析字形，解释以音义为主。先用反切注音，再征引群书训诂以释义，然后多出古书例证，其释义较《说文》相对完备。《玉篇》编次体例以楷书为字头，下列古文、篆文、异体、俗字等，以明古今字形变迁，而不重探求字形构造之原。原本《玉篇》只有残卷存于日本，清末黎庶昌翻印回国，中华书局1985年据以整理影印《原本玉篇残卷》出版。今传唐孙强增补、宋陈彭年等重修的《大广益会玉篇》，正文收22700余字，说解较原本简略，通行本有1983年中国书店据泽存堂本影印的《宋本玉篇》。

隋唐时期，《说文》倍受重视，《隋书·经籍志》载有《说文音隐》，唐代科举考试曾规定考试《说文》内容，陆德明撰《经典释文》，李善注《文选》，颜师古撰《汉书注》、《急就篇注》及《匡谬正俗》，李贤撰《后汉书注》，玄应、慧琳撰《一切经音义》，慧苑撰《华严经音义》，孔颖达撰《五经正义》，《史记》三家注，徐坚撰《初学记》，虞世南辑《北堂书钞》与《大唐类要》，欧阳询撰《艺文类聚》，白居易集《六帖》等，都征引《说文》以说字义。《切韵》《唐韵》《五经文字》《九经字样》《干禄字书》等韵书、字书的字义训释也大都引用或化用《说文》的说解。而李阳冰刊定《说文》，更是《说文》学史上的重大事件。

两宋时期，《广韵》《集韵》《类篇》《太平御览》《龙龛手镜》等众多韵书、字书广引《说文》以释字义，自不待言。宋郑樵《通志·六书略》专门对《说文》六书详加阐发。徐氏兄弟对《说文》进行了系统而深入的整理和研究，徐锴著《说文解字系传》，成为《说文》最早的注本，徐铉等奉诏校订刊行《说文》，使《说文》有了尽可能保留原本构架与内容的定本，一直流传至今。二徐的研究，为《说文》学繁荣和发展奠定了坚实的基础。而李焘、贾端修参照二徐《说文解字韵谱》编成《说文解字五音韵谱》，为《说文》在民间广为流通起到了很大的推动作用。

元明时期，《五音集韵》《韵会》《洪武正韵》《字汇》《正字通》等韵书、字书依旧引用《说文》来释字义。又有元戴侗《六书故》、周伯琦《六书正讹》、明赵撝谦《六书本义》这些深入研究《说文》及六书的专门著作，为《说文》研究拓宽了新路。更有毛晋、毛扆父子精校刊刻汲古阁本《说文》，使宋本《说文》得以流传下来。

经过宋、元、明三代的发展，《说文》学到清代就进入了鼎盛时期。就所能见到的文献资料来看，清代以《说文》学成为名家的有200多人，专门研究《说文》的著作达300余种。有清一代朴学三百年，小学是一切学问的根基，而《说文》又是小学“主中之主”。

清代学者研究《说文》是多角度的，也是成体系的，其内容归纳起来主要有四大类。一是版本校勘，主要的代表成果有：段玉裁《汲古阁说文订》、严可均与姚文田《说文校议》、钮树玉《说文解字校录》、钱坫《说文解字斠诠》、沈涛《说文古本考》等；二是阐发《说文》的体例，代表著作有：王筠《说文释例》、陈衍《说文举例》、张度《说文补例》、张行孚《说文发疑》等；三是疏证许慎的训释，主要著作有：段玉裁《说文解字注》、桂馥《说文解字义证》、严可均《说文长编》、王筠《说文解字句读》等；四是依据《说文》本义来梳理汉字记录的词义系统及假借用法，代表著作有：朱骏声《说文通训定声》、朱珔《说文假借义证》、孙经世《说文假借考》、潘奕隽《说文解字通正》等。

清代《说文》学成就辉煌，贡献最大的有四位学者，世称“《说文》四大家”，指的是段玉裁《说文解字注》、桂馥《说文解字义证》、朱骏声《说文通训定声》、王筠《说文解字句读》和《说文释例》。段玉裁《说文解字注》本书有专章介绍，余下三家在下文《说文诂林》引书中也有专类介绍，此处只作简要述说。

段玉裁(1735—1815)，字若膺，号茂堂，江苏金坛人。撰《说文解字注》三十卷，历时三十余年。该书主要成就为：比勘各种版本，参考《说文》体例及宋以前群书所引，对《说文》原书进行校订；全面阐明《说文》一书的各种体例；广引古籍例证，阐明《说文》说解并推求许说所本；以证明《说文》本义为基础，对《说文》词义系统的引申义、同义词等作精到的辨析，进而辨识文献用字的假借；依据《说文》形声系统等音读材料探求字源和词源。段玉裁注《说文》，形音义三者并重，尤以因声求义为长，特别注重《说文》字系的形音义统一关系，“因声求义”是其贯通《说文》研究的法宝，成就远超前人。段注在清代《说文》学中影响极大，此后研究段注的著述很多，如钮树玉《段氏说文注订》、徐承庆《说文段注匡谬》、王绍兰《说文解字段注订补》、冯桂芬《段注说文考正》等，可资参考。其中，尤以徐灏《说文解字注笺》二十八卷最有成绩。为全面补正段注，徐灏按照原书次第，每字下先录《说文》原文，次引段氏注文，再加笺语。主要是征引前人可取之说，间出己见，用以申明段说，或证其精审，或补其未详，或纠其舛误，平允公正，多有精见，为段注最好的补充。

桂馥(1736—1805)，字冬卉，号未谷，山东曲阜人。撰《说文解字义证》五十卷，主旨在推寻《说文》说解的来源，从而阐明许慎的说解。桂氏尽可能广泛征引典籍及传注笺疏的训释而不加案断，供学者参订选用。所引前后各说互相补正，对二徐本的讹误亦加以订正。该书引证宏富又颇具条理，是研究《说文》的重要参考书。桂馥少承家学，精通金石篆刻，尤长于文字训诂之学，除《说文解字义证》之外，还撰有《札朴》《缪篆分韵》《说文谐声谱考证》《说文段注抄案》等。

朱骏声(1788—1858)，字丰芑，号允倩，晚年自号石隐山人，江苏吴县人，曾师事钱大昕，著《说文通训定声》十八卷。该书在《说文》9000 多字基础上，又增附 7000 多字，从中分析出形声声符 1137 个，分类归入其古韵 18 部。打破原《说文》编排方式，按古韵 18 部依声符重新编排，首创声符检索体系。体例上，每字先就字形构造考明本义，即“说文”；次列转注、假借两项，用以解释引申义和假借义，即“通训”；后载声训、古韵，即“定声”，合名为《说文通训定声》。该书的宗旨，是以《说文》为基础，系统研究字词的音义关系，梳理字的假借关系，全面展示汉字所记录的词义系统，是汉语词义系统研究的奠基性著作。《说文通训定声》虽不是专门的《说文》研究著作，但为《说文》研究开辟了新领域，故为后来者所重视。朱氏还撰有《说雅》《经韵楼说文注商》《古今韵准》《小尔雅约注》《大戴礼记校正》等，在传统小学方面可谓论著丰富。

王筠(1784—1854)，字贯山，一字菉友，山东安邱人。撰《说文释例》二十卷，是全面研究《说文》体例的著作，也是读《说文》很实用的入门之书。前十四卷逐一阐明“六书”及《说文》的条例、体制，并对文字分化、孳乳的规律有所发明；后六卷分类列出有关《说文》的一些疑问，各卷后附有“补正”。该书还多用金石古文来补正《说文》的形体和说解，颇有新见。王筠又撰《说文解字句读》三十卷，采掇段玉裁《说文解字注》、桂馥《说文解字义证》及严可均等诸家研究《说文》的成果，或增、或删、或改，删繁举要，简约成篇。该书的优点是选材谨严，考订审慎，简洁明了，便于初学者阅读。缺点是所引资料多未核对原文而讹误颇多，又未标明引文篇目，难以核对。此外，王筠还撰有《文字蒙求》《说文系传校录》《说文新附考校正》《说文韵谱校》《说文部首读补注》等，对《说文》学所作出的贡献是很大的。

“四大家”以外，清代《说文》研究有成就者多至 200 余人，丁福保《说文诂林》多有所引，后文辟有专章论及。

近现代，《说文》学仍不断发展，成果相继涌现。章太炎《文始》与《说文》讲授，黄侃《说文略说》与《说文笺识四种》，杨树达的《说文》语源研究，马叙伦的《说文解字六书疏证》，陆宗达的《说文解字通论》，张舜徽的《说文解字约注》等，为现代《说文》学的代表性成果。由此承接清代《说文》学鼎盛之遗风，开启现代《说文》学多分支研究和新的时代特色。后文辟专章介绍现当代的《说文》学，详列研究成果目录，以勾勒《说文》学发展的整体面貌与进程，为后来者提供丰富而详尽的资料。

四、本书撰写的宗旨、内容与体例

已出版有关《说文》的现代意义上的教材，主要有如下几种不同的类型：章太炎《〈说文解字〉授课笔记》(1908，商务印书馆 2008)，主要是从全书字词的音义贯通上选取相关的字族来讲解；陆宗达《〈说文解字〉通论》(北京出版社 1981)、姚孝遂《许慎与〈说文解字〉》(中华书局 1983)、章季涛《怎样学习〈说文解字〉》(河南人民出版社 1988)，是介绍学习《说文》需要掌握的一些基础知识；张舜徽《〈说文解字〉导读》(中国国际广播出版社 2008)、余国庆《〈说文〉学导论》(安徽教育出版社 1995)、苏宝荣《〈说文解字〉助(导)读》(陕西人民出版社 1993)，是按作者各自的视角来指导初学者如何阅读《说文》；邹晓丽《基础汉字形义释源》(北京出版社 1990)、左民安与王尽忠《汉字部首讲解》(福建人民出版社 1998)、徐耀民《〈说文解字〉部首解读》(黑龙江人民出版社 2000)、董莲池《〈说文〉部首形义通释》(东北师范大学出版社 2000)、徐复与宋文民《〈说文〉五百四十部首正解》(江苏古籍出版社 2003)，是各家讲解《说文》540 部首的专门性教材；殷寄明《〈说文解字〉精读》(复旦大学出版社 2006)，是条辨式的《说文》阅读笔记；钟如雄《〈说文解字〉论纲》(四川人民出版社 2000)，是对《说文》诸方面问题的分类讨论，偏重于著者的研究心得。

本书定名为《〈说文〉学导论》，是基于“《说文》学”的学科视野，即以《说文》研究为中心的“传统汉字学”研究。以“学”为线索，系统介绍并讨论“《说文》学”的范畴、内容、构成、发展历史和学科成果。也就是对“传统汉字学”作系统的历时性的整体观照，从而更好地认识、学习和使用《说文》。

除本篇“绪论”外，本书分六章，分别讨论《说文》学各方面的问题。第一章“《说文》的编排体例与说解条例”，具体介绍《说文》全书的构架，部首、正文字序的排列次序，《说文》的说解条例、分析条例，《说文》所用的各种术语的界定等，为阅读《说文》提供入门的基础知识。第二章“《说文》540 部首讲解”，以许慎说解为依据，结合出土文献的甲骨文、金文、战国文字等，“择善而从”地吸收前人的研究成果，对《说文》540 部首逐一作简明扼要的解释，以利于系统掌握汉字的基本字根和构字部件，是《说文》学的基础，也是重要的部分。第三章“六书——《说文》小篆的构形分析”，讨论“六书”的由来及其发展，“六书”的定义与具体应用，“六书”在汉字构形发展史上所形成的相互关系，“六书”在汉字构形理论上的突出贡献及其局限性，实际上是探讨汉字的构形理论及其发展等诸方面的问题，为正确理解和系统掌握《说文》字系的构成提供理论依据。第四章“《说文》白文的读法”，章太炎、黄侃都强调读《说文》原文，即不加后人注释的“白文”，本章就今传“大徐本”《说文》白文为阅读对象，介绍《说文》白文的训释类型，分析其说解条例，讨论阅读白文的基本原则与具体方法，并以《说文》“鬲、䰜”二部字白文分类解读为例，展示阅读《说文》白文的具体过程、方法及其应达到的效果。第五章“段玉裁《说文解字注》的贡献及其读法”，段注是《说文》学最重要的代表作，《说文》白文简古难读，向来习《说文》之学者多从通读段注入手。段注最突出的贡献是“因声求义”，本章先介绍段氏《六书音韵表》的构成及在读《说文》中的作用，次介绍段注的注释术语与条例，以便利系统阅读与整体把握，最后讨论段氏《说文解字注》的价值与贡献。第六章“《说文解字诂林》与古代《说文》研究”，丁福保《说文解字诂林》将清末以前的《说文》研究著述和资料归类纂集于《说文》被释字头之下，本章依托《诂林》来介绍古代《说文》研究的成果和发展进程。先介绍《诂林》的总体框架并详列引用书目，次将其实引著作的内容作分类简介，再以“天”字汇释材料为例作个案的分析解读，然后讨论《诂林》在《说文》学上的价值、作用与不足，最后补充《诂林》未收的古人《说文》研究成果目录，努力将古人的《说文》研究文献材料展示得更为完善，便于读者查找与利用。第七章“现当代《说文》研究综论”，承接上一章古人的《说文》研究，本章全面介绍今人的《说文》研究成果，以全面展示《说文》学的历史进程与整体面貌。先从时段上将现当代113年的《说文》研究分为20世纪前50年、20世纪后50年、21世纪前13年三个阶段，分时段和流派介绍《说文》研究的内容、成果与进程，次将目前最完备的现当代《说文》研究资料汇编的篇目详列出来，便于读者直接选用，最后将113年《说文》研究的著作、论文目录全面编排列出，相当于全书的“参考文献”总目，既全面展示成果，又便利读者检索与利用，虽不敢说穷尽现当代《说文》研究资料，但积累颇久、用力颇勤，应该是具备了相当的基础性和完备性的。

本书的撰写体例，以全面展示“《说文》学”研究成果和发展进程为主导，章节分配尽量照顾到诸方面内容的合理安排。本书为学习《说文》的基础读本，故特别注意材料的详尽与完备，数据、书目、篇目、例证、个案分析等，尽可能具体而详尽，能够穷尽的一定穷尽列举，利于读者查找与使用。本书面向普通读者群，故表述用语力图通俗简明，主要用简体字，有引用原文、说解字形等特殊需要时，才用繁体字。小篆字形用“北师大《说文》小篆”系统录入，甲骨文、金文、战国文字及《说文》所引籀文、古文字形，在《甲金篆隶大字典》上选定截图粘贴图片，以保证笔画不变形。引用书目，一般在行文中标出著者、书名、篇名，随用括号标出来源及时间，更详尽的信息在末章之末的“论著、论文总目录”中均有显示，可供查找印证和使用。

第一章　《说文》的编排体例与说解条例

黄侃《文字声韵训诂笔记》(上海古籍出版社 1983，第 2 页)云："夫所谓'学'者，有系统条理，而可以因简驭繁之法也。明其理而得其法，虽字不能遍识，义不能遍晓，亦得谓之学。"强调条理性在学术中具有十分重要的地位。清江藩《经解入门》卷六"体例不可不熟"条曰："凡一书必有本书之大例，有句例，有字例。学者读时，必先知其例之所存，斯解时不失其书之文体。……学者欲读其书，宜先知其例，书例既明，则其义可依类而得矣。"强调了掌握一本书的体例在读懂该书上的极端重要性。

古人写书，先得有一个总体的安排规则，称为凡例。"凡"是总体，"凡例"就是总体的条例。《说文》"例，比也"，即排比列出；"条，小枝也"，即有条理的分支。"条例"就是合理排列各分支的规则，"体例"就是总体构架上的安排规则。根据这些排列规则，就能贯通前后，系统而准确地把握全书的内容。顾炎武《日知录》卷二十"书家凡例"条云："古人著书凡例，即随事载之书中。"是说古书多不单列凡例，而是含在正文之中，《说文》亦然。

《说文》是系统性很强的著作，其条例的规则性也很强。北齐颜之推《颜氏家训・书证》称《说文》"其书隐括有条例，剖析穷根源"，评价甚高。许慎虽然没有在《说文》卷首明确设立"凡例"，但其条例的规则性很好地体现在全书的框架安排和具体的形、音、义说解之中，且各篇条例互通互见，前后照应，有很强的统一性。汉字的内涵极为丰富，按段玉裁的说法，考究一字，要看它的"古形、古音、古义、今形、今音、今义"，还要看它与文献引用的关系，与部首、偏旁、六书、变体、同部字、异部字等多方面的关系，极为复杂。许慎用于说解的文字极为简洁精练，不轻易多着一语。因此，很多繁杂的、深层次的问题，需要从条例贯通上去观察、分析、推导、判别和理解，所以分析和掌握条例是《说文》研究和学习者必不可少的工作，各时代的各类《说文》研究著述都会涉及条例问题，其中最有成就的代表者是清代的段玉裁和王筠。

段玉裁在其《说文解字注》中随文分析和贯通《说文》体例，发前人之所未发，有很多精到之处。王筠《说文释例》是系统阐发《说文》条例的专著，全面、系统、深入而细致，用功扎实而实用，是初学者的入门指南，虽不无繁琐、武断之处，但不失其精审，以致被视为清代《说文》研究“四大家”的代表作之一。王筠在其《自序》中，说他专注于研究《说文》条例二十年，“然后于古人制作之意、许君著书之体、千余年传写变乱之故、鼎臣以私意窜改之谬，犁然辨晳，具于匈中。爰始条分缕析，为之疏通”。

我们于本节中分析《说文》条例，重在掌握基本规则，不可能也不必要像王筠那样繁细和发挥。我们以大徐本《说文》为底本进行分析与归纳，吸收王筠、段玉裁以及近现代其他研究者的精审成果，勾勒出阅读《说文》时需要掌握的框架体例、说解条例及部分辨析性条例，注重系统性、通俗性和实用性。

第一节 《说文》的构架与部首、字序的排列

汉代人继承先秦儒家的基本思想，重视“天人合一”，强调“大一统”。体现在经学、小学文献的整理研究上，就表现为整体认识和系统观照，强调阴阳相合和辩证统一的整体贯通。许慎虽然是“五经无双”的古文经学大师，也不可能完全摆脱当时风气的影响，《说文》的体例、条例安排上往往打上这样的烙印。《说文·叙》云：“此十四篇，五百四十部，九千三百五十三文，重一千一百六十三，解说凡十三万三千四百四十一字。其建首也，立一为耑。方以类聚，物以群分，同牵条属，共理相贯。杂而不越，据形系联，引而申之，以究万原。毕终于亥，知化穷冥。”这是体例安排上的总体原则。

一、全书的整体构架与编排

《说文》全书框架上的良好系统性，体现在其编排体例上，是许慎自觉地精心安排的。他主观意识上要把《说文》建成一个“立一为耑(端)，毕终于亥”的完整大系统，要包容天、地、人间的一切，用之“以究万原，知化穷冥”。就像《易》有八八六十四卦、《老子》有九九八十一章一样，许慎编《说文》也有意地多方面体现上古社会生活和文化观念的系统性。如：因“一”为天地万物之始，“亥”为十二地支之终而扩展为万物之终，故《说文》所收

9353 个字是始于“一”而终于“亥”的。这种观念在周、秦、汉是普遍存在的，如《春秋》首称“元”（年）、《尔雅》首释“始”、《释名》首列“天”、《说文》始于“一”。又“九”为数终，是最大的个位数，故《说文》全书收字在九千以上而有意不超过万数。《说文》全书分十四篇，每篇又分上下，实则共二十八篇，是否与黄道“二十八宿”暗合，不好断言。

编排体例，先看大徐本《说文》（中华书局影印陈昌治本）的正文首页，余可类推。前六行是提要栏：首行是篇（卷）序，《说文解字》篇序“第一（篇）上”；第二行交代作者“许慎”；第三行交代校订者“徐铉”（大徐）；第四、五、六行列本篇（一篇上下）共有 14 部（一丄示三王玉玨气士丨中屮蓐茻）、672 个正篆（文）、81 个重文、说解总字数 10639 字、徐铉补充的“新附字”31 个。

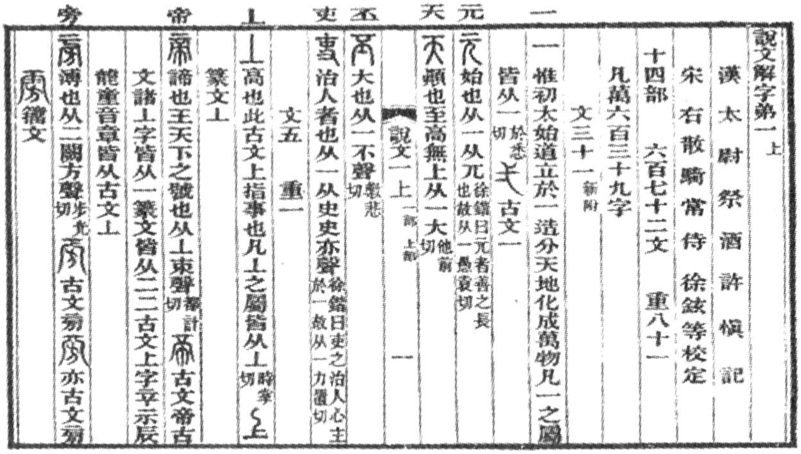
說文解字第一上
漢太尉祭酒許慎記
宋右散騎常侍徐鉉等校定
十四部 六百七十二文 重八十一
凡萬六百三十九字
文三十一 新附
一 惟初太始道立於一造分天地化成萬物凡一之屬皆从一 於悉切 古文一
元 始也从一从兀 徐鍇曰元者善之長也故从一 愚袁切
天 顛也至高無上从一大 他前切
丕 大也从一不聲 敷悲切
吏 治人者也从一从史史亦聲 徐鍇曰吏之治人心主於一故从一 力置切
文五 重一
上 高也此古文上指事也凡上之屬皆从上 時掌切 篆文上
帝 諦也王天下之號也从上朿聲 都計切 古文帝古文諸上字皆从一篆文皆从二二古文上字辛示辰龍童音章皆从古文上
旁 溥也从二闕方聲 步光切 古文旁 亦古文旁 籀文
說文一上 一部 上部 一

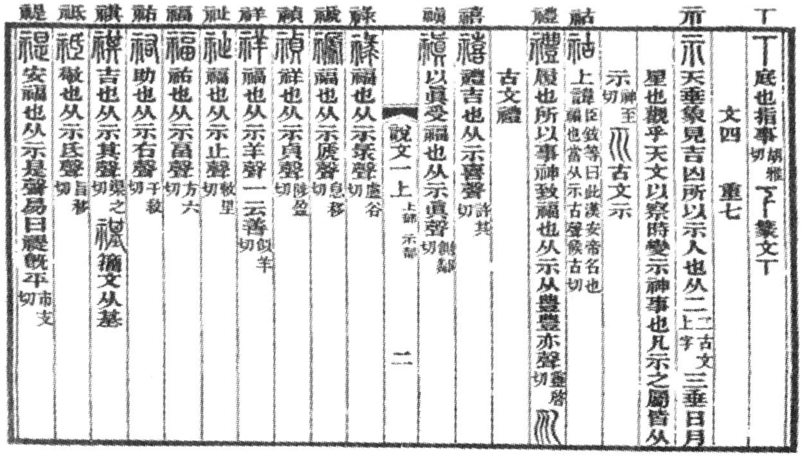
丅 底也指事 胡雅切 篆文丅
文四 重七
示 天垂象見吉凶所以示人也从二 二古文上字 三垂日月星也觀乎天文以察時變示神事也凡示之屬皆从示 神至切 古文示
祜 上諱 臣鉉等曰此漢安帝名也福也當从示古聲 侯古切
禮 履也所以事神致福也从示从豊豊亦聲 靈啓切 古文禮
禧 禮吉也从示喜聲 許其切
禛 以真受福也从示真聲 側鄰切
祿 福也从示彔聲 盧谷切
褫 福也从示虒聲 息移切
禎 祥也从示貞聲 陟盈切
祥 福也从示羊聲一云善 似羊切
祉 福也从示止聲 敕里切
福 祐也从示畐聲 方六切
祐 助也从示右聲 于救切
祺 吉也从示其聲 渠之切 籀文从基
祗 敬也从示氏聲 旨移切
禔 安福也从示是聲易曰禔既平 市支切
說文一上 上部 示部 二

第七行起是正文的列字说解。首列被释字小篆(正篆)“一”(元、天、丕、吏),《说文》原文被释字头只作小篆而无楷书,框外天头上的楷书是今天的出版者加的。接着是释义,如“一”下的“惟初太始,……化成万物”、“元”下的“始也”。再说解字形结构(六书),如“元”下的“从一从兀”、“吏”下的“从一从史,史亦声”。然后是徐铉等人的校语,正文用大字单行,校注语用双行夹注。直接校语标明“臣铉等曰”,如《示部》“祜,上讳”下“臣铉等曰:此汉安帝名也”。引用语则标明被引者与引语,如“元”下“徐锴曰:元者善之长也,故从一”。最末是徐铉引注《唐韵》的反切作为注音,如“元”末“愚袁切”、“天”末“他前切”。有的说解在解形后与反切前还有引文,其后有“读若”,是许慎引文献证释义和描述读音的,如《示部》“祘”下:“《逸周书》曰‘士分民之祘。均分以祘之也’。读若筭。”最后是列“古文、籀文”等“重文”以便作字形的对比分析。总体看来,《说文》各条说解的内容多少是不同的,最多有“释义、析形、说音、引证、列重文”五项,少的则只有“释义、析形”两项。

《说文》540部的部首下有“凡某之属皆从某”作为部首的标志,是说同一义类的字都从该部首构形,如“一”为部首,下统领“元、天、丕、吏”四字,四字都“从一”构形,所以“凡一之属皆从一”。各部字所从本部首构形,可能是从这个字形,如从“示、牛”等;也可能是从这个笔画,如《一部》四字从的只是“一”这个笔画而非“一”字。

每部的部末有小结,如《一部》末标示“文五”,是说《一部》连部首共5个字(正文、正篆);又标明“重文”,是指被释字(正篆)还有不同时期的各种异体,有古文、籀文、奇字、或体、俗体等,如“一”下“弌,古文一”、“祺”下“䙵,籀文从基”,是说“弌”是“一”的古形体、“䙵”是“祺”的籀文写法。《一部》5个字只有“一”下出现一次“古文”而其他无异体,故标明“重一”表示本部只有一个重文。《丄部》连部首只有“丄、帝、旁、下”4个字,却有古文、籀文、不同篆文等7个异体,故部末标明“文四、重七”。《说文》全书共有重文1163个。每部之末还有“新附”,是徐铉等认为《说文》9353个字不够使用,就据经典相承、时俗通用来增补,低一格分附在每部之后,如“示”部末“禫”字后有新附“禰、祧、祆、祚”4字,标明“文四新附”,因为徐铉所补,新附字全用双行小字夹注。大徐本全书共新附402字。

另外,徐铉奉诏校订《说文》,认为有19个字乃“《说文》阙载”而“注义及序例偏旁有之”,故“并录于诸部”,即补入正篆各部之下。这“十九文”是:“詔、志、件、借、魋、綦、剔、䪝、醆、趄、顑、璵、戠、檆、緻、笑、迓、睆、峯”,见于《说文》十五篇下徐铉校记中的说明。

二、部首的据形系联

部首，是指为了分析字形结构、编排、检索便利而归纳出来的某一部类字共有的形体结构单位。《说文》归 9353 个汉字（今本实 9431 字）为 540 部，并各建部首，即“建首也”，然后按义类归字，努力达到“分别部居，不相杂厕”的有序程度，是自觉地做系统性安排的。“六九五十四”，部数正应了《易》象阴爻为六、阳爻为九的卦爻之数。540 部含 6、9、10 相乘，6 为阴数之极，9 为阳数之终，10 为全数，则 540 暗含包罗万象之意。就字形本身的领属关系来看，实际上并不需要立这样多的部首。

部首的排列顺序，许慎也是精心着意地“据形系联”的。段玉裁《一部》末注：“凡部之先后，以形之相近为次。凡每部中字之先后，以义之相引为次。《颜氏家训》所谓‘檃栝有条例’也。《说文》每部自首至尾次弟井井，如一篇文字，如一而元，元，始也；始而后有天，天莫大焉，故次以丕；而吏之从一终焉，是也。”看到了许慎编排上的系统性。

我们以卷一部首为例，基本上是按字形笔画的关联性来辗转排列的：一为部首之始，重一画为二（上），二下加三垂为示；三承一加二画，王用丨贯三，玉在王上加笔画，珏从二玉；气承三的三画来，士是二横一竖的三画；丨由一的横转变为竖，中在丨上加笔画，艸从二中，蓐由艸派生，茻从二艸……。又卷六部首是按植物及其生长的动态形状来排列的：木、东、林、才、叒、之、帀、出、𣎵、生、乇、𠂹……。而卷八部首则是按动物的物形相似相关来依次排列的：马、廌、鹿、麤、㲋、兔、萈、犬、㹜、鼠、能、熊……。至于卷二“齿、牙”、卷三“舌、干”等部首相连，又是因其物的形状相似。可见许慎煞费苦心地找出各种“形”上的联系，以应合“据形系联”的条例。力争做到“同牵条属，共理相贯”，显现系统之中的内在联系性。

许慎编《说文》按义类分部建立 540 部首，使各字按义类归属相应的部，这是字书体例上的重大创举，这个编例科学而实用，一直沿用到现在。段玉裁在《说文·叙》注中对此体例评价很高：“合所有之字，分别其部为五百四十，每部各建一首，而同首者则曰：凡某之属皆从某。于是形立而音义易明。凡字必有所属之首，五百四十部可以统摄天下古今之字，此前古未有之书，许君之所独创。若网在纲，如裘挈领，讨原以纳流，执要以说详，与《史籀篇》《仓颉篇》《凡将篇》乱杂无章之体例，不可以道里计。”所评中肯。

顾名思义，“部首”是要统领字的，但《说文》还有空列部首之例，即“空部首”，540 部首中有“三、四、五、六、七、甲、乙、丙、丁、庚、壬、寅、卯、未、戌、亥、彖、易、莧、能、燕、它、才、乇、㶣、凵、厶、久、克、录、耑、丏、冉、く、率、幵”36部首之下没有统摄其他字。

三、部内字据义系联

《说文》540部收字的体例是“以类相从”，如从山得义的一类字都归入“山部”，鸟类字都归“鸟部、隹部”，手类动作都归“手部”，运动类的都归“辵部”。各部之内字的排列体例，又主要是“据义系联”，即字义“引而申之”所建立起来的联系。

部内字排列的基本规则是意义相近的字尽量排在一起，形成小义类集合后，意义靠近的小类又相邻排列。如《肉部》“腜、肧、胎”是创造人的怀胎小类列在最前，接着是外在皮肉小类的“肌、臚、肫、䐈、脣、脰”，再是内脏小类的“肓、腎、肺、脾、肝、膽、胃、脬、腸、膏、肪”，再转外部身体构造部分的“膺、肊、背、脅、膀”等。有时也可能兼及局部的读音相近，如《示部》“禮、禧”相连、“祝、禧”相连等。

然而，世间万事万物是极为复杂的，有的容易看出相互联系性，有的则很难。《说文》部内字之间的联系是许慎按他个人的理解建立起来，不一定就很严密和科学，这种独立性很强的单个字形的聚合，未必一定有多么严密的内在义类联系，不必过于强求其合理性。段玉裁注《说文》，就在此问题上求之太过，常为移动字序而大动脑筋，似可不必。黄侃《说文纲领》(《文字声韵训诂笔记》，上海古籍出版社1983，第86页)谓：“即许书列字，亦无定序，而书成之后，又有沾补也。段君不知此义，尝为移其列字次第，殊为多事。”

我们只就《说文》现有部内字排序所体现出来的一些明显的规律性作如下归纳：

(1)凡东汉帝王的名讳，列于本部第一位，如《示部》“祜，上讳”(汉安帝名)、《艸部》“莊”(汉明帝名)、《禾部》“秀”(汉光武帝名)、《火部》“炟”(汉章帝名)、《聿部》“肇”(汉和帝名)等。该类字没有说解，是因为“尊君也，故不复解其义”。

(2)整体总名在前，分支部分在后。如《木部》“橘、橙、柚、樝、梨、梬、柿、枏、梅、杏、柰、李、桃”是各种果树的总名而排在最前，而“本、柢、根、末、果、杈、枝、條、枚”等树的分支部分则排得很靠后。

(3)名物词在前，体貌动作词在后。如《犬部》“狗、獀、尨、狡、獪、獿、猲、獢”等各种犬名列在前，“猝、默、猝、猩、猥、狠、獷、狀”等各种形态、声状随之排列，“倏、狟、戾、獿、獵、獠、狩、臭、獲”等犬的动作行为再随之，最后排列“狄、玃、猴、狼、狐、獭、猰”等被犬所猎或与犬相关的野兽名。

(4)就词义色彩而言，吉祥美好之字列在部前，中性的列在部中，灾难不善之字列于部末，如《示部》“禮、禧、禛、禄、褫、禎、祥、祉、福、祐、祺”等在前，“祝、福、祓、祈、禱”等在中，“祲、禍、祟、祦”等在后。

(5)按时间、空间的逻辑顺序排列。如《禾部》避皇帝名“秀”讳后，先列“稼、穡、種、稙”等种植类字，接着列“稺、稹、稠、穊、稀、穖、穆”等种植后庄稼的生长情况，再列“稷、穧、秫、穄、稻、稌、稬、穛、杭”各种长成的庄稼名称，接着列这些庄稼的“移、穎、采、穟、秒、秨”等成分和状态，然后列“穫、積、稛”等收割积藏类字，接着是“穅、稭、稈、秕、穰”等处理成粮食之字，再是“季、稔、租、税、穌”等谷物用途之字，接着是“稱、科、程、稯、秭、秅”等称量所用谷物之字，最后是“稘、穩、稕”等与禾相关的其他字。逻辑关系较为明显。

(6)重叠部首形体、与部首形体相反的字列在部末。如“瓜瓜、甡、豩、磊、驫、聶”等叠体字排在相应的“瓜、生、豕、石、马、耳”部最后。又如“彳”的反形“亍”排在《彳部》最后，“邑”的反形“𨚕”排在《邑部》的最后。

四、有所不知则付阙如

许慎撰《说文》本着求真求实的态度，凡对篆文的形、音、义不能作出解释的，都标明“阙”，即《叙》所谓“其所不知，盖阙如也”。有字形失传的，如《二部》“旁，溥也。从二，阙；方聲”，是说不知从“冂二”的构形理据；有字义失传的，如《又部》“叚，借也。闕”，不知何以取义；有字音失传的，如《吅部》“單，大也。从吅、𠀠，吅亦聲。闕”，不知何以有“吅”声。徐铉校定本明标“阙”的共47处。王筠《说文释例》卷十一有较为细致的研究。另据清叶德辉《说文解字阙疑释例》所考，其中多为许慎原阙者，也有是历代传本有阙的，还有后代传写脱误而阙的。

第二节 《说文》的说解条例

王念孙《说文解字注序》认为“《说文》之为书，以文字兼声音、训诂者也”。《说文》最基本的说解顺序是：每一篆文之下，先释义，再解形，后说音，合三者为一篆。实际上就是融合训诂(义)、文字(形)、音韵(音)为一体。为说解明了而有据，许慎还广泛引用经传及“通人”之说为佐证，力求信而有征，最后列重文以利比较。

一、释义的体例与术语

《说文》被释字正篆之下就是释义，释语有长有短，有词、短语、句子，内容有简单有复杂，而基本格式是相同的。所用术语略可归纳为以下四类（1—4）。今人归纳其释义方式、作用等，也用了几种类型的术语（5—8）。《说文》所用的这些释义术语，有来自前人的，有许慎新创的，后来大多都成为注疏、辞书中的定式训诂术语，影响深广。

1. 某，某也；某者，某也；某，某某

《说文》释义最常用的体例，有“某，某也”，如：《一部》“元，始也”；《示部》“禮，履也，所以事神致福也”，“示，天垂象，見吉凶，所以示人也”。有“某者，某也”，如《士部》“壻，夫也。从士胥聲。《詩》曰‘女也不爽，士貳其行’，士者，夫也”。有“某，某某”，如《示部》“祡，燒祡燓燎以祭天神”。

2. 曰、言、谓、谓……曰、谓之、为、犹、皃、之为言

除了通用释义条例外，有些特殊的释义需要用专门的术语来表现。主要有“曰”，用一个短语来下定义，如：《支部》“敕，誡也。臿地曰敕”；《隹部》“隻，鳥一枚也。从又持隹，持一隹曰隻，二隹曰雙”。有“言”，说明所指的内容，如《玉部》“璊，禾之赤苗謂之虋，言璊，玉色如之”。有“谓、谓……曰、谓之”，用以指称专门内容，如：《又部》“𣪊，楚人謂卜問吉凶曰𣪊”；《皮部》“皮，剥取獸革者謂之皮”；《聿部》“聿，所以書也。楚謂之聿，吳謂之不律，燕謂之弗”，是说聿（筆）是用来书写的。有“为”，界定被释词的词义，如《土部》“塒，雞棲垣爲塒”，说明“塒”是鸡栖息的处所。有“犹”，释同义、同源等通用义，如《㸚部》“爾，麗爾，猶靡麗也。此與爽同意”。有“皃”，专释事物形貌状态，如：《艸部》“蓱，艸皃”，“茸，艸茸茸皃”。有“之为言”，是专用来探求语源而说明得名之由的，如：《卤部》“㮚，嘉穀實也。孔子曰：㮚之爲言續也”；《犬部》“狄，赤狄，本犬種。狄之爲言淫辟也”。

3. 属、别

说明被释词与释语词之间的类属关系，有用“属”表示相属的，如：《艸部》“蓍，蒿屬。生十歲，百莖”，“莪，蘿莪，蒿屬”；《烏部》“焉，焉鳥，黄色，出於江淮，象形。凡字：朋者，羽蟲之屬；烏者，日中之禽”。有用“别”来区别差异的，如：《禾部》“稗，禾别也”，《水部》“澥，郣澥，海之别也”。

4. 词、辞、语辞、语之余

上面是实义训释的术语，虚词的释义则多用“词、辞、语辞”等。《白部》“𪐴，詞也”，“皆，俱詞也”，“者，别事詞也”。《只部》“只，語已詞也”。《口部》“各，異辭也”；《此部》“些，語辭也”。《兮部》“乎，語之餘也”。《言部》“誒，可惡之辭，从言矣聲。一曰誒然。《春秋傳》曰：誒誒出出”。

5. 形训、义训、声训

今人就《说文》训释的作用和方式，分其释义为“形训、义训、声训”三类。《说文》的声训是大宗，其复杂的内容当另文专论，此处只就术语作一般的界定。

形训，就是用分析字形结构的方法来释义。《戈部》“武，楚莊王曰：夫武，定功戢兵。故止戈爲武”，直接引用《左传·宣公十二年》“楚子曰：夫文止戈为武”的字形分析来解释“武”的词义是“制止战争”；《面部》“靦，面見也。从面、見，見亦聲。《詩》曰：有靦面目”，引《诗》的字形说解（“面、见”会意）来解释“靦”就是直面相见的意思；《口部》“命，使也，从口、令”，分析“口、令”会意也就解释了“以口发令”的词义；《止部》“歬，不行而进謂之歬，从止在舟上”，分析字形“止在舟上”会意也就解释了“舟前行”的词义；《贝部》“貧，財分少也”，释语既分析了字形又解释了意义。

义训，就是说解字形所表示词的意义，只从现有意义中选择训释词来释义，不考虑语源和形义关系。王宁师分义训为“**综合释义、随文释义**”两类，综合释义又称“**词义训释**”，只对客观词义进行表述；随文释义又称“**文意训释**”，是对词在语境中的使用义进行的训释。如《说文·艸部》“茂，艸豐盛也”，训释的是“茂”的本义，是词义训释；《诗·齐风·还》“子之茂兮”毛传“茂，美也”，是指“茂”在此诗句中才有美好义，是文意训释。《说文》中的释义绝大多数都是义训，用“某，某也”格式来定义的基本上都是义训，无需多作引用说明。

声训，也称“音训”，是用“音近义通”的同源词来释义，即按读音的线索来推求被释字的词义来源，也就是推求语源或探求名源。《一部》“天，顛也”，是真韵平声的透母、端母相训，读音相近，“顛”从页是人头顶，“天”是大（人）上一横也表示人头顶，音近义同，二字是同源词。《示部》“禮，履也。所以事神致福也”，“礼、履”都读来母脂韵，都有“履行求神赐福之事”的意思，是同源词。再如《八部》“八，别也”、《上部》“帝，諦也”、《户部》“户，護也”、《门部》“門，聞也”等，都是声训。声训或以双声为训，如：《示部》“祈，求也”，“祈、求”双声；《示部》“祸，害也”，“祸、害”双声。

或以叠韵为训，如：《示部》“禱，告事求福也”，“祷、告”叠韵；《王部》“王，天下所歸往也”，“王、往”叠韵。王宁师认为明语源的声训可分为“**推源、系源**”两种方式，“推源式”是用源词来训释派生词以说明其直接来源，如《论语》“政者，正也”，是不完全的推源，完全推源是很难办到的；“系源式”是用同源词中的一个派生词训释另一个派生词，起到局部系源的作用，如《页部》“頂，顛也”，二者是同代的派生词。崔枢华《说文解字声训研究》（北京师范大学出版社 2000，第 80 页）统计，《说文》运用声训释义的共有 4438 条。

6. 互训、推因、义界

章太炎把《说文》的义训分为“直训、语根、界说”三类，其《与章行严论墨学第二书》（《华国月刊》一卷四期）云：“训诂之术语略有三涂，一曰直训，二曰语根，三曰界说。如《说文》云‘元，始也’，此直训也，与翻译殆无异。又云‘天，颠也’，此语根也，明‘天’之得语由‘颠’而来。又云‘吏，治人者也’，此界说也，于‘吏’字之义，外延内容，期于无增减而后已。《说文》本字书，故训诂具此三者。其在传笺者，则多用直训，或用界说，而用语根者鲜矣。”

黄侃论《说文》的训诂云：“训诂者，用语言解释语言之谓。……且论其法式，明其义例，以求语言文字之系统与根源是也。”（《文字声韵训诂笔记》，上海古籍出版社 1982，第 181 页）；又继承其师“直训、语根、界说”之分并发展完善为“互训、推因、义界”三式，说：“训诂者，以语言解释语言之谓。论其方式有三：一曰互训，二曰义界，三曰推因。……互训（亦可称直训），凡一意可以种种不同之声音表现之，故一意可造多字，即此同意之字为训或互相为训（亦可称代语），如《说文》‘元，始也’、‘丕，大也’……。义界（亦可称界说），义界者，谓此字别于他字之宽狭通别也。凡以一句解一字之义者，即谓之义界，如《说文》‘礼，履也，所以事神致福也’、‘神，天神引出万物者也’之类是……。推因，凡字不但求其义训，且推其字义得声之由来，谓之推因（即求语根），如《说文》‘天，颠也’是。”（《文字声韵训诂笔记》，上海古籍出版社 1982，第 186~187 页）。

他们所说的“互训”，就是同义词的互相解释。“推因”，就是推求语源的声训，另文细论，此处重点说说“义界”。

义界，就是下定义。按太炎、黄侃先生的说法，义界的形式是以句训词，内容是界定被训词的外延和内涵。王宁师曾在《论词义训释》（《辞书研究》1988 年第 1 期）中把义界归纳为“**主训词+义值差**”，“主训词”是选来与被训词作比较的释语词或其范围，“义值差”是指被释词与释语词（主训词）

的不同特征。用“主训词+义值差”来为被释词定义，就能在一定范围内比较、确定被训释词的特征，使释语成为唯一属于被释词的意义描写。这样的界定既能表明词的概括性意义，又能区分该词与邻近词的意义差别。如《水部》“瀾，大波爲瀾”，“波”是主训词，“大”是“波”与“澜”的义值差，表明“波、澜”为一物但“澜”的特点是比“波”大，“波+大”就是“澜”的唯一意义描写。

《说文》的义界式释义在一千条以上，可分为两大类：有标记义界、无标记义界。“有标记义界”，是指《说文》中用“**为、曰、之、者、所、所以**”等作显性标记的义界。如：《帀部》“師，二千五百人為師”，“人”是主训词，“二千五百”是义值差；《歺部》“殚，大夫死曰殚”，“死”是主训词，“大夫”是义值差；《人部》“位，列中庭之左右謂之位”，“列”是主训词，“中庭之左右”是义值差；《珡部》“瑟，庖犧所作弦樂也”，“弦乐”是主训词，“庖牺所作”是义值差；《馬部》“駿，馬之良材者”，“馬”是主训词，“良材”是义值差；《黑部》“黮，桑葚之黑也”，“桑葚”是主训词，“黑”是义值差；《口部》“口，人所以言食也”，“所”是主训词，“人言食”是义值差，其中的“所以”意为“以之”即“用它来”的意思，这种“所以”是《说文》很常用的义界术语，有 81 处之多。“无标记义界”，即释语中不存在显性的标记性词语，直接就是“主训词+义值差”。如：《示部》“祖，始廟也”，“庙”是主训词，“始”是义值差；《示部》“祈，求福也”，“求”是主训词，“福”是义值差；《缶部》“罄，器中盡也”，“盡”是主训词，“器中”是义值差；《重部》“量，稱輕重也”，“稱”是主训词，“輕重”是义值差。

义界中的主训词一般与被训词的词性相同，词义与被训词相近，主训词的义域或包含被训词（上位词）或与被训词相同（同位词）。义值差则大体表示主训词与被训词在“原因、主体、领属、时间、位置、状态、数量”等方面的差别。义界粗略说来是一个句子，其实多数是个短语（词组），其语法结构非常灵活，以利于表示千变万化的词义描写，就上引例子看，“大夫死”是主谓式的句子或短语，“求福”是动宾式的，“列中庭之左右”是动补式的，“馬之良材”是定中式的，等等。许慎在《说文》中创造了丰富多彩而又定义简洁明确的义界，成为后世的传注训诂和辞书编撰的释义范式，其功甚伟。

7. 直训、单训、互训、递训、同训

作为训释方式的“直训”，是指以单词释单词的训释方式，属于逻辑学上的“直言判断”，就是利用训释词与被训词在语义上的相同特点来提示人们理解被训词的意义，一般是同义（或近义）词为训。其释语格式为“某，某也；某，犹某也；某之言某也”等，如《宀部》“寒，凍也；定，安也”。直训包括“单训、互训、递训、同训”等具体形式。

“单训”是单向的直训，A→B，即“A，B 也”，如《宀部》“寒，凍也”，《仌部》“凍，仌也”。“互训”是双向的互为直训，A = B，即“A，B 也；B，A 也”，如：《辵部》“追，逐也；逐，追也”，为同部互训；《宀部》“寄，託也”，《言部》“託，寄也”，为异部互训。“递训”是辗转递进式的直训，A→B→C→D，即“A，B 也；B，C 也；C，D 也”，如《手部》“推，排也；排，擠也；擠，排也”，这是异条递训，也有同一条训释内递训的，如《䇂部》“童，男有辠曰奴，奴曰童，女曰妾”。“同训”是用一个训释词解释多个被训词的直训，A/B/C→D，即“A、B、C，D 也”，如《手部》“排，擠也；抵，擠也；摧，擠也”，《宀部》“定，安也；宓，安也；宓，安也；宴，安也”。

8. 同意

“同意”是指二篆的造字意图相同，如《叕部》“爾，麗爾，猶靡麗也。从冂从叕，其孔叕，尒聲。此與爽同意”，是说“爾、爽”的构形理据都是用窗棂“叕”来表示透光明亮。《说文》有“同意”32 处，可以分为三类。一是字形的偏旁形义相同或相关，如《誩部》“譱，吉也，从誩从羊。此與義美同意”，《羊部》“美，甘也，从羊从大，羊在六畜主給膳也。美與善同意”。“譱（善）、美”都从羊构形，同有美好义。《高部》“高，崇也。象臺觀高之形，从冂、口。與倉、舍同意”，徐锴系传“口音韋，與倉、舍同意，謂皆室屋垣牆周帀之意”。二是字形结构基本相同，字义相同相关，如《皿部》“皿，飯食之用器也。象形。與豆同意”，“皿、豆”都是象形字，都是盛食物的器皿。三是字形虽不同，而字义相同相关，如《冂部》“央，中央也，从大在冂之内。大，人也。央㝫同意”，徐锴系传“凡大字皆象人之正立也。故央字从大取其正中也，㝫字象四出，故曰與㝫同會意”。“央、㝫（旁）”都有宽大之意。

9. 以大（总）名释小名

《说文》有 3 处用到“总名”：《瓦部》“瓦，土器已燒之總名”；《𣎆部》“𣎆，葩之總名也”；《木部》“櫛，梳比之總名也”。“总名”又称“大名”是种概念，其下位概念是“小名”，即类概念或属概念，《说文》540 部首很多都是“大名”，如“瓦、木、水、艸”等都是。许慎常用大名来释小名，即用种概念来解释属概念，如《木部》“榗，木也”，“楈、楑、椆、樧”等都训“木也”，指出这些名称都是树的一种，也有个别在后面加以限定，如“樿，木也，可以爲櫛”，指明是可以作梳子的木材。《木部》421 字中就有 26 字训“木也”，《艸部》445 字中有 44 字皆训“草也”，可见“大名释小名”是《说文》常用的训释条例。

10. 俗语、某谓、一曰、一名

许慎在《说文》中的释义，主要是传承古文经学的传统训释，但偶尔也会用到当时的世俗习用语。如《马部》“馱，負物也，从馬大聲。此俗語也”，是说此字及其所表词的释义都是世俗所用的。《歺部》“殑，棄也，从歺奇聲。俗語謂死曰大殑”，是附录世俗的用法备参考之用。全书言及“俗”的仅10处，可见很谨慎。《说文》中，许慎引当时各地的方言作为不同的训释是较多的，标明地域的“谓”就有188处之多，如《艸部》“蔆，芰也。从艸淩聲。楚謂之芰，秦謂之薢茩”，《水部》“涾，涫溢也。今河朔方言謂沸溢爲涾”等。

释义时用“一曰”，表示存别说以备考：有字义之别者，如《示部》“禋，潔祀也。一曰精意以享爲禋”；有明字形之别者，如《示部》“祝，祭主贊詞者，从示从人口。一曰从兑省”；有明声之别者，如《玉部》“玤，石之次玉者，以爲系璧。从玉丰聲，讀若《詩》曰瓜瓞菶菶。一曰若盦蚌”。以别义者为多。用“一名”有23处，多言事物名有两种以上称谓法，主要是释义的，如：《艸部》“萇，萇楚，跳弋。一名羊桃”，“苢，芣苢。一名馬舄”；《隹部》“雅，楚烏也。一名鸒，一名卑居。秦謂之雅”。

二、解形的体例与术语

在《说文》中，许慎以经先秦文献验证过且体现构形意图（笔意）的小篆为被释字形，运用“六书”来解析其字形构造，又将不同时期不同层面的古字形附录在小篆解析后作为对照与参考，正如《叙》中所说：“及宣王太史籀著大篆十五篇，与古文或异。至孔子书六经，左丘明述《春秋传》，皆以古文，厥意可得而说。”即古字形“可得而说”的笔意有助于小篆字形的正确解析。“六书”的具体内容本书立有专章系统讨论，此处略列术语则可。古字形解析的内容与形式，在此处作详细的分类介绍。

1. “六书”类解形术语：象形、指事、会意（省形）、形声（亦声、省声、皆声）、转注、假借

象形，有独体象形、衬托象形和变体象形，所用术语不同，如《气部》“气，雲气也，象形”，《牙部》“牙，牡齒也，象上下相錯之形”，《眉部》“眉，目上毛也。从目，象眉之形，上象頟理也”，《木部》“木實也。从木，象果形在木之上”，《日部》“日，實也……。从口一，象形”，出现“象形、象……形”的状况多有不同。也有不出“象形”的，如《品部》“品，眾庶也。从三口”，《片部》“片，判木也。从半木”，《夕部》“夕，莫也。从月半見”，

其实都是象物之形。

指事，又称“处事”。《说文》只有两处标明“指事”：《丄部》“丄，高也，此古文上。指事也”，“丅，底也。指事”。有的只用“从某”，如《木部》“末，木上曰末，从木，一在其上”。有的用“象、象……形”，如《入部》“入，内也。象从上俱下也”，《大部》“亦，人之臂亦也。从大，象兩亦之形”。还有如“回、刃、八、亼”等也是用“象形”来表示的，段玉裁《说文解字·叙》注中解释道：“有事则有形，故指事皆得曰象形。”

会意，有标明“会意”术语的，如《言部》“信，誠也。从人从言，會意”。有只作“从某从某、从某某”的，如《木部》“采，捋取也。从木从爪”，《女部》“好，美也。从女、子”，《秝部》“兼，并也，从又持秝。兼持二禾，秉持一禾”。还有些会意字是用描述性语言表示的，如《示部》“祭，祭祀也。从示，以手持肉”，《口部》“名，自命也，从口从夕。夕者，冥也。冥不相見，故以口自名”，《蟲部》“蠱，腹中蟲也。《春秋傳》曰：皿蟲爲蠱”。会意字中有部分形符减省的“**省形**”，作“从某，某省”，如：《犛部》“氂，犛牛尾也。从犛省，从毛”，谓“氂”字形符“犛”省去“牛”；《辵部》“逐，追也。从辵，从豚省”，谓“逐”字形符“豚”省去“肉”。

形声，前人又常称为“**谐声**”。形声字中表示义类的偏旁叫“**形符**”或“**形旁、义符**”，表示读音的偏旁叫“**声符**”或“**声旁、声首、音符**”。“从某，某声”是形声的常见例，如《一部》“丕，大也。从一，不聲”。多形符的为“从某某，某声”，如《冊部》“嗣，諸侯嗣國也。从冊从口，司聲”。形声兼会意的用“从某从某，某亦声”，如《一部》“吏，治人者也。从一从史，史亦聲”，《示部》“禬，會福祭也。从示从會，會亦聲”。“亦声”字的声旁一般都有示源作用。有两个声符的作“某某皆声”，如《米部》“竊，盜自中出曰竊。从穴从米，禼、廿皆聲”。声符减省的作“从某，某省声”，如《言部》“誉，小聲也，从言，熒省聲”。形声字中也有形符减省的，作“从某省，某声”，如《犛部》“斄，彊曲毛可以箸起衣。从犛省，來聲”。

转注，《说文》正文没有标明“转注”的用例。《老部》“老，考也，七十曰老。从人、毛、匕，言須髮變白也”，“考，老也。从老省，丂聲”，依例“老”为象形、“考”为形声，因许慎《说文·叙》引“考—老”为转注的用例，于是有人把“蔷，蓄也；蓄，蔷也”、“薐，芰也；芰，薐也”之类也算作转注，颇有争议，然就体例来看，这些只是“互训”而已，算不上字形解析的条例。

假借，指“本无其字，依声托事”的假借，《说文》正文也没有明标“假借”的用例。一般认为以下术语实为假借条例：有“**借以为**”，如《韋部》

“韋，相背也，从舛囗聲。獸皮之韋，可以束枉戾相韋背，故借以爲皮韋”，谓借动词“韋”(围)为名词“韋”。有“**故为、故以为**”，如：《來部》“來，周所受瑞麥來麰，一來二縫，象芒朿之形。天所來也，故爲行來之來”，谓借庄稼的“來”为动词“來”；《乌部》“烏，孝鳥也，象形。孔子曰：烏，盱呼也。取其助气，故以爲烏呼”，谓借乌鸦鸟为语气词“乌呼”。有“**以为**”，如《可部》“哥，聲也。从二可。古文以爲謌字”，《屮部》“屮，艸木初生也，象丨出形，有枝莖也。古文或以爲艸字”，谓借“哥”为“謌”、借“屮”为“艸”。还有如《攴部》“敿，棄也。从攴𠷎聲。《周書》以爲討”，谓借“敿”为“討”；《𠬪部》“爰，引也，从𠬪从于。籒文以爲車轅字”，谓借“爰”为“轅”等。

2. 重文类字体术语：古文、籒文、篆书、或体、俗体、奇字

重文，是《说文》中所引的重出字形，是相对于“正篆”(小篆)而言的不同时地、不同语境、不同书写体式的字形，也就是正篆的异文，即异体字。重文附在释语之后。“**正篆**”是指具有规范性及标准性质的小篆正体字，《说文》一般是把正篆列为被释字头。《说文·叙》说全书收正篆 9353 个，在历代流传中有所增省，今传大徐本实收正篆 9421 个。许慎广引重文来作对比，是为了辅助解说正篆的构形意图，也就是把历时的汉字形体放到共时平面上来作对比分析。《说文·叙》谓收重文共 1163 个，今传大徐本实附重文 1279 个，占正篆总数的 12%强，量还是很大的，说明许慎很重视拿异文来作比较分析。

《说文》的“重文”实际包括“古文、籒文、篆文、秦刻石、或体、俗体、奇字、通人之书、秘书之字”等九类。其中，“**秦刻石**”为秦朝刻在石头上的文字，如《又部》“及，逮也，从又从人。乁，古文及，秦刻石‘及’如此”。“**秘书之字**”指当时讲阴阳五行而秘不公开的谶纬之类书中所用的特殊字形，如《叙》中所引“马头人为长、人持十为斗、虫者屈中也”之类，段玉裁注谓“秘书”即“纬说”。“**通人之书**”指许慎“博采通人”见到的异体字形，如《片部》“牖，穿壁以木爲交窻也。从片、戶、甫。譚長以爲甫上日也，非戶也；牖，所以見日”，从“片、日、甫”构形的就是通人谭长掌握的字形。这三类字实际上只是小篆的稍微变化与曲解，属于小篆同时的篆文系统，数量很少。重文多的是“古文、籒文、篆文、或体、俗体、奇字”六种，其中“篆文”主要指小篆作被注字头，只有“上、善、爽、屋、吕、仝”等 37 个小篆放在释语中成为重文，则其对应的被释字头可能是古文、籒文。

古文，应为时代较小篆早的字体。《说文·叙》称古文为王莽时代六种书体之一：“古文，孔子壁中书也。……鲁恭王坏孔子宅，而得《礼记》《尚

书》《春秋》《论语》《孝经》。又北平侯张苍献《春秋左氏传》。郡国亦往往于山川得鼎彝，其铭即前代之古文，皆自相似。虽叵复见远流，其详可得略说也。”前人因此认为“古文”就是仓颉所造的远古字体，是汉字的古源。然而，经近现代众多学者的反复对比研究，发现《说文》所谓“古文”其实就是战国时代六国所用的字形，西汉从孔子老宅发掘出来的那些古书中的字形，远不是早期甲骨、金文的体系，其结构更近篆文，只是写法上头大尾细形似蝌蚪而称“蝌蚪文”。对比来看，《说文》“古文”与小篆的差别总体上不是很大，如《㕯部》“(商)，从外知内也。从㕯，章省聲。古文商，籀文商”，甲骨文作甲七二七，金文作商尊，显然古文、籀文与甲骨、金文字形构造相去甚远，而与小篆字形相近。又如《中部》“中，艸木初生也。象丨出形，有枝茎也。古文或以爲艸字”，这里说“古文”借“中”为“艸”字之用，也应是同一时代字形系统中的借用。为区别甲骨、金文等真正的古文字，《说文》的这些“古文”被称为“战国古文”。随着大量战国时期文献的不断出土，各地各类字形的对比研究日见深入，《说文》“古文”属于战国时期用字的论断得到普遍的认可。

《说文》中言明“古文”的有 500 处左右，实际上不止此数，如《内部》“厹，獸足蹂地也，象形，九聲。《尔疋》曰：狐貍貛貉醜，其足蹞，其迹厹。蹂，篆文从足柔聲”，既然在说解中说“蹂”是“篆文”，则被释字头“厹”当是古文(或籀文)。这样的用例还有一些，因此各家统计“《说文》古文”的数量总是多少不一，总数都在 500 以上。

《说文》所收小篆中有些字形已失去笔意而变成了笔势，而其对应的古文还保留构形理据，许慎用“**从古文之象**”来说明，如《弟部》“弟，从古文之象”、《革部》“革，象古文革之形”、《酉部》“酉，象古文酉之形”等。

籀文，《汉书·艺文志》列《史籀》十五篇，班固自注谓即周宣王太史所作大篆，云“《史籀篇》者，周时史官教学童书也，与孔氏壁中古文异体”。许慎《说文·叙》也称“宣王太史籀著大篆十五篇，与古文或异”。是说籀文就是大篆，为西周晚期所用的字体，与《说文》古文有所不同。然而，近代学者唐兰认为籀文是春秋战国之交的文字；王国维认为籀文是周秦之际西土所用的字体，与东土六国所用的古文不同，古文、籀文“乃战国时东西二土文字之异名”。此后学者们就此多有争议，难于统一。较被认同的说法，是赵卫《〈说文〉籀文研究》(《文字学论丛》第一辑，吉林文史出版社 2001)的结论：“因《史籀篇》而得名的籀文是源于殷周甲、金文，并在此基础上整齐、规范了的古文字，其书写风格和形体结构近同于西周晚期的克器、颂器、虢季子白盘和春秋战国秦器上的铭文。所以我们推断：籀文的使用年代主要在春秋末年和春秋战国时期。战国时六国用的古文，是籀文在民间的一种变体。秦国用的小篆，也是在籀文基础上演变了的一种文字。秦统一六国之后，废除了‘不与秦合’的六国古文，对原来秦国通用的籀文和小篆加以改造，从而使其发展成为标准的小篆，实现了‘书同文’的目的。”所论足资参考。

西周《史籀》十五篇到东汉仅存九篇，到晋代全部亡佚。籀文传至今天，除石鼓文几百字外，就只有《说文》所收的了。《说文》标示籀文的方式有三种：一是直接标明“籀文”，如《丄部》旁字下“，籀文”；二是标明“大篆”，如《艸部》“蒜，葷菜也”后云“左文五十三，重二，大篆从茻”，是说此后“芥”至部末“薊”的五十三个小篆从“艸”的字大篆本都从“茻”；三是标明《史篇》，如《皕部》“奭，盛也。从大从皕，皕亦聲。此燕召公名，讀若郝，《史篇》名醜”。释语引“篆文”，则被释字头可能是籀文，如《乌部》“舄，鵲也，象形。誰，篆文舄从隹、昔”，篆文作“誰”则“舄”可能是籀文（或古文）等。赵卫《〈说文〉籀文研究》仔细统计，《说文》标明“籀文”214处，其他多种情况可推定为籀文的18处，共232个籀文（不包括《艸部》末的53个大篆）。籀文形体上的特点是结构有定，结体匀称，笔形圆转，重叠繁复。如《雨部》（雷）、（震）就很典型。

篆文，主要是指小篆。许慎《说文·叙》谓春秋后七国“言语异声，文字异形”，故“秦始皇帝初兼天下，丞相李斯乃奏同之，罢其不与秦文合者。斯作《仓颉篇》，中车府令赵高作《爰历篇》，太史令胡毋敬作《博学篇》，皆取史籀大篆，或颇省改，所谓小篆者也”。这就是说，小篆是由籀文（大篆）省减改造而来的。当今有些学者不同意这种说法，认为秦统一之前的战国时期就已经存在相当标准的小篆字体了，李斯等人只是参照籀文加以整理规范而已。尽管如此，小篆与籀文关系密切且比籀文笔画减省便用，是明白可见的事实。

许慎把小篆作为《说文》收字和注释的对象，是有其深刻的历史原因的。许慎看到的小篆字系是“书同文”的成果，是有意识进行系统整理的文字系统，它比籀文、古文都更为统一、完备、规范，也更便利于使用。小篆大致从籀文脱胎而来，与籀文在字形构造上大部分相同，不同处多表现在笔画简省变化方面。小篆与六国“古文”来源于同一母体，尽管有各国各地演化变异的多种不同，但字形构造上的同一性还是容易看到的。小篆的形体虽然多保留了造字时的笔意，仍然“厥意可得而说”，但由于“省改”而造成的讹误必不可免，至汉代许慎等文字学家说解小篆字形构造以求造字本义，又因去古甚远而未能像今人一样见到甲骨、金文等古字形，难免的构形误解也会导致对小篆字形的篡改。《说文》成书后，屡经众手传抄、转刻、校改，又会造成一些新的错误。因此，今天来分析《说文》的小篆构形，光靠传本的说解是不够的，需要参考自甲骨文以来的各时期各地域的出土文字，才能证实、修订《说文》的说解，达到求真的目的。许慎“叙篆文，合以古籀，博采通人，至于小大，信而有证”，使得《说文》的小篆字形说解精审坐实而不可移易者多；又基于上述原因，需要证实改订者时或有之。总之，在解说小篆构形问题上，不可轻改许说，也不能尽信许说。

或体、俗体，《说文》的“或体”多指小篆的另外一种写法，“俗体”指小篆在民间流行的某种写法，形体一般比正篆要简单一些。大徐本多或体，用“或从某、或作某”表示，如“瑱，或从耳”、“菣，或从堅”、“淼，或作渺”、“掠，《唐韵》或作擽”等。小徐本则多用“俗作某”。在《说文》重文中，古文、籀文与小篆可以说是不同时期或不同体系的形体差异，而或体、俗体则是同一时期小篆的不同形体。如《骨部》“骴，鳥獸殘骨曰骴。骴，可惡也，从骨此聲。𦙶，骴或从肉”，《赤部》“䞓，赤色也，从赤巠聲。赬，䞓或从貞。𧹞，或从丁”，《先部》“先，首笄也。从人，匕象簪形。簪，俗先从竹从朁”。其中“𦙶—骴”“先—簪”都是小篆，只是构字部件不同而已。

王筠在《说文释例》卷五“或体”条下说：“《说文》之有或体也，亦谓一字殊形而已，非分正俗于其间也。自大徐本所谓或作某者，小徐间谓之俗作某，于是好古者概视或体为俗字，或微言以示意，或昌言以相排，是耳食也。”许瀚在《与王君菉友论说文或体俗体》中说：“《说文》重文，于古文、籀文、奇字外，又有或体俗体者，皆以纪小篆之异文也。……不惟或体非俗，即俗体亦犹之或体也。……躳，俗作躬，时通行作躬也；先，俗作簪，时通行作簪也；印，俗作抑，时通行作抑也。推之他字皆然。”就是说，《说文》的俗体就是或体，都是当时通行的常用写法，与古文、籀文一样，只是正篆的一种异体，没有高下、雅俗之分，不是与“正体”相对的不正规的“俗书”，不可轻视它们。如《水部》“𤅩，水濡而乾也。从水鷬聲。《詩》曰：𤅩其乾矣。灘，俗𤅩从隹”，《鳥部》“鷬，鳥也。从鳥堇聲。難，鷬或从隹”。一作“俗从隹”，一作“或从隹”，说明“俗体”的确与“或体”相同，而且《日部》“㬮”、《心部》“戁”、《人部》“儺”都从俗字“難”构形，“鳥、隹”混用的异体字很多，说明正篆与或体、俗体可以互用，没有本质的区别。也许《说文》的“俗”是指“通俗”而不是“鄙俗”，没有鄙弃、贬低的意味。

奇字，“奇”即“异”，《叙》谓“二曰奇字，即古文而异者也”，实际上“奇字”并不一定是古文有异者，也可能是小篆形体有异者，是王莽时使用的字体之一，特点是字形简单但不大符合构形规律。《说文》标明“奇字”的只有几处，如《儿部》"儿，仁人也。古文奇字人也，象形。孔子曰：在人下，故詰屈"，是说"儿"是"人"的异体，由于构字时总放在下部，所以笔画弯曲成"儿"形，《儿部》"兒、允、兑、充"四字"儿"都在下部。《亡部》"無，亡也。从亡無聲。无，奇字，无通于元者"，是说"无"是"無"的变体异文，与"元"形近。还有《倉部》"倉"、《水部》"涿"附有奇字。小篆比籀文笔画简化，奇字比小篆、古文笔画简化，看来繁体字与简化字的关系很早就用于汉字系统中了。

有关《说文》重文及其分支字体的研究，近现代成果很多，可资参考的主要有：清吴大澂《说文古籀补》（光绪二十四年刻本）、王国维《说文所谓古文说》和《战国时秦用籀文六国用古文说》（《观堂集林》卷七，中华书局1959）、商承祚《说文之古文考》（上海古籍出版社1983）、曾宪通《三体石经古文与说文古文合证》（《古文字研究》第七辑，中华书局1982）、赵卫《说文籀文研究》（《文字学论丛》第一辑，吉林文史出版社2001）、王平《说文重文研究》（华东师范大学出版社2008）等。

三、说音的体例与术语

今见最早的反切，是存于颜师古《汉书注》中东汉末服虔、应劭《汉书音义》的反切。《说文》本身没有反切注音，大徐本中的反切是徐铉等引注《唐韵》的反切。也有学者推测古本《说文》是有反切的，但未能证明，难于取信。还有汉以后各类书中引"说文音"的，清毕沅辑录编撰为《说文解字旧音》一卷，之后胡玉缙撰《说文旧音补注》一卷，可资参考。

1. 某声、某省声、某亦声、某某皆声

《说文》形声字说解中的"某声、某省声、某亦声、某某皆声"，都是解形兼注音的，声符标明被注字近似的读音，而且是造字时的读音。经历代音变之后，很多形声字的声符与被注字的读音差别不断加大，但造字之初一定是音同、音近的。同时，大多数声符表示被注字所表词义的核心义素，指明被注字依声得义的理据，所以声符既有"说音"的作用，又有"解形"的作用。形声字占《说文》总字数的82.3%，声符兼说音读的量是很大的。《说文·示部》"禷，以事類祭天神，从示類聲"，王筠《释例》："许君之说字义也，已云'以事類祭天神'，即足见从類之义矣。故其说字形也，第云'類声'而不加'从類'。此当为许君本文。"即说解已揭示声符有义，就不再用"亦声"，只用"某声"表形声兼会意。清代有不少学者研究《说文》形声字与其声符在音义上的联系，成果厚实，如刘熙载撰有《说文双声》二卷、《说文叠韵》四卷，精到处不少，值得参考。

"皆声"，黄侃《声韵略说》引《米部》"竊，盗自中出曰竊。从穴从米，禼、廿皆聲"云："按廿禼、禼廿，顺逆言之，皆可得竊之声，以两声作字，是作字时且含反切之理也。"又《韭部》"韲，墜也。从韭，次、朿皆聲"下云："按：次朿、朿次顺逆读之，皆可得韲声也。"是说这类"皆声"已含有反切的拼读原理了。

2. 读、读若、读若某同、读与某同、读若某相似、读如

《说文》有显性说音标记的是"读"，具体形式有"读、读若、读若某同、读与某同、读若某相似、读如"等，其说音、说义的具体功能或各有分别，或互有交叉，较为复杂。

清代小学特别重视"因声求义"，对《说文》"读"的研究尤其用力。段玉裁在《言部》"读"下注云："拟其音曰读，凡言读如、读若皆是也；易其字以释其义曰读，凡言读为、读曰、当为皆是也；人所诵习曰读……；讽诵亦可云读，而读之义不止于讽诵，讽诵止得其文辞，读乃得其义蕴。"又《示部》"禜"下注云："凡言读若者，皆拟其音也。凡传注言读为者，皆易其字也。注经必兼兹二者，故有读为，有读若，读为亦言读曰，读若亦言读如，字书但言其本字本音，故有读若无读为也。读为、读若之分，唐人作正义已不能知，'为'与'若'两字注中时有讹乱。"还在《周礼汉读考·序》中总结说："汉人作注，于字发疑正读，其例有三：一曰读如、读若，二曰读为、读曰，三曰当为。读如、读若者，拟其音也，古无反语，故为比方之词。读为、读曰者，易其字也，易之以音近之字，故为变化之词。……当为者，定为字之误、声之误而改其字也，为救正之词，形近而讹谓之字之误，声近而讹谓之声之误，字误声误而正之，皆谓之当为。凡言读为者，不以为误，凡言当为者，直斥其误。三者分，而汉注可读，而经可读。"

王引之《经义述闻·自序》引其父王念孙语云："训诂之指存乎声音，字之声同声近者，经传往往假借。学者以声求义，破其假借之字而读以本字，则涣然冰释。如其假借之字而强为之解，则诘𫄨为病矣。故毛公《诗传》多易假借之字而训以本字，已开改读之先。至康成笺《诗》注《礼》，娄云某读为某，而假借之例大明。后人或病康成破字者，不知古字之多假借也。"钱大昕《潜研堂文集》卷三《古同音假借说》："汉人言读若者，皆文字假借之例，不特寓其音，并可通其字。……假其音，并假其义，音同而义亦随之。"

王筠《说文释例》卷十一："《说文》读若有第明其音者，有兼明假借者，不可一概论也。"

综合来看，清人对"读"及其分支术语的作用主要有三种不同的看法：

(1)段玉裁主张明确分开："读如、读若"是标音的，"读为、读曰"是明假借的，"当为"是辨字形的；(2)钱大昕、王氏父子则认为"读若、读为"等都是明假借的；(3)王筠则认为"读若、读为"等各自既有标音的，也有明假借的。

现代学者全面考察《说文》以及汉唐经书传注中的"读"，比清儒的笼统分类更前进了一步，深入到材料的内部，看到"读"所包含的不同层次不同来源的复杂内容。沈兼士在《吴著经籍旧音发墨》(《经籍旧音辨证》，中华书局 1986)中说："汉魏人作音之例，殆有非段玉裁《周礼汉读考》读如、读为、当为三例所能赅括者。盖古注中注音之字，往往示义，而释义之文，亦往往示音，不如后世字书中音义分界之严，故其注音不仅言通用，且以明同用，不如后世韵书反切之但识读音而已。通用者，义异而音通，即假借之一种，人习知之。同用者，辞异而义同，音虽各别，亦可换读。"

虞万里撰《三礼汉读、异文及其古音系统》(《语言研究》1997 年第 2 期)一文，对《三礼》的"读"作了全面深入的系统研究，认为段玉裁"三分"之说"似是而非"，云："汉儒解经，未有反语，各本师读方音，以譬况读若之法解之。《周礼》郑注引杜说 180 余条，凡言读者，多作'某读为某'，其次为'某读为某某'；引郑众言读如者约 20 条。郑玄自注则有'如''若''为''曰'，体式繁多，亦偶有'某读某'者。许慎《说文》一律言'读若'。高诱古籍注多言'某读某''某读某某之某'。至应劭、服虔注《汉书》，此类术语极少使用，多言某音近某，或直言某音某。由此可概见各人用语有所偏向，非必如段氏所定者"；"一篇之中，用语复异，则'读为'犹'当为'也。一人之注，字相同而用语相异，则知汉儒注经，本非先有定式，然后作注遵循之"。所以他认为"谐声中之声韵乃先秦及汉人以'手'传递于今世者；汉读中之声韵乃汉人以'口'传递于今世者"，则"读"都关乎"音"。他用非常详实的数据分析证明，汉注中的"读"不是像清儒笼统感觉的那样术语分工明晰，而是人各异用，体式繁多，用语复异，但都与读音相关。

张能甫撰《关于郑玄注中"读为"、"读如"的再思考》(《古汉语研究》1998 年第 3 期)一文，对郑玄《三礼注》和《毛诗笺》四部书中的"读"作了定量研究，用详尽的数据证明："'读为'的主要功能是易字，占 87. 6%；'读如'主要是用来拟音的，占 41%"，且"读曰"近"读为"，"读若"近"读如"。然而，交叉的情况是"相同术语表示不同的意义，不同的术语表示相同的意义，情况是复杂的"。陆志韦《说文解字读若音订》(《燕京学报》1946 年第 3 期)认为《说文》"读若"中的假借之文占十之一二。

总之，"读"的使用情况的确很复杂，"读"之下的二级术语与内容的关系远不如清儒说的那么简单，而是既有一定的类化趋向，又都兼跨多类，一名多实、一实多名、同名异实、同实异名的情况常见。

大徐本《说文》涉及“读”的有789处，其中标明“读若”的745处(包含“读若某同”5处、“读若某相似”1处)，标明“读与某同”35处，标明“读如”1处。

“读如”1例：《匸部》“匿，亡也，从匸若聲。讀如羊騶箠”。段注认为有讹夺而改作“讀若羊箠蟄之蟄”，谓“匿讀若蟄，即讀若質也，古亦讀尼質切”，是描写近似读音即“拟其音”的。“读如”与“读若”同。

“读若某相似”1例：《目部》“睒，暫視皃，从目炎聲。讀若白蓋謂之苫相似”，只是拟读近似的音。虽然“睒、苫”上古音都为书母谈部字，但到《广韵》中“睒”有平、去二读而“苫”读上声，许慎时代可能读音有差别了，才谓“相似”。

“读与某同”，如：《足部》“趽，曲脛馬也，从足方聲。讀與彭同”，是直接拟“趽”音为“彭”的；《龠部》“龢，調也，从龠禾聲。讀與和同”，是标示“龢、和”音义同源的。相比较，《受部》“𤔔，治也。幺子相亂，受治之也。讀若亂同”，标示“𤔔、亂”音义同源，而“亂”为后出的经典常用字。则“读与某同”与“读若某同”相同。

一般说来，《说文》的“读若”除了都标明相同相似的读音外，其作用有几方面的差异。一是只是注明读音的，如《玉部》“珛，朽玉也，从玉有聲。讀若畜牧之畜”，给“珛”注“畜”音。二是兼明语源的，如：《王部》“皇，大也，从自；自，始也。始皇者，三皇，大君也。自，讀若鼻，今俗以始生子爲鼻子”，谓“皇、自、鼻”音义同源，“鼻”是“自”的后出字；《釆部》“釆，辨別也，象獸指爪分別也。讀若辨”，谓“釆、辨”音义同源。这两类最多最常用，若细分则还有很多内容。有区分一字两读的，如《瞿部》“瞿，鷹隼之視也，从隹从䀠，䀠亦聲。讀若章句之句”，是说“句”有两读而“瞿”读“句”不读“勾”音。《攴部》“敷，閉也，从攴度聲。讀若杜”，明“敷、杜”之间的同音假借关系，闭塞义文献不用“敷”而通用“杜”。《竹部》“算，數也，从竹从具。讀若筭”，说明“算—筭”为异体字通用。《受部》“受，物落，上下相付也，从爪从又，讀若《詩》：摽有梅”，明“受、摽”为前后所出之字(古今字)。《員部》“䰟，物數紛䰟亂也，从員云聲。讀若《春秋傳》曰：宋皇鄖”，是引经明音读。《旡部》“㾓，屰惡驚詞也，从旡咼聲。讀若楚人名多夥”，《言部》“詯，膽气滿聲在人上，从言自聲。讀若反目相睞”，是引方言、谚语证音。在此不一一列举。

王筠《说文释例》谓“读若”乃是“人皆熟此语，则以耳中之语识目中之字，其音必不误矣”，是说“读若”就是用熟悉的音读、语境去标注或提示难僻字的音读，是颇有见地的。杨树达《说文读若探源》(《积微居小学述林》卷四，中华书局1983)认为“读若”是“经典缘同音而假借，许君缘经典之假借而证同音”，他分析《说文》近800次“读若”，探寻其来源略有四：一是汉时经典的今古异文形体虽异而音读无殊，可以此音拟彼音；二是经传往往取本字之音义而舍其形(即通假)，故可缘通假而悟同音；三是一字有重文，形符同而声符异，可据此异文以明音读；四是汉代经术盛行，经师成说众多，可依之裁定字音。另外，读若的用字规律是“必以易识之字拟希见之文”。讨论颇为深入，可供参考。

四、引经、引说及其体例术语

许慎在《说文·叙》中称他的说解不是自己杜撰，而是“博采通人，至于小大，信而有证。……其偁《易》，孟氏；《书》，孔氏；《诗》，毛氏，《礼》、《周官》、《春秋左氏》、《论语》、《孝经》，皆古文也。其于所不知，盖阙如也”。可见他努力做到信而有征、言之有据。

引经、引通人说，是《说文》的说解体例之一，就是引用经典文句来证明被释字的形、音、义，字形与经典文句互相发明：既为字形的说解提供文献例证，又可说明字形在经典中的实际应用情况；既引经证字，又以字证经。

1. 引经

许慎师从贾逵，逵父贾徽为古文经大师刘歆的弟子，故“五经无双”的许慎主要是古文经学家，也主要征引古文家的经传。据张震泽《许慎年谱》(辽宁大学出版社1999，第118页)统计：《说文》引《易》79条，引《书》159条，引《诗》442条，引《礼》139条，总计引经1305条；其余引得较多的有《国语》20条、《史篇》3条、《吕氏春秋》2条、《淮南子》4条、《汉律令》20条等。我们细检《说文》，可知引过的书还有《逸周书》《老子》《墨子》《五行传》《尔雅》《逸论语》《春秋国语》《楚辞》《孝经说》《韩非子》《春秋公羊传》《司马法》《弟子职》《孟子》《秦刻石》《秦刻石峄山文》《汉令》《俗语》《秘书》《史篇》《鲁郊礼》《鲁诗说》《韩诗传》《伊尹》《天老》《师旷》《军法》《山海经》《甘石星经》《扬雄赋》《乐浪挈令》等。

2. 引通人说

许慎撰《说文》真正是“博采通人”的。“通人”是指知识渊博、学贯古今的人。许慎征引极为广博而丰富，标明所采通人言论的有孔子、楚庄王、淮南子、尹彤、司马相如、杜林、刘向、谭长、贾逵、傅毅、张林、扬雄、黄颢、王育、京房、卫宏、官溥、庄都、爰礼、周盛、徐巡、刘歆、班固、郑众、董仲舒、宁严、桑钦、逯安、张彻、欧阳乔、宋弘、博士说等30余家130余条。

许慎不注姓名的引用也不少，引用术语有："一曰"769条、"又曰"4条、"或曰"29条、"或说"8条、"或为"2条、"复说"1条、"一云"1条、"旧云"1条。如：《木部》"櫝，匱也，从木賣聲。一曰木名，又曰大梡也"；《肉部》"脘，胃府也，从肉完聲。讀若患。舊云脯"；《女部》"娃，圜深目皃。或曰吳楚之閒謂好曰娃"，"姚，虞舜居姚虚，因以爲姓，从女兆聲。或爲姚，嬈也；《史篇》以爲姚，易也"。丰富的引用，为正篆形音义的解说提供了很多证据和有益的参考信息。

3.《说文》引经引说的作用

《说文》所收的是上古经书所用的文字，反映的是以商周时代为主兼及史前及两汉的古代文化。许慎撰《说文》不外说字、解经、谈文化，解释经典也是其主要任务之一，引经为说字之证，说字有助于解经，两者是相辅相成的。

许慎引的经传、通人之说，有几个方面的作用。有用来证义的，如《示部》"禘，諦祭也，从示帝聲。《周禮》曰：五歲一禘"，"祡，燒祡燓燎以祭天神，从示此聲。《虞書》曰：至于岱宗，祡"，引经证明"禘、祡"是祭祀名。有用来证字形结构的，如：《示部》"祝，祭主贊詞者，从示从人、口。一曰从兑省。《易》曰：兑爲口爲巫"，引经证明"祝"的右边是"兑"省形；《王部》"閏，餘分之月，五歲再閏，告朔之禮，天子居宗廟，閏月居門中，从王在門中。《周禮》曰：閏月，王居門中，終月也"，证明"闰"从王从门是有来历的。有用来证读音的，如：《玉部》"玠，大圭也，从玉介聲。《周書》曰：稱奉介圭"，证实声符读"介"是有来源的；《𠬪部》"𠬪，物落，上下相付也，从爪从又。讀若《詩》：摽有梅"，引《诗》证"𠬪"读"摽"音且义全同。

许慎虽然是古文经学家，但善采诸家异说，或证己说，或备参考。《田部》"畜，田畜也。《淮南子》曰：玄田爲畜"，引为说解字形之用。《片部》"牖，穿壁以木爲交窻也。从片、戶、甫。譚長以爲甫上日也，非戶也；牖，所以見日"，引存谭长不同的字形说解。《卜部》"貞，卜問也。从卜，貝以爲贄。一曰鼎省聲，京房所說"，从金文谌鼎、散盘来看，引京房说是正确的。《囧部》"囧，窻牖麗廔闓明，象形。讀若獷。賈侍中說：讀與明同"，引存贾逵不同的读音说解。

第三节 《说文》的辨析性条例

清阎若璩在《潜邱札记》卷六中说："古人之事，应无不可考者，纵无正文，亦隐在书缝中，要须细心人一搜出耳。"除了《说文》本身的显性、隐性标记所显示的条例之外，历代学者反复比合研究《说文》，求其系统，归其类别，分析其内涵，找寻其隐藏的规律，所得甚多。段玉裁在《欠部》"欲"字注中满怀信心地说："凡此书经后人妄窜，盖不可数计，独其义例精密，迄今将两千年，犹可推寻，以复其旧。"后人探究《说文》深层内涵所分析、归纳出来的辨析性条例很多，这里选一些精到而实用的分类列出，以利更好地读懂《说文》原书。

一、用于字形再分析的辨析性条例

除了总体上用"六书"来分析小篆的字形结构外，近现代研究者还发现了一些细部的字形构造规则和分析方法，有利于更深入、更准确地理解字形的构造理据和表义方式。有些辨析字形的方式，许慎在实践中使用了，但没有用显性的术语，后来的研究者为了说明这些内容，拟加了术语。

1. 字形构造分析的单位：构件、成字构件、非字构件

这是王宁师所创的汉字构形分析术语，参见《汉字构形学讲座》(上海教育出版社 2002)。用来组构合体字的部件叫"构件"，即构字部件。拆开来能够独立成字的构件是"成字构件"，如"林、桐、杏"中的"木"，"情、恭、思"中的"心"等。拆出来不能独立成字的叫"非字构件"，如《说文》作部首用的"𡿨、丿、丶"，用于衬托象形、合体指事字中的符号，如"皃"上部的脸面不是"白"、"本、末"中的小横不是"一"等。

2. 小篆的变式造字方式：半文、倒文、反文、省文

半文：截取独体文一半而造出的字，如《片部》"片，判木也，从半木"。分"木"为两形两字，左半为"爿"，右半为"片"。

倒文：颠倒已有字形造出的字，共有 3 处。《七部》"𠤎，變也，从到人"，《𠫓部》"𠫓，不顺忽出也，从到子"，《𥄉部》"𥄉，到首也，此斷首到縣𥄉字"。

反文：变更独体文的左右置向造出的字，共 26 处。如《匕部》"匕，相與比叙也，从反人"，《㐆部》"㐆，歸也，从反身"，《司部》"司，臣司事於外者，从反后"等。

省文：减省独体文中的某一部分造出新字形，如《木部》"欁，伐木餘

也，从木獻聲。《商書》曰：若顛木之有甹櫱。𣎵，古文櫱，从木無頭”，把“木”的上部省去而成字。

3. 两借、纹饰

两借，王筠《说文释例》卷三的一条，指一形上下两借的情况。如：《示部》“齋，从示，齊省聲”，中间那个“二”是“齊”的下部“示”的上部，一形上下两借；《熊部》“羆，如熊，黄白文。从熊，罷省聲”，“能”在中间，兼为“罷”的下部分与“熊”的上部分，一形上下两借；《老部》“耆，老也。从老省，旨聲”，“匕”为“老、旨”上下两借。

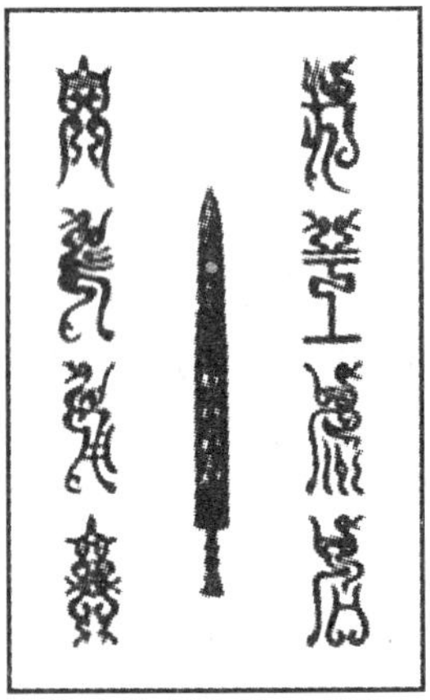

纹饰，是王筠《说文释例》卷五的一条。古文多有纹饰，也就是笔画、构字部件具有装饰性，所谓“取其悦目，或欲整齐，或欲茂美，变而离其宗”。“二/丄”又作“丄”，“二/丅”又作“丅”，“上、下”的一横是参照线，上面的短横或竖是指事符号表示线以上的所有空间，下面的则相反，小篆异体将竖线弯曲且加上小横，有装饰性审美作用。“中—中—中”，不但中间一竖弯曲，而且在上下加装饰性笔画，使字形像旗帜飘动一般美观。再如“一、二、三”古文作“弌、弍、弎”，也是加“弋”为纹饰。其实，金文里有一种特殊美术字体“**鸟虫书**”，春秋中后期至战国时代盛行于吴、越、楚、蔡、徐、宋等南方诸国，演变为错金形式的篆体，高贵而华丽，富有装饰效果，这种字体或笔画作鸟形且与文字融为一体，或在字的周边附加鸟形装饰，又称“鸟书、鸟篆”，如越王勾践剑铭、越王州勾剑铭等。鸟虫书多见于兵器，少数见于容器、玺印，直到汉代礼器、汉印、唐代碑额上仍可见到这种书体。《说文》小篆中的纹饰性笔画，可能是受到鸟虫书类装饰性字体的影响。

4. 笔意、笔势

字形笔画还保持着为词的本义构形时的造字意图，就称“笔意”；形体笔画经历时演变失去了造字意图，笔画只是随势书写而不能从字形上看出本义的，就称为“笔势”。如《瓜部》瓜，小篆作瓜，金文作瓜令狐君壶，表现蔓下有圆瓜形，是笔意；楷书“瓜”看不出瓜形了，是笔势。一般说来，小篆以前字体都是笔意，隶书以后字体都是笔势。然小篆中也有少数字失去造字意图而成为笔势的，如《自部》“自，鼻也，象鼻形”，自前六·五八·一，甲骨文是鼻子形的笔意，小篆“自”就是看不出鼻子形状的笔势了。“笔意”之名当取自《说文解字·叙》"厥意可得而说"与颜之推《颜氏家训·书证》"不知一点一画，有何意焉"。

5. 初文、准初文

章太炎在《文始》中，把形体不能再分析的独体字称为"初文"，指独体象形、独体指事字，如"一、人、羊、止、隹、山、虫"等。又把合体象形与合体指事、省变、兼声、迭体四种介于独体与合体之间的叫做"准初文"，如"果"(合体象形)、"乂"(合体指事，两笔交叉)、"匕"(由人倒变)、"内"(从厶九声)、"二"(一的重画)等，章氏共从《说文》中提取460个这样的初文、准初文，作为汉字系统中再度构字的字根。

6. 孳乳字、变易字

章太炎在《文始》中，运用这两个术语系统地阐释字形在初文、准初文基础上的变化。"孳乳"，指由词义派生推动记录源词的本字分化出新字形，如"眉→湄""莫→暮""正→政""风→讽"等，前者为"**发源字**"，后者为"**孳乳字**"。"变易"，指字形在使用中笔画、构件发生变更，或一个词又造出新形体，如"厶"变易为"私"、"楙"变易另造"藩"等。

7. 分别文、累增字

这是两种"**后出形声字**"。王筠《说文释例》卷八："字有不须偏旁而义已足者，则其偏旁为后人递加也。其加偏旁而义遂异者，是为分别文。"说"分别文"是在兼有数义的字形上加形符构成新字形以分担其一义，如：《八部》"介，畫也，从八从人。人各有介"，《田部》"畍，境也，从田介聲"，"介"本有田界一义，加"田"为"畍(界)"以分担此义，则"界"为"介"的分别文；《日部》"昏，日冥也，从日氐省"，《女部》"婚，婦家也。《禮》：娶婦以昏時"，经典中"昏"常用为婚嫁义，则"婚"为"昏"的分别文。

"累增字"，以不改变词义为前提，在发源字上加形符以突出表意性。王筠《说文释例》卷八："字有不须偏旁而义已足者，则其偏旁为后人递加也。……其加偏旁而义仍不异者，是谓累增字。"《𠂢部》"𠂢，水之衺流别也，从反永"，《水部》"派，别水也，从水从𠂢，𠂢亦聲"，"𠂢—派"完全同义，只是加"水"旁强调水流；《宁部》"宁，辨積物也，象形"，《貝部》"貯，積也，从貝宁聲"，"宁—貯"完全同义，只是加"貝"旁强调财物。则"派、貯"是"𠂢、宁"的累增字。这样的累增字曾经一度过火，如"畢—罼""類—纇"等，陆德明《经典释文》批评为"飞禽即须安鸟，水族便应著鱼"的冗余造字法。

8. 同部重文、异部重文

王筠《说文释例》卷六卷七专列此二例，所列甚多。"同部重文"指《说文》540部中同一部之内的异体字，正篆之下明确列出的古文、籀文等自然是同部重文。而《骨部》“骴，鳥獸殘骨曰骴，从骨此聲。骴或从肉”，许慎虽未明列，据“骴或从肉”可知“骴—胔”为部内重文。更典型的是同部中并列为正篆的异体字，如：《女部》“殁，好也，从女殳聲”，“姝，好也，从女朱聲”，则“殁—姝”为同部重文；《門部》“開，張也，从門从幵”，“闓，開也，从門豈聲”，则“開—闓”为同部重文。

“异部重文”指散见于《说文》不同部中的异体字，如：《走部》“趦，僵也，从走音聲”，《足部》“踣，僵也，从足音聲”，则“趦—踣”为异部重文；《言部》“詍，多言也，从言世聲”，《口部》“呭，多言也，从口世聲”，则“詍—呭”为异部重文。

9. 本字、后出本字、借字

为语言中某个词所造的形义契合的字形是其“本字”，如《西部》“卥（西），鳥在巢上”，巢上一只鸟的字形卥是为“鸟宿巢上”一义所造的本字。一个词有音有义而难构形，借同音的已有字形来表示，就是“借字”，如借“西”表“西方”，“西”就是“西方”义的借字。

《釆部》“釆，辨别也，象獸指爪分别也。讀若辨”，《刀部》“辧，判也，从刀辡聲”，表“辨别”义的本字是“釆”，是原生性的初文，“辧（辨）”是后出的表辨别义的本字，也就是“后出本字”，经典常用“辨”而不用“釆”。同类的如“𠂤—堆”“亼—雧（集）”，“𠂤、亼”是原生本字，“堆、集”是后出本字。

10. 同音借用字、同源通用字

王宁师区分本有其字的假借（或通假）用字为“同音借用、同源通用”两类。“同音借用”是用字时不写形义相符的本字，而借一个与本字音同（音近）而意义无关的字形来代替，如《人部》“伸，屈伸”、《言部》“信，誠也”，“屈伸”本字当用“伸”，而经典有时用“信”。《糸部》“縭，以絲介履也”、《隹部》“離，（離）黄，倉庚也”，“分離”本字当用“縭”，而经典有时用“離”。则“信、離”是“伸、縭”的同音借用字。

“同源通用”，也就是经典中通用的同源词。词义派生分化形成新词，随之孳乳出新字，即“孳乳字”。发源字承担本义，孳乳字承担派生出的新义，分工明确。但新生的孳乳字通行于社会有一个过程，其间就有一个发源字与孳乳字都表示新义的过渡阶段，如《正部》“正，是也。从止，一以止”，《攴部》“政，正也，从攴从正”。则“正—政”一度都表示动词“使正”义，是同源通用字。同类的很多，如“风—讽”“景—影”“莫—暮”“说—悦”等。

二、用于字义说解的辨析性条例

除了普通的“某，某也”这样的词义训释外，学者们发掘出《说文》字义说解的一些新的类型或模式，有利于更好地辨析、把握字词的形义关系。

1. 旁见说解

《说文》中有些字的形、义不仅在本篆下有说解，在另外的一篆下也可能出现对它的不同说解，这就是“旁见说解”。如：《巳部》“巳，巳也。四月陽气已出，陰气已藏，萬物見，成文章，故巳爲蛇，象形”，本篆解巳为蛇形；《包部》“包，象人褢妊，巳在中，象子未成形也”，则说巳象胞胎中未成形的胎儿形。《申部》“申，神也。七月陰气成，體自申束。从臼，自持也”，字形说解不明，《虫部》“虹，螮蝀也。狀似蟲，从虫工聲。[illegible]，籀文虹从申，申，電也”，旁见说解“申，電也”说清了“申”为伸展的闪电形。可见，旁见说解可以补充、纠正原篆的说解，是难得的参考材料。

2. 一句数读

“一句应作数读”涉及注文如何理解的问题，是指《说文》正篆之下的解释有时应该分开来念，如《示部》“禔，安福也”，按释义应读为“禔，安也，福也”。再如《口部》“吾，我自稱也”，当读为“吾，我也，自稱也”。《手部》“振，舉救也”当读为“振，舉也，救也”，《木部》“標，木杪末也”当读为“標，木杪也，末也”。其实《说文》本身就有分开读的，如《口部》“咸，皆也，悉也”就是。这些两义连写的情况，一种可能性是许慎有所疏忽，更大的可能性是后来传抄时偷懒而漏了或省了。

3. 篆注连读

《说文》有些被释字的说解必须与字头的正篆连读，其说解才可通。如《隹部》“雝(離)，黄倉庚也”，所解不明，当连被释的正篆读作“離黄，倉庚也”，“離黄”是鸟名的双音节词，是不能拆分的。发现该条例的是清人钱大昕，其《十驾斋养新录》卷四“《说文》连上篆字为句”条谓：“许君因文解义，或当叠正文者，即承上篆连读。”列了多条，如：《言部》“詁，訓故言也，从言古聲。《詩》曰詁訓”，当连篆读为“詁訓，故言也”；《日部》“昧，爽旦明也”，当连篆读为“昧爽，旦明也”。《说文》中，《艸部》的草名、菜名，《山部》的山名，《水部》的水名，有不少是双音的专有名词，都应连篆文来读。也有人认为，“篆注连读”本不是《说文》原书的条例，许慎当初在释语中把双音词写全了，是后人在递转抄写过程中把说解中与正篆重出的字当作赘字误删了，造成必须连篆而读的情况。

4. 上下字释义连举

《说文》被释字头中，上下二字本是一个双音词，上字列举整个词的训释，下字就不再列举了，也就是上下字释义连举。如《玉部》“璠，璵璠，魯之寶玉，从玉番聲”，“璵，璵璠也，从玉與聲”，“璵璠”为同一物的双音词，上文“璠”出释义“魯之寶玉”，下文“璵”就不再出释义了。同样的，《玉部》“玫，火齊，玫瑰也，从玉文聲”，“瑰，玫瑰，从玉鬼聲”，也是上字“玫”列释义“火齊”，则下字“瑰”不再重出。

5. 实义、造意

“造意、实义”是王宁师讲《说文》所创的一对术语。“造意”即造字意图，指表意汉字的构形理据。如《齊部》“齊，禾麥吐穗上平也。象形”，造字时“平齐”义较为抽象，就用平原上“禾麦吐穗上平”的具体形象来显示，“禾麥吐穗上平”不是实际应用的词义，只是造字过程中用具体形象的形体来显示抽象词义的中介。再如《丨部》“丨，上下通也，引而上行讀若囟，引而下行讀若退（退）”，训“上下通”不是实际应用的词义，且“丨”不独立成字而只是用于构成合体字的非字构件，“上下通”只是解释了这个构件的造字意图。

“实义”，是指由“造意”中反映出来的在语言实际中被使用过的词的义项。《说文》有些字形说解中的造意是直接显示实义的，如《气部》“⺧，雲气也，象形”，其说解“雲气”既指明“气”象形的造字意图，又是“气”的实用词义。有些说解则是通过解释造意来间接显示实义，须通过概括才能得出实义，如《麤部》“麤，鹿行揚土也，从麤从土”，用“鹿行揚土”这种众鹿飞奔扬起漫天尘土的形象场景来解释“麤”的造字意图，从这样的造意中再归纳、概括出“尘土”的实用词义来，《庄子・逍遥游》“野马也，尘埃也”成玄英疏“扬土曰尘”，所以“鹿行揚土”是造意，“尘土”才是实义。

6. 本义、引申义、假借义

《说文》本无“本义、引申义”的说法，是后来的研究者就许慎的释义分析出来的。如段玉裁《说文解字注》就用了“本义”410 次之多，如《辵部》“過，過也”，段注：“（過），本義，此爲經過之過。心部愆、寒、譽爲有過之過，然其義相引伸也。”

“本义”不是词的“原始义”，只是为词造字形时的意义，词的原始义产生比字形的产生要早万千年，故原始义是很难推求到的。某字形记录的词有多个义项，合乎字形构造理据的一项是“本义”。如“涉”有“徒步过水、过河、经历、涉及”等义项，只有“徒步过水”合符字形“两足（步）过水（氵）”的构形理据，因而是本义。

“引申义”，词义沿着本义所定的方向不断产生相关的新义项或同源的新词，从而构成系统的语义序列，就是词义引申。引申是词义运动、发展的主要形式，从本义中引申、再引申出来的新义都是引申义。

《说文》释义，主要是释造字时所表示的本义，即《叙》所谓“探赜索隐”“以究万原”。如《又部》“叔，拾也”，释“拾取”的本义不释表排行的“伯仲叔季”引申义。《鳥部》“鸛，鳥也”即“難（难）”、《易部》“易，蜥易，蝘蜓，守宮也。象形”，“難、易”二字释动物类本义而不释引申义艰难容易的“难、易”。有时涉及引申义，《说文》会用“一曰、或曰”等术语附在释本义之后，如《示部》“祥，福也，从示羊聲。一云善”，是说“福”是“祥”的本义而“善”是其引申义。《水部》“汔，水涸也。或曰泣下”，是说“干涸”是“汔”的本义而“泪下”是其引申义。《足部》“蹁，足不正也，从足扁聲。一曰拖後足馬。讀若苹。或曰徧”，是说“足不正”是蹁的本义，而“拖马足、普遍”是两个引申义。

“假借”是借用已有的同音字来记录语言中有音有义而无字形的词，一旦借用，这个字形表示的就不是自己造字时的本义，而是“假借义”。如《须部》“須，面毛也”，却在文献中总是被借去表示“等待”，如《诗·邶风·匏有苦叶》“人涉卬否，卬须我友”即等待朋友，本义是“面毛”的“须”用于“等待”义，就是用了假借义。

7. 浑言、析言

这是段玉裁在《说文解字注》中，用于辨析《说文》“互训、同训”类同义词的术语。《走部》“走，趨也”段注：“《释名》曰：徐行曰步，疾行曰趋，疾趋曰走。此析言之，许浑言不别也。”是说“走、趋”笼统看来同义，仔细辨析起来有快慢之差。“浑言、析言”又称“统言、析(别)言”“通(散)言、对(别)言”“并言、分言”“散文、对文”等。虽说法不尽同而意思都一样，都是指同义词的词义既有共性又有个性。粗略看来同义词的意思是相通的，用分析的眼光看则同义词中的各个词又各有意义上的差别，即“析言有别，浑言则通”。这些术语在经典注释中出现较早，如《诗大序》“声成文谓之音”，唐孔颖达疏：“此言声成文谓之音，则声与音别……对文则别，散则可以通。”《礼记·曲礼下》“生曰父曰母曰妻，死曰考曰妣曰嫔”，孔颖达疏：“此生死异称，出《尔雅》文，言其别于生时耳；若通而言之，亦通也。”

检段玉裁《说文解字注》“浑言、析言”词条，合并重复的，可净得“浑言、析言”词166条，也就是166组同义词。其中以标明“浑言、析言”的为最多，又有《示部》“祥，福也”段注“凡统言则灾亦谓之祥，析言则善者谓之祥”，《门部》“闉”字段注“按毛分言之，许并言之者”，《足部》“踣”字下段注“对文则偃与仆别，散文则通也”等。

从段注166组“浑言、析言”词来看，“同义联合”形成现代汉语常用双音词的就有41组之多：“祭祀、斋戒、萌芽、呕吐、呻吟、奔走、譬喻、皮革、翱翔、膏肓、荣华、赐予、疾病、冠冕、嫉妒、变化、听闻、光辉、妊娠、虫豸、坟墓、步行、牙齿、道路、器皿、讽诵、宾客、商贾、暑热、奸宄、宫室、喘息、沟洫、盐卤、声音、妇女、腊肉、病瘉、光景、响声、粳稻”。从内容上可分成“音近义通型”，如“萌—芽”上古音鱼阳对转；有“同义互训型”，如“呻，吟也；吟，呻也”；有“辗转为训型”，如“走—趋—奔—步—行”一组，《走部》“走，趨也”段注“《释诂》曰：‘徐行曰步，疾行曰趋，疾趋曰走’，此析言之，许浑言不别也”；《行部》“行，人之步趨也”段注“步，行也；趋，走也。二者一徐一疾，皆谓之行，统言之也。《尔雅》‘室中谓之时，堂上谓之行，堂下谓之步，门外谓之趋，中庭谓之走，大路谓之奔’，析言之也”。段玉裁对《说文》“浑言、析言”词深入细致的分析，为我们真正读懂《说文》的说解提供了有益的帮助，也为研究汉语并列式双音节词的词义来源和内部构成提供了充足而又可靠的依据，其贡献是不可轻视的。

第二章 《说文》五百四十部首讲解

汉字数量巨大，今天能搜集到的汉字字形在10万以上，《汉语大字典》收56000多字，清代《康熙字典》收47035字，宋代《集韵》收53525字除去异体实收32381字，南朝顾野王《玉篇》收16917字。《说文解字》收正篆9353个，为东汉时期的常用字形。据清人《十三经集字》统计，先秦"十三经"所用不重复的单字只有6544字。

不管汉字总量什么时候多到什么程度，组成这些字形的基本构字部件是不多且不变的，只在500个以内。若再从楷书字形中拆出笔画，就只有"一丨丿丶乛"五种笔画形态了。《说文》540"部首"，大致就是汉字的基本构字部件，也就是构成众多汉字的字根。

许慎编撰《说文》时，从9353个字形中分析构形，按义类归纳出540部，各部选一个字形来统领各自大义类的字，称为"部首"，如跟水相关的归属"水"，跟狩猎有关的归属"犬"，跟动作有关的归属"手"等，条理清晰，纲举目张，是汉字研究史上的伟大创举。540部字"近取诸身，远取诸物"，正是对社会生活的全面观察、概括与反映，据研究者统计大致可分为六大类：人体类字97部、动物类字61部、植物类字31部、自然界类字37部、器用类字180部、数目类字34部。许慎创造的分部首列字、检字、析字的方法，规律性、系统性、实用性都很强，成为历代辞书的通例，至今仍然如此。所以，段玉裁在《说文》"一"字下注云："以字形为书，俾学者因形以考音与义，实始于许，功莫大焉。"

汉字构形分析上，有"独体曰文，合体曰字"之说，大意是："文"是按事物形貌勾画线条而成的，"字"是由两个以上的"文"组合再生出来的；"文"即六书中不可拆分的独体"象形、指事"之文，"字"即六书中含两个以上构字部件（文）的“会意、形声”类合体字。《说文》部首原则上用“文”不用“字”，章太炎《文始》从中提取出近五百个“初文、准初文”用以“孳乳、变易”出众多的“字”，日语的假名、民国初的注音字母都选用《说文》部首为注音符号。所以说，《说文》部首就是生成数以万计的汉字的字根，要想读懂《说文》并学好汉字，首先必须熟悉、掌握、运用这 500 来个字根，会写，会读音，明了其构形意图，掌握其合成新字的取向与规则。“部首”是《说文》学的基础，需要逐一讲解清楚。

许慎《说文解字·叙》明谓“分别部居，不相杂厕”，是自觉地作系统性安排的。如“九”为至尊，故收字只在“九千”之数；“一”为万物之始，“亥”为地支之末暗喻万物之终，故全书部首、列字“始一终亥”，等等。部首的排列顺序，许慎也是精心着意地“据形系联”，即根据部首字形笔画的关联性来安排。以第一篇 30 个部首为例：一为部首之始，重一画为二（丄），二下加三垂为示；三承一加二画，王用丨贯三，玉在王上加笔画，玨从二玉；气承三的三画来，士是二横一竖的三画；丨由一的横转变为竖，中在丨上加笔画，艸从二中，蓐由艸派生，茻从二艸；小在丨两旁加点，八承小的两旁点，采在十上下加八，半的上部为倒八；牛承半形来，犛由牛派生，告在牛下加口；口承告下之口，凵为口上缺一笔，吅从二口，哭从吅从奔走之人（犬）；走从奔人（夭）从止，止承走下之止，癶是二止相背，步是二止向前，此是人止停于本处。转入第二篇：正是止向目标前进……

部首应该是构字部件的独体文，即初文。许慎虽为古文经学家，也会受到东汉流行的易学谶纬观念的某些影响。如《易》卦中，六为阴数之极，九为阳数之终，十为全数，六九五十四，乘以十为五百四十，许慎因此着意“始一终亥”，凑成 540 部首，以应阴阳之数，暗含包罗万象之意。于是，一些不是初文的合体字也进入部首之列。如果说重玉为玨、重艸为茻、重口为吅、重止为步等进入部首，是因为“玨、茻、吅、步”要作其下一代合体字“班、莽、哭、涉”的构成部件，还情有可原；而蓐从艸、犛从牛、哭从吅等，有的不再构成下位合体字，即使构成少数几个，也完全可以纳入其初文部首中去。这类许慎草创期的未完善之处，需要修正。前修未密，后出转精，到明代梅膺祚《字汇》合并派生出的合体字，定为 214 部首，基本上都是初文，就较为合理而适用了。

在部首字形的说解方面，许慎“博采通人”，追根寻源，胜义迭出，绝大多数是合理且科学的。也有少数受当时局限性影响而释义失当，如用阴阳五行观念解说天干、地支诸部首字，因未能见到甲骨、金文等早期字形而据后期已变字形误释字源等，有待探讨与修正。

此次540部首的字形说解，以许慎之说为主，先引列其原说解，作简要的现代定义，再选贴适宜的甲骨、金文、战国文字等古文字的原图片，或证许说之确，或补正其缺误，直观形象，利于理解。因是通用教材的广泛征引，引古文字出处用通行的简称如“甲二八三(《殷虚文字甲编》第283片甲骨)、毛公鼎、古鉨”等，初引出“甲骨文作、金文作”，后不再出；引前人、今人说者，除需特别交代外，只用“或谓、亦说”等，难以一一细标出处。部首统一加上楷书和汉语拼音，个别异读字标注两个今音，疑难读音附上大徐本所引《唐韵》反切以供对照与参考。所释按大徐本原顺序排列，分14篇上、下共28组列540部首。

一、说文解字第一上

一，yī，“一，惟初太始，道立於一，造分天地，化成萬物。凡一之屬皆从一”。用具象“一”表抽象数目，或谓象一枚算筹横置形。

丄，shàng，“丄，高也。此古文丄，指事也。上，篆文丄”。即“上”字。甲骨文作 后上八·七，即二，下一长横表示坐标，上一短横或竖指示坐标以上的空间。篆文曲笔且加小横。

示，shì，“示，天垂象，見吉凶，所以示人也。从二，三垂，日月星也。觀乎天文，以察時變，示神事也。𡆸，古文示”。是说“二”(上)代表天，下面三垂画代表日、月、星，是上天垂示人的意象，即天神降神旨之形。甲骨文作 甲二八二，前二·三八·二，象祖先神主(牌位)或供桌之形，旁为所洒的酒水，后泛指一切神主。亦说为早期“灵石崇拜”，三块竖立石头架起两块横置石头，以代神主。

三，sān，“三，天地人之道也，从三數”。用平齐的三画表示抽象数目“三”。“一生二，二生三，三生万物”(《道德经》第四十二章)，故三常表示众多。

王，wáng，“王，天下所歸往也。董仲舒曰：古之造文者，三畫而連其中謂之王。三者，天地人也，而參通之者王也。孔子曰：一貫三爲王”。甲骨文作 菁二·一，金文作 盂鼎。以石斧、铜斧钺之形代表王权。亦说象火苗旺盛上腾形，为“旺”本字。

玉，yù，“王，石之美，有五德……象三玉之連，丨，其貫也”。 乙七八〇八，象索贯串玉片之形，以玉佩代表玉。

玨，jué，“玨，二玉相合爲一玨”。两串玉相并。

气，qì，“气，雲气也，象形”。 前七·三六·二，象天上云气层层飘浮形。

士，shì，“士，事也。数始於一終於十，从一从十。孔子曰：推十合一爲士”。段玉裁注：“数始一终十，学者由博返约，故云推十合一。”用指善学习、会办事的人。

丨，gǔn，“丨，上下通也。引而上行讀若囟(xìn)，引而下行讀若逻（tuì）。古本切”。上下通彻。

二、说文解字第一下

屮，chè，“屮，艸木初生也，象丨出形，有枝茎也。古文或以爲艸字，讀若徹”。佚八四，中盉，象草形，一茎两芽叶。

艸，cǎo，“艸，百芔也，从二屮”。百草通名。后被结橡斗可染黑色的草(皁)斗之“草”所代替。

蓐，rù，“蓐，陳艸復生也，从艸辱聲。一曰蔟也”。除艸、艸蓆。

茻，mǎng，“茻，衆艸也，从四屮。讀與冈(网)同”。艸丛，后被鲁莽之“莽”代替。一艸为屮，二屮为艸(草)，三屮为芔(卉)，四屮为茻。散盘(莫)，为日落茻中会意，即日暮。

三、说文解字第二上

小，xiǎo，“小，物之微也，从八丨，見而分之”。甲六三〇，甲二九〇四，以微小物表微小义，小、少本一义一字，后义、音、形分化而为二字。

八，bā，“八，别也，象分别相背之形”。分开，同扒，八、别音义同，分字从八从刀。

釆，biàn，“釆，辨别也，象獸指爪分别也。讀若辨”。粹一一二，采卣，留在泥地、雪地上的兽爪形，据之可釆(辨)析走过的是何兽，釆、辨音义同，釋、審从釆。

半，bàn，“半，物中分也，从八从牛，牛爲物大，可以分也”。一牛分两半。半、判音义通。

牛，niú，“牛，大牲也。牛，件也。件，事理也。象角、頭、三封尾之形”。甲五二五，师寰簋，象正面带两角双耳的牛头形，牛、羊是割下头祭祀的，故以头代全体。

犛，lí，“犛，西南夷長髦牛也，从牛𠩺聲”。氂牛。

告，gào，“告，牛觸人，角箸横木，所以告人也，从口从牛。《易》曰：僮牛之告”。粹四，刚长出角的牛(僮牛)会顶人，在它角上绑上横木棒，使不易伤人，且告示人提防它。或说为牛口上带罩防吃庄稼，同梏。

口，kǒu，“口，人所以言食也。象形”。嘴巴形。

凵，kǎn，“，張口也。象形。口犯切”。嘴巴张开形。一说象地坎形。

吅，xuān，“，驚嘑也，从二口。讀若讙”。用二口相并表示喧哗，吅、喧同。

哭，kū，“，哀聲也，从吅，獄省聲”。段玉裁注：“哭本谓犬嘷，而移以言人。”一说为长发人前后有口，象擗踊痛哭之形。

走，zǒu，“，趨也，从夭止。夭止者，屈也”。令鼎，象人摆臂快速行进形。似今竞走。

止，zhǐ，“，下基也，象艸木出有址，故以止爲足”。甲二七四四，召伯簋，带脚趾的脚板形。

癶，bō，“，足剌癶也，从止少，讀若撥”。少为止之反形，两脚板向外箕张，剌癶脚，即卓别林式外八字步之形。

步，bù，“，行也，从止少相背”。铁二·二，子且午尊，两脚轮换前移，各一次为一步。

此，cǐ，“，止也。从止从匕，匕，相比次也”。甲一五〇三，以脚趾停“此处”表近指。

四、说文解字第二下

正，zhèng，“，是也，从止，一以止”。乙一〇五四，甲三九四〇，脚板正向城堡走去，是征伐之“征”的本字，引申表示正直、正确。

是，shì，“，直也，从日正”。毛公旅鼎，“天下之物莫正于日”，脚板直向太阳走，正确。

辵，chuò，“，乍行乍止也，从彳从止。讀若《春秋公羊傳》曰：辵階而走”。后下一四·一八，脚板（止）在路（彳、行）上，走走停停，用作行走、运动类字的义符。

彳，chì，“，小步也，象人脛三屬相連也”。十字交叉大路（行）的左半边，作示动义符。

廴，yǐn，“，長行也，从彳引之。余忍切”。彳的延长，同引，用作表示远走、延长的义符。

㢟，chān，“，安步㢟㢟也，从廴从止”。甲五二八，会缓步行走之意。

行，xíng，háng，“，人之步趨也，从彳从亍”。后下二·一二，十字交叉路口形，名词为道路，动词为在路上行走。

齒，chǐ，“，口齗骨也，象口齒之形，止聲”。后下五三，中山王壶，门齿。

牙，yá，“牙，牡齒也，象上下相錯之形”。牙师克盨，大牙。齿外牙内，齿单牙双，齿切牙咬。

足，zú，“足，人之足也，在下，从止口”。足乙三一八四，脚板(止)加一节小腿胫骨(口)。

疋，shū，“疋，足也，上象腓腸，下从止。所菹切”。小腿加脚板。徐灏注笺：“疋乃足之别体。所菹切，亦足之转声。”

品，pǐn，“品，眾庶也，从三口”。古以三物表众多物。李孝定认为是列星之形。

龠，yuè，“龠，樂之竹管，三孔，以和眾聲也。从品侖，侖，理也”。龠前五·一九·二，龠臣辰卣，象编竹管形乐器，上或有嘴(亼)在吹。即管乐，与从木丝的弦乐“樂”同。

冊，cè，“冊，符命也，諸侯進受於王也。象其札，一長一短，中有二編之形”。冊前四·三七·六，冊善夫山鼎，编竹简成书册。

五、说文解字第三上

㗊，jí，“㗊，眾口也，从四口。讀若戢，又讀若呶”。众多嘴巴叽叽喳喳。

舌，shé，“舌，在口，所以言也，别味也。从干从口，干亦聲”。舌乙二二八八，象舌伸出口形。狗鼻最灵，故臭从犬；蛇舌开叉且毒，初民山居畏蛇，故重蛇舌，舌、蛇歌月对转。

干，gān，“干，犯也，从反入，从一”。干邺三下·三九·一一，干毛公鼎，带叉头的竹木竿，最初田猎的武器，作动词有干犯义。

㕡，jué，“㕡，口上阿也，从口，上象其理”。咧嘴笑时嘴角上弯之笑纹。

只，zhǐ，“只，語已詞也，从口，象气下引之形”。气下咽则话语完，用口下气表语已词。

㕯，nè，“㕯，言之訥也，从口从内”。言语迟钝难出口，与呐同。

句，gōu，“句，曲也，从口丩聲”。句前八·四·八，句鬲从盨，勾、弯曲，读书打钩为句子。

丩，jiū，“丩，相糾繚也，一曰瓜瓠結丩起，象形”。丩乙三八〇五反，丩汤鼎盖，二物纠缠形。

古，gǔ，“古，故也，从十口，識前言者也”。久远年代的事，由众口相传下来。

十，shí，“十，數之具也，一爲東西，丨爲南北，則四方中央備矣”。十甲八七〇，十守簋，横表一数，竖表十数，后为区别，在竖中加点，点延长成十。

卅，sà，“卅，三十并也，古文省”。粹五八六，毛公鼎，“三十”合文。

言，yán，“言，直言曰言，論難曰語。从口䇂聲”。前五·二〇·三，中山王鼎，口中出舌，舌前有音(-)，说话、所说之话。

誩，jìng，“誩，競言也，从二言。讀若競”。秦刻石作詛楚文，二人各持己言争论，誩、競、竞同。

音，yīn，“音，聲也，生於心有節於外謂之音。从言含一”。言、音本一字，后音变分化(元-侵)，在言字下“口”中加一为音，音是一切音，言是有意义的音。

䇂，qiān，“䇂，辠也，从干二，二，古文上字。讀若愆，張林說”。前八·三·一，后下三六·七，䇂、辛二字无别，为古刑具(鬼头刀类)，借表罪过。

丵，zhuó，“丵，叢生艸也，象丵嶽相竝出也。讀若浞”。草木叢(丛)生的样子，叢字从丵。

菐，pú，“菐，瀆菐也，从丵从廾，廾亦聲”。菐与僕同，后下二〇·一，“僕”是头戴罪枷( )双手(廾)持箕帚服劳役的人。

𠬞，gǒng，“𠬞，竦手也，从𠂇从又”。甲一二八七，两手向上拱合的样子。即廾，与奉同。

𠬜，pān，“𠬜，引也，从反廾”。会两手掌向外向上攀援之意，与棥、攀同。

共，gòng，“共，同也，从廿廾”。牧共簋，两手奉酒供神，与供、恭同，引申表共同。

異，yì，“異，分也，从廾从畀，畀，予也”。甲三九四，双手往头上戴鬼怪面具，表“戴、怪异”之义。

舁，yú，“舁，共舉也，从臼从廾。讀若余”。众(四)手同用，舁与與、舉、興同，又“興”甲骨文作前五·二二·一，会四手共举一物之意，表兴起义，四手即舁。

臼，jū，“臼，叉手也，从𦥑彐”。为两手掌向下掬取物，与匊、掬同，如臼(掬)水。

晨，chén，“晨，早昧爽也，从臼从辰。辰，時也，辰亦聲”。前四·一〇·三，师晨鼎，双手持大蚌片耕地，或加足(止)踏，因日出而作，引申指早晨。

爨，cuàn，“爨，齊謂之炊爨，臼象持甑，冂爲竈口，廾推林内火”。爨烧火煮饭：中间冂是灶台，上部两手（臼）把甑（同）放到灶上，下部两手（収）推柴（林）入灶门生火。

六、说文解字第三下

革，gé，“革，獸皮治去其毛，革更之，象古文革之形”。康鼎，治去毛的兽皮。皮革、变革。

鬲，lì，“鬲，鼎屬，實五觳，斗二升曰觳，象腹交文三足”。甲二一三二，粹一五四三，鼎类烹饪器，三空足支地受火，内盛水煮物。早期烹饪字多从鬲构形。

䰜，lì，“䰜，䰙也，古文亦鬲字，象孰飪五味气上出也”。或䰞，下鬲，上为蒸汽上腾形。

爪，zhǎo，“爪，丮也，覆手曰爪，象形。侧狡切”。乙三四七一，鸟兽爪子形。

丮，jí，“丮，持也，象手有所丮據也。讀若戟”。乙四六九七，两手握持，埶、孰、巩从丮。

鬥，dòu，“鬥，兩士相對，兵杖在後，象鬥之形”。粹一三二四，两人徒手厮打搏斗。

又，yòu，“又，手也，象形。三指者，手之列多略不過三也”。盉文，右手。

𠂇，zuǒ，“𠂇，𠂇手也，象形”。散盘，左手。

史，shǐ，“史，記事者也，从又持中，中，正也”。粹一〇一，手持文件袋（中）的史官。

支，zhī，“支，去竹之枝也，从手持半竹”。手持枝条表分支，支与枝同。

聿，niè，“聿，手之疌巧也，从又持巾。尼輒切”。乙八四〇七，以手持巾（笔）表敏捷灵巧。

聿，yù，“聿，所以書也，楚謂之聿，吴謂之不律，燕謂之弗，从聿一聲”。聿壶，女豈方彝，手持之笔（筆），手为衬托，后加竹为筆。

畫，huà，“畫，界也，象田四界，聿所以畫之”。小臣宅簋，手持笔画分界限。

隶，dài，“隶，及也，从又从尾省。又持尾者，从後及之也”。部钟，手从后抓住奴隶衣服的装饰尾巴，即逮捕。

臤，qiān，“臤，堅也，从又臣聲。讀若鏗鏘之鏗，古文以爲賢字”。父癸簋，以手使臣服，强者、坚固之象，臤与堅、鏗、賢同。

臣，chén，“臣，牽也，事君也，象屈服之形”。菁三·一，盂鼎，俘虏、臣服者伏地，抬眼看主人，眼睛是竖立着的，故以竖眼睛代其人。

殳，shū，“殳，以杸殊人也，《禮》殳以積竹，八觚，長丈二尺，建於兵車，車旅賁以先驅。从又几聲”。乙一一五三，曹鼎，手持兵器击人。

殺，shā，“殺，戮也，从殳杀聲”。戬三三·九，明藏一四七。殺，杀戮，以创伤一肢表示凌迟之意，或加殳示动。

几，shū，“几，鳥之短羽飛几几也，象形。讀若殊”。短羽毛鸟飞翔的样子。

寸，cùn，“寸，十分也，人手卻一寸動脈謂之寸口，从又从一”。寸，人手掌后退一寸至动脉处为寸口。作长度单位，也作手动作的示动意符。

皮，pí，“皮，剥取獸革者謂之皮，从又爲省聲”。叔皮父簋，用手剥下带毛的整兽皮。“皮”未治，为卷着的头身尾形；“革”已治，则为平摊开形。一说为手持剥皮铲形。

㼱，ruǎn，“㼱，柔韋也，从北，从皮省，从夐省。讀若耎，一曰若儁”。鞣制熟皮革。㼱、軟同。

攴，pū，“攴，小擊也，从又卜聲”。摭续一九○，手持械敲击，作击打、驱赶、敷陈类字的义符。

教，jiào，“教，上所施下所效也，从支从孝”。前五○·二，手执鞭（攴）敦促蒙童（子）学习知识（爻），施者为教，学习者为仿效、斆（學），教、學、效同。

卜，bǔ，“卜，灼剥龜也，象炙龜之形，一曰象龜兆之从横也”。用烧龟甲的裂纹表示占卜。

用，yòng，“用，可施行也，从卜从中，衛宏說”。前四·六·四，甲骨版上有“卜”纹，已施用。亦曰象桶（量器）或甬（大钟）形，表器之用。

爻，yáo，“爻，交也，象《易》六爻頭交也”。铁一○○·二，卜纹交错，爻、交音义近。

㸚，lǐ，“㸚，二爻也。力几切”。用窗棂交叉形表稀疏明亮貌，如爽字从㸚有明朗义。

七、说文解字第四上

夐，xuè，“夐，舉目使人也，从支从目。讀若颰”。乙五七○○，用眼睛示意别人，支示动。

目，mù，“目，人眼，象形，重童子也”。甲二二九，眼睛的样子。

䀠，jù，“䀠，左右視也，从二目。讀若拘，又若良士瞿瞿”。䀠鼎，瞪大双眼惊视。

眉，méi，“，目上毛也，从目，象眉之形，上象頟理也”。甲五，突出目上的眉毛。

盾，dùn，“，瞂也，所以扞身蔽目，象形”。师旋簋，遮护眼面的盾牌侧视形。

自，zì，“，鼻也，象鼻形”。前六·五八·一，鼻的本字，后用于自指，加畀造鼻字。

白，zì，“，此亦自字也，省自者，詞言之。气从鼻出，與口相助也”。粹一〇九，象气从鼻出形，与自同。

鼻，bí，“，引气自畀也，从自畀”。形声字，鼻子。

皕，bì，“，二百也。讀若祕”。“百，十十也，从一白”，皕为二百。

習，xí，“，數飛也，从羽从白”。甲九二〇，小鸟振羽从台上(白)频频起落练习飞翔。

羽，yǔ，“，鳥長毛也，象形”。京津四七六二，鸟羽形。

隹，zhuī，“，鳥之短尾緫名也，象形”。佚五一八背，鸟形，早期鸟类字多从隹。

奞，suī，“，鳥張毛羽自奮也，从大从隹。讀若睢”。鄂季奞父簋，鸟振翅向上奋飞。

雈，huán，“，鴟屬，从隹从𦫳，有毛角，所鳴其民有旤。讀若和”。铁二六二·一，鸱鸮。

𦫳，guǎi，“，羊角也，象形。讀若乖”。古币文作，羊角形。

苜，mò，“，目不正也，从𦫳从目。讀若末”。眼睛不正视，蔑字从苜。

羊，yáng，“，祥也，从𦫳，象頭角足尾之形。孔子曰：牛羊之字以形舉也”。甲二九〇四，以祭祀的羊头代全羊。羊本表吉祥，后加示为祥。

羴，shān，“，羊臭也，从三羊。式連切”。用多羊表示羊群的羶味。

瞿，jù(qú)，“，鷹隼之視也，从隹从䀠，䀠亦聲。讀若章句之句。九遇切，又音衢”。鹰睁双目惊视。

雔，chóu，“，雙鳥也，从二隹。讀若醻”。周原卜甲五三，用双鸟表示成对。

雥，zá，“，羣鳥也，从三隹。徂合切”。续一·七·六，用群鸟表杂处，与襍、雧同。

鳥，niǎo，“，長尾禽緫名也，象形”。甲二九〇四，鸟形，稍后出之鸟类字多从鸟构形。

烏，wū，“，孝烏也，象形。孔子曰：烏盱呼也，取其助气，故以爲烏呼”。效卣，乌鸦全黑而不现黑眼珠，故烏比鳥少眼珠一笔。乌同於，用于虚词“乌(於)呼”等。

八、说文解字第四下

華，bān，“，箕屬，所以推糞之器也，象形。官溥說”。，当为捕鸟的长柄网，或说为推运粪的箕畚类器具，糞字原从華。加田为畢，，是长柄网网住鸟窝形。

冓，gòu，“，交積材也，象對交之形”。后上二六·六，材木纵横交构形，与構同。

幺，yāo，“，小也，象子初生之形”。粹八一六，是丝的半边，用细丝表微小，同幼。

𢆶，yōu，“，微也，从二幺。於虯切”。粹一六四，以极细丝表幽微。，幽从𢆶从火，丝过于细微而难看见，借火光才能看清。

叀，zhuān，“，小謹也，从幺省，屮，財見也，屮亦聲。職緣切”。后上五·九，叀卣，绕线的纺砖形，加寸(手)作專(轉)示转动，纺织是专门技术，叀、專有专门义。

玄，xuán，“，幽遠也，黑而有赤色者爲玄，象幽而入覆之也”。玄为(幺)上有覆盖形，丝细且呈黑紅之暗色，用表幽微、玄渺。

予，yǔ，“，推予也，象相予之形”。老子乙前九下，林义光《文源》认为：上二圈表示互相推予之如环相连，下一撇是引而推之的示动义符。

放，fàng，“，逐也，从攴方聲”。驱逐、流放；攴，手持鞭子，为示动义符。

𠬪，biào，“，物落上下相付也，从爪从又。讀若《詩》摽有梅”。上手落物，下手待接。

𣦼，cán，“，殘穿也，从又从歺。讀若殘”。宁沪一·七〇，手持工具击骨使碎，𣦼殘通。

歺，è，“，列骨之殘也，从半冎。讀若櫱岸之櫱”。乙八八二八，分解骨肉后的残骨形。

死，sǐ，“，澌也，人所離也，从歺从人”。前五·四一·三，生人拜于死骨之旁，示死亡。

冎，guǎ，“，剔人肉置其骨也，象形，頭隆骨也”。粹一三〇六，剐肉留骨架，与剐同。

骨，gǔ，“，肉之覈也，从冎，有肉”。江陵楚简，用肉衬托的断骨头。

肉，ròu，“，胾肉，象形”。甲一八二三，象大块肉形。

筋，jīn，“，肉之力也，从力从肉从竹。竹，物之多筋者”。附着在骨肉间的韧带。

刀，dāo，“，兵也，象形”。粹一一八四，大刀形，兵器的一种。

刃，rèn，“，刀堅也，象刀有刃之形”。前四·五一·一，用符号指示刀锋(刃)所在。

㓞，qià，“，巧㓞也，从刀丯聲”。以刀刻画竹木有痕(丯)形，㓞与契、栔同。

丯，jiè，“，艸蔡也，象艸生之散亂也。古拜切”。散乱的草芥。或为竹木刻痕之乱形。

耒，lěi，“，手耕曲木也，从木推丯。古者垂作耒耜以振民也”。耒簋，耕地农具，耒即早期的犁。

角，jiǎo，“，獸角也，象形。角與刀魚相似”。菁一·一，象兽(牛)角形。

九、说文解字第五上

竹，zhú，“，冬生艸也，象形。下垂者，箁箬也”。古币文作，用下垂竹叶代竹子。或谓用竹笋下垂的壳(箁箬)代竹子。

箕，jī，“，簸也，从竹𠀠，象形，下其丌也”。乙三四〇〇，母辛卣，簸箕。𠀠、其同。

丌，jī，“，下基也，薦物之丌，象形。讀若箕同”。基架，丌、几是一块板两头落地形。

左，zuǒ，“，手相左助也，从𠂇工”。象人左手拿木尺(工)，辅佐，左同佐。左手作𠂇。

工，gōng，“，巧飾也，象人有規榘也，與巫同意”。曲尺(工字尺)形，“矩”金文作伯矩簋，象人手执尺(工)工作之形。由木工扩展指一切工。

㠭，zhǎn，“，極巧視之也，从四工。知衍切”。用四工表极巧，或表展开、展示之意，粹九四五，即展字，从㠭构形，㠭与㢧、展同。

巫，wū，“，祝也，女能事無形，以舞降神者也。象人兩褎舞形，與工同意，古者巫咸初作巫”。甲二三五六，巫师持物(工)以舞，或谓持两玉以事神。巫、舞音义同。

甘，gān，“，美也，从口含一，一，道也”。口中含美味物，舍不得吞下。旨、甜从甘。

曰，yuè，“，詞也，从口乙聲，亦象口气出也”。前六·四八·五，口中有话出，又语气词。

乃，nǎi，“，曳詞之難也，象气之出難”。己鼎，气出受阻不畅貌，多用作虚词。

丂，kǎo，“，气欲舒出，上礙於一也。丂，古文以爲亏字，又以爲巧字。苦浩切”。气上冲受阻，发出“丂丂”声。一说象拐棍（）敲击物（一）声，丂同攷、叩。

可，kě，“，肎也，从口㔾，㔾亦聲”。用口发“㔾、丂”声表许可，可肎（肯）双声。

兮，xī，“，語所稽也，从丂八，象气越亏也”。口中气上出（八），语气词。饶炯《部首订》：“只从口，二画象气下引；兮从丂，二画象气上越。”

号，háo，“，痛聲也，从口在丂上”。大声痛哭而呼，口有“丂丂”声。

亏，yú，“，於也，象气之舒。亏从丂从一，一者，其气平之也”。口气舒展平直。同于（於）。

旨，zhǐ，“，美也，从甘匕聲”。京都七三A，殳季良父壶，羹匙（匕）入口，以示味美。

喜，xǐ，“，樂也，从壴从口”。前四·一八·一，粹一二一一，有歌（口）有鼓乐（壴）声，十分喜悦，所谓“闻乐则喜”。

壴，zhù，“，陳樂立而上見也，从屮从豆。中句切”。佚七五，甲二七七〇，鼓形，中间圆形是鼓面，下为架子，上为装饰。，彭是击鼓发出的“嘭嘭”声。

鼓，gǔ，“，郭也，春分之音，萬物郭皮甲而出，故謂之鼓。从壴支，象其手擊之也”。甲二二八八，觶文，手拿槌击鼓，兼作动词、名词。

岂，qǐ，“，還師振旅樂也，一曰欲也，登也，从豆微省聲。墟喜切”。纵横家书三三，鼓上加脚板（止），擂鼓高歌而还师，表示凯（凱）旋。岂即凯。

豆，dòu，“，古食肉器也，从口，象形”。乙七九七八反，甲一六一三，盛祭肉等物的高脚碗。

豊，lǐ，“，行禮之器也，从豆，象形。讀與禮同”。后下八·二，长由盉，豆上盛二玉祭祀，豊即禮。

豐，fēng，“豐，豆之豐滿者也，从豆，象形。一曰鄉飲酒有豐侯者”。京津一五五，卫盉，用豆内盛物多表丰满，一说豆内盛满麦穗以示丰收。

䖒，xī，“䖒，古陶器也，从豆虍聲。許羈切”。绘有虎纹的古陶器。戲字从䖒、戈，是祭祀时戴虎头面具持戈表演威武动作，乃戏剧雏形。䖒同戲。

虍，hū，“虍，虎文也，象形。荒烏切”。乙八〇一三，古鉨，老虎斑文，突出虎口利牙。

虎，hǔ，“虎，山獸之君，从虍，虎足象人足，象形”。乙二九〇八，召伯簋，老虎形。

虤，yán，“虤，虎怒也，从二虎”。两虎相斗而怒。

皿，mǐn，“皿，飯食之用器也，象形。與豆同意。讀若猛”。甲二四七三，燕七九八，盆类器皿。

凵，qū，“凵，凵盧，飯器，以柳爲之，象形。笑，凵或从竹去聲”。柳条或竹篾编的盛饭器皿。

去，qù，“去，人相違也，从大凵聲”。一·四七·七，象人（大）离开穴居的房屋（口）。

血，xuè，“血，祭所薦牲血也，从皿，一象血形”。前四·三三·二，歃血为盟，血块在器中形。

丶，zhǔ，“丶，有所絶止，丶而識之也。知庾切”。庚爵，用点表语句停顿，即逗（讀）。一说为灯台上的火苗，即“灯中火主”，，下为灯台上为火苗之丶。丶与主、炷同。

十、说文解字第五下

丹，dān，“丹，巴越之赤石也，象采丹井，一象丹形”。京津三六四九，矿井里采出的朱砂。

青，qīng，“青，東方色也，木生火，从生从丹，丹青之信，言象然”。吴方彝，上部（生）是草芽长出地面，代表草木青色，从丹井中提取出草木色颜料，用表一切青色。

井，jǐng，“井，八家一井，象構韓形，·，罋之象也。古者伯益初作井”。克鼎，水井，·是井瓮，井是瓮口围栏作衬托。

皀，bī，“皀，穀之馨香也，象嘉穀在裹中之形，匕所以扱之。或說：皀，一粒也。又讀若香”。存下七六四，祭祀用精洁米粒（饭）盛在器皿中，或溢出香气。

鬯，chàng，“，以秬釀鬱艸，芬芳攸服，以降神也。从凵，凵，器也，中象米，匕所以扱之。《易》曰：不喪匕鬯”。存一九九，把米和香草放闷在器皿中酿出酒香气以享神。

食，shí，“，一米也，从皀亼聲。或說：亼，皀也”。乙三五，张口(亼)吃器中饭()。

亼，jí，“，三合也，从入一，象三合之形。讀若集”。三画从三方集合，与集、雧同。

會，huì，“，合也，从亼从曾省，曾，益也”。趚亥鼎，象器(甑)身、底、盖三者相合，用表一切会合。

倉，cāng，“，穀藏也，倉黄取而藏之，故謂之倉。从食省，口象倉形”。通别二·八·八，叔仓父盨，象有底、有顶盖而中部开门的粮仓形。

入，rù，“，内也，象从上俱下也”。铁一三·二，井侯簋，内字从冂(宀)从入，象人进入穴居之所内。从外看是入，从内看是纳，入、内(纳)音义同。

缶，fǒu，“，瓦器，所以盛酒漿，秦人鼓之以節謌，象形”。前八·七·一，缶鼎，陶制盛器，上盖下器身，秦用为乐器。作陶类字义符，能匋尊，匋(陶)字正为人制缶形。

矢，shǐ，“，弓弩矢也。从入，象鏑栝羽之形。古者夷牟初作矢”。甲一九七六，矢伯卣，象箭形。

高，gāo，“，崇也，象臺觀高之形。从冂口，與倉舍同意”。乙一九〇六反，用城门望楼表高意。

冂，jiōng，“，邑外謂之郊，郊外謂之野，野外謂之林，林外謂之冂，象遠界也”。师奎父鼎，囗象都城，冂象伸往远方的边界。冂、同、迥同。

𩫏，guō，“，度也，民所度居也。从回，象城𩫏之重，兩亭相對也。或但从囗”。京都三二四一，毛公鼎，内城为城，外城为𩫏(郭)，用城外四周的亭子表示郭，或省两方亭。

京，jīng，“，人所爲絶高丘也，从高省，丨象高形”。前四·三一·六，班簋，宫殿高耸形。都城多建于高地，后指王都。

亯，xiǎng，“，獻也，从高省，曰象進孰物形。《孝經》曰：祭則鬼亯之。許兩切，又普庚切，又許庚切”。粹一三一五，篮文，用宗庙形表祭享，又分三读为“享、烹、亨”。

𣆪，hòu，“，厚也，从反亯。胡口切”。后下二三·一一，倒宗庙之“亯”表厚重。后加厂为厚。

畐，fú，“畐，滿也，从高省，象高厚之形。讀若伏”。甲三〇七二，士父钟，长颈鼓腹圆底器，以鼓腹象征丰满多福，后加示旁作福。

㐭，lǐn，“㐭，穀所振入，宗廟粢盛，倉黄㐭而取之，故謂之㐭。从入回，象屋形，中有戶牖。力甚切”。前四·一一六，象露天盖顶的穀堆形，后加禾、广作廩。

嗇，sè，“嗇，愛濇也，从來从㐭，來者，㐭而藏之，故田夫謂之嗇夫”。佚七七二，穀堆上加来（麦）表收藏庄稼、珍惜粮食。嗇加禾旁作穡，稼穡，嗇、穡音义同。

來，lái，“來，周所受瑞麥來麰，一來二縫，象芒朿之形。天所來也，故爲行來之來。《詩》曰：詒我來麰”。前二·二三·五，墻盘，本麦子形，古谓麦乃上天赐来，故用作动词来。

麥，mài，“麥，芒穀，秋穜厚薶，故謂之麥。麥，金也，金王而生，火王而死，从來，有穗者，从夊”。麦子，加夊（脚板）表“嘉穀天来”，金文有麥加鳥形，示鸟啣麦种来。

夊，suī，“夊，行遲曳夊，夊象人兩脛有所躧也。楚危切”。乙二一一〇，用倒止表行走迟缓。

舛，chuǎn，“舛，對卧也，从夊㐄相背。揚雄說舛从足春”。两脚板反向而动，同蹐。

舜，shùn，“舜，艸也，楚謂之葍，秦謂之藑，蔓地連華，象形”。帛书作老子甲后三一三，牵牛花类的蔓草花，四面伸展，故从舛。隶书作舜，有虞氏用为谥号，取“俊”的音义。

韋，wéi，“韋，相背也，从舛囗聲。獸皮之韋可以束，枉戾相韋背，故借以爲皮韋”。乙二一一八，甲二二五八，本象多只脚板（止）围绕城郭（囗）走之形，即围，省为上下两止。囗、韋、圍、衛音义同。兽皮柔软利于围绕，故皮革类字多用韋构形。

弟，dì，“弟，韋束之次弟也，从古字之象”。乙八八一八，应公鼎，按顺序缠束，表次第。

夂，zhǐ，“夂，从後至也。象人兩脛，後有致之者。讀若黹”。夂为舛之左半边，用脚板表到达，同至。

久，jiǔ，“久，以後灸之，象人兩脛後有距也。《周禮》曰：久諸牆以觀其橈”。睡虎地简二五·四〇，象以艾草烧灼病人穴位，即针灸的本字，久与灸同。

桀，jié，“，磔也，从舛在木上也”。古鉨文作，象人两脚分开置于树上形。分解肢体，同蹀。又双脚在树上，登高以示杰(傑/桀)出。

十一、说文解字第六上

木，mù，“，冒也，冒地而生，東方之行，从中，下象其根”。甲三五一○，树木，象其枝、干、根形。

東，dōng，“，動也，从木。官溥說：从日在木中”。前六·三二·四，京津四三四五，象袋中有重物状，即橐字，借作方位词。王筠“从日在木中，日升扶桑之谓”，表东方。

林，lín，“，平土有叢木曰林，从二木”。用双木表丛生的树林。

才，cái，“，艸木之初也，从丨上貫一，將生枝葉，一，地也”。续一·三·六，后下三五·六，草木初生正在冒出地面形，在从才从土，才、在通。

十二、说文解字第六下

叒，ruò，“，日初出東方暘谷，所登榑桑。叒，木也，象形。而灼切”。乙三六六四，盂鼎，曶鼎，象树木开花滋长形，同若，桑为叒下加木，榑桑即若木。或谓象人双手理长头发形。

之，zhī，“，出也，象艸過屮，枝莖益大有所之。一者，地也”。甲三一一三，散盘，象人脚板(止)从某处(一)出发，(往)从之王声。一说草芽由地长出，有往义。

帀，zā，“，周也，从反之而帀也。周盛說。子荅切”。㞢正、帀倒，环绕周遍义，帀同匝。

出，chū，“，進也，象艸木益滋，上出達也”。后上二九一○，兮甲盘，脚趾向外从穴居洞口离开。出与(各)脚趾向居所走来相反，“客”从各，正是外来者。

𣎵，pò，“，艸木盛𣎵𣎵然，象形，八聲。讀若輩”。草木茂盛、因风舒散貌，即市、沛。

生，shēng，“，進也，象艸木生出土上”。甲三八○，穆公鼎，草木从土上长出形。

乇，zhé，“，艸葉也，从垂穗上貫一，下有根，象形。陟格切”。艸叶垂下之形。

𠂹，chuí，“，艸木華葉𠂹，象形。是爲切”。一树繁花茂叶累累下垂形。

𠂹同垂。

𠌶，huā，“，艸木華也，从𠂹亏聲。𠌶或从艸从夸”。華季盨，象树上垂花朵形。

華，huā，“，榮也，从艸从𠌶”。古鉩文作，𠌶的后出字，上加艸。

𥝌，jī，“，木之曲頭，止不能上也。古兮切”。树顶弯曲而不能生长，训稽留，𥝌同稽。

稽，jī，“，留止也，从𥝌从尤旨聲”。睡虎地简六五·二，停留、稽首，叩头至地，字形或作“𩒨”。

巢，cháo，“，鳥在木上曰巢，在穴曰窠。从木，象形”。班簋，象树上鸟窝形。

桼，qī，“，木汁，可以䰍物，象形。桼如水滴而下”。五十二病方三八二，象树汁下滴形。后作漆。

束，shù，“，縛也，从囗木”。甲二二八九，束盘，象捆缚物形。

𣝕，hǔn(gǔn)，“，櫜也，从束圂聲。胡本切”。睡虎地简二八·一六，两头束紧的口袋。与緷、綑同。

囗，wéi，“囗，回也，象回帀之形”。环绕一周。包围义同韋、圍，回环义同(回)。

員，yuán，“，物數也，从貝囗聲”。佚一一，員父尊，以圆鼎口示圆形，員同圓。

貝，bèi，“，海介蟲也，居陸名猋，在水名蛹，象形。古者貨貝而寶龜，周而有泉，至秦廢貝行錢”。甲七七七，睘卣，古作货币的贝壳形。

邑，yì，“，國也，从囗。先王之制，尊卑有大小，从卪”。菁二·一，人所居住(或臣服)的封国，卪象人跽坐形。

𨛜，xiàng，“，鄰道也，从邑从𨸏，闕。胡絳切”。又作前四·二一·五(鄉)，二人相向对食形，𨛜与鄉、嚮、饗同。

十三、说文解字第七上

日，rì，“，實也，太陽之精不虧，从囗、一，象形”。佚三七四，太阳形。

旦，dàn，“，明也，从日見一上，一，地也”。粹七〇〇，颂鼎，太阳刚升出地(海)平面形，表天亮、早晨，卜辞“旦至于昏不雨”京津四四五〇。

倝，gàn，“，日始出光倝倝也，从旦㫃聲。古案切”。𪎊羌钟，下象太阳

（昜），上象旗帜（㫃），日出其光如旗帜高升飘扬貌。乾、倝、瀚由此构形并得音义。

㫃，yǎn，“，旌旗之游㫃蹇之皃，从屮曲而下垂，㫃相出入也。讀若偃，古人名㫃，字子游。於幰切”。前五·五·七，竖竿上旗子飘飞貌。

冥，míng，“，幽也，从日从六冖聲。日數十，十六日而月始虧幽也”。段玉裁注：“冖者覆也，覆其上则幽冥。”诅楚文，中为日，上为幕盖，下为，想象用两手撒开大幕把太阳覆盖住，表示幽暗。

晶，jīng，“，精光也，从三日”。甲六七五，以三日表示众星星；又前七·二六·三，麓伯星父簋，晶本指星星，转表光亮后，加生造曐字，后减省作星。

月，yuè，“，闕也，大陰之精，象形”。粹六五九，月亮。孔广居《说文疑疑》：“月虽有时而盈，然亏之时多，故古人就所恒见者以立文也。”月夕一字，分表月亮、夜晚。

有，yǒu，“，不宜有也。《春秋傳》曰：日月有食之”。盂鼎，手（又）持肉示已有。有、又通用。

朙，míng，“，照也，从月从囧”。乙六四，矢令彝，月光由窗（囧）射入室形，表明亮。也有从日作“明”者。

囧，jiǒng，“，窻牖麗廔闓明，象形。讀若獷，賈侍中說：讀與明同。俱永切”。甲二七八，戈户辛鼎，有间格可透光的窗户形。

夕，xī，“，莫也，从月半見”。铁一六·一，甲一一二七，夜晚月才出，用月形分表夜晚。

多，duō，“，重也，从重夕，夕者相繹也，故爲多。重夕爲多，重日爲曡”。前七·三五·一，召尊，重肉、重夕（昼夜更替），与品一样，重形以示物品众多，不必定何物。

毌，guàn，“，穿物持之也，从一横貫，象寶貨之形。讀若冠”。粹一二八九，后下三七·二，线串贝币，毌与貫同。

马，hàn，“，嘾也，艸木之華未發圅然，象形。讀若含。乎感切”。花骨朵形，上苞下茎。马与東、圅（函）同，马嘾即菡萏。

東，hàn，“，木垂華實，从木马，马亦聲”。木中重二马，树上悬挂花苞、果实形。段注作“朿”，木中垂一马。

卣，tiáo，“，艸木實垂卣卣然，象形。讀若調”。盂鼎，垂果实形；又（栗）字为木上三卣形。

齊，qí，“，禾麥吐穗上平也，象形”。前二·一五·二，齐史疑觶，商鞅方升，象平原上麦穗平整形，一望无边。或谓象众物摆放平齐形，难定何物。

朿，cì，“，木芒也，象形。讀若刺”。甲六三五，朿鼎，象木上生刺形。朿同刺。

片，piàn，“，判木也，从半木”。乙二七七三，古币文作，剖为二，右半为片，左为爿，即“牀”字初文。

鼎，dǐng，“，三足兩耳，和五味之寶器也。……籀文以鼎爲貞字”。盂鼎，鼎形。

克，kè，“，肩也，象屋下刻木之形”。甲一二四九，克鼎，武士头戴盔甲形，表胜任。与(胄)的构形近似。

彔，lù，“，刻木彔彔也，象形”。粹一二七六，录卣，井上辘轳打水形，录录即碌碌。

禾，hé，“，嘉穀也，二月始生，八月而孰，得時之中，故謂之禾。禾，木也，木王而生，金王而死，从木从𠂹省，𠂹象其穗”。后上二四·九，乙四八六七，禾垂穗形，泛指庄稼。

秝，lì，“，稀疏適也，从二禾。讀若歷”。两禾间稀疏分布，適秝乃均匀貌。厤、歷同。

黍，shǔ，“，禾屬而黏者也，以大暑而穜，故謂之黍。从禾，雨省聲。孔子曰：黍可爲酒，禾入水也”。甲三八一四，前四·三九·七，黍可酿酒，故禾黍形下加水。

香，xiāng，“，芳也，从黍从甘。《春秋傳》曰：黍稷馨香”。篆作，饶炯《部首订》：“艸臭之美者曰芳，穀臭之美者曰香。然穀食之臭，黏者尤甚，故芳香之香从黍甘会意。”

米，mǐ，“，粟實也，象禾實之形”。后上二五·七，粹二二七，象筛子上下米粒集列形。

毇，huǐ，“，米一斛舂爲八斗也，从臼从殳”。手持杵(殳)于臼中舂米。

臼，jiù，“，舂也，古者掘地爲臼，其後穿木石，象形，中米也”。中山王墓刻石文，带齿臼形。

凶，xiōng，“，惡也，象地穿交陷其中也”。楚帛书作，象两物相交陷入坑中形，示凶险。

十四、说文解字第七下

𣎳，pìn，“，分枲莖皮也，从屮八，象枲之皮莖也。讀若髕”。屮是麻秆，八像剥开麻皮。

𣏟，pài，“𣏟，葩之總名也，𣏟之爲言微也，微纖爲功，象形。匹卦切”。段注改“葩”为“葩”，“葩，枲實也”，麻种，用代麻名，象麻秆密立之形。

麻，má，“麻，與𣏟同，人所治在屋下，从广从𣏟”。师麻匡，在广(屋)下治麻，或将治好的麻收藏广中。

尗，shú，“尗，豆也，象尗豆生之形也。式竹切”。尗象茎下有实(豆粒)形。尗同菽。

耑，duān，“耑，物初生之題也，上象生形，下象其根也”。义楚耑，根破土长出芽，发端。

韭，jiǔ，“韭，菜名，一穜而久者，故謂之韭。象形。在一之上，一，地也。此與耑同意”。睡虎地简一九·一八〇，地上长出韭菜形。

瓜，guā，“瓜，𤓰也，象形”。令狐君壶，蔓中结瓜形。

瓠，hù，“瓠，匏也，从瓜夸聲”。细而长的瓠瓜。

宀，mián，“宀，交覆深屋也，象形。武延切”。乙五〇六一，乙五八四九，屋的侧面形。

宮，gōng，“宮，室也，从宀躳省聲”。前四·一五·三，古人穴居洞窟相连形。

呂，lǚ，“呂，脊骨也，象形”。乙一九八〇，象人两节脊椎骨形。两节成偶，为“侣”初文。

穴，xué，“穴，土室也，从宀八聲”。象土屋有孔洞之形，扒(八)土壁为洞穴。

㝱，mèng，“㝱，寐而有覺也，从宀从疒夢聲。莫鳳切”。同夢，菁三·一，佚九一六，人躺床上睡觉，频交睫毛，手舞足蹈，为梦魇之状。㝱寐双声。

疒，nè，“疒，倚也，人有疾病，象倚箸之形。女戹切”。乙七三八，粹一二六八，人卧床有脓血或虚汗流出，生病之形。

冖，mì，“冖，覆也，从一下垂也。莫狄切”。象巾两头垂下覆盖物体形。幂、鼏同。

𠔼，mǎo，“𠔼，重覆也，从冂一。讀若艸苺之苺”。佩巾垂而覆盖形，帽子雏形。

冃，mào，“冃，小兒、蠻夷頭衣也，从冂，二其飾也”。九年卫鼎，头衣即后来的帽子。冖、𠔼、冃、冒、帽，应是遮风帽子在不同时代所用的字形。

兩，liǎng，“，再也，从冂。闕”。卫盉，一物中分为二之形，如一车驾二马为兩（辆）。

网，wǎng，“，庖犧所結繩以漁，从冂，下象网交文”。乙三九四七，乙五三二九，象捕鸟、鱼等所用的网形。

襾，yà，“，覆也，从冂上下覆之。呼訝切”。象两佩巾上下（凵冂）包覆之形。

巾，jīn，“，佩巾也，从冂，丨象糸也”。京津一四二五，佩巾下垂形（冂），丨为系带。

巿，fú，“，韠也，上古衣蔽前而已，巿以象之。……从巾象連帶之形。分勿切”。盂鼎，上古遮在衣裳前的饰物，中为系，上为横幅，下为垂布。巿与绂、黻、韠同。

帛，bó，“，繒也，从巾白聲”。前二·一二·四，未染色的本色丝织品，故从白。

白，bái，“，西方色也，陰用事，物色白，从入合二，二陰數”。甲四五六，作册大鼎，用日初出白光表白色，或说用白米粒或灯火苗表白色。

㡀，bì，“，敗衣也，从巾，象衣敗之形”。即敝，存下八一一，拾六·一一，手持棍击打衣巾使破败之形，用表普通的破敝。

黹，zhǐ，“，箴縷所紩衣，从㡀丵省”。屯南三一六五，颂鼎，缝衣线之迹，针脚线，针黹。

十五、说文解字第八上

人，rén，“，天地之性最貴者也。此籀文，象臂脛之形”。戬四一·六，散盘，人有礼貌地侧身垂臂站立形。

匕，huà，“，變也，从到人。呼跨切”。即化，续存二二一五，人倒立，变化莫大于倒转。

匕，bǐ，“，相與比叙也，从反人。匕亦所以用比取飯，一名柶。卑履切”。舀勺，匙柶。

从，cóng，“，相聽也，从二人”。后上二七·七，二人相跟从形。

比，bǐ，“，密也，二人爲从，反从爲比”。京都一八二二，二人并列形。

北，bèi，“，乖也，从二人相背”。粹三六六，二人相背形，后加肉作背，战败转背逃走称败北，《战国策》“士无反北之心”。

丘，qiū，“，土之高也，非人所爲也。从北从一，一，地也。……一曰四方高中央下爲丘，象形”。粹一二〇〇，商丘叔簠，山丘形。丘比山小，岳字是山上加丘。

㐺，yín，“，眾立也，从三人”。甲二八五八，三人并立形，表众多。眾从㐺，前七·三〇·二，众人在烈日下劳作形。

𡈼，tǐng，“，善也，从人士，士，事也。一曰象物出地挺生也”。后下三九·一，人挺身立土上远望形。“望”字从𡈼，保卣，会人挺身睁大眼睛远望月亮之意。

重，zhòng，“，厚也，从𡈼東聲”。井侯簋，人挺身背负重物（東即橐），沉重、厚重。

臥，wò，“，休也，从人臣，取其伏也”。足臂灸经一五，人席地而坐过久则累，侧靠在几上手支颐休息，故目竖似臣，即《孟子·公孙丑下》“隐几而卧”。

身，shēn，“，躳也，象人之身。从人厂聲”。叔向簋，有身孕形，《诗·大雅·文王》“大任有身，生此文王”。或谓象贵族大腹便便形。表身孕、躯干、身体、身份。

㐆，yī（yīn），“，歸也，从反身。於機切”。身字反形表皈依。后作殷，虢叔簋，表殷富。

衣，yī，“，依也，上曰衣下曰裳，象覆二人之形”。前一·三〇·四，此鼎，上衣形。

裘，qiú，“，皮衣也，从衣求聲。一曰象形，與衰同意”。后下八·八，又尊，毛向外之皮衣形。

老，lǎo，“，考也，七十曰老，从人毛匕，言須髮變白也”。珠一〇〇八，后下三五·二，夆叔匜，长发白须躬背拄杖老人形。老、考同。

毛，máo，“，眉髮之屬及獸毛也，象形”。毛公旅鼎，取毛发之形的两节。

毳，cuì，“，獸細毛也，从三毛”。守宫盘，细毛，细则多，故从三毛。

尸，shī，“，陳也，象臥之形”。尸作父己卣，人坐卧休息形。又祭祀时以活人代亡灵受祭，即尸位，如童孙可作死去的祖父（王父）之尸。尸体字本作屍。

十六、说文解字第八下

尺，chǐ，“，十寸也，人手卻十分動脈爲寸口，十寸爲尺，尺所以指尺規榘事也。从尸从乙，乙所識也。周制：寸尺咫尋常仞諸度量，皆以人之體爲法”。肘至腕关节为一尺。

尾，wěi，“，微也，从到毛在尸後。古人或飾系尾，西南夷亦然”。 乙四二九三，初民狩猎归来饰动物皮尾舞蹈欢庆，后奴隶服饰有尾巴以示等级。通表尾巴。

履，lǚ，“，足所依也。从尸从彳从夂，舟象履形”。 五十二病方三八〇，人足穿鞋形，彳、夂为示动意符，可作名词、动词。古文字中鞋形常与舟形混用。

舟，zhōu，“，船也，古者共鼓貨狄刳木爲舟，剡木爲楫，以濟不通，象形”。 前七·二一·三， 舟簋，独木船形。

方，fāng，“，併船也，象兩舟省總頭形”。 后下一三·五， 前五·二三·二，并两船同行之形，孔广居《说文疑疑》谓下两笔为二舟并，上“一、冖”为系舟绳索。方圆字作匚。

儿，rén，“，仁人也，古文奇字人也，象形。孔子曰：在人下，故詰屈”。“人”作部件构字有时在下部，故曲笔，如“兒”字下部， 前七·四〇·二。

兄，xiōng，“，長也，从儿从口”。 前一·三九·六， 佚二五七，人跪张口对天神祝告形，即“祝”之本字。主祝者为长者、长兄，故指兄长。

兂，zēn，“，首笄也，从人，匸，象簪形”。人（儿）发髻插簪子（匸），竹制，后作簪。

皃，mào，“，頌儀也，从人，白，象人面形”。人面部形（白），儿为衬托。后作貌。

兜，gǔ，“，廱蔽也，从人象左右皆蔽形。公户切”。人（儿）左右眼均遮蔽形。兜鍪之兜字由“兜、皃”合成，表战帽。

先，xiān，“，前進也，从儿从之”。 乙三七九八，脚板（止）在人（儿）前，前行、方位在前。

秃，tū，“，無髮也，从人，上象禾粟之形，取其聲。王育說：蒼頡出見秃人伏禾中，因以制字。未知其審”。人头发少。王筠谓《玉篇》作儿上毛，发稀疏如毛。后讹毛为禾。或谓：无发者反梦想发长如禾。

見，jiàn，“，視也，从儿从目”。 后下一一·一， 现鼎，看清，眼睛睁得越大看得越清。

覞，yào，“，竝視也，从二見”。二人对视形。

欠，qiàn，“，張口气悟也，象气从人上出之形”。 明一八八〇，人张嘴呼吸气、打哈欠。

歓，yǐn，“，歠也，从欠酓聲”。甲二〇五，人伸舌于坛喝水或酒形。

次，xián，“，慕欲口液也，从欠从水”。上方镜二，人贪羡而张口流涎水，后作羡、涎。

旡，jì，“，歓食气屰不得息曰旡，从反欠”。前四·三三·五，吃喝时气向上逆行而不能顺利通过咽喉。既字从旡，佚六九五，人吃过饱扭头向外透气形。

十七、说文解字第九上

頁，xié，“，頭也，从百从儿”。乙八八四八，人头形，儿为衬托。

百，shǒu，“，頭也，象形”。人头形，与首同。

面，miàn，“，顔前也，从百象人面形”。甲二三七五，人面部。外为面框，内百为面颜。

丏，miǎn，“，不見也。象壅蔽之形”。象人头面被遮蔽形，中长曲笔为人，顶有一画遮头，前有乚画遮面。

首，shǒu，“，百同，古文百也。巛象髮，謂之鬊，鬊即巛也”。乙二三〇一，沈子簋，人(兽)带毛发的头颅形。

𥄉，jiāo，xuān，“，到首也，賈侍中說。此斷首到縣𥄉字。古堯切”。倒首表砍头悬挂，也作縣，縣妃簋。縣后作行政机构名称，本义又作懸。悬(𥄉)、縣、懸同。

須，xū，“，面毛也，从頁从彡”。易叔盨，人脸上的须毛，彡象形，页为衬托。

彡，shān，“，毛飾畫文也，象形”。乙六二九，象毛发、花纹等。须，毛发；彰，花纹；彪，斑纹；影，影动；彭，声波；彩，光彩；参，错画。

彣，wén，“，䶊也，从彡从文”。彩色的花纹。文、彣、纹同。

文，wén，“，錯畫也，象交文”。甲三九四〇，令簋，人胸脯上刺花文(图腾)，文身。

髟，biāo，“，長髮猋猋也，从長从彡”。長髮垂飘之貌。

后，hòu，“，繼體君也，象人之形。施令以告四方，故厂之，从一口，發號者君后也”。将“司”字形右翻，→，用表发号司令者。甲骨文或为妇人产子形，与(毓)同字，母系氏族的“后”有君主(继体君)义。

司，sī，“，臣司事於外者，从反后”。前二·一四·三，司母辛鼎，手遮口上呼发命令形。

卮，zhī，“，圜器也，一名觛，所以節飲食。象人卪在其下也”。盛酒的圆形角制饮器。可能是人手遮口而跪饮，故从手从卪。

卪，jié，“，瑞信也……象相合之形。子結切”。乙九〇七七，甲二四九一，人跪形，也作卪。跪则屈膝，卪为膝、跽初文。符信为竹制，竹有節如膝，“卪-節”古今字。

印，yìn，“，執政所持信也，从爪从卪”。乙一四三，毛公鼎，手按使人跪，“抑”的本字。

色，sè，“，顔气也，从人从卪”。颜面气色，构形费解。或谓人压在跪者上，怒形于色。

卯，qīng，“，事之制也，从卪卩。去京切”。乙一二七七，二人相对坐。卿、鄉、嚮、饗从“卯”构形。

辟，bì，“，法也。从卪从辛，節制其辠也；从口，用法者也”。甲一〇四六，毛公鼎，法度、刑法。罪人跪，旁有刑刀，加口宣告罪状。一说为刑刀(辛)砍掉罪人头颅形。

勹，bāo，“，裹也，象人曲形，有所包裹”。古币文作，象双臂弯曲有所包裹形。

包，bāo，“，象人裹妊，巳在中，象子未成形也”。勹中有子，妇人怀孕形。胞本字。

茍，jì，“，自急敕也，从羊省，从包省，从口，口猶慎言也。从羊，羊與義善美同意”。急迫警诫自己。前八·七·一，班簋，怪物加口，表警诫。茍同亟，敬警从茍构形。

鬼，guǐ，“，人所歸爲鬼，从人，象鬼頭，鬼陰气賊害，从厶”。菁五·一，前四·一八·六，鬼壶，已死的祖先，祭祀时用人戴面具装扮其形。

甶，fú，“，鬼頭也，象形。敷勿切”。祭祀时人所戴装扮鬼神的面具，“鬼”字的上部。

厶，sī，“，姦衺也。韓非曰：蒼頡作字，自營爲厶”。姦滑自私。古鉩文作，象将利益往自己处勾进之形，厶即私。“背私为公”之“公”是把“厶”分(八)给大家。

嵬，wéi，“，高不平也，从山鬼聲”。山石奇诡，高耸不平，故从山鬼。

十八、说文解字第九下

山，shān，“，宣也，宣气散，生萬物，有石而高，象形”。甲三六四二，启卣，山形。

屾，shēn，“，二山也。所臻切”。二山并立形，或为山的繁写。

屵，è，“，岸高也，从山厂，厂亦聲。五葛切”。厂本是山体伸出河边的崖岸形，加形符山为屵，加声符干为厈，二者都加为岸。厂、屵、厈、岸同一字。

广，yǎn，“，因广爲屋，象對刺高屋之形。魚儉切”。依崖(厂)搭建的室外高大建筑，一面敞开，庭、庾、廈、廄、庖等从之。

厂，hǎn，“，山石之厓巖，人可居，象形。呼旱切”。散盘，天然山石崖岸，初民栖处。

丸，wán，“，圜傾側而轉者，从反仄”。侍其繇木方，弹丸，以手指()夹圆形土石(·)飞击鸟兽，即所谓“飞土逐肉”。

危，wēi，“，在高而懼也，从产，自卪止之”。《厂部》“产，仰也，从人在厂上”。中厂为高耸石岸，上下各一人。一表示高峻；二表示上崖边的人随时可能掉下，恐惧而危险。

石，shí，“，山石也，在厂之下，口象形”。铁一〇四·三，乙四六九三，崖下石块形。

長，cháng，“，久遠也，从兀从匕，兀者，高遠意也，久則變化，亾聲，者，倒亾也”。后上一九·六，林二·二六·二，长发拄杖的长者形，突出头发长。与考老通。

勿，wù，“，州里所建旗，象其柄，有三游，雜帛，幅半異，所以趣民，故遽稱勿勿”。甲四七五，粹四二四，彩色三游旗，急时召集民众(旗语)。或为杂色牛之“物”本字。或谓以刀切割物，有分辨义。

冄，rǎn，“，毛冄冄也，象形”。乙四五二五，冉鼎，须毛细长飘逸貌。后作冉、髯。

而，ér，“，頰毛也，象毛之形。《周禮》曰：作其鱗之而”。中山王鼎，两颊须髯，同髵。

豕，shǐ，“，彘也，竭其尾，故謂之豕，象毛足而後有尾。讀與豨同”。前四·二七·四，大肚子短尾巴的猪形。

㣇，yì，“，脩豪獸，一曰河内名豕也。从彑，下象毛足”。象爵，锐头尖嘴野猪类兽。

彑，jì，“，豕之頭，象其鋭而上見也。居例切”。猪头形，同彖。

豚，tún，“，小豕也，从彖省，象形。从又持肉，以給祠祀”。前三·三一·一，乙八六九八，祭祀用的小猪。或作臣辰卣，手持豕、肉献祭。

豸，zhì，“豸，獸長脊，行豸豸然，欲有所司殺形”。前四·五三·一，乙四四二，巨口獠牙长脊猛兽形。脊骨长则善跑追杀他兽，故“獬豸”为猛兽通称，“虫豸”为野兽通名。

𤉡，sì，“𤉡，如野牛而青，象形，與禽离頭同”。甲三九三九，乙七六四，四，独角，犀牛，同犀。

易，yì，“易，蜥易，蝘蜓，守宫也。象形”。毛公鼎，蜥蜴善变色，用为变易字。又作前六·四三·三，德鼎，象两器中水互转易之形。

象，xiàng，“象，長鼻牙，南越大獸，三年一乳，象耳牙四足之形”。前三·三一·三，乙九六〇，长鼻子大象形。

十九、说文解字第十上

馬，mǎ，“馬，怒也，武也，象馬頭髦尾四足之形”。乙九〇九二，守簋，马形。

廌，zhì，“廌，解廌，獸也，似山牛，一角，古者决訟令觸不直。象形”。后下三三·四，明藏四七二，象野牛的独角兽，有“觸不直”的传说，故“灋”字从廌。通豸。

鹿，lù，“鹿，獸也，象頭角四足之形”。粹九五三，命簋，鹿形。

麤，cū，“麤，行超遠也，从三鹿”。群鹿跳跃貌，本义为腾跃，引申表粗疏。

㲋，chuò，“㲋，獸也，似兔，青色而大，象形，頭與兔同，足與鹿同”。象兔而大的青兽。

兔，tù，“兔，獸名，象踞，後其尾形，兔頭與㲋頭同”。甲二七〇，石鼓，兔子形。

萈，huán，“萈，山羊細角者，从兔足，苜聲。讀若丸，寬字从此”。寿春鼎，细角山羊。

犬，quǎn，“犬，狗之有縣蹏者也，象形”。甲四〇二，犬鼎，狗形，猎犬一趾悬不着地。

㹜，yín，“㹜，兩犬相齧也，从二犬”。二犬对吠貌，同狺。獄字从㹜，狱讼双方似犬相吠。

鼠，shǔ，“鼠，穴蟲之緫名也，象形”。屯南三八四六，老鼠形，突出其牙口。

能，néng，“能，熊屬，足似鹿，从肉㠯聲。能獸堅中，故稱賢能，而彊壯稱能傑也”。能匋尊，毛公鼎，熊形。因普遍用于能力义，后借火光熊熊字表熊兽。

熊，xióng，“，獸似豕，山居，冬蟄。从能炎省聲”。诅楚文，表示火光熊熊，故从火，后用称熊兽。

火，huǒ，“，燬也，南方之行炎而上，象形”。后下九·一，象光焰迸射之火形。

炎，yán，“，火光上也，从重火”。粹二九〇，令簋，火焰上扬，《尚书·胤征》“火炎昆冈”。

黑，hēi，“，火所熏之色也，从炎上出囪，囪，古窻字”。铸子叔黑臣鼎，火焰从烟囱出而熏出的黑色。亦说象脸上涂有污黑的正面人相形。

二十、说文解字第十下

囪，chuāng，“，在牆曰牖，在屋曰囪，象形。，古文”。象窗户形，与窗、窻同。

焱，yàn，“，火華也，从三火。以冉切”。乙八六九一，火盛迸出的火花。段玉裁注：“凡物盛则三之。”

炙，zhì，“，炮肉也，从肉在火上”。古鉨，明火烧烤肉块形。

赤，chì，“，南方色也，从大从火”。铁一〇，麦鼎，大火色赤。或人肤被大火烤红。

大，dà，“，天大地大人亦大，故大象人形”。粹一七二，大祝禽鼎，用伸张手腿至最大的正面人形表示“大”。人为“万物之灵”，故“伟大”。

亦，yì，“，人之臂亦也，从大，象兩亦之形”。菁六·一，用两点指示人两腋所在，后作“腋”。

夨，zè，“，傾頭也，从大，象形。阻力切”。三三·三，夨簋，头倾侧，与仄、侧同。

夭，yāo，“，屈也，从大，象形”。甲二八一〇，人走时曲身摆臂形，(奔)、(走)从之。

交，jiāo，“，交脛也，从大，象交形”。甲八〇六，用正面人两脚相交表示“交”。

尣，wāng，“，尲，曲脛也，从大，象偏曲之形。烏光切”。墙盘，人走路一只脚跛形。

壺，hú，“，昆吾圜器也，象形。从大，象其蓋也”。前五·五·五，乙二九二四，壶形。壶为“昆吾”合音，犹笔为“不律”合音。

壹，yī，“，専壹也，从壺吉聲”。装于壶中不外泄，表专一。后为“一”

的大写字形。

𡙁，niè，“𡙁，所以驚人也，从大从羊。一曰大聲也。尼輒切”。𡙁前四·三二·五，手铐。執（執）字为罪人两手铐于幸中形。

奢，shē，“奢，張也，从大者聲”。张大，亦作奓。同侈，段谓李登《声类》始言奢即侈。

亢，gāng，“亢，人頸也，从大省，象頸脈形。古郎切”。亢乙六八一九，亢亢簋，人颈喉部，大下一横表示喉结。或为人腿部受刑而仍挺立形。

㚘，tāo，“㚘，進趣也，从大从十，大十猶兼十人也。土刀切”。快速前进。或作㚘后上二六·六，为花木繁盛貌。

夰，gǎo，“夰，放也，从大而八分也。古老切”。分散放开，八即扒，有分意。

亣，dà，“亣，籒文大，改古文，亦象人形”。象正面人形，与前“大”部同。

夫，fū，“夫，丈夫也，从大、一，以象簪也。周制以八寸爲尺，十尺爲丈，人長八尺故曰丈夫”。夫铁七七三，象人（大）头发挽髻插簪（一）形，表成年男子。

立，lì，“立，住也，从大立一之上”。立佚二五二，立父丁卣，正面人正立地上。

竝，bìng，“竝，併也，从二立”。竝并爵，两人并立形。

囟，xìn，“囟，頭會匘蓋也，象形”。初生儿头顶盖骨（囟门）未合拢形，“思、慮”从囟。

思，sī，“思，容也，从心囟聲”。思心思君王镜。思考用脑，故从囟。

心，xīn，“心，人心，土藏，在身之中，象形”。心甲三五一〇，心克鼎，心脏形。

惢，suǒ，“惢，心疑也，从三心。讀若《易》旅瑣瑣。才規、才累二切”。三心二意貌，故从三心。或读 ruǐ，同縈。

二十一、说文解字第十一上

水，shuǐ，“水，準也，北方之行，象衆水並流，中有微陽之气也”。水甲二四九一，水同簋，水流形，表河流，扩展指一切水。

二十二、说文解字第十一下

沝，zhuǐ，“沝，二水也，闕。之壘切”。二水。“流、涉”等从沝又从水，沝、水同。

瀕，pín，“，水厓，人所賓附頻蹙不前而止。从頁从涉”。井侯簋，人在水边颦眉思渡。

く，quǎn，“，水小流也。《周禮》：匠人爲溝洫，耜廣五寸，二耜爲耦。一耦之伐廣尺深尺謂之く，倍く謂之遂，倍遂曰溝，倍溝曰洫，倍洫曰巜”。田间犁出的小水沟，亦作甽、畎。

巜，kuài，“，水流澮澮也。方百里爲巜，廣二尋深二仞”。田间大水沟。亦作澮。

川，chuān，“，貫穿通流水也。《虞書》曰：濬く巜距川。言深く巜之水會爲川也”。佚七二三，甲一六四七，汇小水成穿山而流的大川。

泉，quán，“，水原也，象水流出成川形”。甲九〇三，后下三·六，山石缝隙中流出泉水形。

灥，xún，“，三原也，闕”。众多的泉水，与泉同，《集韵》“泉，或作灥”。

永，yǒng，“，水長也，象水巠理之長。《詩》曰：江之永矣”。甲六一七，永叔磬，水流曲折悠长。或说永、𠂢本一字分化为二，流水永不枯，因有永远义。

𠂢，pài，“，水之衺流别也，从反永”。前四·一三·一，吴方彝，水流曲折，表支流，同派。

谷，gǔ，“，泉出通川爲谷，从水半見，出於口”。佚一一三，众山脉间的水流出口。

仌，bīng，“，凍也，象水凝之形”。卣文，河中冰凌堆结形，后加水作冰，同凝。

雨，yǔ，“，水从雲下也。一象天，冂象雲，水霝其閒也”。前三·二〇·三，子雨卣，雨从天幕上落下。雨点象形，天幕为衬托。水由目出为“泪”，水由木出为“桼”。

雲，yún，“，山川气也，从雨云，象雲回轉形”。前七·四三·二，《说文》古文作，本为天上云气卷舒之形，云生雨，后加雨作雲，云、雲同。

魚，yú，“，水蟲也，象形”。佚八一二，毛公鼎，鱼形。

鱻，yú，“，二魚也”。“瀛”字从鱻也从鱼作“渔”，鱻是鱼的繁写。

燕，yàn，“，玄鳥也，籋口、布翄、枝尾，象形”。象燕子的头、身、翅、尾形。

龍，lóng，“，鱗蟲之長，能幽能明，能細能巨，能短能長，春分而登天，秋分而潛淵。从肉飛之形，童省聲”。 乙七八一〇反， 龙母尊，龙形。

飛，fēi，“，鳥翥也，象形”。，象鸟展翼而飞形。

非，fēi，“，違也，从飛下翄，取其相背”。拾一一·八，毛公鼎，用鸟飞展双翅表排列、相反、相背义。亦说为飛本字，如阜阳汉简《诗》“匽匽（燕燕）于非”。

卂，xùn，“，疾飛也，从飛而羽不見”。卂伯簋，用鸟快速飞的剪影表迅速，卂后作迅。

二十三、说文解字第十二上

乚，yǐ，“，玄鳥也，齊魯謂之乚，取其鳴自呼。象形”。黑红色的燕类鸟，也作鳦。

不，fǒu，“，鳥飛上翔不下來也。从一，一猶天也。象形。方久切”。佚五四，天亡簋，象花蒂形，或作柎。花帝的“帝”（蒂）本从，“杯、盃、桮”形似花蒂也从不。

至，zhì，“，鳥飛从高下至地也，从一，一猶地也，象形”。乙七七九五，盂鼎，箭（矢）从远处飞来降到地面，有到达、顶点义。

西，xī，“，鳥在巢上，象形。日在西方而鳥棲，故因以爲東西之西”。菁一·一，散盘，本用鸟巢形表示栖息，而西方义多用，本义后造栖、棲字。

鹵，lǔ，“，西方鹹地也，从西省，象鹽形。安定有鹵縣”。免盘，西北盐碱地，点点象盐，“西”为衬托。或说为罐子装盐粒形。

鹽，yán，“，鹹也，从鹵監聲。古者宿沙初作煑海鹽”。“監”为人临器皿形，当为人就器皿煮出盐卤之意。

戶，hù，“，護也，半門曰戶。象形”。后下三六·三，双户为門，半門为户。

門，mén，“，聞也，从二戶，象形”。甲八四〇，两扇门形。

耳，ěr，“，主聽也，象形”。后上三〇·五，亚耳尊，耳朵形。

𦣝，yí，“，顄也，象形”。異伯簋，人的腮颊，亦作頤。

手，shǒu，“，拳也，象形”。师斿簋，手掌五指形。

𠦬，guāi，“，背吕也，象脅肋也。古懷切”。为脊骨对排形，有乖违义。脊字从𠦬从肉。

二十四、说文解字第十二下

女，nǚ，“，婦人也，象形。王育說”。铁一六四·一，子卣，手交胸而坐的女人形。

毋，wú，“，止之也，从女有奸之者”。前八·四·七，北子鼎，母亲，在“女”字上突出两个乳房，分化为母、毋二字。

民，mín，“，衆萌也，从古文之象”。盂鼎，中山王壶，或谓用锥刺奴隶目使盲，西周称奴隶曰民、曰臣，民亦作氓，氓、盲音同。

丿，piě，“，右戾也，象左引之形”。从右向左引的笔形，即撇。

𠂆，yì，“，抴也，明也，象抴引之形”。𠂆即曳，牵引之形。

乁，yí，“，流也，从反𠂆，讀若移”。牵引使之移动。

氏，shì，“，巴蜀名山岸脅之旁箸欲落墮者曰氏，氏崩，聞數百里，象形，乀聲。揚雄賦：響若氏隤”。粹七五五，克鼎，附着在山崖边将要坠落的岩石形，石为崖的分支。

氐，dǐ，“，至也，从氏下箸一，一，地也”。虢金氏孙盘，根底。石落到了地上，有至、止意，氐与底、低、抵、柢、邸音义通。

戈，gē，“，平頭戟也，从弋，一橫之。象形”。珠四五八，乙七一〇八，长柄横刃兵器。

戉，yuè，“，斧也，从戈𠃊聲”。后上三一·六，陈九二，半圆阔刃长柄斧形。

我，wǒ，“，施身自謂也，或說我頃，頓也，一曰古殺字”。粹八七八，邺二下四一·一，长柄齿刃兵器，古亦称錡。很早就借作第一人称代词。

亅，jué，“，鉤逆者謂之亅，象形”。曲钩形，即倒须钩，故谓“逆者”。

珡，qín，“，禁也，神農所作。洞越練朱五弦，周加二弦，象形”。象琴身及弦柱形。

𠃊，yǐn，“，匿也，象迟曲隱蔽形。讀若隱”。拐角隐蔽处，或短墙形。同隐。

亡，wáng，“，逃也，从入从𠃊”。前二·一五·五，天亡簋，人逃入屈曲隐蔽处，逃亡、亡佚。

匸，xì，“，衺徯，有所俠藏也。从𠃊，上有一覆之。胡礼切”。僻隐小路，与徯、蹊同。

匚，fāng，“，受物之器，象形。讀若方”。方形盛器。甲二六六七，表筐子与“匡、筐、框”同，表方形与“方”同。

曲，qū，“，象器曲受物之形。或說曲蠶薄也”。曲父丁爵，养蚕的曲形簿。（匚）、（曲）都是用竹子、芦苇编成的盛物器皿，匚突出其方正性，曲突出其弯曲性。

甾，zī，“，東楚名缶曰甾，象形”。甲三六九〇，盛酒浆器，或陶制，或为竹编漆器。

瓦，wǎ，“，土器已燒之總名，象形”。秦封宗邑瓦书，用陶品初制的圆筒形表一切泥土烧制器皿，未烧称坯，已烧称瓦。后用陶为总名，瓦才专指屋瓦。

弓，gōng，“，以近窮遠，象形。古者揮作弓”。前五·七·五，弓形。

弜，jiàng，“，彊也，从二弓。其兩切”。弓檠，矫正弓的器具。强、辅助义，弼字从弜。

弦，xián，“，弓弦也，从弓，象絲軫之形”。五十二病方二一四，，糸为弦，弓为衬托。

系，xì，“，繫也，从糸丿聲。胡計切”。铁二·二，小臣系卣，侯马盟书，有“用手联缀、支系”等义。

二十五、说文解字第十三上

糸，mì，“，細絲也，象束絲之形。讀若覛”。乙一二四，子系爵，单束细丝形。

素，sù，“，白緻繒也。从糸，𠂹取其澤也”。师克盨，双手执白缯形。未经加工的纯白丝织品称素，古以纯白飘带为垂饰，故从𠂹从糸。

絲，sī，“，蠶所吐也，从二糸”。燕五一，曶鼎，细蚕丝专名，后表一切丝类物。

率，shuài，“，捕鳥畢也，象絲罔，上下其竿柄也”。粹二三，盂鼎，捕鸟的丝网形。

虫，huǐ，“，一名蝮，博三寸，首大如擘指，象其臥形。物之微細，或行、或毛、或蠃、或介、或鱗，以虫爲象。許偉切”。铁四六·二，曶鼎，用毒蛇（蝮）形为动物总称。

二十六、说文解字第十三下

䖵，kūn，“，蟲之總名也，从二虫。讀若昆”。前四·五二·四，类名，䖵同昆。

蟲，chóng，“，有足謂之蟲，無足謂之豸，从三虫”。小虫喜类聚，故用三示多。昆蟲字本当从蟲，因笔画多，故均以虫作偏旁。

風，fēng，“，八風也，東方曰明庶風，東南曰清明風，南方曰景風，西南曰涼風，西方曰閶闔風，西北曰不周風，北方曰廣莫風，東北曰融風。風動蟲生，故蟲八日而化。从虫凡聲”。甲骨文“鳳”作 拾七·九，“風、鳳”都从凡得声。鸟借风飞，风吹虫鸣，风无形可象，借虫衬托之。

它，tā，“，虫也，从虫而長，象冤曲垂尾形。上古艸居患它，故相問無它乎”。前二·二四·八， 沈子簋，蛇形。虫、也、它均为蛇形分化，虫表名词、也表语气词、它表代词。

龜，guī，“，舊也，外骨内肉者也。从它，龜頭與它頭同。……象足甲尾之形”。 前七·五·二，龟形。

黽，měng，“，鼃黽也，从它，象形”。 前六·二四·三， 鄂君车节，蛙形。

卵，luǎn，“，凡物無乳者卵生，象形”。 江陵楚简，蛙卵附水边草叶形。或说 象雄性睾丸形，俗称睾丸曰卵子，转指虫鱼之卵。

二，èr，“，地之數也，从偶一”。《易》“天一地二，有一然后有二”，用二画表数目二。

土，tǔ，“，地之吐生物者也。二，象地之下地之中，（丨），物出形也”。前五·一〇·二，古陶文作 ，象地面堆起的封土堆形，祭祀的社稷坛之“社”从土。

垚，yáo，“，土高也，从三土”。，垒土为高台，与堯、嶢同。洪水时代，人居高土之上，故其君称堯。堯从垚从兀，本指兀立出水面的高平土丘。

堇，qín，“，黏土也，从土从黄省”。 佚七六四， 后下二四·二，黏黄土。或说为受缚的正面人形，下有烈火烤，表现受难与忍耐。勤、謹、嘆、艱、難、漢（长水）均从堇。

里，lǐ，“，居也，从田从土”。史讼簋，居住的土地，以田为界划。二十五家为里。

田，tián，“，陳也，樹穀曰田，象四囗，十，阡陌之制也”。 、 粹一二二二， 傅卣，耕种之田，囗象田块，十为阡陌。

畕，jiāng，“，比田也，从二田。居良切”。 库四九二， 毛伯簋，用田相连表疆界，或加界划，畕与畺、疆同。

黄，huáng，“，地之色也，从田从炗，炗亦聲。炗，古文光”。前七·三二·二，甲一六四七，召鼎，黄土高原之田烤得干枯焦黄的颜色。或谓堇下去火，表焦黄之色。

男，nán，“，丈夫也，从田从力，言男用力於田也”。京津二一二二，矢令彝，男子用力耕田。

力，lì，“，筋也，象人筋之形。治功曰力，能圉大災”。乙八六九八，力册父丁觚，用男子手臂表示力量。或谓象耕田之耒形。

劦，xié，“，同力也，从三力”。后上一九·六，众臂合力，或三耒协作合耕。劦同協。

二十七、说文解字第十四上

金，jīn，“，五色金也，黄爲之長，久薶不生衣，百鍊不輕，从革不違，西方之行。生於土，从土；左右注，象金在土中形”。效父簋，麦鼎，豐尊，金属(铜)块形，或三合(亼)下土中埋金属矿物块之形。或谓矿物块( )加采矿器具( )之形。

幵，jiān，“，平也，象二干對構，上平也”。干与干顶上平齐，“幵头山”即“平顶山”。

勺，zhuó，“，挹取也，象形。中有實，與包同意。之若切”。纵横家书一二，用勺舀物表挹取的动作、器具。勺同杓。

几，jǐ，“，踞几也，象形”。为几案形，古几很低矮，供坐地时靠倚之用。

且，jū，“，薦也，从几，足有二横。一，其下地也。子余切，又千也切”。甲二三五一，于鼎，祭祀盛放牲肉的礼器，近砧板，则且与俎同。或谓神主形，即牌位，则且与祖同。

斤，jīn，“，斫木(斧)也，象形”。坊间四二〇四，天君鼎，短柄尖刃斧形。古计量十六两为一斤。

斗，dǒu，“，十升也，象形，有柄”。秦公簋，有柄的酌酒器。又古量十升为斗。

矛，máo，“，酋矛也，建於兵車，長二丈，象形”。簋，长矛形。

車，chē，“，輿輪之緫名，夏后時奚仲所造，象形”。乙三二四，铁一六〇·三，車，立起的车形，丨为车轴，田为车箱，上下两横为车轮。

𠂤，duī，“，小𠂤也，象形。都回切”。铁一〇〇·四，召尊，(丘)竖立形，表小土堆，同堆。

二十八、说文解字第十四下

𨸏，fù，“ ，大陸山無石者，象形。房九切”。 甲三九三六， 菁三·一， (山)的竖立形，大土堆，与阜同。阜后为左边“阝”，邑为右边“阝”。

𨺅，fù（suì），“ ，兩𨸏之閒也，从二𨸏。房九切”。同𨸏。又山阜间通道，同隧，隧字本从𨺅。

厽，lěi，“ ，絫坺土爲牆壁，象形”。 象土块堆积形，同絫。

四，sì，“ ，陰數也，象四分之形”。数目本作三， 部钟， 楚帛书，原为鼻息、鼻涕字，同呬、泗，西周中后期才借以表数目代替三。

宁，zhù，“ ，辨積物也，象形”。 乙一七六八， 宁未盉，贮物柜形，同貯。

叕，zhuó，“ ，綴聯也，象形”。 为交络互联貌，同綴。

亞，yà，“ ，醜也，象人局背之形，賈侍中說。以爲次弟也”。 乙六四〇〇， 谏簋，惡字从亞，醜、惡同义。或说亞为宗庙或合族聚居形，尊卑有序，故有次第义。

五，wǔ，“ ，五行也，从二，陰陽在天地閒交午也”。 铁二四七·二， 辰臣盉，表数目。又中间的“乂”为交错义，故从“五、吾”字多有交叉义，如“语”为相互论难。

六，liù，“ ，《易》之數，陰變於六，正於八，从入从八”。 前七·三九·一， 保卣，数目本作上交叉 ，为区别于“八”而下加两竖笔。

七，qī，“ ，陽之正也，从一，微陰从中衺出也”。 后下九·一， 矢簋，数目为正交叉，而“十”数本作丨，后为别于竖笔而中加点，点延长与“七”混，于是下曲笔成七。

九，jiǔ，“ ，陽之變也，象其屈曲究盡之形”。 前四·四〇·三， 盂鼎，“九”为个位数之终，象结绳而屈曲笔画表示变易，因有曲折、究竟之义，究字从九。

内，róu，“ ，獸足蹂地也，象形，九聲。《尒疋》曰：狐貍貛貉醜，其足蹞，其迹厹。人九切”。“禹”金文作 禹鼎，“萬”金文作 颂簋，所从 象虫兽尾、足着地之形，内同蹂。也与表示兽蹄鸟迹的“釆、番”义同。

嘼，xiù，shòu，“ ，犍也，象耳、頭、足厹地之形。古文嘼下从厹。許救切”。 乙六二六九， 铁三六·六， 甲二二九九， 员鼎，用干、單等猎取野兽形。动词同狩，名词同獸。

甲，jiǎ，“，東方之孟，陽气萌動，从木戴孚甲之象。一曰人頭空爲甲，甲象人頭”。谓草木种子外壳、人脑壳。后上三·一六，兮甲盘，诅楚文，盾牌盔甲形。绑棍为十字叉而手执转动抵挡刀剑攻击，戎字从十戈；再为团牌之盾形；再作盔戴头顶。为天干之首。

乙，yǐ，“，象春艸木冤曲而出，陰气尚彊，其出乙乙也，與丨同意。乙承甲，象人頸”。谓芽屈曲破土而出，象人伸脖子。佚二五五，矢方彝，象鳦鸟(紫燕)形，与前文“乚”同。借作天干字。

丙，bǐng，“，位南方，萬物成炳然，陰气初起，陽气將虧。从一入冂，一者陽也，丙承乙象人肩”。象人两肩。甲二三五六，何尊，象鱼尾形，《尔雅》“鱼尾谓之丙”。“更”字金文作 曶鼎，会手持二 更换之意。俞樾谓象地穴顶部开孔透光形，即炳初文。借作天干字。

丁，dīng，“，夏時萬物皆丁實，象形。丁承丙，象人心”。乙七七九五，虢季子白盘，古鉩，钉子形，同钉。乃钉在墙上的钉面，因与囗别而变作竖形。借作天干字。

戊，wù，“，中宫也，象六甲五龍相拘絞也。戊承丁，象人脅”。前三·四·三，司母戊鼎，月芽形宽刃长柄斧，父、斧、戊、武音近义通。借作天干字。

己，jǐ，“，中宮也，象萬物辟藏詘形也。己承戊，象人腹”。佚二一〇，象人曲膝坐地形，即跽初文。借作天干字，又为自己之己。

巴，bā，“，蟲也，或曰食象蛇，象形”。居延简，盘地大蟒蛇形，巴人或以蟒蛇为图腾。巴、蟒皆重唇音，巴蛇(蟲)即蟒蛇。

庚，gēng，“，位西方，象秋時萬物庚庚有實也。庚承己，象人臍”。后上五·一，史父庚鼎，象有耳可摇乐器，近今货郎鼓。陈政谓庚为扬米出糠之桶形器，近风车，康(糠)甲骨文作 前一·三七·一，出糠形。庚由不断进出而有持续义，同赓。借作天干字。

辛，xīn，“，秋時萬物成而孰，金剛味辛，辛痛即泣出，从一从䇂，䇂，辠也。辛承庚，象人股”。甲二二八二，司母辛鼎，施肉刑的刑刀，有尖锐、苦痛、辛辣义。借作天干字。

辡，biǎn，“，辠人相與訟也，从二辛”。一辛劈为二辛，有“分辩、分析、分组”等义，辡、辯、辨、辦同。

壬，rén，“，位北方也。陰極陽生，故《易》曰：龍戰于野。戰者，接也，象人褱妊之形。承亥壬以子生之叙也。與巫同意。壬承辛，象人脛，脛任體也”。前三·一九·三，鬲攸从鼎，古鉩文作，象绕线卡，或谓横转象人荷担形，均为担任义，任、妊同。借作天干字。

癸，guǐ，“，冬時水土平可揆度也，象水从四方流入地中之形。癸承壬，象人足”。铁一五六·四，戍嗣子鼎，度量平面之器，与揆通。或谓象交叉的多锋矛。借作天干字。

子，zǐ，“，十一月陽气動，萬物滋，人以爲偁。象形”。小子射鼎，墙盘，襁褓中的幼儿形。借作地支首字。

了，liǎo，“，尦也。从子無臂，象形”。清王筠谓：孑无右臂，孓无左臂，了无双臂，都从子变来。尦训行胫相交，即足胫缭（了）戾相绊。借为明憭之憭，有了然之义。

孨，zhuǎn，“，謹也，从三子。讀若翦，旨兖切”。古匋，重三孺子，强调弱小。同孱。

𠫓，tū，“，不順忽出也，从到子。《易》曰：突如其來如。不孝子突出，不容於内也。他骨切”。象倒形，即孩子倒着生出来。生育之育作后上二〇一一，母体下有倒子生出形；育又作毓，毓且丁卣，班簋，母体下生倒子且有血水形。

丑，chǒu，“，紐也。十二月萬物動，用事，象手之形，時加丑，亦舉手時也”。前五·三四·一，作册大鼎，本手形，别于又字而曲其三指。十二月建丑，借作地支，另造字。

寅，yín，“，髕也。正月陽气動，去黄泉，欲上出，陰尚彊，象宀不達，髕寅於下也”。髕寅为屏营，即徘徊。前三·五·三，存二七三五，象正面人束腰或两手护腰形，有谨敬义，亦有演示、演生义，与演同。借作地支字。

卯，mǎo，“，冒也。二月萬物冒地而出，象開門之形，故二月爲天門”。前六·二三·五，此簋乙，象开门。或谓象两刀并立形，王国维谓卯、劉古音同部，卯即劉，当训杀。今拆劉字为卯金刀，或可助王说。借作地支字。

辰，chén，“，震也。三月陽气動，靁電振，民農時也，物皆生。从乙，匕象芒達，厂聲也。辰，房星，天時也。从二，二，古文上字”。振动义，辰同震。菁五·一，矢方彝，伯中父簋，以蜃（蚌）壳为农具耕地，或加手。晨师晨鼎、農均从辰。借作地支字。

巳，sì，“，巳也。四月陽气出，陰气巳藏，萬物見，成文章，故巳爲蛇，象形”。前四·四·三，毛公鼎，象蛇形。或谓象胎儿未成形貌。借作地支字。

午，wǔ，“午，啎也。五月陰气午逆陽，冒地而出，此與矢同意”。后下三八·八，召卣二，同杵，舂米、洗衣用的棒槌形。杵擣臼，有抵触、忤逆义。借作地支字。

未，wèi，“未，味也。六月滋味也，五行木老於未，象木重枝葉也”。后上一〇·五，守簋，木老味重，同味；重枝叶而幽暗，同昧；枝叶生树顶，同末（明母）。借作地支字。

申，shēn，“申，神也。七月陰气成，體自申束，从臼自持也”。佚三二，克鼎，闪电闪耀伸缩之形。借作地支字。

酉，yǒu，“酉，就也。八月黍成，可爲酎酒，象古文酉之形”。粹六一，臣辰盉，酒坛子。借作地支字。

酋，qiú，“酋，繹酒也。从酉，水半見於上，《禮》有大酋，掌酒官也”。古鉨文作酋，绎酒，久酿之酒，香溢坛外。转指掌酒官。

戌，xū，“戌，滅也。九月陽气微，萬物畢成，陽下入地也。五行土生於戊，盛於戌，从戊含一”。京津四一五八，颂鼎，阔刃大斧，干戚之戚的本字。借作地支字。

亥，hài，“亥，荄也。十月微陽起，接盛陰。从二，二，古文上字，一人男，一人女也。从乙，象裹子咳咳之形。《春秋傳》曰：亥有二首六身”。京津四〇三四，昌壶，邾公华钟，豕形。亥为猪的本字，借作地支字后，另造豕字代替，生肖“亥属猪”可证。

附一 《说文》540部首歌诀

一 yī　丄 shàng　示 shì　三 sān　王 wáng　玉 yù　珏 jué
气 qì　士 shì　丨 gǔn　屮 chè　艸 cǎo　蓐 rù　茻 mǎng
小 xiǎo　八 bā　釆 biàn　半 bàn　牛 niú　犛 lí　告 gào
口 kǒu　凵 kǎn　吅 xuān　哭 kū　走 zǒu　止 zhǐ　癶 bō
步 bù　此 cǐ　正 zhèng　是 shì　辵 chuò　彳 chì　廴 yǐn
㢟 chān　行 xíng　齒 chǐ　牙 yá　足 zú　疋 shū　品 pǐn
龠 yuè　冊 cè　㗊 jí　舌 shé　干 gān　谷 jué　只 zhǐ
㕯 nè　句 gōu　丩 jiū　古 gǔ　十 shí　卅 sà　言 yán
誩 jìng　音 yīn　䇂 qiān　丵 zhuó　菐 pú　廾 gǒng　𠬜 pān
共 gòng　異 yì　舁 yú　𦥑 jū　晨 chén　爨 cuàn　革 gé

鬲 lì 㽞 lì 爪 zhǎo 丮 jí 鬥 dòu 又 yòu 𠂇 zuǒ
史 shǐ 支 zhī 聿 niè 聿 yù 畫 huà 隶 dài 臤 qiān
臣 chén 殳 shū 殺 shā 几 shū 寸 cùn 皮 pí 㼱 ruǎn
攴 pū 教 jiào 卜 bǔ 用 yòng 爻 yáo 㸚 lǐ 夏 xuè
目 mù 䀠 jù 眉 méi 盾 dùn 自 zì 白 zì 鼻 bí
皕 bì 習 xí 羽 yǔ 隹 zhuī 奞 suī 萑 huán 𦫳 guǎ
苜 mò 羊 yáng 羴 shān 瞿 jù 雔 chóu 雥 zá 鳥 niǎo
烏 wū 華 bān 冓 gòu 幺 yāo 丝 yō u 叀 zhuān 玄 xuán
予 yǔ 放 fàng 受 biào 奴 cán 歺 è 死 sǐ 冎 guǎ
骨 gǔ 肉 ròu 筋 jīn 刀 dāo 刃 rèn 㓞 qià 丰 jiè
耒 lěi 角 jiǎo 竹 zhú 箕 jī 丌 jī 左 zuǒ 工 gōng
㠭 zhǎn 巫 wū 甘 gān 曰 yuē 乃 nǎi 丂 kǎo 可 kě
兮 xī 号 háo 亏 yú 旨 zhǐ 喜 xǐ 壴 zhù 鼓 gǔ
豈 qǐ 豆 dòu 豊 lǐ 豐 fēng 䖒 xī 虍 hū 虎 hǔ
虤 yán 皿 mǐn 凵 qū 去 qù 血 xuè 丶 zhǔ 丹 dān
青 qīng 井 jǐng 皀 bī 鬯 chàng 食 shí 亼 jí 會 huì
倉 cāng 入 rù 缶 fǒu 矢 shǐ 高 gāo 冂 jiōng 䧹 guō
京 jīng 亯 xiǎng 㫗 hòu 畐 fú 㐭 lǐn 嗇 sè 來 lái
麥 mài 夊 suī 舛 chuǎn 舜 shùn 韋 wéi 弟 dì 夂 zhǐ
久 jiǔ 桀 jié 木 mù 東 dōng 林 lín 才 cái 叒 ruò
之 zhī 帀 zā 出 chū 木 pò 生 shēng 乇 zhé 𠂹 chuí
𠌶 huā 華 huā 禾 jī 稽 jī 巢 cháo 桼 qī 束 shù
橐 hǔn 囗 wéi 員 yuán 貝 bèi 邑 yì 𨛜 xiàng 日 rì
旦 dàn 倝 gàn 㫃 yǎn 冥 míng 晶 jīng 月 yuè 有 yǒu
朙 míng 囧 jiǒng 夕 xī 多 duō 毌 guàn 马 hàn 東 hàn
卤 tiáo 齊 qí 朿 cì 片 piàn 鼎 dǐng 克 kè 彔 lù
禾 hé 秝 lì 黍 shǔ 香 xiāng 米 mǐ 毇 huǐ 臼 jiù
凶 xiōng 朩 pìn 林 pài 麻 má 尗 shú 耑 duān 韭 jiǔ
瓜 guā 瓠 hù 宀 mián 宮 gōng 呂 lǚ 穴 xué 㝱 mèng
疒 nè 冖 mì 冃 mǎo 冃 mào 㒳 liǎng 网 wǎng 襾 yà
巾 jīn 市 fú 帛 bó 白 bái 㡀 bì 黹 zhǐ 人 rén
七 huà 匕 bǐ 从 cóng 比 bǐ 北 bèi 丘 qiū 㐺 yín
𡈼 tǐng 重 zhòng 臥 wò 身 shēn 㐆 yī 衣 yī 裘 qiú
老 lǎo 毛 máo 毳 cuì 尸 shī 尺 chǐ 尾 wěi 履 lǚ

舟 zhōu　方 fāng　儿 rén　兄 xiōng　兂 zēn　皃 mào　兜 gǔ
先 xiān　秃 tū　見 jiàn　覞 yào　欠 qiàn　㱃 yǐn　㳄 xián
旡 jì　頁 xié　百 shǒu　面 miàn　丏 miǎn　首 shǒu　県 jiāo
須 xū　彡 shān　彣 wén　文 wén　髟 biāo　后 hòu　司 sī
卮 zhī　卩 jié　印 yìn　色 sè　卯 qīng　辟 bì　勹 bāo
包 bāo　茍 jì　鬼 guǐ　甶 fú　厶 sī　嵬 wéi　山 shān
屾 shēn　屵 è　广 yǎn　厂 hǎn　丸 wán　危 wēi　石 shí
長 cháng　勿 wù　冄 rǎn　而 ér　豕 shǐ　㣇 yì　彑 jì
豚 tún　豸 zhì　𢑚 sì　易 yì　象 xiàng　馬 mǎ　廌 zhì
鹿 lù　麤 cū　㲋 chuò　兔 tù　萈 huán　犬 quǎn　㹜 yín
鼠 shǔ　能 néng　熊 xióng　火 huǒ　炎 yán　黑 hēi　囱 chuāng
焱 yàn　炙 zhì　赤 chì　大 dà　亦 yì　夨 zè　夭 yāo
交 jiāo　尣 wāng　壺 hú　壹 yī　㚔 niè　奢 shē　亢 gāng
夲 tāo　夰 gǎo　亣 dà　夫 fū　立 lì　竝 bìng　囟 xìn
思 sī　心 xīn　惢 suǒ　水 shuǐ　沝 zhuǐ　瀕 pín　く quǎn
巜 kuài　川 chuān　泉 quán　灥 xún　永 yǒng　𠂢 pài　谷 gǔ
仌 bīng　雨 yǔ　雲 yún　魚 yú　𩺰 yú　燕 yàn　龍 lóng
飛 fēi　非 fēi　卂 xùn　乞 yǐ　不 fǒu　至 zhì　西 xī
鹵 lǔ　鹽 yán　戶 hù　門 mén　耳 ěr　𦣝 yí　手 shǒu
𠦬 guāi　女 nǚ　毋 wú　民 mín　丿 piě　厂 yì　乁 yí
氏 shì　氐 dǐ　戈 gē　戉 yuè　我 wǒ　亅 jué　珡 qín
乚 yǐn　亡 wáng　匸 xì　匚 fāng　曲 qū　甾 zī　瓦 wǎ
弓 gōng　弜 jiàng　弦 xián　系 xì　糸 mì　素 sù　絲 sī
率 shuài　虫 huǐ　䖵 kūn　蟲 chóng　風 fēng　它 tā　龜 guī
黽 měng　卵 luǎn　二 èr　土 tǔ　垚 yáo　堇 qín　里 lǐ
田 tián　畕 jiāng　黃 huáng　男 nán　力 lì　劦 xié　金 jīn
幵 jiān　勺 zhuó　几 jǐ　且 jū　斤 jīn　斗 dǒu　矛 máo
車 chē　𠂤 duī　𨸏 fù　𨺅 fù　厽 lěi　四 sì　宁 zhù
叕 zhuó　亞 yà　五 wǔ　六 liù　七 qī　九 jiǔ　禸 róu
嘼 shòu　甲 jiǎ　乙 yǐ　丙 bǐng　丁 dīng　戊 wù　己 jǐ
巴 bā　庚 gēng　辛 xīn　辡 biǎn　壬 rén　癸 guǐ　子 zǐ
了 liǎo　孨 zhuǎn　𠫓 tū　丑 chǒu　寅 yín　卯 mǎo　辰 chén
巳 sì　午 wǔ　未 wèi　申 shēn
酉 yǒu　酋 qiú　戌 xū　亥 hài

附二 《说文》540部首歌诀

一 yī	上 shàng	示 shì	三 sān	王 wáng	玉 yù	珏 jué
气 qì	士 shì	丨 gǔn	屮 chè	艸 cǎo	蓐 rù	茻 mǎng
小 xiǎo	八 bā	釆 biàn	半 bàn	牛 niú	犛 lí	告 gào
口 kǒu	凵 kǎn	吅 xuān	哭 kū	走 zǒu	止 zhǐ	癶 bō
步 bù	此 cǐ	正 zhèng	是 shì	辵 chuò	彳 chì	廴 yǐn
㢟 chān	行 xíng	齒 chǐ	牙 yá	足 zú	疋 shū	品 pǐn
龠 yuè	冊 cè	㗊 jí	舌 shé	干 gān	𧮫 jué	只 zhǐ
㕯 nè	句 gōu	丩 jiū	古 gǔ	十 shí	卅 sà	言 yán
誩 jìng	音 yīn	䇂 qiān	丵 zhuó	菐 pú	廾 gǒng	𠬜 pān
共 gòng	異 yì	舁 yú	臼 jū	晨 chén	爨 cuàn	革 gé
鬲 lì	䰜 lì	爪 zhǎo	丮 jí	鬥 dòu	又 yòu	𠂇 zuǒ
史 shǐ	支 zhī	𦘒 niè	聿 yù	畫 huà	隶 dài	臤 qiān
臣 chén	殳 shū	殺 shā	几 shū	寸 cùn	皮 pí	㼱 ruǎn
攴 pū	教 jiào	卜 bǔ	用 yòng	爻 yáo	㸚 lǐ	𥄎 xuè
目 mù	䀠 jù	眉 méi	盾 dùn	自 zì	白 zì	鼻 bí
皕 bì	習 xí	羽 yǔ	隹 zhuī	奞 suī	萑 huán	𦫳 guǎi
苜 mò	羊 yáng	羴 shān	瞿 jù	雔 chóu	雥 zá	鳥 niǎo
烏 wū	𠦒 bān	冓 gòu	幺 yāo	𢆶 yōu	叀 zhuān	玄 xuán
予 yǔ	放 fàng	𠬪 biào	𣦼 cán	歺 è	死 sǐ	冎 guǎ
骨 gǔ	肉 ròu	筋 jīn	刀 dāo	刃 rèn	㓞 qià	丯 jiè
耒 lěi	角 jiǎo	竹 zhú	箕 jī	丌 jī	左 zuǒ	工 gōng
㠭 zhǎn	巫 wū	甘 gān	曰 yuè	乃 nǎi	丂 kǎo	可 kě
兮 xī	号 háo	亏 yú	旨 zhǐ	喜 xǐ	壴 zhù	鼓 gǔ

qǐ	dòu	lǐ	fēng	xī	hū	hǔ
yán	mǐn	qū	qù	xuè	zhǔ	dān
qīng	jǐng	bī	chàng	shí	jí	huì
cāng	rù	fǒu	shǐ	gāo	jiōng	guō
jīng	xiǎng	hòu	fú	lǐn	sè	lái
mài	suī	chuǎn	shùn	wéi	dì	zhǐ
jiǔ	jié	mù	dōng	lín	cái	ruò
zhī	zā	chū	pò	shēng	zhé	chuí
huā	huā	jī	jī	cháo	qī	shù
hǔn	wéi	yuán	bèi	yì	xiàng	rì
dàn	gàn	yǎn	míng	jīng	yuè	yǒu
míng	jiǒng	xī	duō	guàn	hàn	hàn
tiáo	qí	cì	piàn	dǐng	kè	lù
hé	lì	shǔ	xiāng	mǐ	huǐ	jiù
xiōng	pìn	pài	má	shú	duān	jiǔ
guā	hù	mián	gōng	lǚ	xué	mèng
nè	mì	mǎo	mào	liǎng	wǎng	yà
jīn	fú	bó	bái	bì	zhǐ	rén
huà	bǐ	cóng	bǐ	bèi	qiū	yín
tǐng	zhòng	wò	shēn	yīn	yī	qiú
lǎo	máo	cuì	shī	chǐ	wěi	lǚ
zhōu	fāng	rén	xiōng	zēn	mào	gǔ
xiān	tū	jiàn	yào	qiàn	yǐn	xián
jì	xié	shǒu	miàn	miǎn	shǒu	xuān
xū	shān	wén	wén	biāo	hòu	sī

zhī	jié	yìn	sè	qīng	bì	bāo
bāo	jì	guǐ	fú	sī	wéi	shān
shēn	è	yǎn	hǎn	wán	wēi	shí
cháng	wù	rǎn	ér	shǐ	yì	jì
tún	zhì	sì	yì	xiàng	mǎ	zhì
lù	cū	chuò	tù	huán	quǎn	yín
shǔ	néng	xióng	huǒ	yán	hēi	chuāng
yàn	zhì	chì	dà	yì	zè	yāo
jiāo	wāng	hú	yī	niè	shē	gāng
tāo	gǎo	dà	fū	lì	bìng	xìn
sī	xīn	suǒ	shuǐ	zhuǐ	pín	quǎn
kuài	chuān	quán	xún	yǒng	pài	gǔ
bīng	yǔ	yún	yú	yú	yàn	lóng
fēi	fēi	xùn	yǐ	fǒu	zhì	xī
lǔ	yán	hù	mén	ěr	yí	shǒu
guāi	nǚ	wú	mín	piě	yì	yí
shì	dǐ	gē	yuè	wǒ	jué	qín
yǐn	wāng	xì	fāng	qū	zī	wǎ
gōng	jiàng	xián	xì	mì	sù	sī
shuài	huǐ	kūn	chóng	fēng	tā	guī
měng	luǎn	èr	tǔ	yáo	qín	lǐ
tián	jiāng	huáng	nán	lì	xié	jīn
jiān	zhuó	jǐ	jū	jīn	dǒu	máo
chē	duī	fù	fù	lěi	sì	zhù
zhuó	yà	wǔ	liù	qī	jiǔ	róu

嘼 shòu	甲 jiǎ	乙 yǐ	丙 bǐng	丁 dīng	戊 wù	己 jǐ
巴 bā	庚 gēng	辛 xīn	辡 biǎn	壬 rén	癸 guǐ	子 zǐ
了 liǎo	孨 zhuǎn	𠫓 tū	丑 chǒu	寅 yín	卯 mǎo	辰 chén
巳 sì	午 wǔ	未 wèi	申 shēn			
酉 yǒu	酋 qiú	戌 xū	亥 hài			

第三章 “六书”——《说文》小篆的构形分析

六书，是古人从汉字的形体结构和使用方法中归纳出来的六种条例或规则。许慎在《说文》中给“六书”作了界定并运用这些规则来分析小篆体系的字形结构，提纲挈领，运用自如，对此后的汉字研究与应用影响深远。本章对“六书”的来源、内容、作用和性质等作深入而专门的探讨。

第一节 “六书”名称的由来及其内容

汉字是表意体系的文字，多能见形知义，具有很强的形象可感性。古人很早就意识到汉字形体结构与词义之间的紧密联系，如《左传·宣公十二年》“止戈为武”，《韩非子·五蠹》“自环者谓之私(厶)，背私谓之公”，就已经是明确的字形构造分析了。

“六书”的“書”，《说文·聿部》“書，箸也。从聿者聲”，金文作各伯簋，頌簋，上面的“聿”是手持毛笔形，乙八四〇七。“聿”加形符“⺮”就是“筆”，加“彳”(半边路)就是“律”，加“氵”(水)就是“津”。用笔写出法定的行为准则就是“律”，过河必经的渡口就是“津”，按约定的形义规则写出的就是“書”，“聿(筆)、律、津”是同源词。所以“書”的本义是手持笔按规则写字，写笔画或写“者”都一样，是个动词，今天“书法”的“书”还用本义。所以，“六书”就是用笔画把词义书写到纸上的六种构形规则。有人认为是指六种构造字形的方法，即六种造字(用字)法。

就适用性来看，“六书”主要是对秦代书同文以来的小篆字系构形规则所作的分析和总结，因此最适宜于《说文》小篆的构形分析，而不是广泛适宜于甲骨、金文、战国文字、隶书、楷书等各阶段各形制文字的普遍性汉字构形规则。因此，很多批评、改造“六书”的意见，出发点和涵盖面是不同的，以致人言人殊也是不足为奇的。基于此，讲述、分析“六书”，应该以许慎《说文》中的小篆字系为基准，其他体系的字形只是作为参证材料来引用。

戴震在《六书论 · 自序》(《戴东原集》卷三)中评价：“六书也者，文字之纲领，而治经之津涉也。载籍极博，统之不外文字；文字虽广，统之不越六书。”强调了掌握“六书”理论在识字通经中也就是整个传统学问中的重要性。

“六书”一名，最早见于《周礼 · 地官 · 保氏》：“保氏掌谏王恶，而养国子以道，乃教六艺：一曰五礼、二曰六乐、三曰五射、四曰五驭、五曰六书、六曰九数。”这里的“六书”还是泛指文字系统，具体是哪六书，直到汉代才有人明确指出，东汉的班固、郑众、许慎都明确列举了“六书”的名目。班固《汉书 · 艺文志》：“古者八岁入小学，故《周官》保氏掌养国子，教之以六书，谓象形、象事、象意、象声、转注、假借，造字之本也。”而未作各书的具体说明。郑玄《周礼注》引郑众《周礼解诂》列“六书”为“象形、会意、转注、处事、假借、谐声”，也未作说明。许慎《说文解字 · 叙》列“六书”为“指事、象形、形声、会意、转注、假借”，且举例加以定义，并用于《说文》的具体字形说解之中。

三家“六书”之说，名称、次第虽不全同，源头当为一。班固之说本刘歆《七略》；郑众之父郑兴乃刘歆嫡传弟子；许慎师事贾逵，逵父贾徽也是刘歆弟子。“六书”之说可能首先是由刘歆传出的，刘歆与其父刘向都是西汉著名学者，“六书”理论可能是战国末期至西汉的学者研究当时的汉字系统所抽绎出来的条例，刘歆取而传予弟子，然后辗转递传下来。

许慎在《说文解字 · 叙》中明确了“六书”的具体所指，谓：“周礼八岁入小学，保氏教国子，先以六书。一曰指事，指事者，视而可识，察而见意，上下是也；二曰象形，象形者，画成其物，随体诘诎，日月是也；三曰形声，形声者，以事为名，取譬相成，江河是也；四曰会意，会意者，比类合谊，以见指撝，武信是也；五曰转注，转注者，建类一首，同意相受，考老是也；六曰假借，假借者，本无其字，依声托事，令长是也。”然名称与顺序的统一，见唐颜师古《汉书 · 艺文志》注：“象形，谓画成其物，随体诘诎，日月是也。象事，即指事也，谓视而可识，察而见意，上下是也。象意，即会意也，谓比类合谊，以见指撝，武信是也。象声，即形声，谓以事为名，取譬相成，江河是也。转注，谓建类一首，同意相受，考老是也。假借，谓本无其字，依声托事，令长是也。文字之义，总归六书，故曰立字之本也。”其后唐张参在《五经文字·序》中据依颜注取许慎之名称、班固之顺序，列为“象形、指事、会意、形声、转注、假借”，至此“六书”的名称、顺序遂成定例。

虽然班固说六书是“造字之本”，但后世文字研究者多数认为六书不完全是六种造字法或字形结构法则，需要区别对待和解释。明杨慎《六书索隐》说：“六书，象形居其一，象事居其二，象意居其三，象声居其四。假借者，借此四者也；转注者，注此四者也。四象以为经，假借转注以为纬。”将六书明确分为前四后二两类。清戴震在此基础上提出具体的“四体二用说”，其《答江慎修先生论小学书》云：“大致造字之始，无所冯依，宇宙间事与形两大端而已。指其事之实曰指事，一、二、上、下是也；象其形之大体曰象形，日、月、水、火是也。文字既立，则声寄于字，而字有可调之声；意寄于字，而字有可通之意，是又文字之两大端也。因而博衍之，取乎声谐曰谐声，声不谐而会合其意曰会意。四者，书之体止此矣。由是之于用，数字其一用者，如初、哉、首、基之皆为始，卬、吾、台、予之皆为我，其义转相为注，曰转注。一字具数用者，依于义以引伸，依于声而旁寄，假此以施于彼，曰假借。所以用文字者，斯其两大端也。六书之次弟出于自然，立法归于易简。”他还在《六书论》中说：“象形、指事、会意、谐声四者，字之体也；转注、假借二者，字之用也。”其弟子段玉裁在《说文解字注》中申述：“戴先生曰，指事、象形、形声、会意四者，字之体也；转注、叚借二者，字之用也。圣人复起，不易斯言矣。”又在“顿”字下重申此说，谓前四书是造字法的本体，转注、假借二书不直接造字而是调节性的用字法。王筠《说文释例》也说：象形、指事、会意、谐声“四者为经，造字之本也；转注、假借为纬，用字之法也”。

第二节 “六书”的定义及其应用

根据蒋善国《说文解字讲稿》（语文出版社 1988）分类统计，《说文》正篆 9353 字，象形 364 字，指事 125 字，会意 1167 字，形声 7697 字。他认为“转注、假借”不是造字法，因而没有字划入转注和假借。

那么，“象形、指事、会意”直接依义构形，是“形义”类字，共 1656 个，占 17. 7%，形声字 7697 个，占 82. 3%。以此数据为基础，可以对“六书”的定义和作用展开具体分析。

一、象形

许慎《说文解字·叙》：“象形者，画成其物，随体诘诎，日月是也。”也有把“象形”称为“象物”的。“形”是形状，“物”是万物，表现物象要画其线条；“诘诎”即弯曲，所画线条随物体轮廓而弯曲。就是用简洁的线条画出事物最有区别性的特征来表现它，如“日”和“月”的区别性特征就是日总是圆的，月则缺的时候多，所以分别写成日和月。

象形字当源于图形文字，只是图画意味减弱而象征意味加强，一般是一个整体，段玉裁归纳为“独体为文，合体为字”。章太炎说“依类象形，故谓之文。形声相益，即谓之字”。故象形字是“文”，《说文》540 部首绝大多数是象形的“文”。从大徐本《说文》看，许慎在说解中标“象形”的 148 处，是直接指明为象形字的；还有解说为“象××形”的 125 处，有的是指出象形字，如《交部》“交（交），交脛也，从大，象交形”，有的不是指出象形字，如《雨部》“靁（靁），陰陽薄動靁雨，生物者也。从雨，畾象回轉形”，指构字部件象某形。指出的象形字也有多种不同的类型，如《竹部》“箕（箕），簸也。从竹；𠀠，象形；下其丌也”，是说只有中间的“𠀠（𠀠）”象形，上面的“竹”是义类表示簸箕是竹子做的，下部的“丌”是放簸箕的架子。该类只是部分象形，为统一起见，后人把这样的划归形声字或形声兼会意字。又如《米部》“米（米），艸木盛米米然。象形，八聲”，既说象形，又标声符示读音。今人或把“八”看作草木勃发的枝根，就是纯象形；把“八”当声符兼义，就是形声兼会意。最常见常用的象形是以下两种类型：

1. 独体象形

《说文·口部》“口（口），人所以言食也，象形”，《马部》“馬（馬），怒也，武也，象馬頭、髦、尾、四足之形”，这是最直接最简单的独体象形，数量最多，也是汉字系统中用来构成合体字的基本字根（构字部件）。日（日）、月（月）、人（人）、水（水）、目（目）、禾（禾）、行（行）、鼠（鼠）、爵（爵）等，是描绘事物轮廓线条的独体象形。还有“手、山、刀、子、女、牙、爪、毛、文、心、户、戈、斤、又、木、皿、矢、田、矛、臣、自、肉、米、臼、网、衣、舟、耳、虫、角、豆、贝、身、犬、羊、牛、豕、鸟、鱼、豸、虎、鹿、兔、龟、象、燕”等也都是独体象形，不用一一列出小篆也能看明白。其中，大部分是描画事物整体轮廓来象形的“全体象形”，也有只画部分来代全体的，如“牛、羊”就只画牛头、羊头形，因为古礼制只割下牛头、羊头来祭祀。这种可称为“简略象形”或“局部象形”。

2. 衬托象形(或依附象形)

《勹部》“(勹)，挹取也。象形，中有實，與包同意”，外部象勺子形，里面一点是勺子舀的物实(丸子)。《木部》“(果)，木實也，从木，象果形在木之上”，，用树(木)来衬托果实。《瓜部》瓜“(瓜)，胍也，象形”，徐锴曰“外象其蔓，中象其實”，用蔓藤来衬托圆形的瓜。这些都不是两个“文”组合的会意字，而是用某个部件(符号)来衬托、显示事物的形。可把该类称为“衬托象形”或“依附象形”，是指某些事物如用独体象形则特征不明显，或易与其他物形相混淆，就需要用附加符号来衬托以凸显其特征，如用所舀的丸子来衬托勺子、用木来衬托果实等。此类不少，章太炎《文始》把独体象形称为“初文”，把衬托象形和指事称为“准初文”。此类还有，如(雨)用天幕来衬托雨点或说雨点依附天幕来显现，同样的，目下的水滴是“泪”、木下的水滴是“桼”。再如：(石)用山崖(厂)来衬托石块、(須)用人面(頁)来衬托胡须(彡)、(、眉)用目来衬托眉毛、(兵)用双手(廾)来衬托兵器(斤)、(、殸)用架子和手执槌子来衬托磬石。这样的构形不是会意字而是象形文，因为其主体与衬托符号是融为整体而不可分割的。

由于汉字发展演化的历史过于悠久，有些象形字的字形结构发生了较大的变化，需要回复到小篆以前的形象阶段才可以看明白构形意图，如：

	图画文字	甲骨文	金文	六国文字	小篆	隶书	楷书
马：	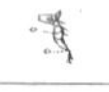					馬	馬
牛：						牛	牛
首：						首	首

许慎说马“象馬頭髦尾四足之形”，近是，字形勾勒的就是马的全身。而说牛“象角頭三封尾之形”，有点不得要领，其实是牛头面部上有盘角下有双耳之形，牛、羊是割下头祭祀的，故以头代全体。至于说首为“古文百也，巛象髪，謂之鬊，鬊卽巛也”，有点远了，本就是兽类的脑袋之形。许慎的年代不可能像我们今天这样能够看到甲骨文、金文，就当时的小篆字形去推测远古的构形，有些误差是情理之中的。今天，我们可以借助出土文献中的各种古字形来证实、修正许慎的说解，尤其是对象形字的说解。

二、指事

指事，是用符号指出抽象、概括性的事理。《说文解字·叙》“指事者，视而可识，察而见意。上下是也”，是说一看它就知道所指的事理，仔细考察才能完全理解其意义。指事也称象事，不是象物之形，而是描摹某种事理，因而比象形要抽象一些。可分为两类：

1. 加符指事

指事一般是在独体文的基础上加指示性符号。《说文》只有两处标明“指事”的：《丄部》“⊥，高也。此古文丄，指事也”，“丅，底也。指事”。丄(二)、丅(二)的一横表示参照线，线上下的竖笔(短横)指出“上、下”所在的空间。又如《刃部》“刅(刃)，刀堅也，象刀有刃之形”，是在刀锋利的一边点上一点指出“刃”所在，故不是象形是指事。再如，《木部》“朩(本)，木下曰本，从木，一在其下”，在木的下部画一短横，指出“本”即根之所在，“末”是在木的顶端画一横表示末尾之所在，“朱(朱)”是木中间加点指出“赤心木”的赤心所在；《亦部》“亦(亦)，人之臂亦也。从大，象兩亦之形”，用两点作指示符号指出人(大)的两腋之所在，后来“亦”借去表示虚词“也”义，本义另造形声字“腋”。

2. 独符指事

有人认为“一、二、三、四、五”也是指事字，即用独体的抽象符号指明事理。段玉裁注添了13处“指事”，如《一部》“一”下段注“一之形，于六书为指事”，《丶部》“丶，有所絕止，丶而識之也”段注“按此于六书为指事，凡物有分别，事有可不，意所存主，心识其处者皆是，非专谓读书止辄乙其处也”。这类抽象的事理，没有一个具体物形可象，只好用抽象符号来显示所指，符号本身就有指示性，不必附着于“文”上。此类还有，《囗部》“回(回)，轉也，从囗，中象回轉形”，可以说是旋涡、毛旋、回肠等，总之不是具体的某物的形象，应为抽象符号型的指事字。《丩部》“丩(丩)，相纠繚也，一曰瓜瓠結丩起，象形”，不好强说是象藤蔓还是象绳索形，而是广泛的二软物互相纠结，看成抽象的指事符号更为合适。

三、会意

会意，比并、会合两个以上事物来显示新的意义。独体为“文”，合体为“字”，会意字由两个以上象形(指事)文合并而成。《说文解字·叙》“会意者，比类合谊，以见指撝，武信是也”，其中“会、合”都是合并；“比”是挨着是比并，“谊”是言语的内容与其形式相符即后来的“义”，故“比类合谊

(义)”就是把同类的物象及其意思合并起来。“撝”即指挥的“挥”，用手指一个方向，“以见指撝”就是用以指向新义。会合“止、戈”即为“武”，儒家认为武是用于制止战争的；会合“人、言”即为“信”，人说话要讲诚信，《论语》谓“人而无信，不知其可也”即是。

“会意”的特点在“比、会、合”，必须由两个以上的成字构件来组合成新字。比较而言，衬托象形、加符指事是在独体“文”上附加不成“文”的符号，仍可视为独体之“文”；会意字一定是“文+文”的合体之“字”。段玉裁在《一部》天下注：“天，于六书为会意，凡会意合二字以成语，如一大、人言、止戈皆是。”他区别前“四书”谓：“(形声)别于指事、象形者，指事、象形独体，形声合体。其别于会意者，会意合体主义，形声合体主声。”

许慎在《说文》中只标明4次“会意”：《哭部》“喪，亾也。从哭从亾。會意。亾亦聲”；《言部》“信，誠也。从人从言。會意”；《支部》“敗，毀也。从攴、貝。會意”；《囗部》“圂，廁也。从囗，象豕在囗中也。會意”。大徐“新附字”2次：《日部》“昶，日長也。从日、永。會意”，“曇，雲布也。从日、雲。會意”。但《说文》的会意字还有很多，段玉裁注中标明“会意”的就有943处。其实，除明标“会意”外，许慎还用“从××、从×从×、从×，××”等术语标示了会意字。如：《一部》“天，顛也。至高無上，从一、大”；《晶部》“晶，精光也。从三日”；《宀部》“守，守官也。从宀从寸”；《木部》“休，息止也。从人依木”；《示部》“祭，祭祀也。从示，以手持肉”，段玉裁注“此合三字会意也”。会意字大体可分为三大类：

1. 同体会意

叠合独体“文”构成会意字，有二合、三合、四合的，以二合为最多。如：《木部》“木，冒也。冒地而生。東方之行。从屮，下象其根”；《林部》“林，平土有叢木曰林。从二木”，“森，木多皃。从林从木”。一木为木，二木为林，三木为森。同样的，一屮为屮，二屮为艸，三屮为卉，四屮为茻。一口为口，二口为吅，三口为品，四口为㗊。

同体会意的“文”虽是同一个，但位置、方向不同就会成为不同的字。如：《从部》“从(从)，相聽也。从二人”；《比部》“比(比)，密也。二人爲从，反从爲比”；《北部》“北(北)，乖也。从二人相背”；《匕部》“化(化)，教行也。从匕从人”。都是二“人”会意，一人跟在一人后为从，一人与一人并排为比，一人与一人相背为北(背)，一人头向上一人头向下为化。同样是二手会意，两手同向相随为𠂇(友)，两手向内向上为廾(廾/拱)，两手向外向上为𠬜(攀)，两手向内向下为𦥑(掬)。

2. 异体会意

所谓异体，是指参与会意的两个或多个“文”的形体不同。这类会意很多：《木部》“(采)，捋取也。从木从爪”，手爪在树上采摘果或叶；《音部》“章，樂竟爲一章；从音从十。十，數之終也”，音乐一曲终了为一章；《又部》“(及)，逮也。从又从人”，，手从后抓住、触及前面的人，又“(秉)，禾束也。从又持禾”，手持一束禾为“秉”。

有的会意字需要略换角度来理解，如《斗部》“料，量也，从米在斗中”，段玉裁注：“米在斗中，非盈斗也。视其浅深而可料其多少，此会意。”有的异体会意很复杂，由多个构字部件组合而成。如《角部》解“，判也。从刀判牛角”，金文作，是两手从牛头上掰下牛角形，小篆变手为刀。《日部》“(暴)，晞也。从日，从出，从𠬞，从米”，双手捧米到日头下曝晒，有水汽上出。《宀部》“(寒)，凍也。从人在宀下，以茻薦覆之，下有仌”，，人躺在房子中，垫着草盖着草，脚下还结了冰，太寒冷了。《爨部》“(爨)，齊謂之炊爨。臼象持甑，冂爲竈口，廾推林内火”，冂为灶门(冖)，上部为双手(臼)把甑筒(同)放到灶台上，下部是双手(廾)把柴草(林)推进灶门内燃烧(火)，用六个“文”合起来表示这个做饭义的“爨”，其中“臼、廾、林”还可以拆分为四“手”二“木”，则用了十一个部件来构成一个会意字，可谓用心良苦。

3. 会意兼形声

上两类会意字的构字部件只表义不表音，而该类会意字的构字部件则有的是兼表音的。段玉裁《说文解字注》标明“形声包会意”140 处、“形声兼会意”5 处、“于形声见会意”1 处、“会意兼形声”5 处、“兼会意形声”1 处。如《一部》“吏，治人者也。从一从史，史亦聲”，段玉裁注：“凡言亦声者，会意兼形声也。凡字有用六书之一者，有兼六书之二者。”许慎虽未如此标明，实际上用“从×从×，×亦声；从×从×，会意，×亦声”等条例表现了会意兼形声的内容。如《哭部》“喪，亾也。从哭从亾。會意。亾亦聲”，亡(亾)既是喪的意义成分又是它的声符。《犬部》“猎，竇中犬聲。从犬从音，音亦聲”，犬发音(音)是猎的动作且音兼作猎的声符。许慎有时也会直接说明这种会意兼形声的情况，如《女部》“婚，婦家也。《禮》娶婦以昏時。婦人陰也，故曰婚。从女、昏，昏亦聲”，指出“昏”既为成婚的时间又表其读音。

这类会意兼形声之字，在《说文》中很多，许慎标明“亦声”的就有 227 处。段玉裁注《说文》最重视因声求义，最擅长发掘声符表义的会意兼形声之字的蕴涵。如《示部》“禛，以眞受福也。从示眞聲”，段玉裁注：“此亦当云从示从眞，眞亦声。不言者，省也。声与义同原，故龤声之偏旁多与字义相近，此会意、形声两兼之字致多也。《说文》或偁其会意，略其形声。或偁其形声，略其会意。虽则渻文，实欲互见。不知此则声与义隔，又或如宋人《字说》，只有会意，别无形声，其失均诬矣。”

四、形声

形声，也称为谐声，是以表义类的偏旁为形符，以表读音的偏旁为声符，拼合成新字。《说文解字·叙》“形声者，以事为名，取譬相成，江河是也”，其中“事”指事物的义类，“名”即“文”指符号，“譬”指“譬况”注音即音同或音近。就是取事类作为形符名称，再取相同相近的读音为声符，合成形声字。如江、河属水的义类，就以“水”为形符，以“工、可”为声符合成形声字“江、河”。晋卫恒《四体书势》说：“形声，江河是也，以类为形，配以声也。”

形声是最能产的造字法，宋郑樵《通志·六书》谓：“六书也者，象形为本；形不可象，则属诸事；事不可指，则属诸意；意不可会，则属诸声，声则无不谐矣。”就是说，象形是汉字最根本的造字法（字根），抽象的事理不便象形就用指事，更复杂些的就用会意。象形、指事、会意局限于具体的物象，只能用于表达最基本的词义，更多更深、更细致、更复杂的意义需要用更为优化的造字法。人类语言交际的基本单位是词，词义是交际的内容，语音是交际的形式，故词是音与义的结合体。口语词很早很早就产生了，记录词的文字很晚很晚才出现，如果字形既表示词的义类又表示词的读音，就是最优化的。形声字的形符表义，声符表音，因而就成为最佳的造字法，表现力最强，以至“无不谐矣”。

由于“形声”是汉字最优化最能产的造字法，故很早就得以广泛运用。迄今发现的殷商（约公元前16—前11世纪）十多万片龟甲兽骨中，刻有占卜用的4000多不同的文字图形，已识别的约有2500多字。这些甲骨文中，主要是形象性强的象形、指事字，但形声字已经占27%了。许慎《说文》9353字中，有形声字7697个，占80%以上，比例是很高的。

《说文》分析形声字一般用“从×，×声”，段玉裁注谓“凡言从某某声者，谓于六书为形声也”。如：《女部》“妹，女弟也，从女未聲”，《示部》“禧，禮吉也。从示喜聲”，《艸部》“薵，水萹茿。从艸从水，毒聲。讀若督”。也有用“亦声”标示“会意兼形声”的，如：《玉部》“瓏，禱旱玉，龍文。从玉从龍，龍亦聲”，《赤部》“赩，大赤也。从赤、色，色亦聲”。还有用“省声”来表示形声字声符部分减省的，如《玉部》“瑩，玉色。从玉，熒省聲”，《黑部》“黴，中久雨青黑。从黑，微省聲”等，为了笔画的减省或字形结构的规整，组字时把声符的一部分省掉了。“省声”问题很复杂，如《哭部》“哭，哀聲也，从吅，獄省聲”，《宀部》“家，居也，从宀，豭省聲”等，有待另文讨论。

形声字的结构类型，是根据形符、声符所在的位置不同来划分的。唐贾公彦《周礼正义》分形声字为六类，就其类名配上例字为：

(1)左形右声：江、柏、論、錘　(2)右形左声：鳩、剛、攻、放

(3)上形下声：字、景、霧、草　(4)下形上声：婆、忘、貢、架

(5)外形内声：閣、圃、匾、衷　(6)内形外声：聞、哀、風、辯

隶书、楷书以后，方块字为求匀称美观，还形成一些结构特殊的形声字，如：《禾部》“穎，禾末也，从禾頃聲”，形符在左下角；《耳部》“聽，聆也，从耳、㥁，壬聲”，声符在左下角；《玉部》“碧，石之青美者，从玉、石，白聲”，声符在右上角；《宀部》“寶，珍也，从宀从玉从貝，缶聲”，声符在右边中部；《㫃部》“旗，熊旗五游……从㫃其聲”，声符在右下角。可见，形声字的结构是非常灵活的。

形声字的能产性还体现在其代代递传上，如《又部》“(父)，矩也。家長率教者。从又舉杖”，金文作，本是手执石斧的壮男形，转指父亲。《用部》“(甫)，男子美稱也。从用、父，父亦聲”。“父”作“甫”的声符，“甫”作“尃”的声符，“尃”作“溥”的声符，“溥”作“薄”的声符，“薄”作“礴”的声符，“父→甫→尃→溥→薄→礴”，递转产生了五代形声字。由此可知，《说文》小篆字系并不是一个共时的文字系统，而是历代造出的字辗转累积到这一时段的文字平台中了，实质上是一个泛时性的、层累性的文字系统。

一般说来，形声字形符表示义类，声符表示读音。然而，声符实际上与其所构的形声字往往是音义同源的，即声符兼表义。比如，由于斧头的刃是展开的，由“父”作声符代代递增的形声字有“甫、尃、浦、逋、捕、補、圃、埔、舗、脯、匍、莆、酺、陠、鋪、蒲、溥、博、餺、镈、愽、膊、薄、簿、欂、礴”等，近60个从“甫”得声的多代形声字都含有核心义素“铺开”，形成音近义通的一个同源词族。由于“小、少”是用点点表示细小，由它们作声符构成的形声字有“肖、沙、纱、秒、妙、砂、粆、眇、杪、竗、訬、莎、消、削、销、梢、绡、稍、艄、筲、莦、髾、輎、蛸、弰、旓、霄、逍、淆、痟、逍、睄、蕱、潲、渺、缈”等，都含有“细小、微茫”的核心义素，构成又一个音近义通的同源词族。由于“工”是人持工字尺做工，以“工”作声符的形声字有“攻、功、贡、巩、红、豇、玒、杠、缸、釭、

扛”等，都含有“人工”的核心义素，构成又一个音近义通的同源词族，只是“江、肛、魟、茳”等专有名称才是借“工”纯作音标的同音借用形成的形声字，不在同源词族中。可见，这类形声字的特点是：形符表义类，如“氵”旁表示水类、“扌”旁表示手类动作等；声符表核心义素，如“工”声表示人工、“甫”声表示展开等。

形声字最多见的结构是形符在左而声符在右，声符多兼表义，故形成宋代的“右文说”。沈括《梦溪笔谈》卷十四载：“王圣美治字学，演其义以为右文，古之字皆从左文。凡字，其类在左，其义在右。如木类，其左皆从木。所谓右文者，如戋，小也。水之小者谓浅，金之小者谓钱，歹而小者谓残，贝之小者谓贱。如此之类，皆以戋为义也。”其基本原理是对的，只是不断有人对此无限推广，乃至以偏概全，受到后人的诟病。

段玉裁很重视发掘《说文》形声字声符表义的功能，如：《馬部》“騢，馬赤白襍毛。从馬叚聲”，段注“鰕鱼谓今之虾，亦鱼属也。虾畧有红色，凡叚声多有红义，是以瑕为玉小赤色”；《衣部》“襛，衣厚皃”，段注“凡农声之字皆训厚。醲，酒厚也；浓，露多也；襛，衣厚皃也。引伸为凡多厚之偁”。段玉裁注《说文》先撰《六书音均表》，分析《说文》近8000个形声字，归纳出1522个声符，分为古韵十七部，列《古十七部谐声表》，得出“同谐声者必同部”的著名古韵部论断，认为“许叔重作《说文解字》，时未有反语，但云某声、某声，即以为韵书可也”。他凭借自己建立的古音十七部理论，利用声符的系统性去推求形声字的意义，建立同源词族，把“因声求义”之法用到相当完美的程度，取得丰厚的成果。这也就是《说文解字注》能够成为乾嘉小学巅峰代表作的最重要原因。

当然，不是说所有形声字的声符都可以表义，也不是一个声符在它参与构成的所有形声字中都是表义的。作为谐声偏旁的声符有两种情况：一种是同源通用形成的声符，如“工”字，上古同一个“工”可以表达“做工（工）、攻打（攻）、贡献（贡，献出劳动成果）、女红（红，用红色丝线做针线活）、水缸（缸，陶工制成）”等多个含核心义素“人工”的词义，后来字形分化，各加区分义类的形符“攴、贝、糸、缶”，就产生了“攻、贡、红、缸”等一组形声字，它们的声符“工”仍然表核心义素“人工”，也就是语义的来源相同，它们是一组表示同源词的形声字。另外一种是同音借用形成的声符，“江、肛、魟”等专有名词的名物早就有与“工”相同或相近的读音，造字时在义类形符“氵、肉、鱼”上加个同音的声符“工”，就形成了这一组形声字，它们的声符“工”只表示读音，不表示意义。虽然“同谐声必同部”，但是同部不一定必同义。所以，笼统地说“声符有义”，甚至一概而论而成为“右文说”，都是有偏颇的。故段玉裁有时说“凡某声皆有某义”，有时说“凡某声多有某义”，视具体情况而定，“多有”就不是“皆有”或“全有”。

形声、会意都由两个以上独体的“文”（构字部件）组合成合体的“字”，因构字部件总是在字旁边，古代把合体字左边部分称为“偏”，右边部分称为“旁”，合称“偏旁”。因偏旁都是有意义的符号而被称为“义符”。某个偏旁（义符）用去作一个义类字集合的代表字就称为“部首”。在形声字中，表示义类的偏旁叫“形旁”或“形符”，表示读音的偏旁叫“声旁”或“声符、音符”。会意字中的偏旁都称“义符”。大多数形声、会意字由两个偏旁构成，也有用多个偏旁的，如会意字“爨”由“𦥑、冂、廾、同、林、火”六个偏旁组成，形声字“寶”由义符“宀、玉、貝”和声符“缶”四个偏旁组成。

《说文》540部首多数都是可用来构成合体字的偏旁，李国英《小篆形声字研究》（北京师范大学出版社1996，第44页）分析《说文》小篆，得到374个可用于再行构字的义符（偏旁）。章太炎把小篆以前的汉字称为笔意，隶书以后的称为笔势。“笔意”是说字形的笔画是有构形意义的，见形即可知义；“笔势”就只有笔画的走势了，失去了笔画构形时的原意。如篆书“虫”还能看出蛇的屈曲形状来，是笔意，隶书楷书“虫”就只有笔画而看不出蛇形了，是笔势。小篆形声、会意字中的偏旁都保留笔意，隶书楷书之后多改为笔势，且因方块字规整化的需要而把一个笔意改为不同部位的多种笔势。如小篆“心”象心脏形，在形声字“情、念、慕”中还保留笔意统一作“心”形，而楷书在左作“忄”（情、惕）、在下作“心”（念、想）、在半包围中作“⺗”（恭、慕），变成了三种不同的笔势。又如楷书笔势的“灬”来源于不同的小篆笔意，煮（煮）下笔意原是火、燕（燕）下笔意原是燕子的翅膀和尾巴、魚（魚）下笔意原是鱼翅鱼尾、馬（馬）下笔意原是马腿马尾。反过来，“火”小篆笔意同样是“火”，而“炎—炎”还是火，“赤—赤”下部的火变成两竖两点，“光—光”上部的火变成一竖两点加一横，而“煎—煎”下部的火变成四点。

所以我们说，“六书”作为字形构造的原则主要适宜于《说文》的小篆字系，因为它主要是从小篆的笔意中归纳出来的。因此，要分析、掌握和运用汉字中占80%以上形声字的构造，必须把前后不同时期的字形还原为小篆的笔意，才能用“六书”理论来说清楚。

五、转注

转注，《说文解字·叙》：“转注者，建类一首，同意相受，考老是也。”关于什么是转注，一千多年来争论不休，主要有形转、义转、音转三大分支，音转又分声转、韵转。

(1)**形转**。形转的说法很早，唐裴务齐《切韵序》“考字左回，老字右转”，是说两字义同，只是形体稍有转化，训释可以互通。但历代赞成形转说的不多。

(2)**音转**。宋张有《复古编》“转注者，展转其声，注释它字之用也”，大意是说由声、韵相通而转化入它字，而义可相互显现，即由声音相近转化为其他形而义互通。

(3)**义转**。有部首说，江声《六书说》：“老字以为部首，所谓建类一首，……是取一字之意以概数字，所谓同意相授。说文五百四十部之首，即所谓一首也，下云凡某之属皆从某，即同意相受也。”有声义说，即音义可以互通，明赵宧光《说文长笺》：“转注者，声义共同也，取其字就其声，注以它字，而义始显。”有互训说，认为转注就是互训，必须在《说文》当中有“A，B 也；B，A 也”这样的互训才算转注。如戴震《答江慎修论小学书》谓：“转注之云，古人以其语言立为名类，通以今人语言，犹曰互训云尔。转相为注，互相为训，古今语也。”义转说强调义上的通转而连带音、形相近变化。

许慎在《说文解字·叙》中虽举“考—老”为转注之例，但在正文没有标过一次“转注”。段玉裁注标“转注”202 次，如《马部》“馴，順也”，段注“此六书之转注”。

各家对“转注”的解释多所不同，且各引其例，如“颠—顶”“更—改”“逆—迎”“妹—娼”“驯—顺”等。而《说文解字·叙》只举“考—老”一例为转注。《老部》“考，老也，从老省，丂聲”，“老，考也，七十曰老，从人、毛、匕”。小篆作“、”，甲骨文作、，都是长发、白胡子、佝偻背的老者拄着拐杖之形，只是“老”的拐杖向内而“考”的拐杖向外而已。读音上“考、老”韵母、声调相同，只是声母有溪母 k-、来母 l-的不同，古时可能是复辅音声母 kl-。本是表示年纪大的同一个词，只有一音一义一形，后来派生分化，生者称“老”而死者称“考”，义变导致音变，分复辅音声母 kl-为单辅音声母 k-、l-。但只造了一个字形来记录它。后来，由于某种原因，这个词在某些地方、某些场合下分化出两个词义，读音分化为 kǎo、lǎo，再后来字形分工，以拐杖的向背分“考、老”。二字属于同一义类和音类，同属“耂”这一个部首，所以说“建类一首”；二字意义相同而可用“考，老也；老，考也”这样的相互训释，所以说“同意相授”，也就是词义转相为注，故称“转注”。

这种同义同音同形的分化，不是真正意义上的造字法，至多也只能算是用字法。尽管历代研究转注者很多，文章、著作层出不穷，各家列举的例子五花八门而多寡不一，但只有许慎列举的“考—老”一例得到公认，因为再没有任何一对字能够像“考—老”这样具备如此多的义、音、形的密切联系了。所以，《说文》六书中的“转注”只有“考—老”而难及其他，“考—老”就是“转注”。后代也有学者把“考、老”归入象形或形声中去，干脆不言“转注”。

六、假借

假借，《说文解字·叙》“假借者，本无其字，依声托事，令长是也”。其中“声”指读音，“事”指意义，“托”是依附。这句话是说：语言中早已存在的某个词有音有义，但无法依义构思出字形，只好借已有的同音（音近）字来表达它的词义，即把已有的表意字借作音标来使用。

许慎给“假借”下的定义很好，有词义而造不出字形来，就是“本无其字”；根据音同音近的条件把词义托付给已有的字形，就是“依声托事”。但许慎举“令、长”为例子是不确切的。《卩部》“令（令），發號也。从亼、卩”，令甲五九七，是一张大口对跪坐着的人发号施令；《長部》長“長，久遠也。从兀从匕。兀者，高遠意也。久則變化。亾聲”，長林二·二六·七，是拄拐杖的长发老人形，与“老、考”相似。“令”用于发命令是作动词（后作命），用指所发之令或发令者则为名词，本是词义的引申分化，许慎却认为是把发令的“令”同音借用作官吏（县令）的“令”了。“长”本是头发长而引申为长远，是形容词，又从长者义引申指官长，许慎却认为是把长短的“长”同音借用作长官的“长”了。

许慎在《说文》原本中没有直接标示“假借”，连《叙》中所举“令、长”的例子下也不见标“假借”。段玉裁注却标“假借”684处，如：《一部》“丕”字下注“丕与不音同，故古多用不为丕，如不显即丕显之类。于六书为假借，凡假借必同部同音”；《頁部》“順也，理也”，段注“曰训，顺也，此六书之假借”等。其实只是同音通用，都各有本字，不是“本无其字”的假借。

我们可选用其他的例子来说明许慎“假借”的定义。如第一人称代词有音有义不好造字，就借已有的同音字“我”代替，《我部》“我，施身自謂也。或說我，頃頓也。从戈从禾。禾，或說古垂字。一曰古殺字”，“一曰”才是本义，小篆作我，甲骨文作我粹八七六，我邺二下·四一·一，是长柄齿刃兵器或刑具，故从戈或训杀。第二人称代词也无字，借同音的“女”字代替，《女部》“女，婦人也，象形”，甲骨文作女铁一六四·一，金文作女子卣，为手交胸前坐地的女人形。同样的，借鼻子形的“自”来指称自己之“自”，借胡须之形的“而”为连词而且的“而”，借草生出地面的“㞢”为虚词“之”，借鸟宿巢上形的“㒶”为方位词的“西”等，都是“本无其字”的假借。虚词不易依义构形，很多虚词都是用假借法来表示的，如“于、则、然、若、如、耳、所、何、胡、孰、焉”等虚词都是借同音(音近)实词的字形来用的。

这类借形表词的假借有几种不同的情况，一种是古刑具“我”被借去作第一人称代词，本义不用而死去，就“久假不归”，代词义完全占用了“我”的字形。第二种如第二人称代词借女人的“女”，但“女人”义、人称代词义都很常用而冲突，于是代词义又转借极少用的河流名“汝”。第三种是自指义借鼻子形的“自”，本义“鼻子”只好加声符“畀”另造形声字“鼻”，把“自”完全让出来；西方义借鸟在巢上宿的“西”，二义都常用，本义就干脆另外造形声字“栖(棲)”，把“西”字形完全让给西方义了。“自—鼻、西—栖—棲、北—背、其—箕、莫—暮”等，就是这种假借而形成“古今字”。

还有一类“假借”是“本有其字”的假借，也称为“通假”。如酒杯形的“爵”同音借用作麻雀的“雀”、虫子的“蚤”借作早晨的“早”等，本来各自依自己的词义构造了各自的字形，但在使用中因同音而临时借用，一度形成上古字用的混乱局面。本无其字的“假借”与本有其字的“通假”，都没有造新字，都只是调整字用的一种方法。

第三节 “六书”的局限性及其在汉字发展史上的作用

“六书”不是同一平面的六种造字法，也不是适用于各时代汉字体系的普适型广泛性造字规则。因此，对“六书”的解释历来多有不同且不够严密，“六书”理论的应用也存在很多问题，尤其是“转注”的定义与应用分歧尤多。

因此，近代以来的文字学家试图突破许慎《说文》“六书”理论的框架，提出新的通用的汉字结构分析方法。唐兰《古文字学导论》(齐鲁书社 1981)首次提出“三书说”，把汉字结构分成“象形、象意、象声”三类。陈梦家《殷墟卜辞综述·文字章》(科学出版社 1956)提出新“三书说”，定为“象形、假借、形声”。之后，刘又辛发展陈氏观点，把汉字的发展历史分为三个阶段：形意字阶段(象形、指事、会意)、假借字阶段、形声字阶段。裘锡圭《文字学概要》(文物出版社 1998)在前人基础上构建自己的三书体系：表意字、假借字、形声字。这些探索，使得汉字结构分析的方法更为丰富而渐趋严密。“六书”理论的研究与应用也得到长足的发展。

就上文对《说文》用例的分析可知，“六书”中的“象形、指事、会意、形声”是造字法，“转注、假借”是用字法。汉字是具有表意性质的文字体系，一般说来，汉字构造的历史大致可以分为“图画、意合、形声”三大阶段，综合“六书”来看“造字、用字”的发展，也可分为相应的三大阶段：形象阶段(象形、指事、会意)、假借阶段、形声阶段。

首先是形象阶段，也就是纯表意阶段，“象形、指事、会意”约属于此阶段，可统称为“形义字”，即以一个字形描写一个词义，形象而明晰，区别率很高。但这类形象的造字法表达率不够高，《说文》这三类字只有1600多个，远不够大量词义表达之需要。社会交际的发展不断产生新词新义，很多抽象的、虚化的词义无法用形象描画的方法造出字来，这就需要另寻表达方式，于是就产生了假借用字法，就进入汉字借音表义的假借阶段。

假借，实际上是借已有字形作音标来表示同音词，不再是象形阶段一个字形只描画一个词义，而是一个字形兼表多个词，如“丁”表示“木钉、天干名、人口、伐木声”等。一身兼多职，这就大大提高已有汉字的表达率，以少量的字形表示大量的词义。清孙诒让《与王子庄论叚借书》对此有很好的评述：“盖天下之事无穷，造字之初，苟无叚借一例，则逐事而为之字，而字有不可胜造之数，此必穷之势也。故依声而托以事焉。视之不必是其本字也，而言之则其声也；闻之足以相喻，用之可以不尽，是叚借者所以救造字之穷而通其变。”假借作为用字方法，用同音借用的方式充分发挥已有形义字的表词功能，以有限的字形表达了巨量的词义。

然矫枉容易过正，假借法一度泛用无度，不但本无其字用假借，本有其字也随意通假，就像今天的中小学生和网络写手那样，随意写同音字，也就是大量“写别字”。这样一来，很多同音的词就只用一个简单的字形来书写，汉字系统的表达率是大大提高了，但区别率却大大降低了，因为一个字形兼表词义过多，就难于准确定义，就像一位兼任十多个职务的职员很难确定他正在履行哪个职责一样。如果就这样不加限制地胡乱假借，汉字可能逐渐失去其明确的表意性质，逐步走向拼音化，字形就会蜕变为同音词群的标音符号。然而有幸的是，为了解决表达率与区别率的矛盾，汉字在周秦时期就进入了形声阶段，殷墟甲骨文中的形声字就已占总字量的27%了。

形声阶段，也就是汉字表意兼表音的阶段。形声字的形符表义类(绘形表义)，声符表读音(借作音标，多数还表核心义素)，这就正好兼顾了汉字的表达率和区别率。形符可以表示很宽的义类，如《说文》的水部就有468个从“氵”的字；声符可表很多同音(音近)字的读音，如《说文》以“甫”为声符的字有近60个之多。实际上，是无所不可以形声，故形声成为最能产的造字法，《说文》中形声字占总量的82%强，其后再造新的汉字也一定都是形声字，所占比例也就越来越高，形声字在汉字系统中的地位也就越来越重要而稳固。

总体来看，汉字系统内部形体构造的历时发展，可以表述为如下三大阶段递进的图示：**形象阶段→假借阶段→形声阶段**。形象阶段(象形、指事、会意)，区别率高，表达率低；假借阶段(假借)，表达率高，区别率低；形声阶段(形声)，兼顾区别率和表达率。所以，形声字是最优化、最能产也最具生命力的造字法。世界上的几种古老文字，如古埃及圣书字、苏美尔楔形字等，虽然都起于象形，但都没有沿用下来，中途都变为拼音文字了。而汉字体系及其表意性质一直沿用至今而无断裂，应该说是与汉字很早就找到了形声这种优化而能产的造字法关系紧密的。形声字的形符一直表义类，声符本从形义字来且多数声符兼表核心义素，所以形声字虽然充任了表音职能，但归根到底还是表意性质的。所以，汉字属于表意体系的文字。

第四章 《说文》白文的读法

《说文》白文，也称《说文》原本，是指许慎《说文解字》原文，一般都是用中华书局1963年据清陈昌治刻本影印的徐铉校定本，即“大徐本”。

我们今天读《说文》，需要有一个明确的意识：不能只依赖段玉裁《说文解字注》的解释，必须把《说文》白文本身的种种内在联系弄清楚，对《说文》白文的训释类型、条例、术语和内容有准确的理解和把握，然后再借助《段注》作更深入的探究，才可能真正读懂《说文》。因为古有“疏不破注”的惯例，段玉裁作注，尽量不违背许慎说解的原意，尽力申述许慎说解字形构造时的想法，有扩展或不同见解，也是建立在对原说解透彻理解的基础上的。因此，只有对白文有一定程度的了解，才能更好地读懂段注，再通过段注返回去更透彻地理解白文，两者是相辅相成的。也就是说，读懂白文是《说文》学习基础中的基础。

章太炎、黄侃都强调读《说文》原本。章太炎先生在《答金祖同论甲骨文书》(《制言》第五十期)中告诫弟子：“凡看《说文》，虽博采众注，必不可不看原本。”又在《菿汉微言·后记》中回忆1908年在日本时：“诸生适请讲说许书，余于段、桂、严、王未能满意，因繙阅大徐本十数过，一旦解寤，的然见语言文字本原。”他反复解读并比合研究《说文》白文，又在日本“始一终亥”三遍讲授《说文》原本，才能融会贯通，写成“体大思精”的《文始》，成为汉语词源学的扛鼎之作。黄侃先生《文字声韵训诂笔记》(上海古籍出版社1983，第71页)谓：“《说文》者，一切字书之根柢，亦即一切字书之权度也。”也是指读《说文》白文的重要性。他的《说文略说》和《手批说文解字》，都是精读《说文》白文的心得，其中多有精辟见解，成为《说文》学不可多得的财富。

借鉴前人的实践经验，本章介绍阅读《说文》白文的基本原则、方法，对《说文》白文的说解术语、体例进行条理性的归纳并举例解析，然后将这些原则、方法、条例综合运用到实际的《说文》白文阅读之中，为学习者提供阅读示例和正确途径。

第一节 解读《说文》白文的原则与方法

汉字多造于上古，许慎时在东汉，其《叙》称他对字形的说解是“博采通人，至于小大，信而有证”，即所说必有来源，不轻易私为己说。因此，《说文》白文的字形说解反映的是上古人们的思维和认识，是烙有上古社会生活文化印记的。

一般说来，对汉字作字形说解有两种方式：一种是求真求源的方式，力求从逻辑实证上说清字形构造的原理，达到高度的形义统一，这是现代“科学主义”(Scientism)的说解方法，以出土文字材料为研究对象的“古文字学”用的是这种方法；第二种是文献考据的方式，博采前人文献记载之说，考证先贤的造字构形思想，求得文化传承上的形义统一，这是“文献文字学”的说解方式，也就是《说文》学的说解方式。

许慎《说文》中的字形说解，多数用的是求真求源的方式，也有一些用文献考证及博采通人的方式。当今的文字学者，释读出土文字必不可少地以《说文》为依据，但又常常执其“科学主义”的说解去批评许慎博采通人的说解，讥贬许慎这里错了、那里乱说。我们说，文字是具有社会性的，文字的构形理据有些是科学的，有些又是具有社会文化性的。今天来读《说文》原文，其字形与说解都成为“已然”的语言文字文献，成为真实而固定的历史文本了。许慎与上古历代造字、说字形的通人们，不可能都像我们当代人一样具有全面的科学意识，他们的汉字构形、说解会体现当时的社会意识和思维方式。因而，我们今天去读《说文》白文，主要任务是真正弄懂古人说的是什么、为什么要那样说，而不是要用今人的思维、技术去要求和衡量古人的对错，应该努力去理解、解释、推求古人做了什么及为什么那样做。因此，如果我们只依仗出土文献的便利和现代思维逻辑去批评许慎的说解，认为这也不对，那也错误，显然是不妥当的。我们应就许慎的时代意识来看待许慎的说解，真正弄懂他说解的本意，而不是用今天科学主义的认识标准去指责他的说解不对。当然，许慎说解字形原意，也有释“爲”为“母(猕)猴形”这样的错误，但毕竟是在所难免的少数，而多数说解只是时代性的思维、认识角度不同，无关科学上的是非判定，其说解为后人提供了当时人们的思想文化认识面貌，对深入理解汉字构形的文化底蕴大有帮助。

语言文字的创造和使用本来就具有社会约定性，不同时代人们的理解与解释必然打上不同时代的烙印，这些解释本身也就是历史文化资料，不可用所谓的科学主义准则去抹杀古今差异的丰富内容。读《说文》，主要是读懂许慎如何解说当时小篆字系的构形理据，而不是挑剔和指责许慎为何不用今人的思维来说解字形。甲骨文、金文、战国文字的研究，属于“古文字学”范畴，各有其构形特点和体系，有其现代性研究视角和方法，其字形可以用来帮助我们理解、分析《说文》的说解，而不可作为简单否定许说的依据。更何况，任何时段、材料的汉字研究，无不以《说文》的说解为基本参照系，离《说文》则无以立说，故黄侃先生认为《说文》为小学“主中之主”，所言信矣。因此，既以许慎《说文》说解为析字依归，又横言许说一无是处，显然不是客观公允的态度。

《说文》的第一个字是“一”，从今天科学思维的角度来讲，数是最抽象的高度概括，“一”是抽象所有单个物体概括出来的数，如一个人、一只狗、一根棍子、一节草、一枚算筹（竹简样的运算筹码）等。汉字的十位数：一、=、三、亖、㐅、∧、十、八、九、丨。横置一枚算筹表示“一”，二枚为“=”，三枚为“三”，四枚为“亖”；五不能再放五枚算筹了，人的手足都是五个指头，近取诸身，到五要变，就用两枚算筹交叉为“㐅”，六就顶上交叉作“∧”，七就正交叉作“十”，八就顶上分开作“八”，九用两枚算筹曲纠交叉为“九”，如 九 前二·一四·一、九 盂鼎，人双手双足都是十个指头，因此数到十要进位，就变通竖置一枚算筹为“丨”。十个数的字形至此造完了，整体上再来调整。“横一竖丨”字形相同而易混，为区别就在“丨”中加点，如金文作 十 守簋，加的点画长了就与七的“十”混了，于是七下部拐弯成了“七”，如 七 信阳楚简；又“㐅、∧、八”形近易混，就加线区别为“五 五（五）、六 六（六）”，如甲骨作 五 铁二四七·二、六 前七·三九·一；最后“四”甲骨作 亖 甲五〇四、金文作 亖 秦公钟，都是横置四枚算筹形，后因横数太多不美观，改作 四 郘钟、四 石鼓，是同音借用鼻涕字“四”代替，鼻涕本字加水旁作“泗”。这就是今天纯粹科学主义的说解方式。

许慎的数字形体说解，不是用今人这种科学主义的方式，而是依据当时人们的思维与认识来说解，那时的人们认为那样的说解是科学的。如《说文·一部》“一，惟初太始，道立於一，造分天地，化成萬物。凡一之屬皆从一”。《说文》的说解尽力从系统性的角度去考虑，“一”是天是宇宙万物之始，“亥”是十二地支之末，所以《说文》“始一终亥”，整个五百四十部首从“一”开始到“亥”结束是一个完整的系统。许慎对“一”的解说，“惟”是发语词，“初”是用刀裁布为制衣之始，“太”是最大最原始，“始”是人从母(女)体生出之初，则“初、太、始”都是从本源的“一”发端的。古人认为宇宙最初是“一”，所谓“天地浑沦如鸡子”，即像鸡蛋一样的浑然一体，然后气清轻上升为“天”，重浊下沉为“地”，天地化育有了中间的“人”，形成“天、地、人”三才，然后生成、创造“万物”，即“一生二，二生三，三生万物”。所以“一”是生成一切统领一切的本源，字形说解“一”既取天地混一的“一”形，又取哲学概念的“道立于一”，是从汉代人认识和理解世界的角度来说解字形构造意图的。

《说文》中，许慎将9353字按字形所示义类归为540部，每一部选其代表字作部首，用“凡某之属皆从某”统领本部其他字。部首“一”统领“元、天、丕、吏”四字。

元：“元，始也，从一从兀”。从古文字构形看，应指人头，甲骨文作 前四·三二·四上，金文作 曶鼎，上面的-或点是人头形，下面的人(、)是衬托，《左传·僖公三十三年》晋先轸“免胄入狄师，死焉。狄人归其元，面如生”，狄人砍下晋国猛将先轸的头送还晋国，以示对他战死不退的敬意，“元”正是人头义。“元旦、元首( )”都是头、开始义。许慎说解“元”字构形“从一从兀”，《儿部》“兀，高而上平也”， ，或说指人的头顶，或说指远古洪水时期兀立水面之上供人居住的高平山顶，凥(居)住的“凥”就是人(尸)在兀上居住之形。用高而上平的山顶端来解释“元”为元始义的构形意图，而不直接说是人头，是许慎承用洪水时代人们对社会生活的认识。“元”上古音为阳声韵“元部”，“兀”上古音为入声韵“物部”，是邻近韵的阳入对转，读音相近，故训“元”从“兀”为会意兼形声。

天：“天，顚也，至高无上，从一大”，甲骨文作 甲三六九〇，金文作 何尊，直接指人的头顶。《山海经·海外西经》：“刑天与帝争神，帝断其首，葬之常羊之山。乃以乳为目，以脐为口，操干戚以舞。”刑天因断首的“天刑”得名，至今“天门盖”还指人头顶端。“大”是正面人形，用“一”指示最顶端，往上延伸指人头顶上宇宙的“天”，“天、颠、顶”叠韵为训，“至高无上”的帝王称“天子”。

丕：“丕，大也，从一不聲”。训释承《尔雅·释诂》“丕，大也”来。段玉裁注谓“古多用不为丕，如不显即丕显之类”。《不部》“不，鳥飛上翔不下來也。从一，一猶天也，象形”，取鸟以天为根本之义。不，甲骨文作 佚五四，金文作 天亡簋，象花蒂形，或作“柎”。花帝的“帝”(蒂)本从 ，“杯、桮”形似花蒂也从“不”。上古“不、丕”为一字，分化为两形两义：一表否定义作“不”；一表坯(胚)胎义作“丕”，与生命源始密切相关。花蒂为花瓣、果实的根本所在，所以“不、丕”有坯胎、根蒂义，古人以天神为“帝”，视其为一切的根本，故丕训“大”。

吏：“吏，治人者也，从一从史，史亦聲。”《说文·史部》“史，記事者也，从又持中，中，正也”，“事，職也，从史，之省聲”。“史、吏、事”本来是一字，后来分化为三，三字上古都属之部。上古君王有二史，左史记言，右史记事，记所成即为“史”，记史者即为“吏”，所记之实即为“事”。“史”字构形为手(又)持中，“中”字《说文》古文作，是有柄可持的文件袋，清代皇帝留下奏折文件不发下还叫“留中”。上古左右史随君王出行，手持文件袋(中)，随时将记下文件(册)收入其中。“吏”字甲骨文作京津二二二○，金文作盂鼎；“史”字甲骨文作粹一○一；“事”字甲骨文作佚八七○，都是手(又)持文件袋(中)之形，是由同一个会意字因词义派生而分化为三形的，在《史记》中三字还是通用的。“吏”由记史者扩展为“治人者”，词义引申成为官吏的通称。

《说文》“一部”统领“元、天、丕、吏”四字，以天地万物同一的“一”为本原，进而到以人首表一切开端的“元”，再到人首之上那至高之“天”，再到万物起源根蒂之“丕”，最后到人事治理之“吏”。天、地、人事统括其中，条理清晰。

《说文》第二部的部首为“丄”，统领“帝、旁、下”三字。“丄，高也，此古文丄，指事也。，篆文丄”，甲骨文作后上八·七。下一长横表示坐标，上一短横或竖指示坐标以上的所有空间都是“上”。为增加区别，字形再加一画作“上”。天在上，故训“高”，天子称“今上、皇上”。部首据形系联，“丄”在“一”上加指事符号，故排在“一”之后。

帝：“帝，諦也，王天下之號也，从上朿聲。，古文帝，古文諸上字皆从一，篆文皆从二，二古文上字，辛、示、辰、龍、童、音、章，皆从古文丄。”甲骨文作前四·一七·四，金文作仲师父鼎，古文字学者或说为花蒂的本字，或说象君王身着盛服的正面形象。“帝”初指天神，为世间万物之根蒂所在，引申指称霸天下者，故为“王天下之號也”。许慎用声训“帝，諦也”，“谛”乃真理，即指真谛之所在的一个符号，是用“帝”这个符号表示“天神”的概念，引申用作人间帝王的称号。古人认为，天神、帝王都高高在上，故“帝”字从“丄”构形，下部如荆棘的“朿”四面伸展，故说“朿声”，“帝、朿”上古音都在支部。

旁：“旁，溥也，从二，闕，方声。，古文旁，，亦古文旁”。许慎认为“旁”的意义与“上”有关，但有什么关系他不清楚，所以说“阙”。何谓“阙”，段玉裁注云“阙谓从之说未闻也”，即“有所不知，盖阙如也”，是不知来源就不强加解释的老实态度。旁，甲骨文作林一·一七·一五，金文作旁鼎。方，甲骨文作前五·二三·二，金文作召卣。“方”本为并船义，船并则宽，转有展开、侧面、地方等义，《广雅·释诂》“方，大也；方，广也”。而旁训“溥也”，溥是水面铺开，训“大也”。则“旁、方”构形相近，都有展开而大的意思，上古都是阳部唇音字，两字形、音、义都有相同之处。后来“旁”由铺开、扩大义转指旁边。“旁”从“二(丄)”，古人或许认为有上(天神、帝)的旨意传下来往天地四边铺开扩展的含义，故“帝、旁”相随，字形都从“丄”得义。

下：“下，底也，指事”。段玉裁认为许慎对于“下”的解释为转注，亦即互训，有上就有下，上下互训，所以隶属于“丄”部。“丅”指出坐标线以下的所有空间，与“丄→ 二→ 上”相反对应，有“丅 → 二→ 下”。

《说文》第三部的部首为“示”，统领由“祜”到“禫”60字。《示部》“示，天垂象，見吉凶，所以示人也。从二，三垂，日月星也。觀乎天文，以察時變，示神事也。，古文示”，是说“二”(丄)代表天，下面三垂画代表日、月、星，是上天垂示人的意象，构字意图为天神降旨。

用今天科学主义的讲法，“示”字甲骨文作甲二八二、前二·三八·二，一说象祖先神主(牌位)或供桌之形，旁为所洒的酒水，后泛指一切神主；一说为早期“灵石崇拜”，三块竖立石头架起两块横置石头，以代神主，表示神以及祭神，近似于蒙古的“敖包”、藏族的“玛尼堆”。

许慎采通人的解说，用“天地人”三才及“天人合一”观念来解释“示”的构形。“天垂象”的天用“二(丄)”表示，古文用“一”表示。下面三竖即“三垂”，代表“日、月、星”。上古人敬畏大自然的神力，主宰一切的上天旨意必须遵守。帝王是天子，也必须敬畏天，中国自古是农业社会，靠天吃饭，北京天坛是皇帝向上天祈求风调雨顺的所在，上天风调雨顺才有收成，皇帝才当得成，上天出现灾异，被认为是皇帝没做好，天神下垂天象变异以示惩罚。日食月食、旱灾涝灾、山崩地震、瘟疫虫毒等，被认为是“天垂象，见吉凶，所以示人也”。所以，上古以来皇家就设有专门的星象官“观乎天文，以察时变，示神事也”，就是通过对日月星辰的观察，从它们的变异中体察天神的旨意，从而合理安排人间的事务。“時”又作“旹”，从日从之(㞢)，是太阳变化对农事的影响，“神”从示从申，“申”是闪电形，是天神用最快的速度传给人的旨意。“神”把“一、元、天、丄”的意志通过“日、月、星”的变化垂示给地上的人们，这就是“示”字的构形意图。“神，天神，引出萬物者也，从示从申”，则“神”可以引申出世间万事万物，给人带来福祉或灾祸。所以，祭祀礼神是古代社会最为重要的事情，儒家文化的“禮”是核心内容，字形就从“示”，《说文》把“示”部排在仅次于“一、丄”之后的第三位，且有60字之多，就是汉代以前极为重视祭神观念的直接反映。对此，黄侃《训诂学讲词》有深入的论述：“《说文》之作，至为谨慎。序称‘博采通人，至于小大’。是其说者皆有来历，今观每字说解，极为谨严。如‘示’云‘天垂象，见吉凶，所以示人也。从二，三垂日月星也。观乎天文，以察时变，示神事也’。示，合体指事字。为托物以寄事，故言‘天垂象，见吉凶，所以示人也’。如不说天，则‘二’无根据。不说垂象，则三垂无所系。言‘示神事’，为在下从‘示’之字安根。”黄侃先生是今人，不评说许慎说解对错，而说许慎所讲有他的依据，有内部联系性：不说“二(丄)”，字的构形就没有依托，不说“天”，“二”与下面“日月星”三垂之间的关系就说不清，不说“日月星”，天神的旨意就没有中介传给人。有天在，是要给人垂象的，垂象通过日月星，垂象的变化指导人事的变化，部首“示”作为上古最重要的祭祀礼仪文化的总纲就说清楚了，天神与人之间沟通的东西就都统领起来了，“示”部60字才有所依托。

所以说，读许慎《说文》白文的说解，不能只靠今天科学主义的思维方式去评判对错，而必须结合当时社会文化和思维认识的实际，理解许慎说的是什么及为什么这样说，这才是真正读懂《说文》白文的基本原则和可行方法。这里只是举例说明，掌握了基本原则和方法，余下的可以类推。

第二节　《说文》白文训释类型及其条例的正确解读

《说文》白文“说文”“解字”，主要是说解字形与字形所表示的词义的形义统一，其训释方法多种多样，要读懂这些复杂多变的训释，需要归纳其类型，明了其术语和条例，提纲挈领，以简驭繁，整体观照，系统把握，才能收到事半功倍的效果。我们解读时采用王宁师归纳出来的训诂条例与术语，作为分析《说文》白文训释的依据(参考王宁：《训诂学原理》，中国国际广播出版社1996；《训诂原理概说》，载《训诂学的研究与应用》，内蒙古人民出版社1986，第42~98页)。例证分析上，选取大徐本《说文》六篇上“木部”作为读白文训释的示例，因为该部有421字，是个较大的部，其说解涉及的类型复杂多样，具有较好的代表性。

一、形训

形训，就是通过说形来训义。这样的训释，是着眼于字形结构本身的，通过构字意图的分析来说明字的本义，就是形训。

“果，木實也，从木，象果形在木之上”，金文作果簋，上面是果的形状，下面是用树(木)来作衬托，是六书中的象形字，属于依附象形。

“本，木下曰本，从木，一在其下”；“末，木上曰末，从木，一在其上”；“朱，赤心木，松柏属。从木，一在其中”。在“木”的底部画一笔，指明树根“本”之所在；在“木”的顶部画一笔，指明树梢“末”之所在；在“木”的中部画一笔，指明该树的红色树心“朱”之所在。这是六书中的指事字，用符号指出要说的事在哪里。

“杲，明也，从日在木上”；“杳，冥也，从日在木下”。日在树顶表示明亮的“杲”，日落木下表示幽暗的“杳”。“休，息止也，从人依木”；“采，捋取也，从木从爪”。人靠着树干表示休息，人手爪在树上摘取叶子或果子表示采摘的动作。这是六书中的会意字。

二、声训

声训，是指同源词相训。是用音近义通的词来作训释，释语词与被释词之间既有词义的相通又有读音的关联，根据读音的线索为被释词寻找同源词来作释语词，故称声训。《说文》白文用声训之处很多，黄侃先生云：“《说文》义训只居十分之一二，而声训则居十之七八。故凡‘也’字上之说解字与声音有关者，皆不可忽略。”(《黄侃文集·黄侃国学讲义录》，中华书局2006，第249页)

“木，冒也，冒地而生。东方之行。从屮，下象其根”，木是从土里往上冒出干、枝叶的，“木、冒”古音相近，声母同为明母，韵部“屋—幽”阴入对转。“棺，關也，所以掩尸。从木官聲”，棺材是用来关藏尸体的，“棺、关”古音同为见母元部；“柙，檻也，以藏虎兕。从木甲聲”，柙是关老虎的笼(檻)，“柙、檻”古声母同为匣母而韵部“葉—谈”阳入对转。“杪，木標末也，从木少聲”，树的末梢，含小义，“杪、末”声母都是明母而韵部“宵—月”阴入对转。这类声训，是用读音的联系来揭示“木、棺、柙、杪”得名的由来，即探讨名源。

“枰，平也，从木从平，平亦聲”，义为平铺的棋局，段玉裁注“谓木器平称枰”，“平”为声符有义；“槨，葬有木亭也，从木亭聲”，“槨”是外棺，“亭”是外城墙，两字同音为训。“枰—平、槨—亭”是声符有义的会意兼形声式声训。

“楅，以木有所逼束也。从木畐聲”，是加在牛角上防触人的短横木，“楅、逼”古同音，都从“畐”得声，“畐”是大肚细脖紧口瓶，故有迫促义。“枨，杖也，从木长聲。一曰法也”，“枨”是斜长的撑柱，“杖”是支撑人的手杖，从“长、丈”得声且有细长、支撑义，“长—丈”作声符音义皆近。“楅—逼、枨—杖”是用同声符的同源词作声训。

“椇，舉举食者，从木具聲”，备具、托举食物的木制几案，“椇”含备办托举义，“举、椇”声母同为见母而韵部“鱼—屋”阴入对转。“枯，槀也，从木古聲；槀，木枯也，从木高聲”，“枯、槀”皆因树木生长的时间太长或太高而枯朽，声符“古、高”兼有义，两字声母同为溪母而韵部“鱼—幽”旁转。“朸，木之理也，从木力聲”，“理、朸”两字都含纹理义，声母都为来母而韵部“之—职”阴入对转。该类“椇—举、枯—槀、朸—理”是用形异而音近义通的同源词作声训。

《说文》木部以果、树、木器的专名居多，单训、同训的简单义类训释为多，声训相对要少。即便如此，该部声训的用例仍然占总字数432字的30%强。由此可见《说文》白文在声训使用上的普遍性，黄侃先生之说不差。

三、义训

义训，主要着眼于词义说解的训释，是用语言来表述字形所负载的词义。义训又可分为直训、义界两大类。

1. 直训

直训是用单词直接训释单词。木部前15字都是果树名，接着是数以百计的木(树)名和木质器具名，上古初民山居的时代，人跟树木的关系极为密切，名称的区分自然很细。随着社会生产生活的发展，人们逐水而居，大力发展农业，很多远古树木的细微区别逐渐失传。到许慎的时代，尽管“博采通人”，很多木类字词的训释仍然难以细化，尤其是名物类字词的训释多只能作简单的义类指分了，所以直训就用得较多，有近百例。

单训与同训。“李，果也，从木子聲”“梫，桂也，从木侵省聲”，这是用乙单词训释甲单词的“单训”。“棃、杏、柰、李、桃”都训“果也”，是用一个释语词训释多个被释词，即用类名训别名，称为“同训”或“类训”。这五个字(词)都单训“果也”，显示了相同的类别，没有显示出个体之间的差异来，是“不完全训释”，就是没有指出每个被释词独有的语义区别性特征。为什么可以作这样不完全的单训、同训呢？一是被训释词当时很常用，其含义是常识性的，不必作更细的区别性强的“完全训释”；二是一些名物词远古常用而汉代不常用了，只知其义类而不知其细微区别，已不可能做到“完全训释”了。接在果名之后的树名中，同训“木也”的字有40个之多，大略说它们各是树的一种，“松，木也，从木公聲”“槐，木也。从木鬼聲”等，是耳熟能详的常识，只需作不完全训释。“槢，木也，从木習聲”“樹，木也，从木䑣聲”等，则是不知细情的树名，只能作不完全训释。

叠词为训。叠词，是指音节重叠的叠音词、声母或韵母重叠的双声叠韵连绵词。上古有很多叠音词、连绵词是双音节单纯词，语义上不能拆开理解和使用。《说文》常常用这类双音词来训释单字，也是直训的一种。“栘，棠棣也”，“棠棣”是近似樱桃的果子。“杞，枸杞也”，“枸杞”是红色药用小果实。“槤，瑚槤也”，“瑚槤”也作“瑚琏”，是宗庙祭祀礼器名。“械，桎梏也”，“桎梏”是限制手足的刑具名。“櫝，櫝窬，褻器也”，是在双音释语词后补出词义说明。“樬，楷樬，木也；楷，楷樬，果似李”，是叠词的两个字都立为被释字头，都用该叠词“楷樬”作释语词，后面还补以说明。有些训释，也用双音叠词作训释语来解释单音字，只是前一字复举被释字的篆文，与后一字构成释语词。如“梧，梧桐木，从木吾聲。一名櫬”，其中前一个“梧”本为篆书被释字，后一个复举篆文而与“桐”构成双音词“梧桐”作释语词。“梥，梥雙也。从木夅聲，讀若鴻”，是用竹席做的船帆，《广韵·江韵》“梥，梥䉶，帆未张”；《广雅·释器》“篷䉶谓之笨”，“梥”复举篆文，构成叠韵连绵词“梥雙”作释语词。段玉裁称此类为“三字句”，即释语词“梥雙也”“梧桐木”一般为3个字，他认为大徐本很多这类复举篆文的字被“浅人”删去，因而补出很多，如木部“柘，（柘）桑也”“枌，（枌）榆也”“杈，（杈）枝也”等，段注标明“三字句”的有88条，多数是他加补、改动而成的。细读白文并比较段注，才能正确把握这类“复举篆文”的叠词训释方式。

互训，《说文》有些直训是甲、乙两个单音词互为释语词，也就是同义互训，大多数只是词义很相近的粗略训释。“棟，極也；極，棟也”。“柱，楹也；楹，柱也”。“枏，梅也；梅，枏也，可食”，枏、梅同义，只不过“梅”加了“可食”就有了区别，“梅”肯定结可吃的果子，而“枏”只是“梅属”而未必一定结果子。“柄，柯也；柯，斧柄也”，虽然是互训，然“柯”字之训加了限定词“斧”，说明“柄”是类名而“柯”是别名，“柯”只是“柄”的一种。

2. 义界

义界就是下定义。在直训释语的单词前后加限定性词语，就是义界，即用短语或句子来训释词。义界比以词释词的直训释义准确，是区别性强的“完全训释”。直训显其同，义界求其别。义界是用下定义或描写的方式来表述被释字的词义，就是要找出被释词不同于其他词或义项的语义区别性特征。王宁师把义界的训释方式归纳为：**义值差+主训词**。（王宁《训诂学原理》，中国国际广播出版社 1996，第 97 页）

“樸，棗也，从木僕聲；樲，酸棗也，从木貳聲；橪，酸小棗，从木然聲”。这三个训释中，“樸，棗也”是直训中的单训，后两个是义界。“樲，酸棗也”在主训词“棗”前加义值差“酸”，就区别于其他类棗。“橪，酸小棗”再添一个义值差“小”，就区别于其他的酸棗。所以说，义界是强调被释字词语义区别性特征的完全训释，古今都是最为实用且用量最多的训释方法，木部训释中义界的用量占总数的 32%强，是用得最多的训释方法。

义界中的义值差，可以在主训词前，也可以在主训词后。“柹，赤實果，从木市聲”，前列果树单训“果也”，这里加“实”是指结的果实，树上结的果实古称“木实”，是区别于果树，再加“赤”是颜色的区别，“赤”是紫红，如能够区别于“桃”的桃红，柿子跟其他水果比起来是红色最深的，“赤”是它的区别性特征。“柿，结深红色果实的果树”，“果(柿)”是主训词，“赤、实”就是它的两个义值差。这是义值差在前的用例。“橘，果出江南，从木矞聲”，这个义界主训词是“果”，义值差“出江南”放在后面。为什么不像“赤实果”那样用定中结构放在前呢？这里有一个焦点信息的问题，“橘”只在南方为“橘”，到北方叫“枳”，故“果(橘)”是焦点信息应出现在最前，而“出江南”只是补充信息，不像“赤”作为区别性特征是焦点信息，故“赤”在“果”前而“出江南”在“果”后。

《说文》义界揭示被释字词的语义区别性特征，角度是多种多样的，视需要与适合为要务。“牀，安身之坐者”“枕，臥所薦首者”“梳，理髮也”，这是从功用上区别“牀、枕、梳”三者各自不同的用途。“楣，秦名屋櫋聯也，齐謂之檐，楚謂之梠”，这是从方言的不同来区别各地对“楣”的不同称谓。“橰，桔橰，汲水器也”，这是既释器名又补其功用。又“楇，楇斗，可射鼠，从木固聲”，徐锴系传“此即今人凿木为斗，上施柄，安弓为机以射鼠是也”，义界含了两个作用，一是“斗”可囤粮食，二是斗上张机关可射来偷吃粮食的老鼠。

有的义界是跨条会通的，需要结合起来看才能理解透彻。“棠，牡曰棠，牝曰杜，从木尚聲”，“杜，甘棠也，从木土聲”。“棠、杜”同科，都指杜梨，“杜，甘棠也”，“甘”是义值差，“牡曰棠，牝曰杜”，“牡、牝”是义值差。雌性的“杜”树受粉后结果，结了果才有甜味，故用义值差“甘”；雄性的“棠”树开花不结果，就无所谓“甘”。两者对比才见出许慎作训释时的良苦用心，单独看是没法懂的。

有的义界在后面补充更多的信息，以帮助释义的精确。“楷，木也。孔子冢蓋樹之者。从木皆聲”，“楷”是黄连木，质地细腻而坚固耐用，借以喻人品格刚直，堪为典范，传言孔子弟子各持此树于其坟墓上种植，以示对老师品德的景仰。楷从“皆”声，《说文·白部》“皆，俱詞也”，实际上是从比比皆是的“比”，再加“口”，是众口一词的意思，“皆、楷”读音上声母略异。这个说解讲了一个故事，补出一个文化的约定，然后用“声符有义”的声训体现于构形意图之中，不综合考虑，就不能得其深意。

有的义界要说明很复杂的事情，上古一些生活常识离我们今天的生活已经很遥远了，需要考证。如“棤，木参交以枝炊籅者也，从木省聲”，《说文·竹部》“籅，漉米籔也”。过去用铁锅烧柴火煮饭，米煮开后用竹制筲箕沥出米汤。这个义界里的“参(叁)交、以枝炊籅”是区别性的义值差，“棤”是支撑滤米汤用的筲箕支架的三根交叉木棍。又如“楎，六叉犁。一曰犁上曲木，犁轅。从木軍聲。讀若渾天之渾”，段玉裁谓“六叉犁”是两乘“三爪犁”并耕，即今播种用的耧车。又一说为“犁上曲木”即“犁辕”，实指犁辕弯曲的头。这两种解释与该字构形意图是否相符呢？楎“从木軍聲”，“軍，圜圍也，四千人為軍。从車，从包省”，包即勹，“勹，裹也，象人曲形，有所包裹”。古时战争主要是用战车，军队在野外宿营、驻扎时，用战车围成环形的营地，“軍”字正是由“勹、車”构成，作动词是围成营地，作名词就是军队。那么，军有圜围义，也就有“弯曲”的核心义素，“六叉犁”(三爪犁)的爪头是弯曲的，犁辕头也是弯曲的，楎“读若渾天之渾”的“渾”也是浑圆弯曲的，所从“軍聲”是声符有义，可见这个义界是有依据的训释，与构字意图相符。只是要有古代社会生活的知识底蕴才能够真正读懂它。

传统文化是传承下来的，不了解当时的社会生活，就不可能弄懂很多字的构形意图。《说文》白文中，许慎的说解“博采通人”而多有所本，不是随意为之的，越细心地体察，越能体会每一个训释的用心良苦与思维缜密。如“口，人所以言食也”就是很精到的义界，口是人用来说话、吃东西的，“食”区别于其他作用的各种“口”，“言”又区别于人以外动物的“口”，这样的义界精确简洁，不可增减一字。

第三节 《说文》“鬲、䰜”两部字白文分类解读示例

上文介绍了阅读《说文》白文的基本原则与方法，下面就将这些原则与方法综合运用到具体的阅读实践中去。我们选取《说文》三篇下“鬲、䰜”两部字作为白文阅读的示例，一是因为篇幅大小合适；二是因为这些字产生得

早，原字形直接沿用到今天的不多，但实际上又有变异的形体传承下来，有较大的阅读难度，可作全书的代表；三是因为其字数虽然不多，但在训释方法的类型、古文化因素的影响、训释的系统观照等方面，也具有代表性。

我们力争读得深入细致一些，结合出土文字、传世文献用例、近人的研究成果、相关历史文化知识等，对每一字作全面的解读。为了方便理解上的连贯性，按语义相关来分类解读，以明了白文字形与训释之间的多方联系性。由于此两部字中难僻字多，故保留大徐本所用《唐韵》的反切，并折合标注现代汉语拼音，以便认读与理解。

《说文》鬲、䰜两部实为一部，“䰜”是“鬲”的变体。两部共26字，字形都从“鬲”，表示的主要是初期的烹饪器具、烹调法、熟食品种和烹饪状态。其中部分字见于先秦经典，部分字后来被其异体字所替代，部分字见于字书而不见于文献，却可从方言中考得。对此26字进行全面考察，能够窥见初期烹饪的基本形制，再索源理流，就能较清晰地把握我国烹饪技艺的起源和发展。

《说文》鬲、䰜两部26字，多数在先秦经典中使用过，有的用《说文》所列正篆，有的则用其异体字，少数虽用正字但表示的不是本义而是其引申义。分类引证26字在经典中的用例，能见出鬲作为最早的专用烹饪器皿对中国烹饪文化的贡献和影响很大，由鬲作主要的构字部件构成的从鬲字与鬲的关系，揭示了上古烹饪器皿、方法和形态的进化轨迹。部分文献不足征的，可用方言补其缺。

这样系统、全面地解读一部字完整的白文内容，并作多方的联系，提供丰富的相关信息，对全面深入阅读《说文》白文，或许有示例之用与可借鉴之法。

一、早期专门的烹饪器皿：鬲、䰜

鬲：郎激切，今读 lì，“鬲，鼎屬。實五觳，斗二升曰觳。象腹交文，三足。融，鬲或从瓦。歷，《漢令》鬲，从瓦，厤聲”，杨树达《积微居小学述林·释甬》“鬲为纯象形文，融为加义旁字，歷则纯形声字也”。鬲是三只空足、筒腹、圆口、两耳的烹煮器，三只空足着地，稳而直接受火，甲骨文作 殷虚文字甲编二一三二，金文作 盂鼎，《周礼·考工记·陶人》“鬲实五觳，厚半寸，脣寸”，可见它又厚又笨又大，能装六斗，恐是因为那时的人吃饭还不是小家庭的“小锅小灶”而是众人共食的“大锅饭”，煮熟一锅食物很费柴火，故烹饪器具要大。《说文》说鬲是“鼎属”，黄侃《说文同文》“鬲同鼎”，则鬲是鼎的一种。鼎，甲骨文作 殷虚文字甲编二一八五一，《说文·鼎部》

“鼎，三足兩耳，和五味之寶器也。……籀文以鼎為貞字”，鼎一般是圆体、大腹、两耳，三足是实的，用来煮盛食物或调味。鼎后来专用作礼器，主要是在宗庙里烹煮食品以祭祀祖宗神灵，等级森严，周礼天子用九鼎，诸侯七鼎，卿大夫五鼎，士三鼎，鼎又分化出贞卜的贞字来，再后专用于铸刻铭文以记功事，成为王权的象征，是国之重器。鬲由鼎中分出，成为最早的专用食物烹煮器，以其易受热的三只空足而区别于鼎，《周礼·考工记·陶人》“鬲实五觳”孙诒让正义“是鬲形制与鼎同，但以空足为异”，并由它滋生出一批从鬲的烹饪字来，使这种最原始的陶制(后为金属制)大烹煮器成为中国烹饪器皿的鼻祖。

䰜：郎激切，lì，“䰜，歷也。古文亦鬲字，象熟飪五味氣上出也”。䰜是鬲的异体字，两边不是弓而是蒸气上腾之态，也有把气写在上作“䰞”的。许慎分鬲、䰜两部，各统13字，一是因字形需要，二是两部字有义类之别，段玉裁鬲字下注“鬲、䰜本一字。鬲专象器形，故其属多谓器；䰜兼象熟饪之气，故其属皆谓熟饪”。

䰜虽立为部首，可算作鬲的异体字，但文献未见独用过。鬲在甲骨文和金文中常见，从《周礼·考工记·陶人》“鬲实五觳，厚半寸，唇寸”等记载看，周代的鬲还多是陶制的，可作烹煮器也可作量器，后来的鬴(釜)初作量器再作烹饪器与此相同。《礼记·丧大记》“陶人出重鬲，管人受沐，乃煮之”，其中的鬲已是典型的烹煮器了。由于鬲三只空足分立而把内装的水分开，故引申有隔开义，《管子·明法》“疏远鬲闭不得闻”、《汉书·武五子传》“路鬲塞而不通”等都是，后加阜旁作隔，在隔开义上“鬲—隔”为古今字。又引申表食道不畅义，《黄帝内经·素问》“鬲咽不通”注“鬲咽，谓食饮入复出也”，今咸宁谓小孩积食不消化为“鬲食”，谓过饱而回气为“打饱鬲”，或作“嗝”，正字当作“鬲”，在食道不畅义上“鬲—嗝”为古今字。

二、专门的煮器：鬹、鬹、鬷、鬴、鬴

䰨：鱼绮切，yǐ，“䰨，三足鍑也。一曰滫米器也。从鬲支聲”。䰨是有三只空足的敞口锅，是能沥出米汤的锅。《说文·金部》“鍑，釜大口者”，釜即鬴，就是后来的无脚锅。《说文·水部》“滫，久泔也”，泔训“潘”，潘训“淅米汁也”。可见䰨是直接支地受火又能倾倒淅出水汁的烹煮器。它有足像鬲，小巧易倾又敞口像锅，正好是有足紧口之鬲向敞口无足之锅进化的过渡者。

鬹：居随切，guī，“鬹，三足釜也。有柄喙。讀若媯，从鬲規聲”。是有柄、有嘴、有三只空足的烹煮器。甲骨文或作鬲右上有口形，段玉裁注

"有柄可持，有喙可写物，此其别于鬲者也"。今可见到新石器时代的大汶口和龙山文化出土的陶制鬶，有柄、嘴、三只空足，体积远小于鬲，当初恐是煮羹汤的炊具，空足支地可受火，有柄有嘴可提起泻出汤水。它是鬲的另一分支，今天的茶水壶当是它的后裔。

鬷：子红切，zōng，"鬷，釜屬。从鬲嵏聲"。应是集拢三只空足为一尖底的烹煮器，故它该是架起来或吊起来烧的。《说文·嵏部》"嵏，斂足也"，《广雅·释诂》"嵏，聚也"，鬷从嵏，是形声兼会意。鬲有足而敞口，鬷似鬲而无足，两者合起来便是锅的雏形。由于鬷集拢三足为一，故经典多借它为揔、緫字，即今总字。

䰛：古禾切，guō，"䰛，秦名土釜曰䰛，从鬲𡳾聲，讀若過"；𡳾，kuā，《说文·夊部》"𡳾，跨步也，从反夊，䰛从此"。䰛就是今天的锅，是球缺形的，尖底敞口，敞口比鬲的紧口跨度大，故从"𡳾"会意兼形声。敞口䰛比起鬲来更轻巧而易移动，随处可架着或吊着烧，受火面积比鬲大得多，故省柴而易熟。由鬲到䰛的改革，是无可否认的科学进步。䰛的一种后来称镬，黄侃《说文段玉裁注小笺》"镬，今语称为锅，或曰镬子"，《说文·金部》"镬，鑴也"，"鑴，甆也"，《瓦部》"甆，大盆也"，可见䰛是大盆似的大敞口锅。䰛今作锅（鍋），是因为它又写作𩰫，《广雅·释器》"𩰫，釜也"王念孙《广雅疏证》谓"𩰫，即今锅字"。叶德辉《说文读若考》"𡟭，籀文娲从𩰫"，故"知䰛、咼古本一字"。由此可知䰛写作𩰫，又加金旁而省写作鍋，今减化成锅。但《说文》认为"秦名土釜曰䰛"，则下文的鬴才是锅类的总名，初时金属制鬴称釜，陶制鬴称䰛，后来䰛也用金属来做，故字从金旁，一般称鍋，大锅称镬。

鬴：扶雨切，fǔ，"鬴，鍑屬。从鬲甫聲。釜，鬴或从金父聲"。鬴本是作量器用的鬲，后用于调味，再用为烹饪器，成为早期锅类的总称。初时量物不甚精确，顺便用烹器鬲来量，渐成定制就有了专用量器鬴，后渐精确，出现角制的觳和木制的斗等专门量器，鬴又转回烹器。《周礼·考工记·㮚氏》"量之以为鬴，深尺，内方尺而圜其外，其实一鬴"郑玄注云"以其容为之名也。四升曰豆，四豆曰區，四區曰鬴。鬴，六斗四升也"，这是用作量器。鬴的异体字是釜，《释名·释饮食》"釜，炙于釜汁中和熟之也"，这是作炊器。鬴又作鍑，《说文·金部》"鍑，釜大口者"，则是比鬴更敞口的烹器。而《方言》卷五"釜，自关而西或谓之釜或谓之鍑"郭璞注"鍑亦釜之总名"。可见鬴及其异体字鍑、釜是无足烹饪器的总称。

此五字中，鬲字未见于经典，《说文》训"滫米器也"，是能沥出米汤煮成干饭的鬲，今咸宁把米煮开后沥出米汤称为"鬲米"，用来架锅沥水汤的两股木叉叫“敲米叉”，三脚铁架叫“敲米架”也俗称“三脚猫”。鬷作为三足合拢的鬲也未见于经典用例，但其引申义则常用，如《诗·陈风·东门之枌》“谷旦于逝，越以鬷迈”郑玄笺为“揔也”，孔颖达疏作“揔集”，陈奂传疏“读为緫”，即今“总”。咸宁今把铝制品统称作“钢总”，正当作“钢鬷”，如“钢鬷锅”“钢鬷壶”等都是烹煮器。鬶是有柄有嘴的三足鬲，是今水壶类的始祖，字亦未见经典用例，今咸宁烧水的壶就叫做“鬶壶”，只是今已无足了，那是因为后来不用足支地而直接受火的缘故，是进化使然，二者源流关系清晰。比较来看，敲比鬲小巧而可倾，进了一步；鬷集拢三足为一，又进一步。鬴则取二者之优，小巧无足，又发展为敞口，使由鬲至锅的技术革新得以完成，使煎炒技艺得以长足发展。鬴字未见经典用例，其异体字镬则常用，《周礼·春官·大宗伯》“省牲镬”郑玄注云“镬，烹牲器也”；又《天官·烹人》“掌共鼎镬”郑玄注云“镬，所以煮肉及鱼腊之器”。鍋本作融(或加金旁省作鍋)，“融、鬴”为异写字，鍋初作盛膏器专字，引申称需用油润滑的车釭为“车鍋”，晋徐广《孝子传》“母好食鍋底焦饭”，鍋从此作锅类烹饪器通名而取代鬲的总称地位，鍋今简化字作锅。鬴与其异体字釜最初只分担鬲的量器功能，《周礼·考工记·㮚人》“量之以为鬴，深尺，内方尺而圜其外”；又《考工记·陶人》“实二鬴”郑玄注“量六斗四升曰鬴”；《左传·昭公三年》“齐旧四量，豆區釜钟”，后有斛斗等专用量器，釜便用作炊器，《诗·召南·采蘋》“于以湘之，维錡及釜”毛传“有足曰錡，无足曰釜”，“湘”训为“亨也”，则此处釜是烹饪器。釜(鬴)一度为无足烹器的总名，后被锅(鬴)所取代，那么釜便是由鬲到锅之间的过渡者。

三、专门的蒸器：鬵、鬷、鬳

鬵：才林切，qìn，“鬵，大釜也。一曰鼎大上小下若甑曰鬵，读若岑”。鬵是其内可放另一器的大蒸锅，它像鼎那么大，却无足似大锅；它像锅无足，却不敞口而仅上大下小似鼎腹。它已不是煮器而是蒸器，故其籀文或从䰜，示有蒸气上腾。由锅到甑的过渡者正是鬵，故《说文》既说它是釜，又说它若甑。《说文·旡部》“兓，朁朁，鋭意也。从二旡”，段玉载注“凡俗用鑯尖字即兓字之俗”，“兓”就是“尖”的本字。鬵从兓，形声兼会意，其底无足似锅而尖，其身呈上大下小的筒形似鼎，底部装水，筒身放入另一器装食物，下架起烧出蒸气蒸熟食物。《尔雅·释器》“䰝谓之鬵，鬵，鉹也”郭璞注“凉州呼鉹”，鉹字从金从多，可见容量很大，故曰“大釜也”。

䰝：子孕切，zèng，“䰝，鬵屬。从鬲曾聲”。䰝就是今天的甑，是定形的蒸器。曾，甲骨文作殷墟书契前编六·五四·一，下部是甑身，上部是上腾的

蒸气形，加上底座则成曾，金文作易鼎，放在鬲上烧蒸则成䰝，“—曾—䰝”为古今字。甑当是䰝的异体字，《说文·瓦部》“甑，甗也。䰝，籀文甑从䰜”，蒸物时有蒸汽上腾，所以又从䰜从曾。《周礼·考工记·陶人》“甑实二鬴，厚半寸，脣寸，七穿”，䰝身是筒形，鬴是球缺形，故䰝是鬴的两倍容量。七穿是指䰝底有七个孔受下面鬲上腾的蒸汽，这已具今天蒸笼的雏形了。䰝比鬵进了一步，鬵是把装物之器放在自己腹内蒸，䰝是自己装物放在鬲上蒸，完成了由煮到蒸的技术革命。故䰝的成型是烹饪史上的又一大进步。䰝脱胎于蒸锅的鬵，故称鬵属。

鬳：牛建切，yàn，“鬳，鬲屬。从鬲，虍聲”。鬳是最完备的䰝（甑），已具蒸笼的先进性。甲骨文作殷墟书契前编七·五·二，金文作见甗，高鸿缙《中国字例》释鬳云“器分上下两截，或分或联，中隔以有穿之板，上盛米，下盛水，可以蒸也，故即后世之甑字”，罗振玉所释与之同，今有出土实物可证其释不误。郑玄注《仪礼》云“甗，如甑一孔”，《说文·瓦部》“甗，甑也。一曰穿也”段玉裁注“郑司农云：甗，无底甑。无底即所谓一穿。盖甑七穿而小，甗一穿而大，一穿而大，则无底矣”。䰝（甑）是把上器的平底凿上七个孔而接受下面鬲的蒸汽；鬳（甗）则做成上下可分可合的一体，上部无底，用有密孔的隔板装食物，可一层也可数层，正是今天蒸笼的活动箅的前身，故鬳是䰝的进化。《说文·犬部》“獻，宗廟犬为羹獻”，认为字从虍、犬是蒸其肉为羹以祭献神灵，朱骏声《说文通训定声》则认为“虍者，鬲文也”，虍和犬只是铸在器上的花纹。从鬳、甗、獻三字关系来看，鬳本是宗庙里专用于蒸牲以祭神的祭器，与鼎的作用相似，后分化，蒸法用于饮食便生出甗，祭礼存于宗庙便生出獻。甗源于鬳，是重器，或可蒸全牲，故甗（鬳）比甑（䰝）大。

鬵、䰝、鬳都是蒸器，《诗·檜风·匪风》“谁能亨鱼，溉之釜鬵”，则知鬵这种尖底大蒸锅其时已用于蒸鱼了。蒸器在甲骨文中就有了，作或曾的早期甑是极简陋的蒸器，曾字在经典中多借表虚义的词，未见作蒸器的用例，但王逸注《离骚》“曾，累也”，《淮南子·本经》“大厦曾加”，则知曾、層、增与甑（䰝）同源，其层叠和升加义正是甑的功能引申出来的。蒸器发展到平底有七孔透气而放在鬲上蒸，已经进步了，这就有了䰝字。䰝未见经典用例，但其异体字甑则常用，《周礼·考工记》有“陶人为甑”，《孟子·滕文公上》有“许子以釜甑爨”等，足见周时已通用䰝（甑）为蒸器了。鬳是比䰝更先进的无底有箅甑，它在甲骨文中屡见且有出土文物存于今，但经典未见用鬳而用其异体字甗，《左传·成公二年》“齐人使宾媚人赂以纪甗、玉磬与地”、《仪礼·少牢馈食礼》“廩人摡甑甗匕与敦于廩爨”等都是。甑后来成为蒸器的总名，从周代至今未变，可见其制在周时便已定型了。

四、字形从鬲弻的烹饪方法字：鬺、鬻、鬻、鬻

鬺：式羊切，shāng，“鬺，煮也。从鬲羊聲”。就是烹（享）字，是烹饪的总称。黄侃《说文字通》“鬺，即烹字”，烹本作亨又作享，《说文》作亯。可以推知，亯（亨、享）是摆牌位于宗庙，是最早的祭仪；牢是圈活牛而祭，是其次；鬺是烹羊而祭，又次之；鬳是蒸全牲而祭，再次之；祭是手持肉而示，为祭祀总名。到烹熟食而祭时，这些区别渐渐消失，各字另有专用而得到重新分工。鬺和亯同义通用后，不仅用于祭祀，也用于普通饮食的烹饪，故用亨代鬺；后再分化，亨表示人神互通的顺畅，享表示神受祭的享受，烹从火而替鬺成为烹饪的通名。鬺（烹）还有一个异体字鬺，《玉篇·鬲部》“鬺与鬺同”，乃后出形声字。

鬻：章与切，zhǔ，“鬻，孚也。从弻者聲。煑，鬻或从火。鬻，鬻或从水在其中”。鬻是食物与水都先装于器中，烧大火使熟，今通作煮。钮树玉《说文校录》认为“宋本作孚，盖即烹讹”，其实不必，孚字从爪从子，是手把落水的孩子抓住使浮出水面，即浮的本字，食物在沸水中翻煮，轮换浮出水面，许慎训鬻为孚倒是很形象。煮法最初也源于祭祀，《周礼·春官·肆师》“及果筑鬻”，《字汇·鬲部》云“以郁金香草筑实而煮以为鬯，用以裸也”，知初时当是米汤在鬲中和水翻煮，加以香草，使香气伴食气漂浮腾升以享神灵，后用为常见的烹饪法。

鬻：尺沼切，chǎo，“鬻，熬也。从弻芻聲”，是把食物放在热锅中翻拨，使它熟或干，即今炒字，《说文·火部》“熬，乾煎也”。由水煮到汽蒸再到干炒，烹饪技艺在一步步前进。芻字的楷书作刍，《说文》训芻为“刈艸也”，应是牛反刍，牛把草整吞到肚里，休息时则把它返回口中翻来覆去地咬碎嚼烂，如刀反复切艸（中），食物在锅中翻炒正如此状，故鬻字从芻是形声兼会意。炒是中国烹饪中变化最多的方法，鬻的异体字也是变化甚多，历代字书收有“鬺、煼、麨、㷅、炒、炒”等多种字形，“炒”形因其笔画简构意明而最常用。

鬻：以勺切，yuè，“鬻，内肉及菜湯中薄出之。从弻翟聲”。鬻是把食物放入沸水中稍煮即起锅，其法为今天汆丸子之汆的先导。翟本是长尾鸡名，山鸡飞起极快，故《改并四声篇海》引《川篇》训为“飞速貌”，隹是鸟，羽是双翅，翟正可训速。肉或菜放入沸汤中烫过即迅速拿起，如今涮羊肉，故鬻从翟也是形声兼会意。章太炎《说文解字授课笔记》“鬻，读若右，古作瀹”，《说文·水部》瀹训“漬也”，陆羽《茶经》论及唐时的瀹茶，谓茶不可

久煮，入沸水即成，知瀹与鬻音近义通，应是同源词。

䰞作烹饪的总名是由异体字烹来代替的。烹早先作亨或享，如《周礼·天官·内饔》“内饔掌王后及世子膳羞之割亨煎和之事”郑玄注“亨，煮也”、《墨子·非儒下》“子路为享豚”皆是。烹在文献中用得最多，用例不胜枚举。䰞初见于甲骨文，但经典未见用例，今咸宁方言有“䰞茶”，即把米花和茶叶及糖放入开水中漾泡成食用茶，其法与羊在鬲中沸水内滚煮的䰞相似，恐是其遗迹。至于䰞的另一异体字鬺，恐为后出形声字，《史记·封禅书》有“皆尝鬺烹上帝鬼神”，鬺即烹，也就是䰞。以水煮物的烹（䰞）是最早的也是简易通用的器皿烹饪法，故烹从古至今都是烹饪法的总称。鬻、鬻、鬻是中国烹饪较先通用的三大器皿烹调法，也是从古至今主要的三种烹调法。鬻见于《周礼·天官·盐人》“鬻盐以待戒令”，又《春官·肆师》“莅筵几，築鬻”，其异体字以煮多用，如《周礼·天官·亨人》“职外内饔之爨亨煮”等。鬻未见经典用例，其代用字瀹则多用，如《仪礼·既夕礼》“菅筲三，其实皆瀹”等，今咸宁有“瀹茶”，先烧沸水，再把熟的蒸米、豆、花生、玉米等食料加入，放上茶叶、盐，点上熟芝麻和川芎汁，做成浓香的可吃可喝的食用茶，是妇女们在婚寿喜日集饮的，作用与男人吃酒席庆喜相似，其法近于鬻，或可作“鬻茶”。鬻是高级烹调技术，发展前景最广，最具中国特色，然本字未见经典，异体字中鬻见于汉崔寔《四民月令·正月》“上旬鬻豆”，炒见于《齐民要术》“炒麦黄，莫令焦”，煼见陆游《老学庵笔记》卷三“故都李和煼栗，名闻四方”，可知技艺越高，其通用越迟。咸宁过年有炒粉、炒面、炒豆、炒玉芦、炒花生、炒米泡等多种干粮，除炒面需再煮而食外，其余都是小孩吃的零食，桂馥《札樸·乡里旧闻·麨》“吾乡和蜜或盐作饼，切小方块，鬻干，谓之鬻，即麨也”，咸宁诸炒是干炒，正是上古的鬻。今炒菜发展出的门类很多，除干炒外，还有水炒、汤炒、勾芡炒等等，而鬻的初期只是干炒，《广雅·释诂二》“煼，干也”，煼也是鬻的异体字，应训“使干之”。

五、字形从䰜的烹饪成果字：鬻、鬻、鬻、鬻、鬻、鬻、鬻、鬻

鬻：之六切，zhōu，“鬻，健也。从䰜米聲”，鬻是用米久熬而成的稀饭，是会意字。郑玄注《仪礼》云“以饭尸余米为鬻也”，毛奇龄《丧礼吾说篇·重说》“鬻，粥也。取死者养疾所余米熬为粥也”。粥是鬻去掉鬲的简形，《礼记·月令》“是月也，养衰老，授几杖，行糜粥饮食”，鬲本来自祭器，鬻是把祝神或死者余下的米在神灵前摆鬲久久熬煮而使热腾腾的食气上达于神灵，熬鬻本是丧礼的仪式，后来才通行于饮食烹饪中，今人的“腊八

粥”恐是鬻的祭礼遗风，鬻(粥)与祝祷之祝同音，当属同源词。鬻：余六切，yù，“鬻，鬻也。从䰜毓鬻”，鬻是稀粥，鬻是稀饭，则鬻比鬻更稀，稀至可流动，毓是育的异体字，甲骨文作前二·二五·三，金文作毓且丁卣，左边是长发的母亲，右边是头朝下刚生出的婴儿且有血水流出之形，故毓有流意。鬻与鬻是一类，王筠《说文句读》云“卖鬻字同此音，此为粥正音，即是粥之正字矣”，但许慎认为两者有差别，故不作重文而分立。鬻：桑谷切，sù，“鬻，鼎實，惟葦及蒲。陳留謂健為鬻。餗，鬻或从食，速聲”。鬻是菜粥，《诗·大雅·韩奕》“其蔌维何？维笋及蒲”毛传“蔌，菜殽也”，蔌指水泽中蒲的嫩芽，即蒲笋，大约与今天食用的蒿笋相似。最初吃菜不可能是吃种的而是采野生的来吃，菜字从采可证，上古食菜很可能从吃这种蒲笋开始，所以蔌是早期菜的总称，今天的蔬字应是蔌的后出字，故《尔雅·释菜》“菜谓之蔌”郭璞注“蔌者，菜茹之总名”。最初菜不单炒，放在鬻中煮成菜粥便称为鬻，《周礼·天官·醢人》“加豆之实，深蒲，笋菹”郑玄注“深蒲，蒲始生水中子；笋，竹萌”，徐锴系传“苇初生，其笋可食”，则在蒲笋入粥后，竹笋、苇笋等也相继入粥了，再后来是采葵葱韭等以芼羹，然后才可能有单独炒食的菜，故蔌为早期菜的总名，菜为后期菜的总名。

鬻、鬻、鬻三字都表稀饭。鬻在生产不发达的上古是平民常用之食，那时恐难有干饭，《左传·昭公七年》“饘于是，鬻于是，以餬余口”孔颖达疏“稠者曰糜，淖者曰鬻”，民以薄鬻维持生命，《庄子·德充符》“四者天鬻也；天鬻者，天食也”，陆德明释文“鬻，养也”。幼儿吃鬻长大，《诗·豳风·鸱鸮》“鬻子之闵斯”毛传“鬻，稚”，后借鬻作賣，《墨子·经说上》“买鬻，易也”孙诒让间诂“賣，今经典通以鬻为之”。鬻借去表示賣卖之賣，鬻的异体字粥就通用了，《周礼·秋官·脩闾氏》“与其国粥”、《礼记·檀弓》“饘粥之食”等均是。鬻未见经典用例，它只是更稀而可流动的鬻，故不常用。作为菜粥的鬻也未见经典用例，异体字餗则有《易·鼎封》“鼎折足，覆公餗”，陆德明释文引郑注“餗，菜也”。菜最初只用作煮菜粥和芼羹，先用蒲笋、苇笋、竹笋，后用葵韭等青菜，统称蔌，均野生，段玉裁注鬻云：“凡《礼经》之藿、苔、薇，《昏义》之蘋、藻，二《南》之荇，皆是。《周易》‘覆公餗’，郑曰：蔌，菜也。凡肉谓之醢，菜谓之菹，皆主谓生物实于豆者；肉谓之羹，菜谓之芼，皆主谓孰物实于鼎者。”菹是生菜切成末，近于今腌菜，芼是把生菜放入粥或羹内煮烂，相当于佐料，餗(鬻)便是加生菜煮成的粥，由段氏的引说可知上古用菜已很多，但还没有发展到炒菜类，也许其时平民食鬻恐怕不是以菜为佐料，只不过是因粮食不够而“瓜菜代”罢了。

鬻：户吴切，hú，“鬻，𩜹也。从䰜古聲”。是把米麦等碾成粉再熬成的糊糊，是食用糊。饘训糜且“宋谓之餬”，餬是鬻的异体字，糜是磨米成粉粒，可证鬻是米熬成而鬻是粉熬成的，《玉篇·䰜部》“鬻，或作糊”，《集韵·模韵》“黏，或作䊀、糊”，黏、䊀、糊都是鬻的异体字，黏从黍作黏，知是碾黍米成粉熬鬻，则鬻有黏性。鬻：莫结切，miè，“鬻，凉州謂鬻為鬻。从䰜𥽊聲。粖，鬻或省从末”。鬻是粉末极细的鬻，可称精粉糊糊，《广雅·释器》“粖，饘也”王念孙疏证“粖之言末也。《玉篇》：梟，粥粖也，或作粍。麫谓之𥽊，饘谓之鬻，义相近也”，蔑是小看人或视力差，末是树梢，都有小义，𥽊是米磨成的粉末，即今米粉，鬻是面粉调熟的食用糊，即今粉糊糊，古时鬻与鬻都是常用食品，只有粉调和米熬的不同，故桂馥义证“鬻鬻皆稀湌”，“末、蔑、𥽊、鬻、糊”音义同源。鬻：诸延切，zhān，“鬻，鬻也。从䰜侃聲。餰，鬻或从食衍聲；飦，或从干聲；𩜹，或从建聲”。鬻是流质的稀糊糊，撒粉在沸水中搅而熟，有黏性，黄侃《说文同文》“鬻同饘”，《说文·食部》“饘，糜也。周謂之饘，宋謂之餬”，衍訓“溝水行也”，侃“从信从川”，都是水流貌，鬻、餰均谓熟糊很稀，似水可流动，飦、𩜹是鬻的后出形声字。

鬻、鬻、鬻三字都表示粉糊糊，鬻属是由米直接熬成，鬻属是把米麦碾成粉而调烹成，故鬻类比鬻类精细些。鬻在经典中未见，其异体字见于历代字书的有黏、䊀、糊，均不见于经典，唯餬有《左传·成公十一年》“使餬口于四方”和《庄子·人间世》“足以餬口”等用例，但只是寄食或涂粘义，不是鬻的本义。鬻及其异体字均不见于经典。鬻也未见于经典，其异体字𩜹也未见，飦见于《孟子·滕文公上》“飦粥之食”，餰则在汉时见《新序·节士》“啜餰粥”。可见鬻类字上古虽造而未广用，当与精细的粉鬻其时还远不及粗粝的鬻类通行有关。鬻是粉调成的，鬻是更精细匀净的鬻，鬻是用以粘生粉成粑的稀鬻。经典难证其用，方言却可考得：段玉裁注鬻云“今江苏俗粉米麦为粥曰餬”，桂馥《札樸·麩糊》“沂州南境，以大豆大麦细屑为鬻，谓之麩糊。案：字当作鬻鬻”。咸宁把粉烹调成的食用糊叫“面糊”，当作“麫鬻”，章太炎《说文解字授课笔记》正谓“鬻即麫糊”；咸宁把麦粉调的食用糊叫作“麦糊”，正是“鬻鬻”，引申之，不清楚或看不清称“一鬻鬻”。又咸宁把做粑时先调来粘合生粉的熟稀糊叫作“熟鬻”，做菜时用淀粉“勾鬻”，今俗称“勾芡”。

鬻：古行切，gēng ，“鬻，五味盉羹也。从䰜从羔。鬻，鬻或省。鬻，或从美鬻省。羹，小篆从羔从美”。鬻是以羊羔肉为主料调盉五味而烹熬出的酽肉汤。上古羹（鬻）主要有大羹和铏羹，大羹是纯肉汤，《诗》毛传“铏羹有菜，大羹无菜”，《仪礼·公食大夫礼》“太羹湆不和”郑玄注“太羹，湆煮肉汁也；不和，无盐菜”。铏羹在铏中调成，肉中加菜加盐并调和五味，《书·说命下》“若作和羹，尔惟盐梅”孔传“盐咸梅醋，羹须咸醋以和之”，段玉裁注鬻字谓“凡鱼肉必用菜，菜谓之芼…… 芼及醯醢盐梅，是之谓五味之和也”。调羹的菜很讲究，《礼记·祭仪》“夏祀和羹芼以葵，秋祀和羹芼以葱，春冬和羹芼以韭”，则知初时羹也是用于祭祀的，不但菜食者难得受用，恐肉食者也难常喝到。鬻有鬻、鬻、羹等构字部件不同的异体字，鬻是本形，而后出羹字形最简，最后通用，此外还有臛，《广雅·释器》“臛，谓之湆”。羹(鬻)这种本用鬲烹成的纯浓或五味调和的酽肉汤，应该是上古最高级的食品了，它本是烹鲜美之食气以享神的，非一般人能受用。《诗·鲁颂·閟宫》“毛炰胾羹”，《书·说命下》“若作和羹”，《左传·隐公元年》“未尝君之羹”，均未用鬻而用羹，其余异体字也没见经典用例。古代羹发展很快，大羹、铏羹是不调味和调五味的两大类，后发展出许多专门的羹，如《韩非子·五蠹》有“藜藿之羹”、《关尹子·四符》有“蟹羹”等。再往后则分类更细，如《食经》有“猪蹄酸羹、胡羹、鸡羹、蔗苛鸡羹”等，分类日细且技法日精。今咸宁方言还把汤匙称为“调羹”，当因它古时用于调羹而得名，又把搞不成、划不来、没意思说成“搞羹”，是用只能搅汤却无多少肉可食来作比喻的。

鬻：仍吏切，ěr，“鬻，粉餅也。从䰜耳聲。餌，鬻或从耳食聲”。鬻是用米麦粉做成小块饼并蒸熟的干食品，是今饼类食品的祖先。郑玄注《周礼》云“合蒸曰饵”，徐锴系传“许慎曰：餈，稻饼也。臣锴谓炊稻米烂乃捣之如黏然后蒸之，不为粉也；饵，则先屑米为粉然后溲之。……餈之言滋也，熙也，欲其柔，释其大也；饵之言珥也，欲其坚洁而净，若玉珥然也”，明其语源。餈《说文》训“稻饼”，饵训“粉饼”。餈即今糍粑，把黏性好的稻米蒸熟，再用木棒捣成粘糍的一整团，扯下一砣滚上糖和芝麻粉即可食用。鬻(饵)初时近于今面疙瘩，用细粉做成玉珥状的薄而椭圆的饼块，多蒸熟为干粮，亦可煮食，今天的饼、包、饺子和切削面、面条等都由它发展而来。鬻(饵)的发明，为中国烹饪中的面食大发展立了首功，揭开了中国面食类发展史的序幕，它的后代成为中国北方的主食。经典未见用鬻，异体字饵则常用，《周礼·天官·籩人》“糗饵粉餈”郑玄注“合蒸曰饵，饼之曰餈”，餈是大糍粑，饵是小而圆薄的面疙瘩，初时可能用面疙瘩来钓鱼，故饵引申有诱饵义，《庄子·外物》有“任公子为大钩巨缁，五十犗以为饵”，《淮南子·俶真训》有“仁义为饵”，均用鬻(饵)的引申义。咸宁俗，中秋吃“糍粑”，当是古餈；干粮有油炸“猪耳朵”，是一种薄硬椭圆形似耳朵的油炸面块，正是古时䰞(饵)的余绪。

六、字形从鬲𩰲的烹饪状态字：䰡、䰽、融、䰯

䰡：许娇切，xiāo，“䰡，炊气皃。从鬲嚣聲”，䰡是烹煮食物至沸时热气上冲发出的嚣叫声。《说文·㗊部》“嚣，聲也，气出頭上，从㗊从頁，頁，首也”，金文作器伯盘，构形应是众口在头(页)四周吵嚷之态，但许慎认为该从物煮沸的欢叫声来。䰡、嚣音义同源，一是烹煮沸声，一是众人嘈杂声。

䰽：芳未切，fèi，“䰽，涫也。从鬲沸聲”，䰽是汤水煮开时沸腾的声音和状态。《说文·水部》“沸，滭沸濫泉也”，“涫，䰽也”，段玉裁注“今俗字涫作滚，䰽作沸，非也”，滚是水翻腾貌，沸是泉水涌冒的声貌，涫、䰽才是水或汤烧至一百度以上时的沸腾声貌。

融：以戎切，róng，“融，炊气上出也。从鬲，蟲省聲”，融是食物烹煮得水物溶和时热气上腾的状态。籀文作，从蟲得声。

䰡、䰽、融三字都是描写沸水煮物之声貌的形容词。䰡未见经典用例，其引申义“喧哗”则多由嚣表示，咸宁把米锅滚沸说成“开得只个䰡”，又把火旺发出的声音叫“火䰡”，俗谓“火䰡就有客来”。䰽未见于先秦经典，而汉严忌《哀时命》有“气涫䰽其若波”，䰽的异体字沸则常见于经典，《诗·大雅·荡》“如沸如羹”即是，今咸宁把闹得热烈激昂说成“搞得只个䰽”或“搞得䰽䰽成”，正是以煮汤䰽来作比喻。融有《左传·昭公二十九年》“火正曰祝融”之用例，疑祝融本是烹食以祝祭的官，后尊为火正、火神，咸宁把煮食物至水物溶和之状称为“融”，如“肉煨融了”“粥煮得融”等，经典用融，多用其“消融、和乐、明亮、长久”等引申义，至今常用，章太炎《小学答问》认为这是借用，如融有明朗义是假借作“赨”：“赨为赤色……赤者必明。”

䰯：蒲没切，bó，“䰯，吹聲沸也。从𩰲孛聲”，䰯是煮物至沸点后物热膨胀使汤浦出器口状。孛，汉印作，是草木速长的茂盛态，故从孛字都有速变或突起义，“勃然大怒”的勃是脸猛变色，可猛然伸长的颈叫脖子，蒸而猛膨大的粑叫馞馞，汤受热猛溢出正好叫䰯，从孛是形声兼会意，“孛、勃、脖、馞、䰯”同源。因䰯字难写，故多用浦、铺、溥等俗字和借字来代替，章太炎《说文解字授课笔记》“凡从孛声，今皆变为舖。饭浦出，蓬蓬勃勃，当作䰯”。段玉裁注䰯字“今江苏俗谓火盛水䰽溢出为铺出，䰯之转语也，正当作䰯字”，王筠句读“水不满釜，但沸而不䰯，有米在中，则䰯矣。去其盖，以勺搅之，自止耳”，所说䰯之状态甚清晰而形象。经典

实无鬻字用例，今咸宁话汤沸而溢出正当作“汤鬻了”，引申之，撮嘴喷涎叫“鬻涎”，说话唾沫飞溅被形象地说成“鬻涎喷水”。

七、小结

总体看来，由于历史久远和文化变迁，今人阅读《说文》白文有很大的难度，但深入到文本系统本身去作细致的考察，也是有很多规律可循的。许慎在字词训释背后，揭示了很多蕴含在构字意图中的古代人文意义。许慎的训释“博采通人”，是在当时特定的社会背景、文化心态及学术思想的相互作用下产生的，记录了上古社会文化生活的很多记忆片段和特殊场景。今人阅读《说文》白文，通过对其说解术语、条例、内容的熟悉和系统把握，就能找到合适的途径进入当时所用的训释体系，贴近许慎训释的真意，从而正确解读《说文》白文所用表述文字的真意，以及所蕴含的人文意义。这样的阅读，才是《说文》学的根基。

张之洞《劝学篇·内篇·守约第八》曰：“惟百年以来，讲《说文》者终身钻研，汩没不反，亦是一病。要之，止须通其大旨大例，即可应用。大旨大例者，解六书之区分，通古今韵之隔阂，识古籀篆之源委，知以声类求义类之枢纽，晓部首五百四十字之义例。至名物无关大用（如水部自有专书，示部多列祭礼，舟车今制为详，草虫须凭目验，皆不必字字深求者也）。说解间有难明，义例偶有抵捂，则缺之不论（许君书既有脱逸，复多奥义，但为求通六书，不为究极许学，则功力有限断矣）。得明师说之，十日粗通，一月大通，引申触类，存乎其人，何至有废时破道之患哉！若废小学不讲，或讲之故为繁难，致人厌弃，则经典之古义茫昧，仅存迂浅俗说，后起趣时之才士，必皆薄圣道为不足观，吾恐终有经籍道熄之一日也。”说的正是读《说文》白文虽难，但得其门径而入，通其大旨大例，就会事半功倍。

第五章　段玉裁《说文解字注》的贡献及其读法

《说文》简古精练而奥义幽深，成书后千余年传钞刊刻又多生讹误，需后人考究阐发之处甚多，故历代研究《说文》的著述极为丰富，仅清末丁福保所编《说文解字诂林》就收列二百余种。其中，清代段玉裁《说文解字注》名列首位，对阅读和研究《说文》最为典要。

段玉裁(1735—1815)，字若膺，号茂堂，江苏金坛人，乾隆举人，曾于贵州、四川等地任知县。自幼好声音文字之学，早年师事戴震，精通经籍考据，尤长于音韵训诂，一生著述三十余种，《说文解字注》是其代表之作，此外还撰有《声韵考》《诗经小学》《古文尚书撰异》《周礼汉读考》《仪礼汉读考》《毛诗诂训传定本》《汲古阁说文订》以及《经韵楼集》等。

段玉裁先承顾炎武、江永之学而精研古韵，于乾隆四十一年(1776)撰成《六书音均表》，次年着手编纂资料长编性的《说文解字读》，历十九载乃成。在此基础上精研覃思，又经十三年加工精练，于嘉庆十二年(1807)写成《说文解字注》。又过八年，于嘉庆二十年(1815)才得以刊行。从属稿到刊行，历时四十年之久。书刊行作者即辞世，然很快就备受推崇，影响广泛，陈庆镛《说文解字义证叙》谓当时"缀学之家，几于户置一册"。

《说文解字注》的主要贡献为：精确阐发《说文》原书的体例，校正《说文》传本的讹误，详尽疏证许慎的说解，深入研究《说文》字系的形音义系统。清代有《说文》"四大家"，王筠《说文释例》《说文句读》偏重体例与字形，桂馥《说文义证》偏重文献与释义，朱骏声《说文通训定声》偏重考订音读，而段玉裁《说文解字注》则形音义三者并重，尤以因声求义为长。段玉裁深知"义存乎声"之理，故注《说文》时最重视"于声得义"，先撰《六书音均表》分古韵为十七部(附于书后)，解析字形时，既标徐铉校订的"大徐本"

所引《唐韵》反切，又逐字注明古音在第几部，以音明义，即表中所谓“俾形声相表里，因端推究，于古形、古音、古义可互求焉”。他非常注重对《说文》字系形音义统一关系的阐发，在《说文解字·叙》注中说：“许君以为音生于义，圣人之造字，有义以有音，有音以有形，必审形以知音，审音以知义。”可以说，段玉裁《说文解字注》之所以成为乾嘉学术的扛鼎之作，清初顾炎武以来的古韵学研究成果是其理论与方法上坚实的基础，“因声求义”是其贯通《说文》研究的法宝，其成就远超前人。王念孙在为此书所作的《序》中赞段氏“训诂声音明而小学明，小学明而经学明。盖千七百年来无此作矣”。

《说文解字注》的版本较为精良，经韵楼本为初刻本，除《清经解》(卷641至卷660)所收等少数本子是重排本外，其余都是经韵楼本的复刻本，不但内容相同，每页的行数、起讫字也都相同。本章引用段注例子，用中华书局2013年影印日本早稻田大学藏苏州保息局覆刻经韵楼本，引文后附上所引文字在该书中的页码。

段玉裁充分认识到《说文》一书的重要性，他在为严元照《尔雅匡名》所作“序”中说：“凡言训诂之学必求之《尔雅》矣。虽然求之《尔雅》而不得其所以然之故，但见其泛滥无厓涘。吾未见其熟于《尔雅》之必能通经也，则又求之《说文解字》矣。《说文解字》言形与声与义无不憭然，读之者于训诂当无不憭然，然吾见读《说文解字》而于经传、《尔雅》愈不能通，鉏鋙不合，触处皆是，浅人遂谓小学与治经为二事，然则从事小学将以何为也？……许氏以为沿流不如讨原，乃取《周官》指事、象形、形声、会意，列部五百四十，创为说形之书，形在是而声与义均在是，读者见其形可以得其声与义，自古小学之书义例未有善于此者。……然则谓《说文》为纲，谓《尔雅》《方言》《释名》《广雅》诸书为目，可也。”所以，段玉裁一生著述很多，但毕生心血主要倾注在《说文解字注》一书中。

段玉裁秉承顾炎武、江永、戴震求真务实的朴学精神，保持皖派学术“通人情，致实用，材料信实，论断谨严，条理精密”等特点。他每下一注都十分慎重，谓“凡物必得诸目验而折衷古籍，乃为可信”，如《丸部》“𡰥，鸷鸟食已，吐其皮毛如丸”注：“玉裁昔宰巫山县，亲见鸱鸟所吐皮毛如丸。”(第453页)又《𣏟部》“枲，麻也”注：“枲亦为母麻，牡麻之大名，犹麻之为大名也。芓者，母麻，一曰芓即枲也，是苴可評枲之证也。《周礼》但言枲以晐麻艸之物。《九穀考》曰：间传曰：苴，恶貌也。斩衰貌若苴，齐衰貌若枲。以今日北方种麻事目验之。牡麻俗評花麻，夏至开花，所谓荣而不实谓之英者。花落即拔而沤之，剥取其皮，是为夏麻。夏麻之色白。苴麻俗謼子麻，夏至不作花而放勃，勃即麻实，所谓不荣而实谓之秀者。八九月间子熟则落，摇而取之，子尽乃刈，沤其皮而剥之，是为秋麻，色青而黯，不洁白。间传所云若苴若枲，殆以是与?”(第339页)注释名物，他亲自“目验”之后，方才取信。段玉裁是一位执着的学者，到老年生活相当艰难，但对学术的精益求精却始终如一。他七十五岁时所写《与王怀祖第四书》(《经韵楼文集补编》下)说：“玉裁老、病、贫三者兼之，向者耻言贫，今日乃更不能自讳也。”可见他真正具有大学问家的胸怀，是乾嘉学术最杰出的代表。以至于段玉裁去世，王念孙对人感慨：“若膺死，天下再无读书人矣。”(见《清史列传》)

第一节　《六书音韵表》的构成与作用

据刘盼遂《段玉裁先生年谱》考载，段玉裁10余岁即“好声音文字之学”，26岁读顾炎武《音学五书》，“惊其考据之博衍，始有意于音均之学”。29岁师从戴震问学，知戴震之师江永撰有《古韵标准》，与顾炎武所说不同。33岁(1767)“知顾、江二氏分韵有未尽，遂逐书《诗经》所用字，区别为十七部，成《诗经均谱》、《群经韵谱》各一帙”(《寄戴东原先生书》)。38岁，撰成《六书音韵(均)表》稿呈其师戴震请益，戴震谓体裁尚未尽善。41岁，《六书音韵表》订补完成，戴震作序评其“能发自唐以来讲韵者所未发”。在此基础上，42岁开始资料长编《说文解字读》的写作。

段玉裁认为：“于十七部不熟者，其小学必不到家，求诸形者难为功也。”(《经韵楼文集补编·与刘端临第九书》)。“因声求义”是治小学的门径，古韵部的考求又是基础中的基础。他又说：“《经籍纂诂》一书甚善，乃学者之邓林也。但如一屋散钱，未上串。拙著《说文注》成，正此书之钱串也。”(《经韵楼文集补编·与刘端临第二十四书》)。把历代经籍注疏中的字词训诂系统贯通起来的这个“串”，正是段注以《六书音韵表》上古音读为基础的“因声求义”体系，即“治《说文》，以字考经，以经考字”，古今形音义“六者互求”的体系，段氏对《说文》形音义的综合考求，是以《六书音韵表》古音十七部为底层依据的。

一、《六书音韵表》五表的内容与作用

《六书音韵表》于乾隆四十一年(1776)撰成，次年刻成于蜀，再后附刻于《说文解字注》之后。分五卷列五表，各表的内容如下：

1. 表一《今韵古分十七部表》

此表是全书的总纲，也是段氏研究古音分部的结论，将《广韵》206韵（今韵）考定分列于其所分古韵六类十七部之下：

第一类　第一部[即之部]：之咍；职德
第二类　第二部[宵部]：萧宵肴豪
　　　　第三部[幽部]：尤幽；屋沃烛觉
　　　　第四部[侯部]：侯
　　　　第五部[鱼部]：鱼虞模；药铎
第三类　第六部[蒸部]：蒸登
　　　　第七部[侵部]：侵盐添；缉叶帖
　　　　第八部[谈部]：覃谈咸衔严凡；合盍洽狎业乏
第四类　第九部[东部]：东冬钟江
　　　　第十部[阳部]：阳唐
　　　　第十一部[耕部]：庚耕清青
第五类　第十二部[真部]：真臻先；质栉屑
　　　　第十三部[文部]：谆文欣魂痕
　　　　第十四部[元部]：元寒桓删山仙
第六类　第十五部[脂部]：脂微齐皆灰，祭泰夬废；术物迄月没曷末黠鎋薛
　　　　第十六部[支部]：支佳；陌麦昔锡
　　　　第十七部[歌部]：歌戈麻

段玉裁十七部有意按相邻韵部的关系疏密来排列次序，分六大类，每大类韵部在用韵、谐声上都各有其内在的紧密联系，说明类中韵部古音较为接近。段氏为避免古今韵目的混淆，只用“第几部”来指称，我们用括号补上对应的通用古韵部目，《广韵》舒声韵目举平赅上、去，入声韵目详列以明对应关系。段氏在此表中论述“古本音”和“变音”，认为古人用韵至谐，语音是“随时代迁移”的，十七部是古音本如此，《广韵》206韵是在古十七部正音基础上音变而分化出来的。该表“本音说”“音变说”谓：“凡一字而古今异部，以古音为本音，以今音为音转，如尤读怡、牛读疑、丘读欺，必在第一部而不在第三部者，古本音也；今音在第十八尤者，音转也”，“音之敛侈必适中，过敛而音变矣，过侈而音变矣。之者音之正也，咍者之之变也；萧宵者音之正也，肴豪者萧宵之变也”。即认为某一部字的古读还存于该部

的一个韵里，这个韵的读音就是古本音，其他各韵变得与古读不同了，就是音转、变韵。后来黄侃的“古本韵、古本纽”说当受此影响。

段氏分古韵十七部，钱大昕在《寄戴东原先生书》中誉为“凿破混沌”。与江永的十三部比较是多分出四部，主要贡献是：(1)真、谆分立；(2)尤、侯分立；(3)支、脂、之分立为三部，其师戴震初未深信，后经验证而认为至确，故于《答段若膺论韵》中谓“至支、脂、之有别，此足下卓识，可以千古矣”。段玉裁自己因考证详实而确信支、脂、之三分无误，表一谓《诗经》中“其分用乃截然，且自三百篇之外，凡群经有韵之文及楚骚诸子秦汉六朝词章所用皆分别谨严”。段氏“平入分配”发展江永“数韵共一入”之说为“异平同入说”，拓宽了入声划配的思路，将其师戴震阴阳“两两相配，以入声为枢纽”的阴阳入对转理论付诸实践并加以证明。参照后世常用的阴阳入三分相配模式，可列段氏阴阳入配合关系为：“之宵—职—蒸；幽侯—屋—东；鱼—铎—阳；质—真 耕；脂—物—文 元；支 歌—锡；缉—侵；叶—谈”。有五组异平同入，阴声韵三组，阳声韵二组，对比王力十一类三十韵部来看，段氏的排列已具初形。

该表“古四声说”考订上古无去声，谓：“古四声不同今韵，犹古本音不同今韵也。考周秦汉初之文，有平上入而无去，洎乎魏晋，上入声多转而为去声，平声多转为仄声。”又有“古同谐声必同部”的著名论断，谓“一声可谐万字，万字而必同部，同声必同部。明乎此，而部分、音变、平入之相配、四声之今古不同，皆可得矣”。又论定“古假借必同部”。这些研究成果，利于“因文字音声以求训诂”。其“古音义说”谓：“字义不随字音为分别，音转入他部，其义同也；音变析为他韵，其义同也；平转为仄声，上入转为去声，其义同也。”这其实就是他后来撰写《说文解字注》“就古音而求古义”取得重大成就的理论依据。

2. *表二《古十七部谐声表》*

就《说文》字系析出 1601 个谐声偏旁，再系联分归古十七部，与《诗经》、群经归纳出的十七韵部相呼应。谓：“考周秦有韵之文，某声必在某部，至啧而不可乱。故视其偏旁以何字为声，而知其音在某部，易简而天下之理得也。许叔重作《说文解字》时未有反语，但云某声某声，即以为韵书可也。”如“丝、台、里、来、思、其、又、有、之、事、才、久、不、丘、士、乃、直、息、力、客”等 118 个谐声偏旁归入第一部(之部)，则以这些偏旁作声符构成的形声字(同声符字)就都归属第一部，尽管它们后来可能分化归于《广韵》不同的韵。尽管明代赵宧光《谐声通转表》(已亡佚)、清初顾炎武《音学五书》等注意过谐声偏旁在古韵研究中的作用，但只是局部性的。万光泰早段玉裁五十年有《古音表考正·群经谐声》分古韵十九部，但因书未刊刻而段玉裁未必见到。因此，一般认为，利用谐声系统划分古韵部是段玉裁对古韵学的一大贡献，他建立起一套谐声字分析体系与韵字系联互为参证，提升谐声推演法为考求上古韵部的重要方法，提出并证明了“同谐声必同部”重要论断，为《说文》字词的研究开辟了“因声求义”的宽阔道路。后来《说文解字注》被注字下都注明古音在第几部，基本上是按照这个谐声表的归部来标注的。

3. *表三《古十七部合用类分表》*

“合韵”是指古音不同部而古人音近通押，这是段氏的创见。他重视韵字系联中的韵近通押与韵部不同的区别，强调不能因个别的合韵现象而混淆韵部的划分界限。他在《答江晋三书》中云：“谓之合而其分乃愈明，有权而经乃不废。”又在其托名吴省钦《六书音韵表序》中说：“知其分而后知其合，知其合而后愈知其分，凡三百篇及三代秦汉之音研求其所合，又因所合之多寡远近及异平同入之处而得其次第，此十七部先后所由定。”就是说，其十七部由一“之”至十七“歌”的次序，是按《诗》等音近合韵及平入相配关系，也就是声音的远近来分六类排列的，同类相近者合韵，异类相远者不能合韵，临近韵部关系相对密切。故谓“合韵以十七部次第分为六类求之，同类为近，异类为远；非同类而次第相附为近，次第相隔为远”。正因为适当地处理好“个别”的合韵，才使十七部分韵的“一般”更为清晰合理，即所谓知其合而愈知其分。段氏“合韵”的理论阐述与六类十七部的远近排列，不但对古韵分部的音韵本体研究大有裨益，而且在因声求义的实践上，尤其是在音义同源的词族建构上，也具有理论依据式的重要作用。

4. *表四《诗经韵分十七部表》、表五《群经韵分十七部表》*

表四由段氏原著《诗经均谱》补订而成，是对《诗》305 篇用韵全面细致的考辨与分部。表五由原《群经韵谱》补订而成，是对群经、《国语》、《楚辞》用韵全面细致的考辨与分部。是段氏古音十七部划分及多种古音理论建构的材料研究基础。

《六书音韵表》汇集了段玉裁时代古韵之学的成果，古韵之学到段玉裁时已登峰造极，后人只在韵部分合之间有所不同（主要是入声独立）。古音学丰厚的研究成果，提出很多关于音韵学、文字学的精辟见解，使韵字归部、因声求义有了更准确而便于操作的理论依据。段玉裁在古音学上的贡献是巨大的也是多方面的，王力先生评述道：“清代古韵之学到段玉裁已经登峰造极，后人只在韵部分合之间有所不同（主要是入声独立），而于韵类的畛域则未能超出段氏的范围。所以段玉裁在古韵学上，应该功居第一。”（王力《清代古音学》，中华书局 1992，第 129 页）更重要的是：《六书音韵表》实际上是段玉裁全面运用“就古音求古义”的方法注释《说文》的前期准备和理论依据。可以说，如果没有《六书音韵表》在古音研究上的系统成果，就不会有《说文解字注》远超同类的高度。因此，要想读懂《说文解字注》，必先读懂《六书音韵表》，这是研治《说文》者的经验之谈。

二、古韵十七部在《说文》字词音义关系分析中的应用

段氏十七部是分析上古《诗经》、群经用韵，分析《说文》字系的谐声偏旁所得，实用性与解释力都很强。“古同谐声必同部”成为行之有效的古音学重要结论，能系统解决深层次的词义同源问题，使《说文》研究进入全新的阶段。以段氏《六书音韵表》六类十七部中的第五类为例：十二部（真部：真臻先、质栉屑）、十三部（文部：谆文欣魂痕）、十四部（元部：元寒桓删山仙）相邻韵部通转，可贯通词语之间的音义联系，系统解释并建立同源词族。如这三个前鼻音韵尾-n 的阳声韵部主要为合口字。通过对段注所标三部字的全面统计，对各字训释所表词义作全面的义素分析，最后从中提取出“圆（弧）、圆弧状的、圆弧式运动”的共有核心义素，通过这个共有核心义素反观这些字词的训释，就能把这三部 625 字进行同源词族的系联。这些字今音韵母主要为 uɑn、ün，介音 ü 是由中古 i、u 合并而成的，即 ün 是 uɑn 的变体。-n 是个清亮的前鼻音韵尾，ɑ 是很清越的舌面前元音，u-是合口圆唇介音，uɑn 读来圆润、柔和、清爽，适合表示“圆弧形、圆形运动”的核心义素。曲线、圆弧富于优美感，比如女性身体比男性更有美感，故该类字表示的也多是圆转娟好类词义。通过这样的分析，就能系统把握这些字词之间远近亲疏的多层级音义关系，从而看到段注在释义上度越前修的系统性和精准度。这个词族 625 字分别为：

十三部 228 字： 𢾾、員、圓、霣、䐣、䎡、鄖、𤸫、䞓、䫋、磒、愪、溳、損、縜、隕、雲、囩、会、澐、沄、䞫、䨺、芸、抎、妘、䰟、軍、齳、𢄙、鼲、䡣、輝、韗、運、暉、楎、暈、煇、渾、惲、緷、葷、喗、餫、鶤、鄆、倱、川、紃、釧、𨊴、馴、巡、順、訓、閏、瞤、潤、睿、𧾲、昆、琨、焜、混、掍、緄、輥、䖵、𢍜、墫、蓴、噂、遵、蹲、𠞊、僔、繜、鐏、鱒、丨、屯、杶、肫、䇞、窀、頓、庉、黗、奄、純、鈍、軘、萅、偆、鬊、惷、蠢、熏、薰、勳、纁、壎、醺、君、羣、㪊、郡、宭、帬、頵、涒、輑、

藭、罤、菌、䞓、䠅、箘、稛、䐃、麇、攈、悃、舜、蕣、昷、緼、薀、熅、慍、醖、搵、溫、轀、殟、𦎫、犉、啍、諄、𥈭、敦、弴、𪐺、𩀨、惇、焞、淳、埻、醇、允、趡、逡、梭、俊、駿、焌、竣、悛、浚、捘、畯、陖、𢊑、盾、遁、楯、𢄼、揗、孫、遜、愻、僎、豚、遯、侖、論、睔、棆、倫、惀、淪、掄、綸、蜦、輪、陯、寸、刌、䲨、鐫、昏、殙、惽、閽、婚、唇、脣、㫳、漘、䈢、飧、舛、困、梱、橐、圂、慁、溷、㮯、㞰、鱜、䱸、䪝、豚、壼、𨼖、存、坤、𩟓、鐨、文、汶、駁、莙、鞇、阢、夋

十四部369字：肙、圓、鞙、睊、餶、稍、痟、䮃、悁、涓、捐、弲、絹、削、蜎、埍、鋗、䣵、睘、圜、環、還、檈、䠣、譞、檈、儇、擐、嬛、繯、䍗、蠉、轘、翾、獧、懁、袁、園、遠、轅、元、玩、頑、䍩、邧、忨、沅、芫、刓、蚖、黿、阮、冠、完、脘、筦、梡、莞、垸、俒、鯇、院、瀚、丸、芄、肒、紈、蔻、莧、蘬、寬、髖、爰、援、瑗、蝯、煖、諼、暖、䙴、䪻、緩、鍰、媛、楥、釆、弄、奪、桊、帣、拳、絭、巻、券、眷、劵、𦽧、卷、圈、粦、倦、捲、綣、陖、鬈、觠、叀、專、團、嫥、轉、篿、蓴、䡵、䲝、縳、摶、傳、鷒、夗、苑、鴛、眢、䘼、盌、㼝、訦、㼘、帑、怨、宛、剜、琬、菀、婉、晼、輐、䩩、冤、菟、㜻、亘、䱎、狟、奋、垣、絙、貆、桓、洹、趄、咺、宣、愃、㫃、旋、淀、䗠、鏇、嫙、官、管、逭、輨、館、倌、㝤、涫、婠、綰、輨、棺、卵、毌、貫、遺、攢、患、䒛、關、穿、く、祘、蒜、萑、雚、吅、䕒、瓘、趯、讙、矔、鸛、罐、權、酄、觀、歡、貛、驩、爟、懽、灌、彏、蠸、勸、璿、瓛、帣、瑑、鵴、篆、椽、掾、緣、蝝、隊、𨻝、𢹝、蔥、𤔔、敿、嬌、亂、亂、䜌、變、孿、攣、孌、鸞、鑾、巒、臠、戀、欒、䜌、攣、欒、變、彎、耎、蝡、偄、碝、麜、煗、㜮、渜、媆、緛、蠕、䙇、遳、靐、蒝、謜、傆、願、愿、獂、嫄、縓、仝、荃、牷、跧、詮、佺、悛、絟、銓、輇、吮、狻、酸、䨘、耑、喘、遄、諯、腨、剬、䲓、篅、稀、褍、歂、顓、貒、端、湍、䵐、椯、檖、段、毈、碫、鍛、鍛、叩、巺、選、譔、巽、鐉、顛、䴡、衍、炫、馬、幻、縣、䁨、斷、䠾、警、夐、讂、敻、𧮬、

奐、奐、渙、換、爨、韉、闋、筭、算、簒、籔、篹、匴、纂、篿、嫚、顯、腨、盌、短、贊、瓚、饡、欑、酇、纘、鑽、孌、萬、贎、鄤、晚、輓、奻、宦、癬、衮、船、款、戉、犬、孨、僝、泉、衛、軒、疃、軗

十二部 28 字： 旬、珣、郇、帕、侚、恂、洵、姰、絢、筍、栒、昬、榝、勻、旬、袀、衸、鈞、均、葯、邨、囷、吞、卂、迅、訊、汛、循、淵、鼘、囂、遖、玄、泫、鉉、眩、牽、瞚、雋、钃、畾、鄄、茲、閨、怋。

由此可知，段氏《六书音韵表》等古音研究，不仅对汉语音韵学本体研究有重大贡献，具体到《说文解字注》的字词音义考析，也是有很强的实用价值的。不仅如此，段氏的古音体系用于《说文》注释，在宏观的汉语词族建构上也具有很好的理论性与系统性。这也进一步证明，清代古音研究成果所奠定的因声求义方法在字词训释上显示出突破性的成绩，具有很好的实用价值。

第二节 《说文解字注》的注释术语与条例

段玉裁用数十年功力为《说文》作注，宏阔融通，自成体系，所创注释条例及所用术语多精到实用，往往掘深发微，道人之所未能道，贯通全书，比合系联，揭示规律，有很好的语言文字学本体研究价值。因此，认识段注的成就，可以从把握这些术语、条例入手。

一、通论性条例

1. 总论许书条例

《说文解字·叙》段注："许君以为音生于义，义箸于形。圣人之造字，有义以有音，有音以有形。学者之识字，必审形以知音，审音以知义。圣人造字，实自象形始。故合所有之字分别其部为五百四十，每部各建一首，而同首者则曰凡某之属皆从某，于是形立而音义易明。凡字必有所属之首，五百四十字可以统摄天下古今之字。此前古未有之书，许君之所独创。若网在纲，如裘挈领，讨原以纳流，执要以说详。与《史籀篇》《仓颉篇》《凡将篇》乱杂无章之体例，不可以道里计。颜黄门(颜之推)曰'其书隐括有条例，剖析穷根原，不信其说，则冥冥不知一点一画有何意焉'。此最为知许者矣。盖举一形以统众形，所谓隐括有条例也。就形以说音义，所谓剖析穷根源

也。”(第 772 页)

2. 部首次序，据形系联

《一部》末段注：“凡部之先后，以形之相近为次。”(第 1 页)十五卷上的五百四十部首小篆下段注分析部首据形系联：“一；二(丄)，蒙一而次之；示，从二，蒙二而次之也；三，蒙示有三垂，而以三次之；王，蒙三而次之，从一毌三也；玉，亦蒙三而次之；珏，蒙玉而次之，凡竝之重之而又有属者，则别为部，如珏之属有班琿是也；气，次此者，为其列多不过三；士，蒙上以一毌三，次之以十合一；丨，王玉中皆有丨以毌之，故次之以丨；中，蒙引而上行之丨也；艸，蒙中而次之；蓐，蒙艸而次之，茻，蒙艸而次之；小，仍蒙丨而次之；八，蒙小从八，而次之以八；……”(第 773 页)乃根据字形笔画的勾连，把 540 部首串起来。

3. 部内篆字序，据义类系联

《一部》末：“凡每部中字之先后，以义之相引为次。《颜氏家训》所谓‘檃栝有条例’也。《说文》每部自首至尾，次弟井井，如一篇文字，如‘一’而‘元’，元，始也，始而后有‘天’，天莫大焉，故次以‘丕’，而‘吏’之从一终焉，是也。”(第 1 页)又如《示部》“祜”字下：“(帝王名讳)列于首者，尊君也。”(第 2 页)又《车部》輒下：“凡许全书之例，皆以难晓之篆先于易知之篆。如‘辑’下云‘车舆也’而后出‘舆’篆，‘輒’下云‘车两輢也’，而后出‘輢’篆，是也。”(第 729 页)

4. 每部字数、每篇字数

《一部》末“文五、重一”注：“此盖许所记也。每部记之，得以其凡若干字也。”(第 1 页)又第一篇末：“此第一篇部文、重文、解说字之都数也，每篇末识之，以得十四篇都数，识于叙目之后云。此十四篇、五百四十部、九千三百五十三文、重一千一百六十三、解说凡十三万三千四百四十一字是也。”(第 48 页)

5. 阐发《说文》之说解条例

《一部》“元”下：“凡文字有义、有形、有音。《尔雅》已下，义书也；《声类》已下，音书也；《说文》，形书也。凡篆一字，先训其义，若‘始也’‘颠也’是。次释其形，若‘从某某声’是。次释其音，若‘某声’及‘读若某’是。合三者以完一篆，故曰形书也。”(第 1 页)《八部》“豕，从意也”注：“豕者，听从之意。《司部》曰‘词者，意内而言外也’。凡全书说解，或言词，或言意，义或错见。言‘从意’，则知豕者从词也。言‘词之必然’，则知尒者必然意也。”(第 49 页)《司部》“䛐(词)，意内而言外也”注：“意者，文字之义也；言者，文字之声也；词者，文字形声之合也。凡许之说字义皆意内也，凡许之说形、说声皆言外也。有义而后有声，有声而后有形，造字之本也。形在而声在焉，形声在而义在焉，六艺之学也。"（第 434 页）《玉部》"玫，玉屬也"注："凡言某属者，谓某之类。"（第 17 页）《艸部》"莪，蘿也，蒿屬"注："凡言属，则别在其中，故郑注《周礼》每云'属别'。"（第 35 页）《玉部》"瑜，瑾瑜也"注："凡合二字成文，如瑾瑜、玫瑰之类，其义既举于上字，则下字例不复举，俗本多乱之。"（第 10 页）《犬部》"狻麑，如虦貓，食虎豹"注："凡合二字成文者，其义详于上字，同部异部皆然。"（第 481 页）

6. 阐发《说文》之字形列举条例

《一部》"一，弌古文一"注："凡言古文者，谓仓颉所作古文也。此书法后王，尊汉制，以小篆为质，而兼录古文、籀文。所谓'今叙篆文，合以古籀'也。"（第 1 页）《二部》"二（上），高也。此古文丄"注："凡《说文》一书，以小篆为质，必先举小篆，后言'古文作某'。此独先举古文后言'篆文作某'，变例也。以其属皆从古文上，不从小篆上，故出变例而别白言之。"（第 1 页）此例"二"是古文（六国文字），"丄"是篆文（秦小篆）。又在《誩部》譱、《隶部》隶、《教部》斆、《白部》皛、《乌部》舄、《矢部》䠶、《亯部》亯、《吕部》吕、《市部》市、《四部》四、《内部》内等多处注中言及篆文与古文的关系。《示部》"齋"下注："凡籀文，多緐重。"（第 3 页）

7. 阐发《说文》部首分析条例

《一部》"一，凡一之屬皆从一"注："凡云'凡某之属皆从某'者，《自序》所谓'分别部居，不相杂厕'也。《尔雅》《方言》所以发明转注、假借。《仓颉》《训纂》《滂熹》及《凡将》《急就》《元尚》《飞龙》《圣皇》诸篇，仅以四言、七言成文，皆不言字形原委。以字形为书，俾学者因形以考音与义，实始于许，功莫大焉。"（第 1 页）

8. 阐发《说文》不知盖阙条例

《二部》"旁，从二闕"注："自序云：其于有所不知，盖阙如也。凡言阙者，或谓形，或谓音，或谓义，分别读之。"（第 2 页）《此部》"呰，窳也。阙"注："凡云阙者，或阙其义，或阙其音，或阙其形。"（第 69 页）

9. 阐发《说文》引两说条例

《示部》"禋，絜祀也。一曰精意以享為禋"注："凡义有两歧者，出'一曰'之例。"（第 3 页）《示部》"祝，从示从儿口，一曰从兑省"注："凡一曰，有言义者，有言形者，有言声者。"（第 6 页）《艸部》"藋，堇艸也，一曰拜商藋"注："《说文》言'一曰'者，有二例：一是兼采别说，一是同物二名。此'一曰'未详何属。疑堇艸为蒴藋，拜商藋为今之灰藋也，灰藋似藜。"（第

27 页)《口部》“噲，咽也，一曰噲嚵也”注：“此别一义，噲亦复举字也。凡‘一曰’之下多复举本字。”(第 54 页)《艸部》“莒，芣莒，一名馬舄”注：“《说文》凡云‘一名’者，皆后人所改竄。《尔雅音义》引作‘芣莒，马舄也’，可证。”(第 29 页)

10. 阐发《说文》引经传、通人条例

《示部》“祝，《易》曰‘兑為口為巫’”注：“凡引经传，有证义者，有证形者，有证声者，此引《易》证形也。”(第 6 页)《艸部》“蔽，《周禮》曰‘轂獘不蔽’”注：“凡许君引经传，有证本义者，如‘蔽蔽山川’是；有证假借者，如“轂敝不蔽”，非关艸皃也。”(第 39 页)《艸部》“蘼，草木生箸土，从艸麗聲。《易》曰‘百穀艸木麗于地’”注：“凡引经传，有证字义者，有证字形者，有证字音者。如‘艸木丽于地’说‘从艸麗’、‘豐其屋’说‘从宀豐’，皆论字形耳。”(第 42 页)《车部》“輔，《春秋傳》曰‘輔車相依’”注：“凡许书有不言其义径举经传者，如尉下云‘词之尉矣’，鹤下云‘鹤鸣九皋，声闻于天’，艴下云‘色艴如也’，绚下云‘《诗》云素以为绚兮’之类是也。此引《春秋传·僖公五年》文，不言辅义者，义已具于传文矣。”(第 733 页)《言部》“讀，中止也。《司馬法》曰‘師多則民讀’，讀、止也”注：“凡称经传而又释其义者，皆必其义与字本义不同。”(第 99 页)《示部》“祳，《春秋》傳曰‘石尚來歸祳’”注：“《春秋》经定公十四年文，凡《说文》引《春秋》经，皆系诸传，谓《左氏春秋》有此文也。”(第 7 页)《走部》“赴，趨也”注：“《聘礼》‘赴者未至’，《士丧礼》‘赴曰君之臣某死’，注皆云‘今文赴作讣’。按古文讣告字只作‘赴’者，取急疾之意。今文从言，急疾意转隐矣。故《言部》不收‘讣’字者，从古文不从今文也。凡许于《礼经》，从今文则不收古文字，如《口部》有‘名’，《金部》无‘铭’是也；从古文则不收今文字，如‘赴’是也。”(第 64 页)《中部》“中，艸木初生也，象丨出有枝莖也。古文或以為艸字。尹彤說”注：“凡言某说者，所谓‘博采通人’也，有说其义者，有说其形者，有说其音者。”(第 22 页)这些是从不同角度阐发许书引经传、引通人说的不同内容和作用。

二、解说字形的条例

1. 六书

《页部》“顿”注：“六书以指事、象形、形声、会意四者为体，转注、假借二者为用也。”(第 423 页)《说文解字·叙》注：“戴先生曰：指事、象形、形声、会意者，字之体也。转注、假借者，字之用也。”(第 762 页)《革部》“革”注：“凡字有依仿古文制为小篆，非许言之，猝不得其于六书居何等者，如革曰‘象古文革之形’，弟曰‘从古文之象’，民曰‘从古文之象’，西曰‘象古文西之形’是也。”（第108页）明确六书“四体二用”之说，指出古文字形不易简单用“六书”就来说明构形，“六书”是小篆字系的构形分析体系。

2. 象形

《二部》“二”注：“象形者实有其物，日、月是也。”（第1页）《釆部》“番”注：“下象掌，上象指爪，是为象形。许意先有釆字，乃后从釆而象其形，则非独体之象形，而为合体之象形也。”（第50页）《鹵部》“鹵”注：“凡既从某而又象其形，谓之合体之象形，多不成字，其成字者，则会意也。转写者以其不成字而删之，致文理不可读，皆当依此补之。合体象形，有半成字半不成字者，如鹵从卤，而又以囗象之是也。有网不成字者，如鬲以弓象鸟，以囱象巢是也。”（第592页）强调象形的“实”，辨析“合体象形”不同于会意的特点。

3. 指事

《二部》“二，指事”注：“凡指事之文绝少，故显白言之。不于‘一’下言之者，‘一’之为指事不待言也。指事者不泥其物而言其事，丄、丅是也。天地为形，天在上、地在下，地在上、天在下，则皆为指事。”（第1页）分析独体符号指事“一”和合体指事“丄、丅”，强调指事重在“事”而不同于象形重在“形”。《说文解字·叙》注：“指事之别于象形者，形谓一物，事晐众物，专博斯分。”（第762页）

4. 会意

《一部》“天”注：“凡会意，合二字以成语，如‘一大’、‘人言’、‘止戈’皆是。”（第1页）《说文解字·叙》注：“会意者，合谊之谓也。”（第763页）

5. 形声

《一部》“元”注：“凡言从某某声者，谓于六书为形声也。凡文字有义有形有音，《尔雅》已下，义书也；《声类》已下，音书也；《说文》，形书也。凡篆一字，先训其义，若‘始也、颠也’是。次释其形，若‘从某某声’是。次释其音，若‘某声’及‘读若某’是。合三者以完一篆，故曰形书也。”（第1页）《说文解字·叙》注：“指事、象形独体，形声合体；其别于会意者，会意合体主义，形声合体主声。”（第763页）

6. 省声

《哭部》“哭”注：“许书言省声，多有可疑者。取一偏旁，不载全字，指为某字之省，若‘家’之为豭省，‘哭’之从狱省，皆不可信。狱固从㹜，非从犬，而取㹜之半，然则何不取縠、独、倏、狢之省乎？”（第63页）

7. 亦声

《一部》"吏"注："凡言亦声者，会意兼形声也。凡字有用六书之一者，有兼六书之二者。"(第1页)

8. 形声兼会意

《牛部》"犨"注："凡形声多兼会意。讎从言，故牛息声之字从之。"(第52页)段玉裁十分重视字的音义结合关系，明确标注"形声兼会意""会意兼形声"的有近30字，强调"声符有义"。

9. 假借

《一部》"丕，大也，从一不聲"注："'丕'与'不'音同，故古多用'不'为'丕'，如'不显'即'丕显'之类。于六书为假借。凡假借必同部同音。"(第1页)《示部》"祇，地祇提出万物者也"注："地、祇、提三字同在古音第十六部。地本在十七部，而多转入十六部用。凡假借必取诸同部。"(第3页)《屮部》"屮，古文或以為艸字"注："凡云'古文以为某字'者，此明六书之叚借。以，用也，本非某字，古文用之为某字也。如古文以洒为灑埽字，以疋为《诗·大雅》字，以丂为巧字，以臤为贤字，以旅为鲁卫之鲁，以哥为歌字，以诐为颇字，以𦣻为䪼字，籀文以爰为车辕字，皆因古时字少，依声托事。至于古文以屮为艸字，以疋为足字，以丂为亏字，以俟为训字，以臭为泽字，此则非属依声，或因形近相借，无容后人效尤者也。"又"言叚借必依声讬事，屮、艸音类远隔，古文叚借尚属偶尔，今则更不当尔也"(第22页)。《鸟部》"鳳，故以為朋黨字"注："朋本神鸟，以为朋党字；韦本相背也，以为皮韦；乌本孝乌也，以为乌呼；子本十一月阳气动万物滋也，人以为称。凡此四'以为'，皆言六书假借也。"(第149页)《水部》"洒，古文以為灑埽字"注："凡言'某字古文以为某字'者，皆谓古文假借字也。洒、灑本殊义而双声，故相假借。凡假借多叠韵，或双声也。"(第568页)《子部》"子，人以為稱"注："凡言'以为'者，皆许君发明六书假借之法。"(第749页)强调假借用字必须有读音的依据，"形近相借"不可效尤，"假借必取同部"(叠韵、双声)才是"依声托事"的正途。不过，段玉裁所言"假借"比许慎的范围宽，既有"本无其字"的造字假借，也涉及"本有其字"的用字通假。

10. 引申假借

《止部》"止，下基也，象艸木出有阯，故以止爲足"注："此引申假借之法。凡以韦为皮韦，以朋为朋党，以来为行来之来，以西为东西之西，以子为人之偁，皆是也。以止为人足之偁，与以子为人之偁正同。"(第68页)先引申出相关的词义，再沟通被借字与借字之间"依声托事"的音义关系。

11. 转注

《二部》“二，底也”注：“《广部》曰：底者，山凥也，一曰下也。许氏解字，多用转注。转注者，互训也。‘底’云‘下也’，故‘下’云‘底也’，此之谓转注。全书皆当以此求之。”(第 2 页)《艸部》“蘇，桂荏也；荏，桂荏，蘇也”注：“是之谓转注，凡转注有各部互见者，有同部类见者。”(第 24 页)段氏强调转注为“互训”，“下、底”是异部互训的转注，“荏、蘇”是艸部内同部互训的转注。《说文解字·叙》注：“异字同义曰转注，异义同字曰假借。”(第 762 页)“假借者，古文初作而文不备，乃以同声为同义。转注专主义，犹会意也；假借兼主声，犹形声也。”(第 764 页)

12. 古今字

《八部》“余、予古今字。凡言古今字者，主谓同音，而古用彼今用此异字。若《礼经》古文用‘余一人’，《礼记》用‘予一人’。余、予本异字异义，非谓予、余即一字也”(第 50 页)。《言部》“谊，人所宜也”注：“按此则谊、义古今字，周时作谊，汉时作义，皆今之仁义字也。其威仪字，则周时作义，汉时作仪。凡读经传者，不可不知古今字。古今无定时，周为古则汉为今，汉为古则晋宋为今，随时异用者谓之古今字，非如今人所言古文籀文为古字、小篆隶书为今字也。”(第 94 页)《止部》“歬，不行而进進謂之歬。从止在舟上”注：“按后人以齐断之前为歬后字，又以羽生之翦为前齐字。”(第 68 页)歬，从止为前进字；前，歬加刀为剪裁字；翦，前加羽为翦飞字。歬→前，前→剪、翦，为两组古今字。段氏以文字使用的历时变异观点阐明了“古今字”的定义与作用。

13. 假借字

《女部》“媅，樂也。从女甚聲”注：“《卫风》‘无与士耽’传曰‘耽，乐也’；《小雅》‘和乐且湛’传曰‘湛，乐之久也’。耽、湛皆叚借字，媅其眞字也，叚借行而眞字废矣。”(第 626 页)又“妝，飾也。从女爿聲”注：“此饰篆引伸之义也。宋玉《赋》曰‘体美容冶，不待饰装’。《上林赋》‘艳粧刻饰’。粧者，俗字。装者，叚借字。”(第 628 页)段注表标明“叚借”字的有 627 处之多，主要是用字的通假。

14. 行废字

《辵部》“逆，迎也。从辵屰聲。關東曰逆，關西曰迎”注：“逆、迎双声，二字通用，如《禹贡》‘逆河’，今文《尚书》作‘迎河’是也。今人假以为顺屰之屰，逆行而屰废矣。古音在五部。《方言》‘逢、逆，迎也。自关而西，或曰迎，或曰逢；自关而东曰逆。”(第 72 页)行废字多与古今字、假借字交叉，后人通行的多是今字、借字，废弃的往往是古字、本字。

15. 字形排列

《说文解字·叙》"今叙篆文，合以古籀"注："许重复古，而其体例不先古文、籀文者，欲人由近古以考古也。小篆因古籀而不变者多，故先篆文，正所以说古籀也。隶书则去古籀远，难以推寻，故必先小篆也。其有小篆已改古籀，古籀异于小篆者，则以古籀驸小篆之后曰古文作某、籀文作某。此全书之通例也。其变例，则先古籀，后小篆。如一篇二下云古文丄，丅下云篆文二，先古文而后篆文者，以旁、帝字从二，必立二部，使其属有所从。凡全书有先古籀后小篆者，皆由部首之故也。"(第 771 页)

三、说解音读与声训的条例

1. 古韵分部与应用

《一部》"一"注："凡注言一部、二部，以至十七部者，谓古韵也。玉裁作《六书音均表》，识古韵凡十七部。自仓颉造字时，至唐虞三代秦汉，以及许叔重造《说文》，曰某声、曰读若某者，皆条理合一不紊。故既用徐铉切音矣，而又某字志之曰古音第几部。又恐学者未见《六书音均》之书，不知其所谓，乃于《说文》十五篇之后，附《六书音均表》五篇，俾形声相表里，因耑推究，于古形、古音、古义可互求焉。"(第 1 页)《玉部》"玭"注："部分以叠韵为重，字音以双声为重。"(第 19 页)《走部》"趨"注："凡异部叠韵，必部分相近。"(第 65 页)每字后既标徐铉校定本所引《唐韵》反切，又依《六书音韵表》注明该字古韵属第几部，以利因声求义。韵部划分以叠韵为主，同谐声必同部，假借必同部，异部通转，必须是同类的邻近韵；进一步考求字音，则注重双声的声母通转关系。

2. 古声调考辨与应用

《彳部》"徼"注："《百官表》曰'中尉掌徼循京师'，如淳曰'所谓游徼循禁備盗贼也'。按引申为徼求，为边徼。今人分平去，古无是也。"(第 76 页)《言部》"論"注："皇侃依俗分去声、平声异其解，不知古无异义，亦无平、去之别也。"(第 92 页)《辵部》"近"注："《经典释文》'远近上声，近之去声'，古无此分别。"(第 74 页)《食部》"養"注："今人分别上去，古无是也。"(第 222 页)《彳部》"復"注："《辵部》曰'返，还也。还，復也'，皆训往而仍来。今人分别入声、去声，古无是分别也。"(第 76 页)《言部》"識"注："按凡知识、识记、标识，今人分入去二声，古无入去分别，三者实一义也。"(第 92 页)《亣部》"亣"注："古去入不分，凡今去声之字，古皆入声。"(第 503 页)这些都是将《六书音韵表》"古无去声"之说运用于字义说解的实践。

3. 辨声符读音以明形义

《幵部》"幵，平也，象二干对冓上平也"注："用幵为声之字音读多岐，如汧、麉、鳽、研、妍、雃在先韵，音之近是者也。如井、刑、形、邢、钘入清青韵，此转移之远者也。如笄、枅入齐韵，此转移更远者也。幵从二干，古音仍读如干。何以证之。籀文栞读若刊，小篆作栞，然则干幵同音可知。荆罚字本从井，刑到字从幵，画然异字异音。今则绝不知有从井之字，以刑代荆，音义两失。而凡刑声幷声之字尽失古音，得吾说存之，而后大略可证。"(第722页)从"幵"字音、形、义交叉互变很复杂，段氏以音读为纲，辨析十分清楚。此类通过辨析音读而明形变义转之处还有很多。

4. 辨声转以明形义

《水部》"濛，溦雨皃，从水蒙聲"注："溦，各本作微，今正。皃，各本作也，今依《玉篇》正。溦、溟、濛三字，一声之转。《豳风》曰'零雨其濛'传云'濛，雨皃'。《广韵》'空濛，小雨'。《广雅》作霥，霥，俗字也。九部。"（第563页）"溟、濛、溦"三字今音读明、微二母，古无轻唇，都是明母，声同韵转，音近义通。《女部》"妷，妇官也，从女弋聲"注："《广韵》曰：汉有钩妷夫人，居钩弋宫。《汉书》亦作弋。玉裁按：如淳曰'姬音怡，众妾之总称也'，引《汉官》姬妾数百。瓒曰'《汉禄秩令》及《茂陵书》：姬，内官也，位次婕妤下'。瓒说、淳音皆是也。妇官字当作妷，汉时借姬为之，音怡，如姒姓本作以，春秋亦用弋为之，皆一声之转然也。音怡而用为众妾之偁，则又方俗语言如是。一部。"(第622页）"妷(弋)、怡"为影母字"之、职"阴入对转，"妷、姬"为之韵字"见、影"旁纽双声，故"妷(弋)、怡、姬"音近义通，段氏定为"一声之转"。段注明确标有"一声之转"的有10次。

5. 读、读若、读与某同

《言部》"讀"注："拟其音曰读，凡言'读如、读若'皆是也。易其字以释其义曰读，凡言'读为、读曰、当为'皆是也。人所诵习曰读，如《礼记注》云'周田观文王之德，博士读为厥乱劝宁王之德'是也。讽诵亦为读，如《礼》言'读赗、读书'，《左传》'公读其书'皆是也。讽诵亦可云读，而读之义不止于讽诵，讽诵止得其文辞，读乃得其义蕴。"(第91页)《示部》"禶，數祭也，从示毳聲。讀若舂麥為𥶈之𥶈"注："凡言读若者，皆拟其音也。凡传注言读为者，皆易其字也。注经必兼兹二者，故有读为，有读若。读为亦言读曰，读若亦言读如。字书但言其本字本音，故有读若、无读为也。读为、读若之分，唐人作正义已不能知。为与若两字，注中时有讹乱。"(第6页）禶训数祭，即多次祭祀，像舂米一样反复多次，故禶读如𥶈(舂)，读橐音并取橐义，也就是音义兼赅的声训。《玉部》“玜，石之似玉者，从玉厶聲。读与私同”注：“凡言读与某同者，亦即读若某也。”(第 17 页)《示部》“祇”注：“古人云‘当为’者，皆是改其形误之字。云‘当为’者，以音近之字易之。云‘读如’者，以同音之字拟之。”(第 3 页)《羊部》“芈，羊鳴也。从羊，象气上出，與牟同意”段注：“凡言某与某同意者，皆谓其制字之意同也。”(第 147 页)

段玉裁在《周礼汉读考·序》中明确区分，“读如、读若”是标音的，“读为、读曰”是明假借的，“当为”是辨字形的。钱大昕、王氏父子认为“读若、读为”等都是明假借的。王筠则认为“读若、读为”等各自既有标音的，也有明假借的。我们仔细统计并分析，得知“读”的使用情况的确是复杂的，“读”之下的二级术语“读若、读如、读为、读曰”与所释内容的关系远不如段玉裁说的那么简单，而是既有一定的类化趋向，又都兼跨多类，一名多实、一实多名、同名异实、同实异名的情况常见。不过，《说文》800 多处“读若”多数都是音义兼赅的声训。可参考杨树达《说文读若探原》(《积微居小学述林》，中华书局 1983)、陆志韦《说文解字读若音订》(《燕京学报》第 30 期，1946)。

6. 之言

“之言”也类似于“读若”。《示部》“祼”注：“注两言‘祼之言灌’。凡云‘之言’者，皆通其音义以为训诂，非如读为之易其字、读如之定其音。如‘载师，载之言事’‘族师，师之言帅’‘襢衣，襢之言亶’‘翣柳，柳之言聚’‘副编次，副之言覆’‘禋祀，禋之言烟’‘卝人，卝之言矿’皆是，未尝曰‘禋即读烟’‘副即读覆’也。”(第 6 页)是说“祼与灌、载与事、师与帅、襢与亶、柳与聚、副与覆、禋与烟”在当句中读音与释义完全相同，比“读”在音义同源的声训上更为直接。

7. 声与义同源

《言部》“誓，悲聲也，从言斯省聲”注：“斯，析也；澌，水索也。凡同声多同义。”(第 101 页)《示部》“禛，以真受福也，从示真聲”注：“声与义同源，故龤声之偏旁多与字义相近，此会意、形声两兼之字致多也。《说文》或偁其会意，略其形声；或偁其形声，略其会意。虽则渻文，实欲互见。不知此则声与义隔。又或如宋人《字说》，祇有会意，别无形声。其失均诬矣。”(第 2 页)突出“声符表义”在《说文》同源词系统研究中的作用，段氏在《示部》“祫、禷”及《艸部》“葏、蘸”等字注中多次论及形声与会意的关系，也就是反复强调声符有义。《金部》“鍯，鎗鍯也，从金悤聲”注：“囱者多孔，葱者空中，聪者耳顺，义皆相类。凡字之义必得诸字之声者，如

此。”（第716页）

8. 凡有某声皆有某意

《艸部》“蔂，艸也，从艸畾聲”注：“凡字从畾声者，皆有鬱积之意。”（第31页）《魚部》“鰕”注：“凡叚声，如瑕、鰕、騢等，皆有赤色，古亦用鰕为云赮字。”（第586页）《女部》“娠，女妊身動也，从女辰聲声”注：“凡从辰之字皆有动意，震、振是也。”（第620页）虽然也有部分声符乃纯粹借音而构成形声字，如“羊”声有“痒”、“工”声有“江”等，但绝大多数都是同源通用形成声符有义的形声字，如“羊”声的“祥、養、詳、垟、羖”等都有“善”的核心义素，“工”声的“功、攻、贡、红、杠、缸、扛”等都有“人工作为”的核心义素。故黄侃认为《说文》看似一部“形书”实际上是一部“音书”，段玉裁特别注意阐发《说文》的“声符有义”，这正是段氏注释的特点和高度之所在。

9. 双声叠韵为训

《艸部》“苦蔞，果蓏也”注：“《本艸经》‘栝楼一名地楼’，玉裁按：苦果、娄蓏皆双声。”（第32页）又“菸，鬱也”注：“蔫、菸、鬱三字双声，鬱者如醖鬱也。”（第41页）《一部》“天，顛也”注：“此以同部叠韵为训也。凡‘门，闻也’‘户，护也’‘尾，微也’‘髮，拔也’，皆此例。”（第1页）《艸部》“莎，鎬矦也”注：“《释艸》：蒿矦，莎，其实媞。按缟、蒿、镐同字，许读《尔雅》‘镐矦’为句。镐矦双声、莎随叠韵，皆絫呼也。单呼则曰缟，曰莎。”（第46页）双声叠韵为训是古老的声训形式，《尔雅》《释名》《说文》多用，段氏特别重视阐发其例，段注共注明“双声”284处、“叠韵”280处。

10. 绵连字

《糸部》“紅，紅綊，粢輿馬飾也；綊，紅綊也”注：“其义已释于上，故此但云‘紅綊也’。凡绵连字不可分释者，其例如此。”（第664页）“绵连字”即“联绵字”，多以双声或叠韵为训，虽为双音节形式，实为单纯词，不可拆开解释。

四、训释词义的条例

1. 犹

《八部》“公，平分也，从八厶，八猶背也”注：“郑注《尧典》‘分北三苗’云‘北犹别也’，证以韦昭《吴语》注云‘北，古之背字’，然则许、郑之语正互相发明，分别之乃相僢背，其义相因相足。故许不云‘八，背也’，而云‘犹背’；郑不云‘北，别也’，而云‘犹别’。凡古训故之言‘犹’者视此。”（第50页）《言部》“詡”注：“《礼器》‘德发扬诩万物’注‘诩犹普也’。

按诩之本义为大言，故训为普则曰犹。凡古注言犹者视此。”（第 94 页）《言部》“讎，猶譍也”注：“《心部》曰‘應，當也’，讎者，以言对之。……凡汉人作注云‘犹’者，皆义隔而通之。如《公》《穀》皆云“孙犹孙也”，谓此子孙字同孙遁之孙。《郑风》传‘漂犹吹也’，谓漂本训浮，因吹而浮，故同首章之吹。凡郑君、高诱等每言‘犹’者，皆同此。许造《说文》不比经传，故径说字义不言‘犹’，惟‘舜’字下云‘珡犹齐也’，此因珡之本义‘极巧视之’，于舜从珡义隔，故通之曰‘犹齐’。此以‘應’释‘讎’甚明，不当曰‘犹應’，盖浅人但知讎为怨詈，以为不切，故加之耳。然则‘爾’字下云‘麗爾犹靡麗也’，此犹亦可删与。曰此则通古今之语示人。‘麗爾’古语，‘靡麗’今语。《魏风》传‘纠纠犹缭缭，掺掺犹纤纤’之例也。”（第 90 页）所谓“义相因相足”“义隔而通之”，是说“犹”是用来表示两字义通而辗转为训的术语，不是词语直接训释用语。

2. 浑言析言

《玉部》“珧”注：“凡物统言不分，析言有别。蜃饰谓之珧，犹金饰谓之铣，玉饰谓之珪，金不必皆铣，玉不必皆珪也。”（第 18 页）《疒部》“病，疾加也；疾，病也”注：“析言之则病为疾加，浑言之则疾亦病也。按经传多训为急也，速也，此引伸之义，如病之来多无期无迹也。《止部》曰‘疌，疾也’。矢能伤人，矢之去甚速，故从矢会意。”（第 351 页）“浑言、析言”是说两字所表词义粗略说来是相同的，仔细辨析则有“义域、程度、色彩、对象”等多种多样的差别，这些词义差别《说文》是通过“同训、互训、递训、反训、通假为训、狭义与广义相训、共名与别名相训”等方式把两者连成同义词的。“浑言、析言”又称“统言、析（别）言”“通（散）言、对（别）言”“并言、分言”“散文、对文”等。通检段注“浑言、析言”词条，合并重复的，可净得“浑言、析言”词 166 对，也就是辨析了 166 组同义词，其中以标明“浑言、析言”的为最多。

3. 单呼、双呼；单字、双字为训

《虫部》“蛁”注：“《玉篇》以‘蛁蟧’释之，非也。……凡单字为名者，不得与双字为名者相牵混。‘蛁蟧’即‘蛁蟟’，不得以释‘蛁’也。”（第 670 页）《艸部》“葥，須从也”注：“《邶风》‘采葑采菲’毛传曰‘葑，须也’，《释艸》曰‘须，葑蓯’，《说文》曰‘葑，须从也’，三家互异而皆不误。葑、须为双声，葑、从为叠韵，单呼之为葑，累呼之为葑从，单呼之为须，累呼之为须从，语言之不同也。”（第 32 页）所谓“单呼”即单音词，“累呼”即双音词，“语言之不同”即构词法之不同。《黽部》“黽，鼃黽也；鼃，蝦蟆屬”注：“许意鼃黽为一物，鼃为一物，凡两字为名，一字与他物同者，不可与他物牵混。”(第685页)是说“鼀”独用时是一个单音词，在双音单纯词“鼀黽”中则是一个语素，“鼀”和“鼀黽”都是蛤蟆的一种，一字既作单音词又作双音词语素，不能混淆训释为同一词。段玉裁揭示了上古单音词和双音单纯词内部构成的不同形态，分析其词形与词义的交差关系，准确解释这些词的词义，又区别了不同的构词方法。

4. 本义、引申义

《金部》“銍”注：“凡读许书者知此，则九千三百余文之说解绝无不可通之处矣。盖非用其字之本义，即用其字之引申之义，断无有风马牛不相及者也。”(第711页)用例如《宀部》“家，凥也，从宀，豭省聲”注：“凥，各本作居，今正。凥，处也。处，止也。《释宫》‘牖户之间谓之扆，其内谓之家’。引伸之，天子诸侯曰国，大夫曰家。凡古曰家人者，犹今曰人家也。家人字见哀四年《左传》《夏小正》传及《史记》《汉书》。家、凥叠韵。古音在五部。按此字为一大疑案，豭省声读家，学者但见从豕而已，从豕之字多矣，安见其为豭省耶？何以不云叚声，而纡回至此耶？窃谓此篆本义乃豕之凥也，引申、叚借以为人之凥，字义之转移多如此。牢，牛之凥也，引伸为所以拘罪之陛牢，庸有异乎。豢豕之生子冣多，故人凥聚处借用其字，久而忘其字之本义，使引伸之义得冒据之，盖自古而然。许书之作也，尽正其失，而犹未免此。且曲为之说，是千虑之一失也。”(第341页)认为“家”从宀从豕会意，由本义“豕居所”到引申义“人居所”，引申义通行而本义被忘，说解明晰。段氏十分重视《说文》字义训释用本义还是用引申义的差别，大有助于构字意图的分析与准确把握。检《说文解字注》全书用“本义”410处，用“引申(义)”1331处(“引伸”904处、“引申”427处)。系统辨析字形所表示的本义、引申义，是段玉裁《说文解字注》在汉语词义系统分析上的重大贡献。

五、校勘

1. 先校正

《厶部》“篡，屰而奪取曰篡”注：“奪当作敓。奪者，手持隹失之也。引伸为凡遗失之偁，今吴语云‘奪落’是也。敓者，彊取也。今字奪行敓废，但许造《说文》时，画然分别，书中不应自相刺谬。凡读许书当先校正，有如此者。”(第441页)认为校正原文是读《说文》的第一要义。

2. 浅人删之

《革部》“靷，(所以)引軸(者)也”注：“‘所以、者’字，依杨倞注荀卿补。凡许书‘所以’字，浅人往往删之。”(第110页)靷是用来牵引车轴的皮革具，段玉裁认为‘引轴也’释义不全，原应有‘所以、者’，是浅陋之人删去了，当补回来。《爪部》“孚，卵（即）孚也”注：“‘即’字依玄应书补。”（第114页）据唐释玄应《一切经音义》引《说文》补“即”字，也认为是浅人删掉的。段注据多种典籍所引《说文》补“浅人删”之处很多。

3. 浅人所增、删

《金部》“鐫，破木鐫也。一曰琢石也”注：“此‘破木’引申之义耳。凡似此者，皆浅人所增也。”（第713页）认为“一曰琢石也”是浅人引申‘破木’之义而增加的，当删去。《牛部》“牣，（牣）滿也”注：“此复字删之未尽者。”（第53页）认为“牣”是重复抄写被释字头而没有删除干净的，不是释语词“满也”中应有的内容，应删去。段玉裁还删去正文中的篆文21个。

4. 依例正之

《鬥部》“鬩，鬩鬩也，从鬥燹聲”注：“按此下当有‘读若纷’三字，缤纷、鬩鬩皆合二部叠韵。各本讹舛，今依全书通例正之。”（第115页）因上一字“鬩，读若缤”，段氏理校谓此字当为“鬩，读若纷”，所谓“依全书通例正之”。《水部》“滎，滎濘，绝小水也”注：“滎篆本在濘篆下，今移正。‘滎濘’二字各本无，今依全书通例补。”（第558页）段玉裁认为《说文》部内字是有意义顺序的，“滎濘”为叠韵词，“滎”当在前而“濘”当在后，旧本将“滎”置于“濘”之后，不合全书通例，故“移正”于“濘”前。段氏在注中依意义关系移动旧本被释篆字顺序的还有很多处。《宀部》“㝗，康㝗也。从宀良声，音良久”注：“各本删㝗字，今补。康㝗以叠韵成文。《说文》少言‘音’者，当作‘读若’。”（第342页）以《说文》注音惯例，认为当校改“音”为“读若”。

5. 复举隶字、三字句

《玉部》“靈，靈巫，以玉事神”，段注改作“靈，巫也”，谓“各本巫上有靈字，乃复举篆文之未删者也。许君原书，篆文之下以隶复写其字，后人删之，时有未尽，此因巫下脱也字，以靈巫为句，失之，今补也字。”（第19页）推定许慎原书在字头篆文下复出隶书。又《艸部》“葛，艸也”注：“也字各本无，今补。按《说文》凡艸名篆文之下，皆复举篆文某字曰某艸也，如葵篆下必云葵菜也，荩篆下必云荩艸也。篆文者其形，说解者其义，以义释形，故《说文》为小学家言形之书也。浅人不知，则尽以为赘而删之，不知‘葵菜也、荩艸也、河水也、江水也’皆**三字句**，首字不逗。今虽未复其旧，为举其例于此。”（第30页）

6. 推证许意

如《金部》“鎎，怒戰也。从金氣聲，《春秋傳》曰：諸侯敵王所愾”，段改为“从金愾省，《春秋传》曰：诸侯敌王所愾”，注云：“怒则有氣，战则用兵，故其字从金氣。氣者，气之叚借字也。此会意，而愾省，亦声也。今本作‘氣声’，乃上下不毌。愾各本作鎎，今正。《春秋传》者，文公四年《左传》文。杜曰：敌犹当也。愾，恨怒也。《心部》曰：愾，大息，从心氣。是则王所愾，王所怒也。敌王所怒，故用金革。此引以证会意之指，与引艸木麗乎地说䕻，引‘豐其屋’说寷，引‘莫可觀于木’说相，引‘在同之野’说駉同意。许于愾下云：从心氣，氣亦声。是谓氣即气字。此作从金氣。《春秋传》敌王所愾，亦无不合。凡此校正，私谓必符许意。知我罪我，所不计也。”(第720页)段玉裁艺高人胆大，用“理校”之法校改《说文》处甚多，自信是合乎许慎本意的。正是这方面的大胆，后人诟病他的地方也很不少。

第三节 《说文解字注》的价值与贡献

段玉裁用毕生精力整理、注释《说文解字》，注释方法主要是：先融会贯通全书，以许解许，形音义互求；次则援引经传子史群书及小学载籍，推求许说所本；间或引用方言俗语以印证许说。因而创获良多。姚觐元《说文解字注匡谬序》评段注：“缺者补之，复者乙之，幽隐者衷众说以明之，讹谬者集诸说以证之”，于是“如铲荦确，剃灌莽，辟仄径，而达之康馗。如拨阴翳，去屏障，启昏室，而悬诸白日”。其成就与价值可从以下几方面加以说明。

一、阐明、创通《说文》的条例

颜之推《颜氏家训·书证》谓《说文》“隐括有条列，剖析穷根源”，评价甚高。《说文·敘》也有“分别部居，不相杂厕”“同牵条属，共理相贯”等涉及条例的话。但《说文》的编撰条例还真是多“隐”于正文之中，需要发而明之，方能贯通于应用之中。清代学者致力于《说文》条例疏通的不少，如陈瑑、江沅、张行孚、高学瀛、张度、洪颐煊、叶德辉等都有释《说文》条例的专著，而以段玉裁之后王筠的《说文释例》最为完备。王筠在《说文释例·序》中称自己“年近三十读《说文》而乐之……积二十年，然后于古人制作之意，许君著书之体……爰始条分缕析，为之疏通其意，体例所拘，无由沿袭前人，为吾一家之言”；又谓“段书体大思精，所谓通例，又前人所未知”；又在《说文句读·序》中谓“苟非段茂堂力闢榛芜，与许君一心相印，天下亦安知所谓《说文》哉”。王筠得益于段玉裁者甚多，袭用段说处亦不少，如《示部》“齋”下段注“凡籀文多繁重”，王筠《释例》承立“籀文好重叠”条等。

可见段玉裁在许书条例创通方面贡献非同一般，他自己也特别重视条例的贯通，如在《玉部》末注中强调："通乎《说文》之条理次第，斯可以治小学。"（第19页）从上节"**《说文解字注》的注释术语与条例**"所列例证可知，创通《说文》条例确实是段注对《说文》研究所作出的重大贡献。

二、考校、恢复《说文》原本

《说文》成书后，经历代传写，颇多讹误，流传到清代，主要有宋初徐铉奉诏校定本（大徐本）、徐锴《说文系传》（小徐本）两类本子，段玉裁参考多种多样可用的资料来做校勘和考证，努力做恢复《说文》原本面目的工作。段玉裁擅长于校勘，他曾用几种宋刻大徐本互校，用元人《韵会举要》校订小徐本，又用大徐、小徐本对校，然后是广用群经、小学典籍所引来校《说文》。他在《与诸同志书论校书之难》一文中说："校书之难，非照本改字不讹不漏之难也，定其是非之难。"他是把"定《说文》是非"作为自己的重要责任的。仅就《说文》小篆被释字头而言，段注改动大徐本篆文90个，增加篆文24个，删去篆文21个。至于说解文字的校改，就更是为数众多了。

段玉裁没有可能见到甲骨文，也未精研金石文字，但他根据传世文献考订、校改的成果，却往往与甲骨、金文暗相契合。如《上部》论"上、下"篆文作"丄、丅"而古文当作"二、二"，就正与甲骨、金文字形相合。又如《禾部》"禾，嘉穀也。从木从𠂹省，𠂹象其穗"，段注改为"从木，象其穗"，谓"各本作'从木从𠂹省，𠂹象其穗'九字。浅人增四字，不通，今正。下从木，上笔𠂹者象其穗，是为从木而象其穗，禾穗必下垂。《淮南子》曰：夫子见禾之三变也，滔滔然曰：狐向丘而死，我其首禾乎。高注云：禾穗垂而向根，君子不忘本也。张衡《思玄赋》曰：嘉禾垂颖而顾本。王氏念孙说莠与禾绝相似，虽老农不辨，及其吐穗，则禾穗必屈而倒垂，莠穗不垂，可以识别。《艸部》谓莠扬生。古者造禾字，屈笔下垂以象之"（第323页）。据文献"禾穗垂"而改大徐本"从木从𠂹省"的会意为"下从木上笔𠂹者象其穗"的象形，与甲骨、金文字形正相同。

以《说文》内部互训的通例来校改释语。如《足部》"蹲，踞也"段注改为"蹲，居也"，注云："《尸部》曰：居，蹲也。是为转注。各本作踞也，以俗改正，又增一踞篆于蹲后，今正而删之。"（第84页）

据字书、韵书校今本《说文》脱误。《口部》"嘩，嘸皃"段注："按释玄应书三引《说文》皆云：嘩嘸，嘸皃也。《广韵》十九铎、廿六缉皆云：嘩嘸，嘸皃。释行均书同。《说文》古本当先嘩字，云嘩嘸，嘸皃也；次嘸字，云嘩嘸也。今嘩字、嘸字厕两处，无嘩嘸之语，盖口部脱误多矣。"（第56页）

引唐释玄应《一切经音义》、宋《广韵》、辽释行均《龙龛手镜》来恢复《说文》古本。

据经文传注校改《说文》字形。《石部》“碬，厲石也”，段改为“碫，碫石也”，注云：“碫，篆旧作碬。《九经字样》所引《说文》已然，今依《诗》释文及《玉篇》正。碫石本作厉石，自《诗》释文所引已然，今正。《大雅》取厉取碫，今本作取锻，当依释文本又作碫。……古本碬、碫皆有而致舛讹。如鼎部之鬴、鼏二篆，衣部之衫、袀二篆，皆以形似致合为一字。”（第454页）

余行达《说文段注研究》云：“为了弄清段氏改动二徐本的是非，我曾经用慧琳《一切经音义》、希麟《一切经音义》、《和名类聚钞》、古逸丛书中的原本《玉篇》等书引用的《说文》逐条加以对照，因为这些书也是段氏不及见的。事实证明，段氏所改动的，与慧琳等所据的《说文》相符合或相近，而例外的较少。今但举原本《玉篇》数例为证。‘戺，屋牝瓦’，段改‘牝’为‘牡’；‘緊，监持意口闭也’，段改‘监’为‘坚’。段氏虽据《广韵》改，但《广韵》并未说根据《说文》，而原本《玉篇》两处明引《说文》正是‘牡’和‘坚’。”（ 余行达《说文段注研究》，巴蜀书社1998，第29页）可见段注推论之精湛。

三、以《说文》校释、贯通群书

段玉裁弟子陈奂撰《说文解字跋》谓：“奂闻诸先生，昔东原师言之：‘仆之学不外以字考经，以经考字。’余之治《说文》也，盖窃取此二语而已。”说明段玉裁对“以字考经”与“以经考字”同样看重。黄侃《与人论治小学书》谓：“段注多说经义，类皆精核，使人因治《说文》而得治经之法。其可宝重，正在于此。”（黄侃《黄侃论学杂著》，上海古籍出版社1980）据余行达《说文段注研究》（巴蜀书社1998，第32页）统计：段注中所校释的群书（经书为主）多达302种，其中《毛诗》《左传》《史记》《国语》《庄子》《楚辞》《文选》等30多种典籍，各涉及校释百条以上。可见其博。

《心部》“慎，謹也。昚，古文”，段注：“《释文·序录》偁‘昚徽五典’，是陆氏所据《尧典》作昚，自卫包改作慎，开宝中乃于《尚书音义》中删之。”（第507页）段玉裁就《说文》古文校《释文》，据《尚书·尧典》本当作“昚徽五典”，判定今本《释文》是卫包删改“昚”为“慎”的。今见敦煌本《尚书释文》残卷正作“昚，古文慎”，与段氏推论相合，而段玉裁当时是不可能见到敦煌《尚书释文》残卷的。

《穴部》“窕，深肆極也”，段注：“窕与窘为反对之辞。《释言》曰：窕，肆也。《大戴礼·王言》：七者布诸天下而不窕，内诸寻常之室而不塞。《淮南·俶真训》：处小隘而不塞，横扃天地之间而不窕；《要略训》：置之寻常而不塞，布之天下而不窕……。《墨子·尚贤中》：此道也，大用之天下则不窕，小用之则不困；《尚同下》：大用之治天下不窕，小用之治一国一家而不横。《荀卿子》曰：充盈大宇而不窕，入郤穴而不偪。《管子·宙合》曰：夫成轴之多也，其处大也不窕，其入小也不塞。《司马法》曰：凡战之道，位欲严，政欲栗，力欲窕，气欲闲；又曰：擊其劳倦，避其闲窕。凡此皆可证窕之训宽肆。凡言在小不塞，在大不窕者，谓置之小处而小处不见充塞无余地，置之大处而大处不见空旷多余地。高诱曰：不窕，在大能大也。今本《管子》《墨子》窕误作究，非是。《毛诗》传曰：窈窕，幽闲也。幽训窈，闲训窕。《方言》：美状为窕，言外之宽绰也；美心为窈，言中之幽静也。《左传》：泠州鸠论乐曰：小者不窕，大者不槬，则和于物。此可以诸子释之。小者不窕，谓虽小而处大不使多空廫之处也。大者不槬，谓虽大而处小不使偪塞莫能容也。《庄周书》云：瓠落无所容。以注槬字甚合。郭注《尔雅》云：轻窕者多放肆。真愦愦之说也。《左传》曰：楚师轻窕。此窕义之引伸，宽然无患谓之轻窕。唐石经《左传》讹作宨，从宀。《释言》：窕，肆也；窕，闲也。其字其义皆同。而唐石经亦于肆也作宨，从宀，与闲也作窕从穴别异。皆字之偶误耳。而或据以为说，分别训诂。考之许书，本无从宀之字。"（第349~350页）引《毛诗》、大戴《礼记》、《左传》、《管子》、《墨子》、《荀子》、《庄子》、《司马法》、《淮南子》、《尔雅》、《方言》及高诱、郭璞注来与《说文》互证"窕"的深而空之义，还引唐石经来证"宨"为"窕"的误字，确实是以《说文》训释来证实、贯通群书、字书及传注。

《邑部》"郖，弘農縣庾地"，段注："二《志》弘农郡首弘农县。郡县同名，故但言弘农县也。庾当作渡，字之误也。《水经注·河水篇》曰：门水又北径弘农县故城东。城即故函谷关。门水侧城北流而注于河，河水于此有浢津。以河北有浢水南入于河，故有浢津之名也。《穆天子传》：天子自寘軨乃次于浢水之阳，丁亥入于南郑。考其沿历所踵，路直斯津，是知袁豹之徒窦津之说非矣。按浢、郖同字。《魏志·杜畿传》：畿遂诡道从郖津渡。陈寿用字合许书也。宋元嘉二十九年，北魏将封礼自郖津南渡赴弘农，拒柳元景。在今河南陕州灵宝县西十里。"（第290页）其中，所引"二志"是指《汉书》《后汉书》"地理志"；所引《水经注》《穆天子传》用的是"浢"字，因是水名而字形从水；《说文》《三国志》作"郖"，因亦为地名而字形从邑。水名、地名同指一地，故段注谓"浢、郖同字"，把《说文》与所引六部书贯通起来。从群书所记看，所指乃弘农县内黄河的一处渡口，故段注谓说解中"庾当作渡，字之误也”，推论也是合理的。

四、特别注重阐发字的音义关系

《说文》注重解释字源，保存了大量的古字形、古音、古义，段玉裁特别注意发掘这些深层内涵。他为王念孙《广雅疏证》所作“序”云：“小学有形、有音、有义，三者互相求，举一可得其二。有古形、有今形、有古音、有今音、有古义、有今义，六者互相求，举一可得其五。……圣人之制字，有义而后有音，有音而后有形。学者之考字，因形以得其音，因音以得其义。治经莫重于得义，得义莫切于得音。”汉语词是先有音、义然后才造字形的，要准确理解词义，必得先识音得义而后明字形构造之由，音义分析是字形构造分析的前提。所以，段玉裁特别重视读音在释义上的重要性，音明则义明，音义明则字形构造的意图可解。即如他在《尔雅匡名·序》中所说：“形在是而声与义均在是，读者见其形，可以得其声与义。”总之，“因声求义”是乾嘉学术成就的高峰，王念孙用“因声求义”之法解决群书中许多训诂疑难问题，是文献语用研究上成功的典范；而段玉裁则充分运用“因声求义”之法来解决《说文》字义释源问题，是语言本体研究上成功的典范。我们说，段、王是乾嘉之学的代表者，王念孙主要是语用学家，段玉裁主要是语言学家。章太炎《国故论衡·小学略说》对此作高度的评价：“段氏为《说文注》，与桂馥、王筠并列，量其殊胜，固非二家说逮，何者？凡治小学，非专辨章形体，要于推寻故言，得其经脉，不明音韵，不知一字数义所由生，此段氏所以为桀。”

阐明字形与字义的关系是表层的，进而阐发字音与形义的关系则是深层次的。段玉裁在《六书音韵表》中考定古音十七部，并在《说文》注中标明各字的古音部属，从而揭示读音与形义的各种复杂关系，真正从源头上解释清楚各字的形音义构成。段注实际上是“以音为纲”的，着意揭示“古人以音载义”之秘，强调“因文字音声以求训诂”，通过语音的线索来阐明汉字孳乳、派生、分化及通假的源流，理清词义相近相通的谱系，含有很好的汉语词源系统研究的成分。

在字的音义关系上，段玉裁特别强调谐声字“声符有义”，与其《六书音韵表》“同声必同部”相呼应。《示部》“禛，以眞受福也。从示眞聲”，段注：“此亦当云从示，从眞，眞亦声。不言者，省也。声与义同原，故龤声之偏旁多与字义相近，此会意、形声两兼之字致多也。《说文》或偁其会意略其形声，或偁其形声略其会意。虽则渻文，实欲互见。不知此则声与义隔。又或如宋人《字说》，只有会意，别无形声，其失均诬矣。”（第2页）《匕部》

“真”字注“凡稹镇瞋謓䐜填寘阗嗔滇鬒瑱䡩慎字皆以眞为声，多取充实之意。其顚槙字以顶为义者，亦充实上升之意也。慎字今训谨，古则训诚……慎训诚者，其字从眞。人必诚而后敬，不诚未有能敬者也。”(第 388 页)《金部》“鏓，鎗鏓也。从金悤聲”，段注：“囪者多孔，蔥者空中，聰者耳顺，义皆相类。凡字之义必得诸字之声者，如此。”(第 716 页)

段氏常用“同声同义”“凡从某声者皆有某义”“凡某声字多训某”等注例来贯通同声符字的音义同源关系。《牛部》“㸌，白牛也”，段注：“《白部》曰：皠，鸟之白也。此同声同义。”(第 52 页)《言部》“詖，辨論也。从言皮聲”，段注：“此詖字正义。皮，剥取兽革也。柀，析也。凡从皮之字皆有分析之意，故詖为辨论也。”(第 91 页)《鼓部》“鼖，大鼓謂之鼖。从鼓卉聲”，段注：“凡贲声字多训大，如毛传云：墳，大防也。颁，大首皃。汾，大也。皆是。卉声与贲声一也。”(第 208 页)《衣部》“襛，衣厚皃。从衣農聲”，段注：“凡農声之字皆训厚。醲，酒厚也。濃，露多也。襛，衣厚皃也。”(第 397 页)《𨸏部》“陘，山绝坎也。从𨸏巠聲”，段注：“陘者，领也。《孟子》作徑，云‘山徑之蹊’。赵注：山徑，山领也。杨子《法言》作‘山𡶶之蹊’，皆即陘字。凡巠声之字皆训直而长者。”(第 741 页)此类甚多，还有如“娠”注“凡从辰之字皆有动意”，“裣”注“凡金声今声之字皆有禁制之义”，“兀”注“凡从兀声之字多取孤高之意”，“句”注“凡地名有句字者皆谓山川纡曲”，“甬”注“凡从甬声之字皆兴起之意”，“齮”注“凡从奇之字多训偏”，“埤”注“凡从卑之字皆取自卑加高之意”等，所论都是可以验证的。

《齒部》“齇，齇齬，齒不相值也”，段注：“叠韵。《广韵》曰：齟齬，不相当也。或作鉏铻。上床吕切，下鱼巨切。按《金部》鋙下云：鉏鋙也。鋙或作鋙。《周礼》注作鉏牙。《左传》西鉏吾，以鉏吾为名。牙、吾古音皆在九鱼。古齟字有单用者，《东方朔传》曰：齟者，齿不正也。许书各本齇训齬齿也，齬训齿不相值也，二篆自当类厕，各本离之甚远。”(第 79～80 页)这是从音读上来论证连绵词“齇齬、齟齬、鉏鋙、鉏鋙、鉏牙、鉏吾”形异而音义同，此类段注甚多，所解明确而得当。

《人部》“侊，小皃。从人光聲”，段注：“小当作大，字之误也。凡光声之字多训光大，无训小者。《越语》句践曰，谚有之曰：觥饭不及壶飧。韦云：觥，大也。大饭谓盛馔。盛馔未具，不能以虚待之，不及壶飧之救饥疾也。言己欲灭吴，取快意得之而已，不能待有余力。韩《诗》云：觥，廓也。许所据《国语》作侊。侊与觥音义同。《广韵》十一唐曰：侊，盛皃。用韦注。十二庚曰：侊，小皃。用《说文》。盖《说文》之讹久矣。”(第 382 页)这是因音以订义，用从光得声字都训大来订正说解语中“小皃”为“大皃”之讹误。

《食部》“餳，飴和饊者也。從食易聲”，段注改为“餳，从食昜聲”，谓：“不和馓谓之饴，和馓谓之餳，故成国云饴弱于餳也。《方言》曰：凡饴谓之餳，自关而东、陈楚宋卫之间通语也。扬子浑言之，许析言之。《周礼·小师》注：管，如今卖饴餳所吹者。《周颂》笺亦云。各本篆作餳，云易声，今正。按餳从昜声，故音陽，亦音唐，在十部。《释名》曰：餳，洋也。李轨《周礼》音唐是也。其陆氏音义《周礼》辞盈反，《毛诗》夕清反，因之《唐韵》徐盈切。此十部音转入于十一部，如行、庚、觥等字之入庚韵。郭璞《三仓解诂》曰：陽音盈，协韵。晋灼《汉书音义》反楊恽为由婴，其理正同耳。浅人乃易其鶅声之偏旁，《玉篇》《广韵》皆误从易。然《玉篇》曰：餳，徒当切。《广韵》十一唐曰：糖，饴也。十四清曰：餳，饴也。皆可使学者知餳、糖一字，不当从易。至于《集韵》始以餳入唐韵，餳入清韵，画分二字，使人真雁不分，其误更甚，犹赖《类篇》正之。餳，古音如洋，语之转如唐，故《方言》曰：餳谓之餹。郭云：江东皆言餹，音唐。”（第221页）从声符“昜、易”二字的读音不同来辨析，判定训“饴和馓”（即糖）的字形应该是从“昜”之“餳”，而不是从“易”之“餳”。这是典型的因音以订字形的用例。

《石部》“硞，石聲”，段注：“今《尔雅·释言》硈，鞏也。郭云：硈然坚固。邢昺曰：硈，苦学切，当从告。《说文》别有硈，苦八切，石坚也。按邢语剖别甚精，《释文》苦角切，故邢曰苦学切。四觉韵字多从屋韵转入，如四江韵字多从东韵转入。告声在古音三部屋韵，是以硞转入觉韵。据陆氏反语，则知陆本作硞不作硈。《广韵》《玉篇》皆曰：硞，苦角切；硈，恪八切。《集韵》《类篇》克角一切内亦有硞无硈，皆可证。而《释文》、注、疏、唐石经皆讹作硈，则与陆氏苦角之音不合矣。且硞之与鞏音切近，以尤韵与东韵切近，而硈与鞏不相关也。硞断无苦学之音，硈断无苦八之音。此一定之音理，学者不知古音不可与读古者，此也。《江赋》曰：幽㵎积岨，礐硞礐确。礐硞当上音学、下音角。”（第455页）“硞，石声，从石告声，苦学切，觉韵”、“硈，石坚也，从石吉声，苦八切，质韵”，段氏从音读角度入手，论证今本《尔雅》“硈”是“硞”之误。这是很典型的由古音推求字形、字义的例子，是形音义互求的范例。

《八部》“余，語之舒也”，段注：“语，《匡谬正俗》引作詈。《左氏传》：小白余敢贪天子之命，无下拜。此正詈之舒。《亏部》曰：亏，於也，象气之舒亏。然则余、亏异字而同音义。《释诂》云：余，我也；余，身也。孙炎曰：余，舒迟之身也。然则余之引伸训为我。《诗》《书》用予不用余。《左传》用余不用予。《曲礼》下篇：朝诸侯，分职授政任功，曰：予一人。注云：《觐礼》曰伯父寔来，余一人嘉之。余、予古今字。凡言古今字者，主谓同音，而古用彼今用此异字。若经《礼》古文用余一人，《礼记》用予一人。余、予本异字异义，非谓予、余本即一字也。颜师古《匡谬正俗》不达斯恉，且又以予上声、余平声为分别，又不知古音平上不甚区分，重悂貤缪，《仪礼汉读考》纠之详矣。”（第 50 页）这是用“谓同音”来说经典中虚词的同音通用的假借。又如《宀部》“宵，夜也。从宀，宀下冥也；肖聲”，段注：“《释言》、毛传皆曰：宵，夜也。《周礼·司寤》：禁宵行夜游者。郑云：宵，定昏也。按此因经文以宵别于夜为言，若浑言则宵即夜也。有假宵为小者，《学记》之宵雅是也。有假宵为肖者，《汉志》人宵天地之貌是也。”（第 344 页）是说经传中，“宵雅”是借“宵”为“小”，“宵天地”是借“宵”为“肖”。段注中辨析经传群书同音假借的用例很多。

五、大胆创新，但不妄立自说

段玉裁注《说文》，自信“胸中充积既多，浊处逢源无所窒碍”。他好学深思，厚积薄发，决心正“守讹传谬”之弊端，以定《说文》是非为己任。虽然不无求之太过之嫌，而发微创获之处确实很多。

段玉裁虽然谨守经学家“疏不破注”的传统，注《说文》坚持“以许注许”为主，着力发掘及还原许慎原意，但对今本《说文》不适当处敢于怀疑，谓许书历代传写翻刻，改窜者甚多，他大胆提出问题，精心论证，创立己说，廓清迷雾，谓今本《说文》错讹失当处乃“浅人所改”，故坚决加以拨正。段注全书指明“浅人”所“改、增、删、易、加、补、窜、乱、误”者，凡 341 处。

《鬥部》“鬥，两士相對，兵杖在後，象鬥之形”，段注：“按此非许语也。许之分部次弟，自云据形系联。丮𠬞在前部，故受之以鬥。然则当云争也。两丮相对象形，谓两人手持相对也。乃云两士相对，兵杖在后，与前部说自相戾，且文从两手，非两士也。此必他家异说，浅人取而窜改许书。虽《孝经音义》引之，未可信也。”（第 115 页）大徐本《说文》“鬥”字释语历来不得确解，段玉裁据许书部首“据形系联”的体例，推论“鬥”是承前一部“丮、𠬞”合体构形，“丮，持也，象手有所丮據也”，“鬥”就是“两人手持（兵杖）相对（争斗）”之形，“两士相对，兵杖在后”是“浅人所改”。这个推论讲得很清楚，甲骨文“鬥”字正是两人手持棒相搏形，证明段玉裁推论正确。

《告部》“告，牛觸人，角箸横木，所以告人也。从口从牛”，段注：“如许说则告即楅衡也，于牛之角寓人之口为会意。然牛与人口非一体，牛口为文，未见告义，且字形中无木，则告意未㬎。且如所云是未尝用口，是告可不用口也，何以为一切告字见义哉。愚谓此许因童牛之告而曲为之说，非字意，故木部楅下不与此为转注。此字当入口部。从口牛声。牛可入声读玉也。《广韵》‘告上曰告，发下曰诰’。古沃切，三部，音转古到切。又汪氏龙曰：此因嚳字，故立告部。愚谓诚然，嚳从斆省，斆亦教也，教之故急急告之，告亦声。然则当立斆部，嚳属焉，不当有告部。”（第 54 页）疑许慎“从牛从口”与“角箸横木”不合，不能说明“告”的构字意图。甲骨文“告”正是牛角箸横木之形，说明段氏的怀疑是有道理的。

《鸟部》“䳇，鸚䳇也。从鳥母聲”，段注：“《曲礼》释文：婴本或作鸚，母本或作鹉，同音武，诸葛恪茂后反。按裴松之引《江表传》曰：恪呼殿前鸟为白头翁，张昭欲使恪复求白头母，恪亦以鸟名鸚母，未有鸚父相难。此陆氏所谓茂后反也。据此知彼时作母、作䳇，不作鹉。至唐武后时，狄仁杰对云：鹉者，陛下之姓，起二子则两翼振矣。其字其音皆与三国时不同，此古今语言文字变移之证也。释文当云母本或作䳇，古茂后反，今作鹉，音武。乃合。李善注《文选》云：鹉一作䳇，莫口反。较明析。大徐用《唐韵》文甫切，亦鹉音，非䳇音也。古音母在一部。”（第 157 页）引史书明确推断三国至唐代鸚鹉之“䳇、鹉”用字不同，且有“古今语言文字变移”的历史发展观，是很重要的理论建树。

《鱼部》“鳜，鳜魚也”，段注：“《篇》《韵》皆曰：大口细鳞有斑文。即今人所食之鳜鱼也。而《释鱼》鱊鮬，鳜鯞。郭云：小鱼也，似鲋子而黑。俗呼为鱼婢，江东呼为妾鱼。罗端良以今之彭皮当之。玉裁谓鯞音同妇，鱊、鳜音近，鮬、鯞音近。鳜妇即今俗谓之鬼婆子是也。非别有细鱼。”（第 584 页）《女部》“婁，空也”，段注：“凡中空曰婁。今俗语尚如是。”（第 630 页）用自己熟悉的方言俗语来释字解词，富于创建性。

《哭部》“哭，哀聲也。从吅，从獄省聲”，段注：“按许书言省声，多有可疑者。取一偏旁，不载全字，指为某字之省，若家之为豭省，哭之从獄省，皆不可信。獄固从㹜，非从犬。而取㹜之半，然则何不取‘豰、獨、倏、狢’之省乎。窃谓从犬之字，如‘狡、獪、狂、默、猝、猥、㹻（𤞑）、狠、犷、状、獳、狎、狃、犯、猜、猛、犺、狾、狟、戾、独、狩、臭、獘、献、类、犹’卅字皆从犬，而移以言人，安见非哭本谓犬嗥，而移以言人也。凡造字之本意有不可得者，如秃之从禾。用字之本义亦有不可知者，如家之从豕，哭之从犬。愚以为家入豕部从豕宀，哭入犬部从犬吅，皆会意。而移以言人，庶可正省声之勉强皮傅乎。哭部当厕犬部之后。”（第 63 页）论许慎省声之不可信，建言“哭”当入犬部从犬吅为会意字。

《竹部》“笑，喜也。从竹从犬”，段注：“徐鼎臣说孙愐《唐韵》引《说文》云：笑，喜也。从竹，从犬。而不述其义。考孙愐《唐韵》序云：仍篆、隶、石经勒存正体，幸不讥烦。盖《唐韵》每字皆勒《说文》篆体，此字之从竹犬，孙亲见其然，是以唐人无不从犬作者。《干禄字书》云：咲通，笑正。《五经文字》力尊《说文》者也，亦作笑，喜也，从竹下犬。《玉篇》竹部亦作笑。《广韵》因《唐韵》之旧亦作笑。此本无可疑者。自唐玄度《九经字样》始先笑后笑，引杨承庆《字统》异说云从竹从夭，竹为乐器，君子乐然后笑。《字统》每与《说文》乖异，见玄应书。盖杨氏求从犬之故不得，是用改夭形声，唐氏从之，李阳冰遂云竹得风，其体夭屈如人之笑。自后徐楚金缺此篆，鼎臣竟改《说文》笑作笑，而《集韵》《类篇》乃有笑无笑，宋以后经籍无笑字矣。今依顾野王、孙愐、颜元孙、张参为据，复其正始。或问曰：从犬可得其说乎。曰从竹之义且不敢妄言，况从犬乎。闻疑载疑可也。假云必不宜从犬，则哭又何以从犬乎。哭之狱省声乃亦强作解事者为之也，详哭下。又按宋初《说文》本无笑，铉增之，十九文之一也。孙愐但从竹从犬，其本在竹部，抑在犬部。铉不能知，姑缀于竹末。今依之，恐有未协。准哭从犬求之，笑或本在犬部，而从竹部之字之省声，未可知也。"（第200~201页）虽然遍考唐以来诸书，疏通其条理，但仍无确信的定论，不强行决断，以"闻疑载疑"与"未可知也"的态度作解，是有所不知而付阙如的"不妄立说"的客观态度。段注碰到许慎说解不甚了然或文献无征处，注明"未闻"70余条、"未详"80余条，还注明"未知、不知、不详、未审、俟考、不可解、未见所出、疑不能明、今不能定、今未考出"等300多条。可见他实事求是，不强作解。

六、段注的不足

当然，段注也有不足之处。首先是自信太过，如他勘改《说文》较多，改动篆文90字，增加篆文24字，删去篆文21字，精当者不少，也有所改失误者。如《齒部》"齔，毁齒也。男八月生齒，八歲而齔。女七月生齒，七歲而齔。从齒从七"，段注据玄应"差贵切、差贵切"改为"从齿匕"，谓："本从匕，匕亦声。转入寘至韵也。自误从七旁。"（第79页）但各本篆作齔，均从齿从七，段改不可信从。实则"齔"从匕（化），意为换齿，有变化义。又《木部》"本，木下曰本。从木，一在其下"，段注改为"从木从丅"，谓："此篆各本作本，解云'从木，一在其下'。今依《六书故》所引唐本正。本、末皆于形得义。其形一从木丄，一从木丅，而意即在是，全书如此者多矣。"（第251页）"本"是指事字，各本"从木，一在其下"的"一"是指事符号，段改为"从木从丅"会意，甚为无谓。其次，是体例不够严密或前后矛盾，如引玄应《一切经音义》书名，全书就有十几种不同的称法。引群书有的只称书名而无篇名及卷数，有的只引篇名而无书名，读者查检极为不便，后冯桂芬《段注考正》特别着力弥补这个缺陷。由于段注撰写时间很长，前后不统一处时或有见，如都是引《论语》“子贡方人”，《言部》“谤”下谓“《论语》子贡方人，假方为谤”（第 97 页），《方部》“方”下谓“故知并船为本义……引申之为比方，子贡方人是也”（第 408 页），两引矛盾，必有一误。再是墨守许书，误者亦为曲解，如《爪部》“爲，母猴也”，段注：“《左传》鲁昭公子公爲亦称公叔务人，《檀弓》作公叔禺人。《由部》曰：禺，母猴属也。然则名爲字禺，所谓名字相应也。”（第 114 页）后出土甲骨文“爲”字形是“以手牵象，示有作爲”，与母（猕）猴无关。此外，段氏误以为许慎说解必有本字，不当改而改者甚多；段氏解释“转注、假借”不合许慎原意；段注说“引申义”数百条，或与造字本义关系不密，或义类说解不清，整体比较模糊，不够系统，等等。他自己在《说文解字·叙》注中说：“剖析既繁，疵纇不免，召陵或许其知己，达者仍俟诸后人。”一方面自许有成，另一方面也认识到必然会存在缺陷，是较为实在的态度。

段玉裁在《说文解字·叙》注中总结：“许以九千三百五十三文当《尔雅》《史籀篇》《仓颉篇》之字形，以每字之义当《尔雅》《仓颉传》《仓颉故》之训释，以象某形、从某形、从某声说其形，以某声、读若某说其音，二者补古人所未备。其书以形为主，经之为五百四十部，以义纬之，又以音纬之。后儒苟取其义之相同相近者，各比其类为一书，其条理精密，胜于《尔雅》远矣。后儒苟各类其同声者，介以三百篇古音之部分如是为一书，周秦汉之韵具在此矣。故许一书可以为三书。”（第 791 页）正是段氏《说文解字注》基于“以音读为纲、形音义互求”的注释宗旨，使他把《说文》形、音、义三书的内涵充分地揭示出来，成为《说文》第一注家。其突出的特点是：征引广博，发微申隐，见解独到，决断精审。他有明确的古今语言文字发展观，始终坚持古今形音义六者互求的原则，严格地把握“以字证经、以经证字”的信度，宏观把握的系统性与微观考据的精审性相结合。尽管不无瑕疵，但《说文解字注》确为一部体大思精的著作，为许学功臣，嘉惠学林久远，是《说文》学必读之书。

第六章 《说文解字诂林》与古代《说文》研究

《说文解字诂林》(以下简称《诂林》),近人丁福保编。丁福保(1874—1952),字仲佑,号畴隐居士,江苏无锡人。1895年肄业江阴南菁书院,曾任京师大学堂译学馆教习。在上海创办医学书局,以编辑大型工具书闻名,主要编有《古钱大辞典》《佛学大辞典》《文选类诂》《说文解字诂林》等。

纵观"《说文》学"的发展,历代研究《说文》的著述层出不穷。东汉《说文》成书,就受到学者重视,征引者时或可见。魏晋至隋唐,是《说文》之学的发展时期,刊定、注释是其主要特点,代表著作是唐代李阳冰《刊定说文解字》、南唐到北宋初徐锴的《说文解字系传》和徐铉校定本《说文解字》。宋元明三代为《说文》学的拓展期,主要特点是用六书理论来拓展《说文》研究的深入,代表著作为南宋郑樵的《通志·六书略》、元戴侗的《六书故》、明杨桓的《六书统》和《六书溯源》等。清代是《说文》学的全盛期,展开对《说文》方方面面的研究,著述繁富,成果丰硕,以《说文》"四大家"为突出代表。清末民初,随着殷墟甲骨文字的出土,学者利用多种出土文字来深化《说文》研究,取得一批厚重的成果,代表作如清末吴大澂《说文古籀补》、今人罗振玉《读碑小笺论说文》、王国维《史籀篇疏证》、容庚《金文编》等。

丁福保纂辑《说文解字诂林》(以下简称《诂林》)历时三十余年,广采历代研究《说文》的各种著述,兼及殷墟甲骨、彝器款识、碑志刻石等,依类汇列于被释字头之下,努力达到"展一字而众学毕备,检一字而原书皆现"的目的。为保存资料的原始面貌,丁氏剪裁原书资料,截长补短,设法拼贴成统一的版式,然后影印,汇聚最可信的第一手资料,编为《说文》注释之总汇。这样的类聚,既把《说文》学发展史上的主要资料都选择汇总起来了,又把具体字的训释资料汇聚到相应的字头之下;既利于《说文》学发展史的整体把握，又利于个体字形的准确解释。被誉为“汇许学之渊海，治小学之津梁”。

《诂林》一书的性质，主体就在对《说文》的校诠、类编。校和诠侧重《说文》的内容，类编侧重其编排方式。校，主要指对大、小徐本《说文》原文的校勘；诠，主要指对《说文》所收字的各种训释，这类资料占总量的78%强。类编，就是对所收文献资料分门别类地进行编排组合。《诂林·纂例》首条云：“是书萃集治《说文》者诸家之学说，暨其他著述论及《说文》者，类聚而成，比诸许君有言，博采通人，信而有徵云尔。此本书编纂之宗旨也。”（丁福保《说文解字诂林》第一册，中华书局1982，第101页）

《诂林》虽然略及近代前期部分材料，但主要是汇聚古代（清末以前）《说文》研究各方面的材料，因而梳理《诂林》所收材料的类别、作用、特点，就能够显现古代《说文》研究的发展历史，也就是概述古代《说文》学的发展简史。

第一节　《诂林》的总体框架与引用书目

《诂林》是小学资料汇编型的汉字训释总汇，是历代《说文》研究资料的集大成之作。这类海量训释资料的大型纂集，最突出的特点有二：一是总体框架布局的合理与便用；二是资料的丰富及其分类安排的条理性。《诂林》总体框架格局从“纂例”与全书的“总目”可以看到，资料的丰富性与合理安排则从“引用书目表”的分类排列中可以显示出来。

一、《诂林》的“纂例”与“总目”

《诂林》“纂例”云：“每字提行为一条，重文附后，悉依大徐本原次而归类，亦仍许君分别部居，不相杂侧之旧也。”（丁福保《说文解字诂林》第一册，中华书局1982，第102页）又“本书虽极繁重，而分卷不敢乱许书之旧，仍照大徐本分为三十卷，故以各书之叙例及总论《说文》与六书者为前编，以逸字及说文外编等为后编，又有补编及附录，皆不入许书原卷之次第”（丁福保《说文解字诂林》第一册，中华书局1982，第117页）。就是分部首、列字的编排顺序仍依许慎原书之旧，便于读者对应查找与使用。

《诂林》全书“总目”显示，该书分“卷首、前编、正文、后编、补编、附编、通检”几大部分。**卷首**：吴叙，孟叙，自叙，后叙，纂例，沈记，引用书目表及跋，后语，引用诸书姓氏录。**前编上**：汇引各书叙跋；**前编中**：六书总论；**前编下**：《说文》总论，《说文》字数，《说文》分部，《说文》例，古文或体，篆隶之变，《说文》引经，《说文》引群说，群书引《说文》，《说文》声音，《说文》重出字，《说文》新附，《说文》逸文，《说文》各本异同，后人窜改，《说文》杂论，许君事迹。**正文**：依大徐本《说文》原顺序分十四篇上下列字，十五篇上下为原书的“叙目、表”。**后编**：收《说文》逸字及外编。**补编**：补新见资料。**附编**：附《六书音韵表》。**通检**：全书字目的部首笔画索引。**补遗**：补正文遗漏。

《诂林》全书初印为66册，1932年丁氏又搜集近代有关《说文》研究的著述，编为《补遗》16册并附索引。两书合计为82册，有1928年上海医学书局铅印本。中华书局1982年印本，则为精装20册。

二、《诂林》“引用书目表”

引用书目表分11大类，收清以前人及近代人研究《说文》的著作、文章共481种，计1326卷。其中专著182种，其余299种为各类文章或书中的相关片段。有些书名过长，引用书目后附省称，以便正文标引。以下就书目表所分列的11类，各略举前数篇以明梗概。

类一：大徐本及校勘字句之属，凡20种159卷。如《说文解字》十五卷，汉许慎撰，南唐徐铉校(影宋本)。《说文解字校录》十五卷，清钮树玉著，江苏书局刊本，省作《校录》。《说文校议》三十卷，清姚文田、严可均注，姚氏咫进斋刻本，省作《校议》。《说文辨疑》一卷，清顾广圻著，雷氏初印本，省作《辨疑》等。

类二：小徐本及校勘字句之属，凡5种105卷。《说文系传》四十卷，南唐徐锴撰，寿阳祁氏初印刻本，省作《系传》(附《说文解字篆韵谱》五卷，南唐徐锴撰，两江总督采进本；《说文篆字五音韵谱》十卷，通行本，宋李焘撰)等。

类三：段注及考订段注之属，凡10种92卷。如《说文解字段氏注》三十卷，清段玉裁著，经韵楼白纸初印本，省作《段注》。《说文段注订补》十四卷，清王绍兰著，吴兴刘氏新刻本，省作《段注订补》。《说文解字注笺》二十八卷，清徐灏著，徐氏自刻本，省作《徐笺》等。

类四：桂氏义证及辨订之属，凡2种51卷。如《说文解字义证》五十卷，清桂馥著。武昌书局白纸初印本，省作《义证》等。

类五：王氏句读、释例及补正之属，凡2种100卷。《说文句读》三十卷，补正三十卷，清王筠撰，四川尊经书局刻本，省作《句读》。《说文释例》二十卷，补正二十卷，清王筠撰，道光二十四年家刻本，省作《释例》。

类六：朱氏通训定声及补遗之属，凡2种19卷。《说文通训定声》十八卷，清朱骏声著，临啸阁刻本，省作《通训定声》。《说文通训定声补遗》一卷，清朱骏声著，光绪八年刻单行本。

类七：杂诂别述之属，凡 107 种 260 卷。如《经义杂记论说文》一卷，清臧琳著，钞本。《九经古义论说文》一卷，清惠栋著，槐庐丛书本，省作《古义》。《说文疑疑》二卷，清孔广居著。嘉庆原刻白纸初印本，省作《疑疑》等。

类八：引经引古语之属，凡 21 种 136 卷。如《说文》引诗辨证一卷，明王育著，棣香斋丛书本，省作《引诗辨正证》。《说文引经考》二卷，清吴玉搢著，咫进斋丛书本，省作《引经考》。《说文解字群经正字》二十八卷，清邵瑛著，嘉庆丙子刻本，省作《群经正字》等。

类九：释某字释某句者之属，于各家文集中采出，298 种，约 6 卷。该类多是散见的篇章、片段，范围广博，收集不易，故资料尤为可贵。如《说文云道立于一按一字在许书其用最广其义各异释》(在一字下)，清池伯炜著。《说文云道立于一按一字在许书其用最广其义各异释》(在一字下)，清王元稺著。《释元》，今人陈柱著。《说文吏字考》，清朱士端著。《释礼》，今人王国维著。《辨〈尔雅〉'禧，告也'之误》(在禧字下)，清陆尧春著。《说文祀字说以豚祠命从示比声汉律曰祠祀司命解》(在祀字下)，清周松年著。《说文祀字说以豚祠命从示比声汉律曰祠祀司命解》(在祀字下)，今人钱恂著，等等。

类十：金石龟甲文字可为古籀之旁证，或可补许书之缺，故以殿焉，凡 7 种 82 卷。如《魏三体石经》。《说文古籀补》十四卷，清吴大澂著，省作《古籀补》。《文源》十二卷，今人林义光著。《史籀篇疏证》十四卷，今人王国维著。《金文编》十四卷，今人容庚著。《殷墟文字类编》十四卷，今人商承祚著，省作《殷墟文字》等。

类十一：逸字外编之属，凡 6 种 26 卷。如《说文逸字》二卷，清郑珍著，望山堂刊本，省作《逸字》。《说文逸字辨证》二卷，清李桢著，光绪乙酉畹兰室刊本，省作《逸字辨证》等。

《诂林》所引材料极为繁富，尤其是单篇文章、片段文字涉及面极为广博，难于一一介绍。下文只对著作类文献作分类介绍。

第二节 《诂林》实引著作分类简介

《诂林》所收书的内容虽然包罗万象，但宏观看来，仍然是有规律而可以分类把握的。丁福保在《序言》中说，该书征引著作 182 种，计一千余卷。

经查核，实引了201种著作，参考“引用书目表”的分类，我们按内容将它们分为六大类：校勘类25种，六书类48种，训释类86种，音读类9种，字形类12种，引经类21种。

一、校勘类25种

校勘类的著述，主要包括对大徐本、小徐本原文的考核与校勘。有关大徐本的20种，有关小徐本的5种。其中大徐本又可分两类，校勘原文的15种，校勘“新附字”的5种。

1. 校勘大徐本原文的15种

钮树玉《说文解字校录》，主要是用《玉篇》《系传》《韵会举要》来校正大徐本原文，如《说文》“投，擿也”，校录：“《玉篇》引同，又引《诗》曰：投我以木桃。‘从手从殳’，《系传》作‘从手殳声’。”姚文田、严可均《说文校议》，旨在“专正徐铉之失”，如《说文》“婕，女字也，从女疌聲”，校议“小徐疌声下有‘读若接’。”顾广圻《说文辨疑》，主要是从严可均校大徐本的《说文校议》中摘出不可从者加以辨正。严章福《说文校议议》，也是就严可均《说文校议》中的不妥处作辨正的，如《说文》“挂，画也，从手圭聲”，《校议》“《六书故》弟十四引唐本作悬也”，校议议：“案《说文》悬挂字作絓，此训画当不误。《易·系辞》‘挂一以象三’《释文》云‘别也’，余谓画即分别意，据此，似唐本非。”惠栋《惠氏读说文记》，以“魏晋以前真古文”来考校今本《说文》得失。席世昌《席氏读说文记》，又因“惠氏之说，亦有不尽从者”，而为之补正，如《说文》“拚，拊手也”，席氏记：“《玉篇》又作拤。”许梿《许氏读说文记》，是许梿后人将其校录汲古阁本《说文》笔记整理刊刻而成。段玉裁《汲古阁说文订》，是段氏为了存徐铉本真面目，将王昶藏宋刊本、周锡瓒所藏宋刊本、明叶石君所抄宋本、明赵灵均所抄宋大字本四种宋本，结合宋刊、明刊两种《五音韵谱》，以及《集韵》《类篇》称引铉本之处，校勘毛氏节次删改的铉本，如《说文》“孎，謹也，讀若人不孫为孎”，《汲古阁说文订》：“初印本如此，宋本、叶本、赵本、《五音韵谱》皆同。今依小徐剜补之云‘人不孙为不孎’，大谬。人部曰‘倨，不逊也’，此当作‘人不孙为倨’，声之误也。倨与孎双声，孎音之欲切。”严可均《说文订订》，是订正段玉裁《汲古阁说文订》之作。沈涛《说文古本考》，先列大徐本原文，后作考辨，据《玉篇》、《广韵》、《艺文类聚》、《太平御览》、《初学记》、《北堂书钞》、《经典释文》、《齐民要术》、《止观辅行传》、《白孔六帖》、《匡谬正俗》、《文选》李善注、《史记》三家注、《汉书注》、《后汉书注》、《左传正义》、《九经字样》、《五经文字》、玄应《一切经音义》、《华严经音义》、《水经注》、《汗简》、《六书故》、《龙龛手镜》、《急就篇》颜帅古注、《大唐类要》、《韵会》、《集韵》、《类篇》等书所引《说文》以复许书古本之旧，又间采近人臧琳、孔广森、桂馥、段玉裁、王念孙、邵晋涵、孙星衍等27家之长以证明之。如《说文》“姝，好也，从女朱聲”，涛案：“《一切经音义》卷二引‘姝，好也，色美也’，卷二十二同，《华严经音义》上引‘姝，色美也’，是古本尚有色美一解，今夺。”朱士端《说文校定本》，据钟鼎古文以校许书古、籀文之版本讹舛，辨正后儒增删改窜之谬妄，依声韵考辨许书本真，对《说文》所引溯源追本以得意旨，如“《说文》‘嫥，壹也，从女專聲，一曰女嫥嫥’，案此依小徐也。大徐作‘一曰嫥嫥’，无女字。嫥壹字当依许书作嫥，今经传作專，或作摶、剸、颛，皆以音同假借。卢氏《钟山札记》昭廿年《左氏传》‘若琴瑟之専一’，《释文》云‘董遇本作摶，音同’，嘉定钱詹事晓徵以《说文》嫥壹作嫥为正”。莫友芝《唐说文木部笺异》，以唐写本《说文》木部残袟校大徐本，如“柧，唐《说文》云：古胡，棱也，从木瓜声。笺异：古胡，《后汉书》注引音孤。‘棱也’小徐无‘也’。瓜声下二徐多‘又柧棱殿堂上最高之处也’十一字。案《后汉书·班固传》注已引柧棱十字，是唐人本皆有此脱”。许溎祥《说文徐氏未详说》，集录诸家订正大徐之论为一书，便利查考。

以上15种文献，主要对大徐本《说文》原文进行校勘，或比勘大小徐之正讹得失，或搜集古书引《说文》资料考校大徐本原文，或对前贤时彦《说文》著述作重新订正，博采众书，引证丰富，考辨精细，多有正见。对研究《说文》版本、考订原文正讹颇有帮助。

2. 校勘大徐本“新附字”类5种

钮树玉《说文新附考》，认为《说文》新附字是后人混入，于是“博考载籍，咨访时彦，疏通证明之”。如《说文》新附“掠，奪取也，从手京聲”，钮新附考：“掠，通作略，或作㧰，又疑倞之别体。《玉篇》掠，力尚、力酌二切。掠劫财物。徐氏曰《唐韵》或作㧰。按郑康成注《周礼·司刑》引《书》传曰：决关梁、踰城郭而略盗者，其刑膑；降寇贼，劫略夺攘挢虔者，其刑死。又《方言》：搜、略，求也。就室曰搜，于道曰略，略，强取也。据此知古通作略。又按掠之见于经者，《礼记·月令》仲春毋肆掠。郑注云：掠谓捶治人。故徐氏举《唐韵》或作㧰，然作略亦通。《玉篇》擽训略也。又疑倞之别体者，《博雅》倞训强，《玉篇》掠有力尚切一音。《释名》：掠，狼也。则倞、掠音义并相近。”王筠《说文新附考校正》，是对钮树玉《说文新附考》的校补驳正，如《说文》新附“閥，閥閱自序也，从門伐聲”，钮树玉认为“阀通作伐”且引《汉书》《左传》证明之，王筠又补证：“案《史记》明其等曰伐。”毛际盛《说文新附通谊》，谓“其有违失，及谊可旁通，则博引古籍以疏通证明之”，如《说文》“閌，閌閬，高門也。从門亢聲”，新附通谊：“《诗》皋门有伉。韩诗作闶。张衡《西京赋》高门有闶，李善注曰：《毛诗》高门有伉与闶同，或曰闶，通作康。考《说文》‘康，屋康㝩也’，‘㝩，康也’。㝩，盖即阆之异文。《说文》‘阆，门高也’，门高则屋必高，义可互见。康，正字。伉，假借字。宗涑謹案：伯兄永伯说闶正字当作阬，《说文》‘阬，阆也’。”伉与闶同，又与康通，一说康是正字，伉是假借字，一说阬是正字，毛际盛论而未断。钱大昭《说文新补新附考证》，乃其《说文统释》六十卷中的一卷，徐乃昌跋谓“考证徐氏新补新附字，极精博”。郑珍《说文新附考》，推求这些新附字的来源，“使《说文》正字，犁然显出”。如《说文》“拗，手拉也，从手幼聲，於绞切”，按：“《文选·西都赋》乃拗怒而少息。李注‘拗，犹抑也，於六切’。《后汉·班固传》注同。拗当即隶书抑之变体，后人别而为二。於六切亦抑之转音，厥后又读上声。《篇》《韵》并於绞切，直依幼之偏旁作音，盖出自宋人传闻。钮氏疑为夭屈之夭俗字，又疑挢拂之挢，皆无据。”

此五种文献主要考述大徐本《说文》新附字的来源，着力辨析其字形的正俗通假，尤其重视这些字在经典用字中的异同，以明其源流关系。

3. 校勘小徐本5种

有的是单纯的《系传》校勘，有的是与大徐本进行比较的校勘。徐锴《说文系传》(四十卷，寿阳祁氏初印刻本)，祁寯藻在《重刊影宋说文系传叙》中说他在印刻过程中，将宋刻本与顾千里影宋本参校，又将《韵会》等书所引《系传》补辑编附于后，并作校勘记。朱文藻《说文系传考异》，是将郁陛宣购藏的钞本与朱文游所藏本对勘，补缺正讹，遂成此书。苗夔《说文系传校勘记》，从苏州顾千里处得到影宋钞本与通行本进行校勘，正其错讹。如《系传》“拏，牵引也，从手奴聲。一曰已也，女加反”，苗夔案：“(拏)、挐古为一字。此篆乃铉所增，非锴所有。故音仍铉音，而改切为反耳，辨见下挐篆。”王筠《说文系传校录》，对朱文藻《说文系传考异》可议者议之，可疑者疑之，持诸本合校，更参以传世字书、韵书，所得颇多。如“嬖，便嬖，爱也。小徐‘便嬖也，爱也’，是也。便嬖为一义，指见嬖之人言也；爱也为一义，指嬖之之人言也。大徐改辟为嬖，殊失同音相训之古法，又并为一义，亦欠分明也。《玉篇》引便僻也，亦误”。近人田吴炤《说文二徐笺异》，先悉数胪列二徐异处，然后引据群书而疏通证明之。如“䏫”字，“《说文》䏫，乘輿金馬耳也，从耳麻聲，讀若涠水，一曰若《月令》靡草之靡。二徐笺异：大徐本作乘輿金马耳也，小徐本作乘輿金饰马耳也。炤案：段氏以金饰马耳为俗本，而依《广韵》五支四纸作乘舆金耳，说是，严、王诸家均从之”。

这类文献多以小徐《说文系传》不同版本之间的校勘考异为主，旁征群书，择善而从，兼下己意，以冀恢复小徐本真面目。其校勘成果，多有可取。

二、“六书”研究类48种

“六书”之名最早见于《周礼》，汉代班固、郑众有所论及，许慎《说文解字》形成系统理论并加以应用。之后，宋郑樵《通志·六书略》详加阐发，元戴侗《六书故》、周伯琦《六书正讹》有专论，明赵撝谦《六书本义》深入探讨，六书理论不断丰富，至清代蔚为大观。《诂林》所收这48种文献，考察六书的定义、次序、体例、性质以及各书的具体内容等。可分为五小类：六书总论12种，指事3种，转注18种，假借13种，转注假借合论2种。

1. 六书总论12种

清江声《六书说》，陈澧在“书后”中指出其重要特点就在于重新界定了转注的内容。岳森《六书次第说》，认为“六书”之名始于仓颉，然后历代递增，到周代六书遂备，六书的顺序当以班固所列为优。程棫林《六书次第说》，肯定许慎的六书说及其顺序，认为“指事之体简，象形之体详，形声会意之体密，渐推而渐广也，转注以统摄之，假借以通变之，辨其等级，别其阶梯，许氏之堂奥盖匪远矣”。其书特点与徐绍桢《六书辨》大致相同。

孙雄《六书皆造字之本非有四体二用可分说》，维护《汉书·艺文志》“六书”说的权威性，驳戴东原“四体二用说”，力辨转注为造字之法。廖登廷《六书说》，驳段玉裁分为实字象形、虚字象形，认为虚字象形不可靠，“且六书之分在制字之时，不在用字之后，如用字则实可作虚，虚可作实，不可诘究矣”，又对转注多作申述。蔡金台《六书三耦说》，认为徐楚金的三耦说有不当之处，重点论述象形与形声为耦，指事与会意为耦。龙学泰《六书三耦说》，在徐锴三耦说基础上作出自己的理解，“窃以耦之义有三，或从子母言，或从字体言，或从制字之先后言”，认为只要抓住形音义三者之间的关系，则“穷经之道思过半矣”。黄以周《六书通故》，对六书逐一概述，对于争议最多的“转注”，黄氏从徐锴说并举例证明之。饶炯《六书例说》，分论六书，举例证明，多有新见。如论象形“譬如画家写意，反到纵横，势各不同。……象形有从正视画者，如几，象人所凭之左右及后线；……象形有从侧视画者，如钟鼎文人作，象全体而一手一足；……象形有从远视画者，如木象其枝之上扬下垂；……象形有从近视画者，如隹鸟，画其目羽”等。

近人叶德辉《六书古微》，孙宗弼“叙”谓“其例以本书证本书，佐以六经、史、汉、周秦两汉诸子、汉人经史子注，非独一扫乾嘉校注诸家之固陋，即于许书本谊，或有古书异训，亦必择善而从”。颇有独到的见解，如其“六书假借即本义说”认为“天”借人身颠顶之天以名宇宙之天，假借义就是其本义等。胡韫玉《六书浅说》，先总论后分论，分论每种造字法时也是先总说再分类细说，然后讨论其正例、变例，系统而全面，论证颇有说服力，对研究六书的体例有指导性意义。

2. 指事类 3 种

清章绍曾《六书指事说》，吸收郑樵的“正生、兼生”说，认为“指事有正生、兼生两类，正生者附本，盖造指事之本，附于象形，如本末朱禾未朿之类是也；……此外有兼谐声而生者，曰事兼声，齿金之类是也，以其兼乎他类，故谓之兼生”。胡朋《六书指事说》，重在讨论指事与象形、会意的区别与联系，谓“以指事视象形，则指事为虚，以指事视会意，则指事又实。盖象形多体字，指事多用字，由指事而推之会意，则指事又为用中之体，是事在形外，意又在事外，故有形可象，不必言事，有事可指，不必言意，事实而意虚也”。徐嘉言《六书指事说》，谨守许慎之说，将指事定为造字之先，谓“至指事有不能及则画成其形，曰象形。由是而形声、会意、转注、假借，文字之用乃无穷矣”。

3. 转注类 18 种

“转注”是六书之中争议最多的，其具体所指，言人人殊，莫衷一是。清曹仁虎《转注古义考》，评述诸家转注说，然后提出自己的观点，谓“既曰建类一首，则必其字部之相同，而字部异者非转注也。既曰同意相受，则必其字义之相合，而字义殊者非转注也。《说文》于转注特举考老以起例，而考字从丂得声，则必其字音之相近而字音别者非转注也”。黄式三《对朱氏转注问》，认为朱骏声“假借数字供一字之用而必有本字，转注一字具数字之用而不烦造字”之说可取，但实际操作上有紊乱假借、转注界限的弊病。饶登逵《六书转注说》，多有新见，如“知部首之字必由会意而成者，然后可以转注；又必部中之字与部首字意义相同而后可目为转注”等。胡朋《六书转注说》，认为“因形声、会意而有转注”。叶濬《六书转注说》，认为许慎对转注的定义“言本明畅，有何可疑”，从而举例分析证明之。许笃仁《转注浅说》一篇，认为“字书中无转注”而“联合之于章句中则属转注”。汤济沧《转注说》，把转注看作形类与声类的结合，即“由一义而可训释无穷之字，字异而义率相通，与假借所谓一字数义者截然不可混淆，此转注之的解也”。

此外，论转注的还有清人朱骏声《转注》、许宗彦《转注说》、许瀚《转注举例》、郑献甫《六书转注说》、张行孚《转注》、黄以周《考老转注说》、曾国藩《与朱太学书》等，近人刘师培《转注说》、陈汉章《转注释例》、汪荣宝《转注说》、力钧《五百四十部为建类一首凡部之属皆从某为同意相受说》等，不一一赘述。

4. 假借类 13 种

有关“假借”的论说也是言人人殊，有的从分类上来研究假借，有的认为假借是造字法，有的认为是用字法，有的遵从许慎说，有的另作定义，等等。所论可资参考。

清吴傌《说文假借例释》，指出假借有本无其字的假借、本字的假借、同音假借三种，又将“读若、读与”视为假借的方式之一。孙孝楷《说文假借例说》，指出假借的正确理解在于“讬事”，“即一字而讬之以事，如西者，别于三隅者也，讬之于鸟在巢之西”。托事假借与引申不同，“引申者，实字而虚用之也；讬事者，另成一事，与本义微有合处，然必实有其事也”。又辨析“凡讬事假借，必在古人制字时，依声假借，则在后人用字时，其时字已多也，许君谓本无其字者，指创用假借者而言，在今则多有本字矣”。蔡金台《六书假借说》，分假借为制字之假借和用字之假借，“盖制字之假借，依其声，变其义，而于字则无所增省”，而“若艸之为草，曼之为蔓之类，则其体变易，虽例得相假而实则为古今之异用，盖用字之假借也”。叶濬《六书假借说》，定义假借为“其得为制字之体者，假此为彼，以一字兼两体，非舍此从彼，混两字为一用也”。批评“因借字而别造正字”和“因借义而转堙本义”的造字行为，区别制字之假借和用字之假借。孙诒让《与王子庄论假借说》，从许慎六书说，批评王子庄将假借中的例字“令长”破读为“今长”而改变假借定义的做法。

《诂林》已收入却未列入目录的假借类论著还有孙济世《说文解字假借考》、朱骏声《假借》、胡秉虔《假借》、侯康《说文假借例释》、曹应钟《六书假借论》、张行孚《六书假借》与《说文解说中字通用假借》、黄以周《令长假借说》等，兹不赘述。

5. 合论转注假借类 2 种

胡琨《六书假借转注说》，尊段玉裁的转注假借说并为之申述，谓“其说以为异义同字为假借，异字同义为转注。假借生于字不备，借他字为之，不必一字数音者，始为假借也，令借为邑令，长借为亭长，特其显者耳。转注即训诂，一字反复相训为转注，数字合为一训亦转注也。考训老，老训考，亦其显者耳。尝推究其说，而广其所未备，得假借之例九，转注之例十有二焉”。把假借和转注分为正例和变例两类展开论述，有合理者也有牵强者。刘昌龄《说文转注假借说》，主要驳正江艮庭的转注假借说，谓其“同部之字即转注”是求之太过，又批评其混淆引申与假借，谓“引申因字而得谊，假借因谊而得字，二者迥殊”。

三、训释类 86 种

训释类的著述 86 种，主要以《说文》释义为主要研究对象。这类文献又可分为六类：围绕段玉裁《说文解字注》展开的 10 种，围绕桂馥《说文义证》展开的 2 种，围绕王筠《说文句读》《说文释例》展开的 2 种，围绕朱骏声《说文通训定声》展开的 2 种，围绕《说文》字义解释展开的各家训释研究 70 种。虽然各家训释著作占数量最多，但清代《说文》段、桂、王、朱“四大家”的影响最大，《诂林》正文总是先列四大家及其研究著作，《段注》类又列在最前面，故介绍四大家类较详，其他类稍略。

1. 段注训释类 10 种

清段玉裁《说文解字注》，为《说文》学千年第一要籍，因有专章介绍，在此不赘。钮树玉《段氏说文订》，指出段注与许书的六点不同，再用自己以《玉篇》等书校正《说文》的成果来补订《段注》之不足，如“捲”字下订：“《国语》曰有捲勇。注云《广韵》引《说文》‘有’上有‘子’字。按‘子’字当不误。然《系传》《韵会》作‘予’，《篇》《韵》并同。”徐承庆《说文解字注匡谬》，缪荃荪“叙”云：“惟是（段注）卷袠既多，牴牾不免，如据大小徐前引用之文，与《广韵》《玉篇》等书，证传本之疏，而改原书之字，更有用意增减，定为许君本文，在先生自成一家之言，恐后学遂开武断之弊。同时元和江氏鏐、徐氏承庆、吴县钮氏树玉、乌程严氏可均、阳湖陆氏继辂，时驳其说。钮氏、徐氏皆成专书，钮氏书已盛行，徐氏成书后于钮氏，亦密于钮氏。”谓诸家均矫正段注之失，徐承庆成书晚于钮树玉，但比钮书更为精密，实际上徐氏正段，苛求不实处颇多。徐灏《说文解字注笺》，考辨段注、钮订等段注类著作的得失，多引经、传、字书、韵书为证，兼下己意，多有胜义，与钮树玉的《说文段注订》、徐承庆的《说文段注匡谬》为矫正、补充段注的代表之作，考辨精审，信而有征，言之有据，是研究《段注》的最为重要的参考书。

王绍兰《说文段注订补》，所补与钮树玉《说文段注订》、徐承庆《说文段注匡谬》多同，在多方征引上更为翔实。桂馥《说文段注抄案》，在所抄段注下加按语，有纠正段注之处，也有申发段注之处。龚自珍《说文段注札记》，刘肇隅“叙”谓“龚校有记段口授与成书异者，有申明段所未详者，亦有正段失者”。徐松《说文段注札记》，所记方式与龚自珍书近似。钱桂森《说文段注抄案》，多有见地，丁福保将钱桂森手批《说文》段注案语六十余条移录于段注各字后，标明“桂森案”。邹伯奇《读段注说文札记》，认为段氏注有“不能画一”者，当加以驳正之，如：“姪，兄之女也，从女至声。段改作‘女子，谓兄弟之子也，从女至声’，注云：各本作兄之女也，不完，今依《尔雅》正。又云：从女者，谓系乎姑之称也。许误会，用《公羊》兄之女也为训，非是。案：注许书本欲申明许义，故以群书引《说文》者校勘之，欲知刊本之错误，以复许君之旧耳。至若许义本如此，而他古籍有足补苴者，于注内详之可也。今因网罗繁富，遂奋笔而改本文，则谓之自撰字书可矣，岂作注之体乎？”批评段注改本文不是“注之体”。

段注以大徐本为底本，校勘考证，延伸训释，分古韵十七部而贯通诸字，由声音通训诂，为许学功臣。然段注不少地方勇于自信，武断有甚，后人匡正不少。以钮树玉的《说文段注订》为主，钮氏首先指出段注与许书的六点不同，后述自己研究《说文》之方法，即以《玉篇》等书校正《说文》等。其书性质与钮树玉所著《说文新附考》及《说文考异》略同，即以校勘明《说文》，可谓有功于段注。其他著作对段注也多有订正，如邹伯奇的《读段注札记》，从理论上总结段注之失，所得颇多，虽有勇于自信之嫌，然亦多有可观之处。

2. 义证类 2 种

桂馥《说文解字义证》，陈庆镛“叙”谓桂馥“自诸生以至通籍，垂四十余年，取诸经之义与许说相发明者，作为《义证》五十卷。每字钩玄探赜，征引群书，或数义或十数义，同条共贯，又参以商周彝鼎，精校至确，凡二徐本讹舛阙夺，详加厘订。……尝谓段书尚专确，每字必溯其原；桂书尚闳通，每字兼达其委，二书实一时伸伯”。如《说文》“授，予也，从手从受，受亦聲”，义证：“予也者，《广雅》同。《玉篇》‘授，付也’。《诗·缁衣》‘还予授子之粲兮’。《曲礼》‘男女不亲授’。《鲁语》‘今日必授’韦注‘授，予也’。《史记·留侯世家》‘沛公殆天授’。‘受亦声’者当为‘受声’。”征引各种典籍证明“授，予也”之义，最后兼下己意。许瀚《某先生校桂注说文条辨》，是对桂氏书的辨正与补充。

3. 句读、释例 2 种

王筠《说文句读》《说文释例》。王筠在《说文解字句读》自序中说明该书有五个与段注不同的特点：一是删篆，即删除后人羼入正文的篆文；二是一贯，即严格遵守形音义之间的关联性；三是返经，即返回《说文》所引汉代经典原貌；四是正雅，即订正《说文》所引《尔雅》的郭璞注；五是特识，即彰显许慎对文字说解的独到之处。《说文释例》为初学者铺平道路，细致而透彻地疏通《说文》的各种体例、条例，补段氏所未备，王筠在《说文释例》自叙中说："于古人制作之意，许君著书之体，千余年传写变乱之故，鼎臣以私意窜改之谬，犁然辨晳，具于胸中。爰始条分缕析，为之疏通其意，体例所拘，无由沿袭前人，为吾一家之言而已。"故能自成一书，解释《说文》全部体例，为后学指导入门的途径。

4. 通训定声类 2 种

朱骏声《说文通训定声》《说文通训定声补遗》。其门人谢增在"跋"中说：该书"导音韵之原，发转注之蒙，究假借之变，小学之教，斯焉大备"。朱骏声析古韵为 18 部，用以贯穿《说文》字系，打破《说文》据形系联的字形编排方法，按古韵及形声字声符重新编排，首创了声符检索体系。其"说文"是先就字形构造考明本义；其"通训"则列转注、假借两项，主要解释引申义和假借义；最后载声训、古韵，即所谓"定声"。其主旨不只专门研究《说文》，而是以《说文》为基础，研究汉语词义与读音的关系，以及汉字复杂的假借关系，从而展示汉字记录词义的系统性。王力先生评价："《说文通训定声》实在够得上'博大精深'四个字。段玉裁在《说文》研究上应该坐第一把交椅，而朱骏声则在词义的综合研究上应该坐第一把交椅。他的主要贡献不在于《说文》的研究，而在全面的研究了词义。"(王力《中国语言学史》，山西人民出版社 1981)《说文通训定声》在研究方法上的价值虽高，但也有美中不足之处，特别是所用材料主要来自《经籍籑诂》，核查原文不够，讹误不少。

5. 各家考释字义类 70 种

该类是各家以释义为依托来考辨《说文》诸方面的内容，考辨校勘释义的 4 种，通过释义来考辨字形的 18 种，考辨释义本身的 34 种，兼考音义的 1 种，其他的 6 种。

(1) 考校释义类 4 种

戚学标《说文补考》，自叙谓"因求得楚金书，细为雠校，附他所见，为《说文补考》"，是以徐锴《说文系传》为材料，用他书所得考校、补订其释义的缺失。如"撩，理也。《众经音义》谓撩捋整理也，今多作料量之料字也"。钱坫《说文解字校诠》，其凡例谓"校毛斧扆刊本之误，校宋本徐铉官本之误，校徐锴系传本之误，校唐以前本之误。诠许君之字只应作此解，不应以旁解仍用而使正义反晦；诠许君之读如此，而后人误读，遂使误读通行而本音反晦；诠经传只一字而许君有数字；诠经传则数字而许君只一字"，即校四种而诠四种。如《说文》"掊，把也，今鹽官入水取鹽為掊，从手咅聲"，校诠："唐本作捊。《史记索隐》引抱也。"既校正又诠释。王玉树《说文拈字》，伊秉绶"叙"谓该书做了"考经、辨体、审音、订误、校附、正讹"等工作。于鬯《说文职墨》，据经传所用材料来考校《说文》释义，如"庭"字引小戴礼《檀弓》《杂记》《月令》及《尔雅》《释名》等书用例与训释，考证《说文》"庭、廇"二字训释当互异。

(2)因义辨字类18种

该类研究以《说文》释义为基础，借以考辨字形的构造、应用、联系和发展。或从构形意图角度，或从字义演变角度，或从经传异文角度，或从用字讹变角度，涉及面很广。

清潘奕雋《说文解字通正》，通过释义来辨别通用字、正字，如《说文》"摩，研也，从手麻聲"，通正："《诗》'如琢如磨'，释文：磨本一作摩。《汉书·食货志》令不得摩取鋊。是摩、礳通字，磨省字。"王鸣盛《蛾术编·说字》，借释义以说形。如"弋"下《蛾术编》引《玉篇》云"今作杙"，交代古今字形的演变。李富孙《说文辨字正俗》，依义辨正字形的正俗，如《说文》"孅，鋭細也"，正俗："糸部曰：纖，细也，按二字训同，而义微别。《汉·食货志》古之治天下至孅至悉。《王吉传》孅介有不具者。古虽通用纖，然纖主谓丝之细。《方言》缯帛之细者谓之纖。《禹贡》厥篚元纖缟，厥篚纖纩。《楚辞》被文服纖。则不可通作孅也。"在"丝之细"义上，"纖"是正字，"孅"是通用俗字。高翔麟《说文字通》，自叙谓"因即许氏编中，有见于他书，其某字即为今某字者，犕一援引诠释，名之曰字通"，引用典籍训释来辨析通用字间的复杂关系。胡秉虔《说文管见》，通过引经释义来贯通篆文、隶变的字形，如隶书"拱"字有"竦手、敛手、两手大指头相拄"三义，与篆书字形、重文拜可以贯通。李赓芸《炳烛编》，集中讨论新附字中的古今文字问题。饶炯《说文解字部首订》，对《说文》部首字解义析形，力求说清其构形意图，是系统解析《说文》部首的重要著作。朱孔彰《说文粹》，主要考论《说文》"古文"字体的构形意图。

惠栋《九经古义》，书中有专论《说文》部分，主要考辨经今古文中的字形演变问题，如用《齐诗》笺、古文《尚书》注、《史记》等训释材料考订"驛字古文为"悌"今文为"圛"。陈潮《东之文钞》，其论《说文》部分以考释字形变异为主，如"求"为古文而"裘"为篆文，《说文》同字同义，后别为二字而义异。臧琳《经义杂记》，其论《说文》部分以考证经典用字为主，如考证"贡、赣"不同，《论语》"子贡"当为"子赣"等。钱大昕《十驾斋养新录》，其论《说文》部分也以考辨字形为主，如考订"娓即美字""悉蟀即悉蟹"等。孙诒让《籀庼述林》，其论《说文》部分亦以考辨字形为主，如考"簣、匱、簒、纂、尊”之间形义关联变化的复杂关系等。俞樾《达斋丛说》，以考辨《说文》字形为主，如考论“檕”即“槛”字等。林昌彝《温经日记》，其论《说文》部分对段注考释不精处提出异议，如段注只言“郊、岐”之别，林氏考证“郊”是本字而“岐”是或字，强调二者之同。徐鼒《读书杂释》，其论《说文》部分以考辨字形演变为主。如考定簷霤之霤以“霤”为本字、“溜”为音近假借字、“廇”为或体字等。潘任《双桂轩答问》，其论《说文》部分以问答形式辨正字形，如论《说文》“虫、䖵、蟲”分三部，乃本义相同而分义各别。今人罗振玉《读碑小笺》，其论《说文》部分据碑文论证《说文》字形，如“《说文解字》段氏注谓，八部之兆字即卜部之𠧞，兆乃正字，𠧞乃后人所增，其说甚当。唐高士廉茔兆记篆额写兆字正作兆，不作𠧞，可为段说左证”等。

(3)辨正释义类38种

该类文献有专书，也有著作中的专题论文，主要是广引材料来考论《说文》某些字的释义，探讨造字本义、引申义、假借义等问题，兼论字的形义、音义之关系。方法多为引经传文献来疏通证明字义训释。

毛际盛《说文述谊》，其自叙谓“述谊者，述许君之谊，并述所闻于少詹事之谊也”，即申述许慎及钱大昕所释之义。俞樾《兒笘录》，对许慎所采古人造字时的本义“择其是而违其非”，表明自己的看法，如认为《说文》“始”训“女之初”不确，广引文献证明当训“生”义。潘任《说文粹言疏证》，援引经传对《说文》中的某些释义作重新解释。章太炎《小学答问》，其自叙云“既为陈先正故言，亦以载籍成文，钩校枉韦，断之己意，以明本字借字流变之迹，其声谊相禅，别为数文者，亦稍示略例，观其会通”，主要讨论本字、借字在音义上的演变关系。邹汉勋《读书偶识》，广引经典用例来考释《说文》的字义说解。张文虎《舒艺室随笔》，其论《说文》部分主要是考辨字的释义。洪颐煊《读书丛录》，征引文献来考释《说文》字义。钱大昕《潜研堂集》，其论《说文》部分主要是考释字义，如据《吴越春秋》论证《说文》“弔”字构形乃“从人持弓会驱禽之义”等。

其余的，如李慈铭《越缦堂日记》、恽敬《大云山房杂记》等都对《说文》部分字义训释作考辨，此类较零散的考辨还有很多家，不能备列。

(4)词源学研究类1种

近人章太炎《文始》，吸收词源学系统理论，以《说文》小篆字系为对象，以语音通转为线索，索本推源，理流观用，通过语根字族的探索来建立汉语同源词系统。具体方法，是以《说文》独体字为初文，合体象形、指事、省变、兼声、迭体为准初文，得510个初始字形作为语根，其他合体字都是由此发展变化而来。又把初文派生合体字的变化途径归纳为“变易、孳乳”两种：音义相同或音近义同而字形不同的是变易，义自音衍而有迹可寻的是孳乳。又定古声21纽、古韵23部，作《成均图》阐明对转、旁转之理。全书按韵分初文为九类，再依声韵关系分析变易、孳乳的条理，用声音的通转把意义串联起来，形成音义贯通的同源词族系统。如《文始》卷一“歌泰寒类”：“《说文》：戈，平头戟也，从弋，一横之，象形。此合体象形也。旁转鱼，孳乳为戟，有枝兵也。戈者，柯也，犹戟之从榦，训有枝。孳乳为柯，斧柄也，《诗》言伐柯，疑本为枝柯。戟孳乳为辂，枝辂也，《玉篇》曰：辂，枝柯也。柯辂相转，犹寄与客、驾与辂矣。(《释诂》柯训法，后人言格令，格即柯也)柯对转寒，则孳乳为斡，蠡柄也。”可见《文始》以《说文》为材料，研究角度与前人全然不同，创建新的理论和方法，并全面建立语根词族系统，为《说文》研究、汉语语源学的建立开辟了全新的研究道路。

(5)杂释类9种

有释《说文》各种体例的，有探求音义源头的，有释疑证疑的，有杂录杂释的，有笔记类的，都以释义为主，故集为“杂释”大类。

通过归纳、疏通义类来明训释。高学瀛《说文解字略例》，认为《说文》的说解内容有八个大例：“一曰建首也，二曰本义也，三曰辨形也，四曰审音也，五曰引经也，六曰别说也，七曰互见也，八曰通训也。由前四例足以见许书之精严，由后三例足以识许书之通变，而引经一例，则见许书皆有所依据而非以己意为臆度也。”大类之下又各分若干小类，细致而详备。江声《说文释例》，上卷释字例，下卷释音例。如“婬，此许姦婬字，俗用淫为之。毐下秦始皇母与嫪毐婬，亦改为淫矣。经典虽沿用，而说字之书不可乱也”。释“婬”为正字而“淫”为俗字，字书依例不应变乱正俗。

通过解析各种重文的字形来明《说文》的训释。杨锐《秦汉碑篆文考》，以秦始皇峄山碑和汉代元氏三公山碑所用字形来考析《说文》的字义训释。如“强，从口，《说文》无此字。《说文》弓部：彊，彊弱字也。虫部：左弓右厶下从虫，蚚也。徐锴谓秦刻石从口，疑从籀文省，旧说如此”。又如“四，作[illegible]，《说文》四部：四，阴数也，象四分之形。此从口而乂其中，正合四分之象”。杨锐云：“统观两朝碑刻数十通，其合乎许氏者固多，离乎许氏者亦不少，……存以备艺林之稽考可尔。”道管《说文重文管见》，专释重文以明义训，如《说文》“直，正見也，从乚从十从目，[illegible]，古文直”，管见按“《书》木曰曲直”，借重文从“木”义来落实构形本义。刘师培《古文字考》，用经典文献用字来疏通《说文》字义。如“《说文》被，寝衣也，长一身有半，从衣皮声。被为衾属，若《诗·采蘩》被之僮僮，毛传训被为首饰，考其本字，寔当作帤。《说文》帤，覆衣大巾也，从巾般声，或以为首帤。《文选·

思玄赋》李注复引首幓作首饰，与毛传被诂宛符，盖幓为覆衣大巾，首饰之幓亦取覆义，故首饰之诂即由覆谊引伸。皮声、般声古音通转。《诗·东门之枌》市也婆娑，《说文》引作幓。《尔雅·释训》婆娑，舞也。李巡注本亦作幓，均其证也。被从皮声，故即假被为幓，郑笺以被为髲鬄之髲，与《说文》别，陈奂《毛诗疏》已驳之”，认为“幓”即“被”本字。

通过笺识、杂录、笔记、漫议等方式评析《说文》字义。王煦《说文五翼》，用“证音、诂义、拾遗、去妄、检字”五种方式来解形释义。许棫《读说文杂识》，是读书笔记型的，有论述也有考释。王宗涑《小学说》，其叙谓该书“于字因声制、声随义转之所以然，无不曲尽”，随文札记，偏重因声求义与探索语源。孙雄《说文解字义有至理名言述》，将文化因素引入字义训释，如“示部：神，天神引出万物者也；祇，地祇提出万物者也。合之鬼下说解云：人所归为鬼。与《周官·大宗伯·大司乐》所云天神、人鬼、地祇，其文正相合。许君盖暗用《周官》为说也。《祭义》载孔子与宰我论鬼神之义，验之许说，亦不相背。后儒或谓至而伸者为神，反而归者为鬼，不及许义之精矣”。郑知同《说文商义残本》，也多从经典文化阐释角度来明《说文》字义。

四、音读类 9 种

《说文》原本没有反切注音，除了少数直音外，“某声、某省声”的谐声与“读若”就是重要的音注材料。音读研究文献有 9 种：旧音 2 种，谐声 4 种，读若 3 种。

1. 旧音 2 种

清毕沅《说文旧音》，是辑录唐以前人所作《说文》音注的，其自叙谓“唐以前传注家多称《说文解字》音，《隋书·经籍志》有《说文音隐》，疑即是也。因摭录之，以资考证”。该书搜集了陆德明《经典释文》、李善《文选注》、李贤《后汉书注》、徐坚《初学记》等 13 种唐人传注中所引的《说文》音注，颇为详尽。近人胡玉缙《说文旧音补注》，其自叙云：“向读《说文》，见二徐俱用反切，以为许君既言从某声、读若某，不烦反切。后读隋唐《经籍志》，知有《音隐》，惜其不传。迨睹毕秋帆先生辑本，宝玩莫已，穆然想见其抱残守缺之盛心。顾其书於所采之书，止载书名，未标篇第。因仍梁氏《仓颉篇补注》意，一一考其所出，又于诸书所引未及比附，往往误认通俗字为正字，间正其失，并益以补遗若干条。”是对毕沅《说文旧音》的补遗兼论证。

2. 谐声 3 种

清宋保《谐声补逸》，其自叙谓“世人往往不信合音之说，要之所谓合音者，非晋唐诸儒之所谓协也，尝于此反复研求，而深信其说。原夫古人造字之始，多以此部之字，合彼部之声，即假借、转注之权舆。溯流以穷源，因此以达彼。犹某读若某，某读与某同之谊，其恉甚微而斧季未悉，于音近义同之字，鲜得其恉。嗟乎，非好学深思心知其意，未易为浅见寡闻者道也。许氏于古籀重文，皆于有声者箸其声，今多阙而不载，非许氏之旧矣。保不维檮昧，思补前贤之所未逮，于声之传写脱落者与夫徐氏所删者，详考诸书，引《说文》及《系传》所载，信而有征，博访通人，或下己意，不嫌就偏旁部分比例以穷其蕴思，举一以反三，冀溥本以肇末，犹徐氏志也，而声音之道加详矣”。又在后识中谓该书“依《说文》次弟，便检阅也。篆文补声三百有九，古籀重文补声八百卅有六，凡一千一百四十五，勿穿凿，勿附会，勿求多，勿悦寡，引类取证，必衷诸是，亦以还许君之旧，正徐氏之失而已”。如“抍”字补逸云“抍，重文作撜，登声。升、登同部，古通用。《仪礼·丧服》冠六升。注：八十缕为升，升当为登，此其证也”。“抍(撜)、升、登”古皆蒸韵字，所补“登”声更便于对字的音义关系的理解。陈立《说文谐声孳生述》，其略例云“因思声音之原起于文字，《说文》谐声则韵母也。归安姚尚书有《说文声系》一书，第部次不分，无所取择，且于会意、谐声不无歧误。乙未，客京师，假馆于广陵汪氏，因刺许书中谐声之文，部分而缀叙之，以象形、指事、会意为母，以谐声为子，其子所谐，又即各缀于子下，名曰《说文谐声孳生述》。其部次以《广韵》为质，诸家之或始歌终谈，或始之终歌，或始元终缉，皆不敢取，恐凿也。不立部首，而以一二为目，其部分以顾氏为主，而参以江、孔、戴、段诸家”。如“聯”字，《说文谐声孳生述》“聯，耳部，从耳从絲会意；[illegible]，齿部，齿见皃，从齿聯声”，可谓“会意为母，以谐声为子。部分而缀叙之”。苗夔《说文声订》，祁寯藻“叙”云“河间苗君仙麓，笃守亭林十部之学，而于十部之疏踳纠葛者，析疑解滞，首首入贯。盖亭林当椎轮之始，犹旁资众说，不无杂越；苗君则一以洨长为宗，惟专故精也”。谓苗书补苴顾炎武之罅漏而不变乱其条理，所订多精。如《说文》“婚，妇家也，从女昏”，夔案：“当据大徐本补昏亦声。”

3. 双声叠韵1种

邓廷桢《说文双声叠韵谱》，其自叙认为《说文》乃“形声之书”，云“尝考其例，以叠韵训者十之五，以双声训者十之一二。如天颠之为叠韵、旁溥之为双声，明显易知，读者皆晓。惟其于注语积字长赢中，必有双声、叠韵字以为之主。如神下云：天神引出万物，引与神韵也；祇下云：地祇提出万物，提与祇韵也。……盖许书教人因声以求义，余书则欲人因义以求声。知义之出于声，而声以正；知声与义之相比附，而古音以明。知许书之双声、叠韵凿凿如此，而群经之双声叠韵无不可读”。从注语中标举出双声、叠韵，然后取各家注本，聚相校勘，并对段注中不当之处提出自己的看法。如《说文》“媧，古之神聖女化萬物者也”，邓案“娲、化叠韵”。因义求声，又考求古音以明古义。

4. 读若3种

陶有铭《释说文读若例》，云“观其读若之例，一音之字有从本字之声者，如瑂读若眉，瑂本眉声；有从同得之声者，如逝读若誓，并从折声；有从得声之原者，如皿读若猛，孟声原从皿；有从未省之声者，如澩从水學省声，即读若學；有古音可互证者，如异读若余，嬩读若余，知与與异音同；有古文可互证者，如𠒐读若创，创即办之或体；有俗书可借证者，如唬读若暠，暠篆文作皓；有音义可相通者，如祘读若筭，祘与筭古通。又有随举二字以证音者，如倗读若陪位；有区别二字以证音者，如琜读若畜牧之畜；有引经传正音者，如琫读若《诗》曰‘瓜瓞菶菶’；有引经即以本字证本音者，如辵读若《春秋传》曰‘辵阶而走’；其非引经者，如该读若中心满该；有引方言证音者，如䣝读若汝南人写书之写；有引地名证音者，如婠读若楚郤宛；有不能得其音，拟一物以髣髴者，如蠸读若蜀都布名之例；有不能达其意，拟一事以譬况者，如炔读若烟火炔炔；又若二音之字有引经者，如瞿读若拘，又若良士瞿瞿；其非引经者，如菐读若颁，一曰读若非；有二音属转音者，如皀又读若香；有二音用叠韵者，从读若钦崟；有阙声而有读者，如芇阙，读若宀；有引通人说音者，如囧读若犷，贾侍中说读与明同；又有三音之字，如丨上下通也，引而上行读若囟，引而下行读若退。读若又有变例，如开读若箕同。变读若为读与，此又一例，说解中十余见，与读若无甚区别，不必曲为之说。读如，匿下一见，不得为例。按二音三音之字，多一音一义，有音兼义者，有音变而义不变者，有音变而义随变者。是在好学深思，心知其意，兹特言其大略耳”。陶氏归纳出《说文》24种读若条例，又探讨其变例，详尽而明晰，足资参考。

金毂元《释说文读若例》，谓“读若者，明其音之有正变也，明其义之可通借也。今试循其例，拟辑声雅一书”。归纳《说文》读若有取本声、转音者，有取同义者，有用本字以明正音者，有用孳生之字以明通借者，“要而言之，曰取本音以正俗读，曰取转音以存师读，曰取音义之同以明古今之通借，三例足以括之矣”。

叶德辉《说文读若字考》，其自叙云“读若得文字声音之原，此余撰《说文读若字考》所以发明古字通假之奥，将使人人能读古书，不至妄有疑义，动加改窜也”。如“婠，体德好也，从女官声，读若楚卻宛。按：綰（婠）、宛古音同部”。叶氏通过读若的古音联系来考订文字的音义本原。

五、文字类 12 种

用各种出土文字、《说文》小篆未收之“逸字”来正《说文》字形说解之不足，借以考订文字本形，分析构形意图，清理字形发展源流，求本字，辨通借，别伪体，有功于许书。

1. 金石、甲骨类 6 种

吴大澂《说文古籀补》，其自叙云：“大澂笃耆古文，童而习之，积三十年，搜罗不倦。又获交当代博物君子，扩我见闻，相与折衷，以求其是。师友所遗拓墨片纸，珍若球图，研精究微，辨及瘢肘。爰取古彝器文，择其显而易明，视而可识者，得三千五百余字，汇录成编，参以故训，附以己意，名曰《说文古籀补》。盖是编所集，多许氏所未收，有可以正俗书之谬误者，间有一二与许书重复之字，并存之以资考证。不分古文、籀文，阙其所不知也。某字必详其器，不敢向壁虚造也。辨释未当，概不羼入，昭其信也。”如“天”字，“，人所戴也。天体圆，故从；许氏说天大地大人亦大，故大象人形，盂鼎。彔伯戎敦。颂鼎颂敦，从一大。归夆敦。无萁敦，盖天子古文奇字也”。今人丁佛言《说文古籀补补》，其自叙谓：“取吴窓斋《说文古籀补》一书，就生平所见秦前文字为吴著所未及者，更补三千八百余字，名曰《说文古籀补补》。用之篆刻、金石，足济秦篆之穷。匋玺可为刻印之宗，而类别攸分，通叚足用。庶乎三代周秦各为一家，下接斯缪，截然不紊，或亦足为篆刻之一助，而为吴氏所许可乎。”主要是补充吴大澂的《说文古籀补》，并用为篆刻。

王国维《史籀篇疏证》，其叙录谓《史籀篇》云：“盖自三仓盛行，此书之微久矣。历城马氏国翰旧有辑本，顾多违失。阳湖庄氏述祖，作《说文古籀疏证》，自为一家言，专辄尤甚。最近瑞安孙氏诒让《古籀拾遗》，吴县吴氏大澂《说文古籀补》，但多记古器异文，不以铨释籀文为主。今就《说文》所录遗字疏通证明之。”主要是诠释籀文以明《说文》构字本义。如《说文解字》女部“妘，祝融之後姓也，从女云聲”，疏证：“，籀文妘从鼎。案：古金文妘字皆作嬶，或作鼽，与籀文同，无从云者。”这类诠释，材料详实，结论多可信。

容庚《金文编》，马衡叙谓吴大澂《说文古籀补》遗漏尚多，材料不纯，体例亦未尽善：“容君希白因其书而补辑之，一以金文为限。分上下两编，上编为殷周，下编为秦汉，后出诸器，并见采辑，稍涉疑似，即入坿录。其赅博矜慎之处，视吴书有过之无不及也。”

商承祚《殷墟文字类编》，编次其师罗振玉等研究殷墟甲骨文的成果，有所增补，兼附己说，列字次序与《说文》字系相对应。其自叙云："师之书既行于世，然数年以来，手自增订之处，盖不下数百科，而待问编中存疑之字，师与海宁王静安先生又各有增释，盖几近十分之一。师悉以授祚，祚亦增释得若干字。又书契文字变化至繁，一字异形，动至数十，师书不过举其大凡，祚亦增补得若干字。因用《说文》分部次序，将师书重行编次，而以鄙说附焉。凡诸说解，并仍师旧，或有引申，则称祚案以别之。"如"𨳌，卷四第十五页，𨳌同上，𨳌第十六页。象两扉形，次象加键，三则上有楣也"。

林义光《文源》，利用出土文字考订《说文》收字的构形意图，以明字源，创获甚丰。自叙谓："值兹宝器咸觐，文学继绝之时，爰就拓本所传，去伪存真，参互校覈。自宋以来，考释多谬，抉其理证，不敢雷同。观爻象之变，掇采遗文，以定文字之本形；审六书，窥制作之源，以定文字之本义。然后古文可复，先圣述作之意晓然可知，文化之盛，庶以不泯也。"

2. 逸字类6种

何谓《说文》逸字？或说乃《说文》所无，钮树玉《说文新附考》未及，经典中存在的文字；或说是徐铉所收而篆文遗逸者。

雷浚《说文外编》，俞樾叙谓：其书"先举四书中字，次及诸经中字，凡《说文》所无，钮氏《新附考》、《续考》未及者，皆于《说文》中求其本字，于他书求其通字，疑则盖阙，而《玉篇》、《广韵》中字之常用而不可废者，亦附及焉，其用力可谓勤矣。……其大要别伪体，定正假，无一字无根据，自是治经学、小学者不可少之书"。如《大学》"磋"字："《说文》无磋字，古通用瑳，陆德明大学释文可据。《荀子·大略》篇引《诗》亦作'如瑳'，《说文》有瑳字。"张鸣珂《说文佚字考》，其跋谓"窃以铉本注解中有其字而篆文遗佚者不少，虽其间不无后人校语羼乱，非叔重原文，然刘由希晶等字，决非后起。因随笔记之，得若干条，并博采通人之论，都为一册"。主要是对徐铉本注解中有其字而篆文遗逸的，博采众家，进行考释。如"蒺，艸部茡篆云：蒺藜也，从艸齐声。《诗》曰：墙有茡。严可均曰：蒺当作疾。《说文》无蒺字。《汉书·扬雄传》：掌疾黎。鸣珂案：《玉篇》：蒺，蒺藜。《广韵》同。《易·困卦》：据于蒺藜。《释文》：蒺藜，茨草"。

张行孚《说文逸字识误》，自叙谓："《说文》逸字，其见于古籀偏旁、篆文偏旁及解说中者，虽未尽为许书原文所有，然其为逸夺，塙然无疑，此《说文释例》'补篆'一篇所为可贵也。若孔氏正义，陆氏释文及诸书所引，往往有非《说文》中字而误以为《说文》者，虽其字必非古时所有，然近时讲小学者，每据而录之，以为《说文》逸字。愚窃有未敢信，爰甄而识之，以俟精《说文》者之教正焉。”如考释“询”为“恂”之别体，而驳郑珍将“询”看作逸字的说法不妥。

郑珍《说文逸字》，莫友芝后叙谓郑珍“誓通许学，见段、钱诸老书，证义虽备，而补正讹脱，未有专力为者。浏览条记，分别审录，得凡百六十五文，谓之《说文逸字》。系以解说讨论，分为二卷。偏旁所逸，本书可定，犹取它证，外百二十余文，益有凭证”。即以补逸为主，兼有考证。如“[illegible]，古文步。古文遠作[illegible]，陟作[illegible]，并从此。本书宜有此字，中从日，或以行之有常者莫先于日与？《汗简》步作[illegible]，所见许书似尚未脱”。郑知同《说文逸字附录》，旨在补充其父郑珍之遗漏。李桢《说文逸字辨证》，对郑珍《说文逸字》进行考辨补正，如《说文逸字》“[illegible]，黑贝也，从虫台声。见《广韵》十六咍，引今《尔雅》作贻，系假借俗字”，李桢曰：“《尔雅·释鱼》音义：贻下引《字林》作蛤，云黑贝也，大才反。是蛤字明出《字林》，《广韵》引误，不当据补。”

六、引经类 21 种

清人程际盛《说文引经考》二十卷，刊于嘉庆十年(1806)，条辨考析《说文》引经条目，得 2593 条；又载名籍引通人 27 处，可见许慎“博采通人，至于小大”之言不虚。近代学者从不同角度研究《说文》征引材料，借以考辨相应字的形、音、义，并评述许慎引经解字的方法、作用及其局限性。

1. 引经考辨字形类 5 种

明王育《说文引诗辨证》，主要是考证《说文》引经字形与今本经传的异同，如“婉兮[illegible]兮，今[illegible]作孌。案：𤔔，古治字。谓其静好而不乱，故从𤔔。孌，爱慕也，以代[illegible]字，非是”。清吴玉搢《说文引经考》，其自叙谓“考《说文》引经与今本之同异也”，故“反复推勘，参以昔贤经解，博考《释文》所列诸经异本，并及鼎彝碑版、班马文字、字书偏旁，考证韵书音读通转，久乃恍然有悟，知许氏故非尽冯肊改变，亦非尽别风淮雨，概归狱于转写之咎也。虽历年久远，不无疑误。揆诸旧说，难以尽通。然要其大端，尚有可考。或经师授受各殊，或篆隶相承递变，或形声近似即相通假，或以讹传讹渐至悬绝。故其间有与今本虽异而实同者，有可以并行而不倍者，有今本显失不考《说文》不足以证其误者。偏旁定而后训诂明，训诂明而后经解正，不惟可以箴宋人之膏肓，且并可以起汉儒之痼疾。其为经助，实非一端”。如《说文》“攕，《诗》曰攕攕女手”，引经考：“今《诗·卫风·葛屦》作掺掺，按《说文》无掺字，《韩诗》作纖，掺、纖皆攕之讹也。又攕、掺义虽近，攕音则为衫，今皆读为纖矣。”

清邵瑛《说文解字群经正字》，其自叙云：“《群经正字》非敢以字正群经，乃爰《说文》以明经字之有正也。……抽绎《说文》，考之于经，非偏旁之多舛，即点画之失宜，总之，经师之传习弥深，斯于书体之乖违愈甚。一一标识，名曰《群经正字》，或心有所见而未敢质言，各申其说以存疑案。”主要是用《说文》材料来证今本经字之正讹，如《说文》“娲，古之神聖女化萬物者也，从女咼聲”，正字：“娲字，于经典仅见《礼记·明堂位》女娲之笙簧。郑注：女蝸，三皇承宓羲者。作蜗，宋本、葛本皆同，毛本经注并作蜗，声同假借。正字当作娲。”高翔麟《说文经典异字释》，主要是考证字体的异同。如“大命不挚。女部作婺。案：婺，至也，读若挚同。《虞书》曰雉婺。《仪礼·士婚》疏引《尚书》一死挚。即婺也，二字通”。柳荣宗《说文引经考异》，其自叙云：“究今古文之别，明其通假之指，师读之异，兼正今本俗书之谬。”主要是以考辨今古文差别，兼辨今本俗书谬误。如“茕茕余在疚。女部：嬛，材紧也，从女瞏声，《春秋传》曰嬛嬛在疚，今哀十六年传作茕茕余在疚。案，嬛、茕古通用。《诗·周颂》嬛嬛在疚。许书宀部引作茕茕在疚。古環、营字通。《韩非子》自環为私，许书八部引作自营为私，故瞏声、营声字亦互通。许书卂部茕下曰回疾也，从卂营省声，引申为茕独，谓其徘徊无所依也。则茕茕为正字，嬛、瞏与㤚皆假借字。许引传无余字者，盖省节之。《檀弓》亦云茕茕余在疚也”。

2. 引经训释字义类 13 种

薛传均《说文答问疏证》，陈用光“序”谓“以阐发钱氏之旨，而亦有捄正其失者”。是对钱大昕《说文答问》的阐发与补正，如“(钱氏曰)：媞，即惿惿愓愓之惿。(疏证)：媞即姼之或体，美女也。与本义未合。案《汉书·叙传》姼姼公主。孟康曰：姼音题，姼姼愓愓，爱也。钱君即据此推之。然《说文》自有惿字，亦训为爱，何用望文生义。宜孟说为师古所不取矣也”。谓钱大昕据孟康训“媞”为“惿”不当，认为美女义的“媞”是“姼”的或体，“惿”专有爱义。承培元《广说文答问疏证》，吴翊寅“序”谓“江阴承先生培元广之以补其阙，自为疏证，然后知《说文》所有之字皆六艺群书所固有，今则习用通叚假，而本义寖失，正字亦寖废者，不知其凡几也”。它是对钱大昕《说文答问》的增广，如“捲，即无拳无勇之拳。案：捲，气势也。引《国语》有捲勇。今《国语》亦作拳。拳，手也。义别，以声通借。今用捲为收。卩部：卷，厀曲也。是卷曲正字。系部：絭，以绳纕臂也。是收絭正字。今用字不合古训，昧造字之原矣”。

陈瑑《说文引经考证》，自叙谓：“惟所称诸经，虽亦经传写移易，而证以他书，汉经师之训诂，七十子之微言大义往往而在。由文字以究声音，由声音以通训诂，研经之津逮，识字之指归也，其与今本同者盖不赘。”用文字之义与经义互证，如“《说文》揫，束也。《诗》曰百禄是揫。案：今作遒，传云聚也。《尔雅》：揫，聚也。《释文》云：揫，郭音遒。《说文》：遒，迫也。《广雅》：遒，急也。又云：遒，迫也。《楚辞·招魂》遒相迫些，注：遒亦迫也。本部揂，聚也。义皆与束相近，揫、遒声同义亦不异”。引经传训释证《说文》“揫”字经典所用“遒”声义皆同。陈瑑《说文引经互异说》，其自叙云“经师之本互有异同，其文异而义可通者，兼存之以俟后人之诀择”，主要是存《说文》所引与经文之异，互相疏通证明。承培元《说文引经证例》，吴翊寅“序”谓唐以前《说文》今无完本而散见于经史百家注疏音义中，承培元“因念鄦(许)书以引经为大端，而例最踳驳，疑后人所删改，校勘记中已发其凡，别撰此书，疏通证明，冀复鄦旧，由形声以考训诂”。即以经证字，字义明，经义亦明。如“匪寇婚媾。女部：媾，重婚也，从女冓声，《易》曰匪寇婚媾。案：此引《易》证字也，马说同郑，云犹会也。则以媾为遘之借字，与鄦、马俱异。冓本训交积材也，故从冓之字皆有重叠义，重婚犹云迭为婚媾也”。

郑文焯《说文引群说故》，自叙云：“又刺许书中二十七人之说，各为之故，董为是篇，仍以许例申其异证，剖而晰之，神诣可达。”是剖析许书所引通人之说，并依例申述证明之。傅云龙《说文古语考补正》，对程际盛《说文古语考》进行补正，序谓“惟程未就俗语之合六书者考之，亦未就许氏引语以说解形义半由声起者考之”，故对此类古方言俗语详作补正，如“自关以东取曰揜”条案：“《方言》：掩，索取也。自关而东曰掩，自关而西曰索，或曰狙。司马相如《子虚赋》《上林赋》李善注皆引《方言》揜，取也。《汉书·货殖传》颜师古注云：掩，谓掩袭取人物也。训同。又《方言》揜，藏也，吴扬曰掩。《广雅》揜，藏也。云龙案：此本义也。各本取上有谓字，今依宋本《方言》。今本作掩。《上林赋》善注引作揜。《广韵》揜，手揜物也。程引训藏诸说，又别一义，可为《说文》一曰覆也之证，与此无涉。”

此外，还有程棫林《说文引某说即系经说考》、李泽兰《说文引某说即系经说考》、罗厚焜《说文引经有用正训与次训不相蒙有用次训与正训不相蒙考》、唐梦庚《说文引经异同考》等，都是就《说文》引经来考辨义训的，不一一详述。

3. 引经兼释形义类3种

吴云蒸《说文引经异字》，段玉裁叙谓该书“取鄦氏之书所称经文与今经文异者，摭而汇之成书，系以笺释，疏通证明，靡不条贯。使通经者开卷即能融会经旨，知小学之指归。实能左右六经，不可不由此问津也”。如“柴，妇人小物也，《诗》曰屡舞姕姕。石经作傞。傞，醉舞貌。借傞字，下亦引《诗》。案：差与此本互用，《鄘风》玼兮玼兮，或作瑳兮瑳兮”。由声旁“差、此”互用而论证《说文》所引“姕”与今经文“傞”形异义同。

雷浚《说文引经例辨》，潘钟瑞“序”谓《说文》“古字少，经典字多，假借不尽用其本义也。许君引其用本义者，兼引其不用本义者，而字义之直指，字音之旁通，无不了然矣。后人不察，以诂经之法考《说文》之引经，拘泥则窒碍，泛滥则穿鉴，均之无当焉。将欲廓而清之，必先理其绪而分之，然后能比其类而合之。此雷深之广文所以有《引经例辨》之作也”。不能用诂经之法研究《说文》之引经，而要用小学之法来研究，雷浚书说明了这一点。如“閟，闭门也。《春秋传》曰閟门而与之言。庄公三十二年《传》：閟而以夫人言。此因上文闒篆下引《国语》闒门而与之言，转写者两涉而误，前字条依全书通例，当云《春秋》《国语》，今少《春秋》二字”。辨明“閟、闒”引经“两涉而误”。

郭庆藩《说文经字正谊》，广引经史用例，辨正文字形义，被评为“拾钱（大昕）之遗而靡陈（瑑）之失”。如“娉为聘则为妻之聘”条：“《礼记·内则》聘则为妻。郑注：聘，问也。庆藩案：聘当作娉。《说文》：娉，问也。与郑注合。《玉篇》：娉，娶也。《广韵》同。《集韵》：娉谓婚礼问名。《一切经音义》二：娉今作聘，问婚也。《系传》贝部谓：男无娉财以身自质于妻家为赘婿。《左·成十一年》传：声伯之母不聘。杜注：无媒礼。《释文》：聘，本亦作娉。《史记·春申君传》李园持其女弟，春申君曰娉人乎。《后汉书·乐成靖王党传》娉取人妻。《南蛮传》任延守九真，初设婚娉，始知嫁娶。《魏志·武帝纪》天子娉公三女为贵人。又邓哀王冲亡，为娉甄氏亡女，与合葬。《北史·高允传》光之以媒娉蠕蠕国，传求通婚。娉字皆从女，为昏娉正字。《说文》：聘，访也。《仪礼·聘礼》小聘曰问。《左·昭三年》传：三岁而聘。是聘为朝聘、聘问专字，与娉义别。”引数十种典籍，辨析“娉、聘”形与义的细微差别。

七、《诂林》所引书目汇列

总体梳理下来，《诂林》所引 481 种《说文》论著、文章中，较完整的《说文》研究著作有 201 种，以上对这些引用书作了内容分类并举例分析，此处全列书目如下：

1.《说文诂林·正文》158 种

（1）**魏 1 种**：魏《三体石经》。

（2）**南唐 1 种**：《说文系传》四十卷，南唐徐锴撰。

(3)**清人 132 种**：《说文旧音》一卷，毕沅撰；《说文古文考证》一卷，蔡惠堂；《六书假借说》，蔡金台；《六书三耦说》，蔡金台；《转注古义考》一卷，曹仁虎；《东之文钞·论说文》一卷，陈潮；《说文谐声孳生述》一卷，陈立；《读说文证疑》一卷，陈诗庭；《说文举例》一卷，陈瑑；《六书次第说》，程棫林；《说文双声叠韵谱》一卷，邓廷桢；《汲古阁说文订》一卷，段玉裁；《说文解字段氏注》三十卷，段玉裁；《经韵楼集·论说文》一卷，段玉裁；《说文字通》十四卷，高翔麟；《说文解字略例》，高学瀛；《说文段注札记》一卷，龚自珍；《说文辨疑》一卷，顾广圻；《说文段注钞案》一卷，桂馥；《说文解字义证》五十卷，桂馥；《读书丛录·论说文》一卷，洪颐煊；《说文管见》三卷，胡秉虔；《六书假借转注说》，胡琨；《六书指事说》，胡朋；《六书转注说》，胡朋；《柿叶轩笔记·论说文》一卷，胡虔；《说文旧音补注》一卷，《补续》一卷，《补注改错》一卷，胡玉缙；《对朱氏转注问》一卷，黄式三；《儆季所著书·论说文》一卷，黄以周；《六书通故》二卷，黄以周；《惠氏读说文记》十五卷，惠栋；《九经古义·论说文》一卷，惠栋；《六书说》一卷，江声；《说文释例》二卷，江沅；《求古录礼说》一卷，金鹗；《释说文读若例》一卷，金榖元；《说文疑疑》二卷，孔广居；《说文外编》十六卷，雷浚；《越缦堂日记·论说文》一卷，李慈铭；《说文辨字正俗》八卷，李富孙；《炳烛编》二卷，李赓芸；《说文逸字辨证》二卷，李桢；《六书说》，廖登庭；《温经日记·论说文》一卷，林昌彝；《说文转注假借说》，刘昌龄；《读书随笔·论说文》一卷，刘光汉；《古文字考》一卷，刘师培；《六书三耦说》，龙学泰；《钟山札记·论说文》一卷，卢文弨；《合肥学舍记·札论说文》一卷，陆继辂；《说文新附通谊》二卷，毛际盛；《说文解字述谊》二卷，毛际盛；《说文声订》二卷，苗夔；《说文系传校勘记》三卷，苗夔；《唐说文木部笺异》一卷，莫友芝；《说文解字校录》十五卷，钮树玉；《说文新附考》六卷《续考》一卷，钮树玉；《段氏说文注订》八卷，钮树玉；《说文解字通正》十四卷，潘奕隽；《说文补考》一卷，戚学标；《养新录·论说文》一卷，钱大昕；《潜研堂集·论说文》一卷，钱大昕；《说文新补新附考证》一卷，钱大昭；《说文段注钞案》，钱桂森；《说文解字斠诠十四卷》，钱坫；《六书转注说》，饶登逵；《说文古本考》十四卷，沈涛；《礼耕堂丛说·论说文》一卷，施国祁；《谐声补逸》十四卷，宋保；《说文说》一卷，孙济世；《说文解字义有至理名言述》，孙雄；《六书皆造字之本非有四体二用可分配说》，孙雄；《籀庼述林·论说文》一卷，孙诒让；《与王子庄论假借书》，孙诒让；《读书脞录正续编·论说文》一卷，孙志祖；《说文系传考异》四卷，汪宪；《说文新附考校正》一卷，王筠；《说文系传校录》三十卷，王筠；《说文句读》三十卷《补正》三十卷，王筠；《说文释例》二十卷《补正》二十卷，王筠；《蛾术编·说字》二十卷，王鸣盛；《王氏读说文记》一卷，王念孙；《说文段注订补》十四卷，王绍兰；《说文五翼》八卷，王煦；《说文拈字》七卷，王玉树；《说文古籀补》十四卷，吴大澂；《小学说》一卷，吴夌云；《说文假借例释》，吴偶；《席氏读说文记》十四卷，席世昌；《说文重文管见》一卷，萧道管；《说文解字注匡谬》八卷，徐承庆；《读书杂释·论说文》一卷，徐鼒；《说文解字注笺》二十八卷，徐灏；《六书指事说》，徐嘉言；《说文段注札记》一卷，徐松；《说文徐氏未详说》一卷，许溎祥辑；《攀古小庐文·论说文》一卷，许瀚；《某先生校桂注说文条辨》一卷，许瀚；《读说文记》一卷，许梿；《读说文杂识》一卷，许棫；《说文订订》一卷，严可均；《说文校议议》三十卷，严章福；《秦汉碑篆文考》一卷，杨锐；《小学述闻》二卷，姚衡；《说文校议》三十卷，姚文田、严可均；《六书假借说》，叶浚；《六书转注说》，叶濬；《说文职墨》三卷，于鬯；《兒笘录》四卷，俞樾；《达斋丛说》一卷，俞樾；《癸巳类稿·论说文》一卷，俞正燮；《六书次第说》，岳森；《大云山房杂记·论说文》一卷，恽敬；《经义杂记·论说文》一卷，臧琳；《言旧录·论说文》一卷，张金吾；《说文逸字考》四卷，张鸣珂；《舒艺室随笔·论说文》二卷，张文虎；《说文假借例说》，张孝楷；《说文发疑》六卷，张行孚；《说文逸字识误》一卷，张行孚；《四寸学·论说文》一卷，张云璈；《六书指事说》，章绍曾；《读段注说文札记》一卷，邹伯奇；《说文新附考六卷》，郑珍；《说文逸字》二卷，郑珍；《说文商义残本》，郑知同；《说文逸字附录》一卷，郑知同；《说文通训定声》十八卷，朱骏声；《说文通训定声补遗》一卷，朱骏声；《说文粹》四卷，朱孔彰；《说文校定本》二卷，朱士端；《彊识编·论说文》一卷，朱士端；《读书偶识·论说文》一卷，邹汉勋。

（4）**近代人 24 种**：《说文疑义》一卷，陈启彤；《说文古籀补补》十四卷，丁佛言；《六书浅说》一卷，胡韫玉；《说文约言》一卷，金钺；《文源》十二卷，林义光；《读碑小笺·论说文》一卷，罗振玉；《说文粹言疏证》二卷，潘任；《双桂轩答问·论说文》一卷，潘任；《六书例说》一卷，饶炯；《说文解字部首订》十四卷，饶炯；《金文编》十四卷，容庚；《殷虚文字类编》十四卷，商承祚；《转注说》，汤济沧；《说文二徐笺异》二十八卷，田吴炤；《观堂集林·论说文》一卷，王国维；《史籀篇疏证》十四卷，王国维；《说文校案》一卷，奚世榦；《六书辨》一卷，徐绍桢；《转注浅说》一卷，许笃仁；《说文读若考》七卷，叶德辉；《六书古微》十卷，叶德辉；《文始》九卷，章炳麟；《小学答问》一卷，章炳麟；《说文释疑》一卷，朱闇章。

2.《说文诂林·补遗》43 种

(1)**清人 34 种**:《六九斋馔述稿》三卷,陈瑑;《双研斋笔记·论说文》二卷,邓廷桢;《说文段注考正》十五卷,冯桂芬;《苏甘室读说文小识》一卷,何寿章;《说文部首表》,蒋和著、王筠校正;《西云札记·论说文》一卷,李枝青;《六书旧义》一卷,廖平;《砚秝绪录·论说文》一卷,林昌彝;《六书转注说》,罗汝怀;《说文又考》一卷,戚学标;《说文解字部首笺正》十四卷,宋育仁;《同文略例小篆通古文举要》一卷,宋育仁;《说文举孔子说字该括六书发微》,宋育仁;《石菊影庐笔识》,谭嗣同;《说文练习笔记》一卷,王国维讲授;《说文段注订补》十四卷,王绍兰;《字义镜新》一卷,王廷鼎;《说文佚字辑说》四卷,王廷鼎;《说文染指》二卷,吴楚;《六书类纂原体篇》二卷,吴锦章;《六书类纂正讹》一卷,吴锦章;《读篆臆存杂说》一卷,吴锦章;《偏旁溯原》一卷,吴锦章;《六书类纂补逸》一卷,吴锦章;《六书约言》二卷,吴善述;《说文广义校订》三卷,吴善述;《说文理董后编》六卷,吴颖芳;《六书转注说》二卷,夏炘;《攀古小庐文补遗》,许瀚;《说文籀文考证》一卷,叶德辉;《说文发疑续编》一卷,张行孚;《菑畝櫟论文》,赵曾望;《说文假借义证》二十八卷,朱珔;《说文校定本原稿》二卷,朱士端。

(2)**今人 9 种**:《说文闻载》二卷,谢彦华;《说文十干形谊笺》一卷,陈邦福;《殷虚书契考释小笺》一卷,陈邦怀;《说文举例》七卷,陈衍;《说文解字辨证》十四卷,陈衍;《转注正义》一卷,李翘;《说文系传三家校语抉录》一卷,王献堂;《簠室殷契类纂》十四卷,王襄;《小学定律·论说文》一卷,尹桐阳。

第三节 《诂林》"天"字汇解示例

《诂林》所收资料丰富,构架庞大,卷帙浩繁。为简要展示其概貌以利使用,这里选"天"字作为示例,列出《诂林》所收全部资料,以期收到见一斑以窥全豹的作用。

大徐本《说文》一篇上《一部》:"天,顛也,至高无上,从一大。他前切。"**《诂林》正文**:清钮树玉《说文解字校录》:"天,颠也,至高无上,从一大。他前切。"徐锴《说文解字系传》:"天,颠也,至高无上。从一大。臣锴曰:通论备矣,会意。听连反。"《系传通论》:"天,昔在太初,泱鬱吁渝,若埴在范,若金在炉,不煆不圯,实为太始,水泽火熹,各与类期,上属於天,下累於祇,圣人知之,物见其质,神示其情,圣人谋之,于是画一以象道。一者，妙万物而为形者也。生二以象两，二者，佴也，佴次也。天实先成，地实次之，人生其间，故二生三。三者，参也，天成地平，人参其间，然后万物形而礼义昭矣。《易》曰：天一地二。《老子》曰：天大地大。故于文一大为天，天之为言颠也，无所与高也。”清苗夔《说文系传校勘记》：“一行，煆当作暇。二行，累当作絫。”

清段玉裁《说文解字注》：“天，颠也。此以同部叠韵为训也。凡‘门，闻也’‘户，護也’‘尾，微也’‘髮，拔也’，皆此例。凡言‘元，始也’‘天，颠也’‘丕，大也’‘吏，治人者也’，皆于六书为转注而微有差别。元、始可互言之，天、颠不可倒言之。盖求义则转移皆是，举物则定名难假，然其为训诂则一也。颠者，人之顶也，以为凡高之称；始者，女之初也，以为凡起之称。然则天亦可为凡颠之称。臣于君，子于父，妻于夫，民于食，皆曰天，是也。‘至高无上，从一大’。至高无上，是其大无有二也，故从一大，于六书为会意。凡会意，合二字以成语，如一大、人言、止戈皆是。他前切，十二部。”

徐灏《说文解字注笺》：“笺曰：天者，人所共知，勿烦解说，故原其因声立名之始，而以同声之字释之。《易·传》曰：乾，健也；坤，顺也；坎，陷也；离，丽也；即训诂所祖。天之为言颠也，颠，顶也，谓在人上至高之处，故从一在大上，指事。大象人形，说见大部。段以为从一大会意，义得两通，此与‘止戈为武’‘人言为信’皆合二字会意。自序曰：会意者，比类合谊，以见指撝，武信是也。”徐承庆《说文解字注匡谬》：“按：释天为颠，言其至高，谓可为凡颠之称则不可通。臣于君，子于父，妻于夫曰天，尊之如天也。民于食曰天，谓民以食为本，郦食其言王者以民为天，以食为天是也，非颠之谓。天可训颠，而颠自训顶，凡言颠者，不能称天，树颠不可云树天，草颠不可云草天，山颠不可云山天，余如木颠、石颠、墙颠、岭颠、巢颠、塔颠、岩颠、崖颠、高颠之类，何可胜举？易颠为天，则不成文理矣。”

桂馥《说文解字义证》：“‘天，颠也，至高无上，从一大。他前切’。《说卦传》：乾为天。《河图·叶光篇》：元气闿，阳为天。《素问》：积阳为天，故天者清阳也。《易乾凿度》：清轻者上为天。《物理论》：水土之气升而为天。《楚词·天问》：天极焉加。《尚书考灵耀》：建用皇极。宋均曰：极，天也。《广韵》：天，上玄也。成公绥《天地赋》：天地至神，难以一言定其称，故体而言之则曰两仪，假而言之则曰乾坤，气而言之则曰阴阳，性而言之则曰柔刚，色而言之则曰玄黄，名而言之则曰天地。《吕氏春秋》：有始览天，有九野，东方苍，东南方阳，南方炎，西南方朱，西方顥，西北方幽，北方玄，东北方变，中央钧。颠也者，天颠声相近。《颜氏家训·音辞篇》云：逮郑玄注六经，高诱解《吕览》《淮南》，许慎造《说文》，刘熹制《释名》，始有譬况假借以证音字。赵宧光曰：《释名》以声为教，衣训依，龜训旧，琴训禁，马训怒，类也。戴侗曰：春之为言蠢也，夏之为言假也，秋之为言愁也，悳者得也，祖者且也，舍者舒也，子者滋也，丑者纽也，寅螾然也，卯茂也，辰言万物之蜄也，巳者阳气之巳尽也，未者味也；戌，灭也；宫，中也；商，章也；角，觸也；此所谓韵之相拟者也。毕尚书沅曰：爰自书契之作，先有声音而后有训诂。《易》曰：乾，健也；坎，陷也；兑，说也。《礼记》曰：仁者，人也；谊者，宜也。皆以声音相近为训释。阳湖洪君亮吉曰：古之训诂即声音。《易·说卦》曰：乾，健也；坤，顺也。《论语》曰：政者，正也。基之为始，叔向告于周㭨之为秏梓，慎言於鲁。又若《王制》：刑者侀也，侀者成也。展转相训，不离初音。汉儒言经咸握斯义，以迄刘熙《释名》，张揖《广雅》，魏晋以来，《声类》《字诂》诸作靡不皆然，声音之理通而六经之指得矣。馥案：诸言天者多取声近为训。《元命包》：天之言瑱。《礼统》：天之为言镇也，神也，珍也。《白虎通》：天之为言镇也，居高理下为人镇也。《释名》：天，豫司兖冀以舌腹言之；天，显也，在上高显也，青徐以舌头言之；天，坦也，坦然高而远也。《易》谓之乾，乾，健也，健行不息也；又谓之玄，玄，悬也，如悬物在上也。又案，诸与本书义同者，如《广雅》：天，颠也。《邓子》：贤愚之相较，若九地之下与重天之颠。《淮南·修务训》：今不称九天之顶，则言黄泉之底。馥谓顶亦颠也，《本草》：天门冬，一名颠勒。《山海经》作颠冬，此皆取颠为义也。至高无上者，《中庸》：峻极于天。《诗》：谓天盖高，不敢不跼；又曰：无曰高高在上。《笺》云：无谓天高，又高在上，远人而不畏也。《荀子·儒效篇》：至高谓之天。《礼器》：是故因天事天。注云：天高，因高者以事也。《韩诗外传》：天设其高而日月成明。虞喜《安天论》：天，高无穷也，深莫测。《文子》：高莫高于天，下莫下于泽，天高泽下，圣人法之。《释天》：穹，苍苍，天也。李巡云：古时人质，仰视天形，穹窿而高，色苍苍然。《抱朴子》引'宣夜说'云：天无质，仰而瞻之，高远无极，眼瞀精极，苍苍然也。《文选·求通亲亲表》：臣闻天称其高者，以无不覆。郑康成《尚书序赞》：尚者，上也，盖言若天书然。徐整《三五历纪》：天数极高，地数极深，盘古极长，后乃有三皇，数起于一，立于三，成于五，盛于七，处于九，故天去地九万里。《广雅》：天围闊南北二亿三万三千五百里七十五步，东西短减四步，周六亿十万七百里二十五步，从地至天一亿一万六千七百八十七里二十五步，从地至天一亿一万六千七百八十七里，下度地之厚与天高等。从一大者，六书会意也。《易·乾鉴度》：一大之物目天。《春秋说题辞》：天之言镇也，居高理下，为人经纬，故其立字一大为天以镇之也。《书品》：一画加大，天尊可知。又案《玉篇》：兲、𠑺，并古文。毛晃曰：𠑺象积气之形。”

王筠《说文句读》：“‘天，颠也’。《颜氏家训》所谓譬况假借以证音字者也。《元命包》：天之言填。《礼统》：天之为言镇也，神也，珍也。《释名》：天，颠也，坦也。皆此类。桂氏曰：《本草》天门冬，一名颠勒，《山海经》作颠冬。‘至高无上，从一大也’。颠者，顶也，与一大不甚相中，故加至高无上以引起之，若义与形相直者，则此句矣，后放此。《春秋说题辞》：天之为言镇也，居高理下，为人经纬，故其立字一大为天以镇之也。他前切。”《说文句读补正》：“筠案：颠冬者，急察言之，则合天门两字为颠也，古音天门颠三字叠韵。”（案：此句读补正，宜增入上文天注颠冬下。）王筠《说文释例》：“天字说曰：从一大。凡言从者，从其义也，一大连文，不可言从一从大，不可言从大一。此与人言为信，止戈为武同为正例。信字在言部，信以言为主也，而其说曰从人言，其词顺也，大徐不知而改为从人从言，谬也，果如所改，即当入人部矣，天字不入大部者，重一也。”

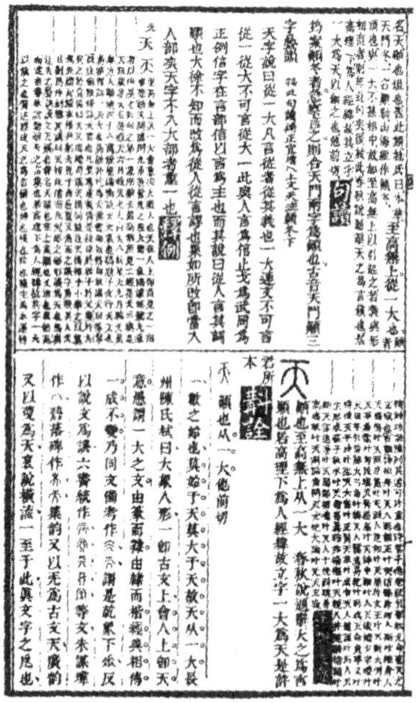

朱骏声《说文通训定声》：“天，至高无上，从一大，会意。按：大犹人也，天在人上，仰首见之；一，指事。《楚辞·天问》：圜则九重，孰营度之。按：九圜一气，鸿濛无体。九重者，以恒星七政命之。第一重宗动天，最高无所见，二经星天，三填星天，四岁星天，五荧惑天，六日轮天，七太白天，八辰星天，九月轮天，最卑近人，离地四十八万余里。《论衡·谈天》：天，气也。《鹖冠子·夜行》：天，文也。《广雅·释诂一》：天，大也。《易·说卦》：乾为天。《汉书·匈奴传》匈奴谓天曰‘撑犁’。［**转注**］《尔雅·释诂》：天，君也。凡至尊重者皆是，故臣于君，子于父，妻于夫，民之于食，皆曰天。又《周礼·司仪》：天揖同姓。注：天揖，推手小举之。

[**假借**]为先，《礼记·缁衣》：惟尹躬天见于西邑夏。又为而之误字。《易·睽》：其人天且劓。马注：剠凿其额曰天。按：此借而为髡耏之耏，形误为天也。马、虞注失之。[**声训**]《说文》天，颠也。《释名》天，显也，在上高显也；又坦也，坦然高而远也。《春秋说题辞》：天之言镇也，居高理下，为人经纬，故其字一大以镇之也。贺述《礼统》：天之为言镇也，神也，陈也，珍也，施生为本，运转精神，功效陈列，其道可珍重也。《诗》：君子偕老。疏引《春秋元命苞》：天之言镇也。[**古韵**]《诗·柏舟》叶天人，《雨无正》叶天信臻身，《何人斯》叶臻陈身人天，《鹤鸣》叶天渊，《旱麓》叶天渊人，《菀柳》叶天臻衿，《文王》叶天新，《大明》叶天莘，《桑柔》叶旬民填天矜，《崧高》叶天神申，《雝》叶人天；《仪礼·少牢礼》叶天田年引，《楚辞·大司命》叶辚天人。[**转音**]《易·乾》叶形成天命贞宁，又叶精情天平；《坤》叶生天，《大畜》叶正贤天，《革》叶成令天人；《越语》叶刑人天生形成；《庄子·秋水》叶天命名真，《韩非·杨权》叶天亲人并，《楚辞·惜诵》叶颠天雰，《远游》叶天闻邻，《招魂》叶天人千侁渊瞑身，《高唐赋》叶天渊论，《素问·天元纪大论》叶元天玄旋。”

钱坫《说文解字斠诠》：“‘天，颠也，至高无上，从一大’。”《春秋说题辞》：天之为言颠也。居高理下，为人经纬，故立字一大为天。是许君所本。”孔广居《说文疑疑》：“‘天，颠也，从一大，他前切’。一，数之始也，莫始于天，莫大于天，故天从一大。长州陈氏栻曰：大象人形，一即古文上，会人上即天意。愚谓一大之文，由篆而隶，由隶而楷，经典相传，一成不变。乃《同文备考》作[illegible] [illegible]，谓是乾象下垂，反以《说文》为误。《六书统》作[illegible] [illegible] [illegible] [illegible]等文。朱谋㙔作[illegible]。《碧落碑》作[illegible] [illegible]。《集韵》等又以兲为古文天。《广韵》又以[illegible]为天。邪说横流，一至于此，真文字之厄也。”

郑知同《说文商义》：“天，颠也，至高无上，从一大。”(大小徐、《韵会》一先、《释天》释文、《释天》疏，又《广韵》一先，末有也字)《玉篇》：“天，颠也，至高无一(《古唐类范》卷百四十九)，颠也(《月令》正义，又《郊特牲》正义)。谨案：《古唐类范》当作‘至高无二’，于从一大之义尤切。姚氏据黄荛圃所藏旧本，特多脱误。今通行明陈氏《北堂书钞》作‘至高无上’，恐转出校者依徐本改。”

章炳麟《小学答问》：“问曰：《说文》天，颠也。易曰：其人天且劓。马融曰：黥鑿其额曰天。不解鑿额何以称天。答曰：天即颠尔，颠为顶，亦为额。《释畜》駒颡白颠，《周南·麟之定》传曰：定，題也，一本題作颠(颠、顶、定、題古皆双声，陆以颠为误，非也)。明題、颡得称颠矣。去耳曰刵，去鼻曰劓，去而曰耏，去豕曰豛，皆从其声类造文。去髌直曰髌，鑿颠直曰颠，不造它文，直粤本谊引而申之。又《刑法志》说秦刑有鑿颠，《山海经》说兽名有刑天，刑天无首，盖被鑿颠之刑，彼颠则指顶尔。”

陈柱《释天》：“《说文·一部》：，颠也，至高无上，从一大。柱按：天，龟甲文作，或作，盂鼎作，录伯戎敦作。吴氏大澂云：天，人所戴也，天体圆故从·。许氏《说文》：天大地大人亦大，故大象人形。近儒罗氏叔言云：《说文解字》天从一大，卜辞中有从二者，二即上字，大象人形，人所戴为天，天在人上也。许书从一，犹帝、示诸字从二亦从一矣。章氏太炎云：天为人顶，引申之为苍苍者。柱按：合吴、罗、章诸说，则可知天字之正解矣。盖天本训颠，《易》曰：其人天且劓，即其人颠且劓（本章氏说）。颠，顶也，天为人顶，故龟甲文之，金文之，皆象人形，口与·皆象人首。大字本象人形，而所重不在顶，故首形不显。天字则所重在顶，故首形特大也。龟甲文有从二作者，当即之或体，前者象形字，后者会意字也。从二从，二，古文上字，大，人也，亦示人最上之处则顶也。龟甲文之与小篆之殆即一字，亦犹元与兀为一字也。天与元声义均相近。”

吴大澂《说文古籀补》：“，人所戴也，天体圆，故从●。许氏说天大地大人亦大，故大象人形，盂鼎。录伯戎敦，颂鼎、颂敦，从一大。归夆敦。无其敦，盖天子古文奇字也。”丁佛言《说文古籀补补》：“毛公鼎。同齐侯壶。克簋。豆閉敦。石鼓。”林义光《文源》：“天，臻韵，铁因切。《说文》云：，颠也，至高无上，从一大。按：一大非义，天本义为颠，古作（盂鼎），从大象人正立形，●以示人之颠。或作，变●为一。穹苍之天类人顶之至高无上，故借字为之。天既为借义所专，始复制颠字，颠、天古同音。”容庚《金文编》：“天，盂鼎。毛公鼎。周公敦。䧹伯敦。录伯敦。克簋。无曩敦。颂鼎。虢叔钟。齐侯壶。”商承祚《殷虚文字类编》：“《说文解字》天从一大，卜辞中有从二者，二即上字，大象人形，人所戴为天，天在人上也，许书从一犹帝、示诸字从二亦从一矣。”

总体看来，“天”字下，《诂林》汇聚了二十来家的著述。有大徐、小徐原本，有清代《说文》四大家的说解，也有近代研究者的新成果。有校勘，有释义，有释例，有引经，有析疑，有补正，有说音，有声训，有析形辨体，有出土文字补正，不一而足。真是众说皆备，古今兼赅，收罗繁富，说解透彻，取舍便利，足资参考。

第四节 《诂林》的价值、不足与未收书补目

张滌华在《类书流别》中论类书的功用道："由今观之，类书为工具书之一种，其性质实与近世辞典、百科全书同科，与子、史之书，相去秦越。语其义界，则凡荟萃成言，裒次故实，兼收众籍，不主一家，而区以部类，条分件系，利寻检，资采掇，以待应时取给者，皆是也。（张滌华《类书流别》，商务印书馆 1985，第 4 页）《诂林》是小学训释纂集型的类书，完全具备类书的这些功用和特点。

《诂林》用原书剪贴的新颖方式汇聚第一手资料，保存原貌，不失本真，创造了"诂林"体，对小学纂集型类书的编撰具有典范性影响力。《说文解字诂林》之后出现的小学诂林类著作很多，重要的有《金文诂林》（香港中文大学出版社 1975）、《虚词诂林》（黑龙江人民出版社 1992）、《广雅诂林》（江苏古籍出版社 1992）、《尔雅诂林》（湖北教育出版社 1999）、《甲骨文诂林》（中华书局 1999）等。

《诂林》虽然构架庞大而资料繁富，但绝不是简单的资料汇聚，而是以其框架与编排体例的精心安排来展示《说文》学的系统性，为学习、研究者提供很好的《说文》学知识基础和学科体系。《诂林》前一部分体现《说文》学的理论性，前编上、中、下就是集列以"六书"为主的有关《说文》学以及传统汉字学各方面的论述，实际上是对《说文》学、汉字学的历史发展和研究状况进行了整体性的理论阐述，有利于系统把握《说文》学和汉字学的理论与方法；正文以后部分体现的是《说文》学的体系性，尤其是汉字的注释体系，把各家的说解条分缕析地汇列于每个被释字头之下，包括相关的辑佚、校勘、考据内容，让读者成体系地获得和掌握相关的知识，选择所需要的内容，从而对汉字体系有正确的整体把握与认识。当然，《诂林》也有其不足之处，需要说明、补充的有如下几点：

一、《诂林》失收某些著述的原因

《诂林》收书繁富，有不少海内罕见之书，版本精良，编排明晰，可谓详细博赅、汇罗美备，正如近代人吴稚晖所说："惟取《诂林》读之，揭一字而众证互陈，兴味增添，如睹公堂会审，是非曲直无不毕显"，又"据《诂林》所编索引，欲检得任何一字，以十秒钟可以立得"，"真治小学者之宝筏"。（以上吴稚晖对《诂林》之评语，见丁福保《说文解字诂林》第一册，中华书局 1982，第 7~8 页）

《诂林》虽然汇罗美备，但仍有不足之处。最主要的，是由于种种原因导致很多好的著述没能收进来。一是想收而未及收的，有的是得书太晚而未及编入，如冯桂芬撰十五卷本《说文解字段注考正》、汤济沧《说一》、廖平《六书旧义》、吴颖芳《说文解字理董后编》、李翘《转注正义》等后来收入《补遗》中，而章炳麟《六书转注说》等则未能收入；有的是知有此书而久访未得，如王南陔撰《说文集注》等。二是因编纂思想而不予收录者，丁福保尊崇朴学而排斥宋明理学，故不收明赵宧光的《说文长笺》，认为其书"疏舛百出"，顾炎武《日知录》卷二十一也批评《说文长笺》"将自古相传之五经肆意刊改"。三是对新出的金石文字、断简残编等研究著作抱审慎态度，收录时宁狭勿多，以致如庄述祖《说文古籀疏证》这样的著作都未收录进来。

二、《续修四库全书》收录而《诂林》未收之书

一定时代的个人收集能力总是有限的，《诂林》失收的《说文》研究著述还有不少，有些是相当有影响的，如清刘熙载《说文双声》《说文迭韵》(古桐书屋六种，同治十二年刻本)就较典型，此类颇多，难一一详列。这里仅就《续修四库全书》所收而《诂林》失收的《说文》研究书目，因今获取方便，列出以备查考：

元杨桓《六书统溯原》十三卷，包希鲁《说文解字补义》十二卷。明魏校《六书精蕴》六卷，徐官《音释举要》一卷，吴元满《六书正义》十二卷，赵宧光《六书长笺》七卷。清惠栋撰江声参补《惠氏读说文记》十五卷，吴颖芳《说文解字理董》十五卷(存卷七至卷十五)，潘奕隽《说文蠡笺》十四卷，王念孙《说文解字校勘记》一卷，程际盛《说文引经考》二十卷，承培元《广潜研堂说文答问疏证》八卷，郑珍《说文新附考》六卷，陈寿祺《说文经字考》一卷，郑知同《说文浅说》一卷，杨廷瑞《说文经斠》十三卷补遗一卷，杨廷瑞《说文正俗》一卷，庄述祖《说文古籀疏证》六卷，姚文田《说文声系》十四卷，严可均《说文声类》二卷，江沅《说文解字音均表》二卷，陈立《说文谐声孳生述》不分卷，陈澧《说文声统》十七卷，等等。

三、《说文解字研究文献集成》收录而《诂林》未收之书

董莲池主编《说文解字研究文献集成》(作家出版社 2007)，"古代卷"14 巨册，选录清以前《说文》研究著作及散篇 175 种 200 余篇(卷)。其中，《诂林》正文、补遗均未收录，也未见于《续修四库全书》者有 86 种，可补《诂林》之缺，录目如下：

(1)**南唐 1 种**：《说文解字篆韵谱》，徐锴撰。

(2)**南宋2种**:《许氏说文解字五音韵谱》，李焘撰；《六书略》，郑樵撰。

(3)**元2种**:《六书故》，戴侗撰；《说文字原》，周伯琦撰。

(4)**清人81种**:《说文广义》，王夫之撰；《仓颉篇集本序》，孙星衍；《答江慎修先生论小学书》，戴震；《订说文显然误字说》，段玉裁；《段若膺说文解字读序》，卢文昭；《光禄观察公段氏说文签记》，王念孙；《桂未谷说文段注钞》，桂馥；《桂未谷说文段注补钞》，桂馥；《湖楼笔谈说文经字》，俞樾辑、宋文蔚疏证；《六书假借经征》，朱骏声；《六书例说》，谢崧梁；《六书论序》，戴震；《六书转注录》，洪亮吉；《名原》，孙诒让；《十驾斋养新录·论说文》，钱大昕；《说文劉字考》，段玉裁；《说文本经答问》，郑知同；《说文补例》，张度；《说文部首歌》，冯桂芬；《说文部首均语》，黄寿凤；《说文测议》，董诏；《二徐同异附考》，董诏；《说文答问》，钱大昕；《说文答问疏证》，薛传均；《说文段注拈误》，朱骏声；《说文段注撰要》，马寿龄；《说文尔雅相为表里论》，徐养原；《说文赓纂》，周绘藻；《说文广义》，程德洽；《说文建首字读》，苗夔；《说文解字补说》，吴善述；《说文解字段注考正》，冯桂芬；《说文解字均隶》，丁楙五；《说文解字木部残卷》，莫友芝摹刻；《说文解字羣经正字》，邵瑛；《说文解字双声叠韵谱》，邓廷桢；《说文解字索隐》，张度；《说文解字校勘记残稿》，王念孙；《说文解字校录》，钮树玉；《说文经字考》，陈寿祺辑、宋文蔚疏证；《说文经字考疏证》，钱人龙；《说文经字正谊》，郭庆藩；《说文偏旁考》，吴照；《说文审音》，张行孚；《说文声母歌括》，宣澍甘；《说文说(选录)》，孙济世；《说文提要》，陈建侯；《说文统释序》，钱大昭；《说文统系图》，桂馥定、罗聘汇；《说文谐声谱》，张惠言、张成孙；《说文佚字考》，张鸣珂；《说文义例》，王宗诚；《说文音义》，王煦；《说文引经考证》，陈瑑；《说文引经异字》，吴云蒸；《说文引经证例》，承培元；《说文引羣说故》，郑文焯；《说文韵谱校》，王筠；《说文重文本部考》，曾纪泽；《说文重字考》，俞正燮；《说文字原集注》，蒋和；《说文字原考略》，吴照；《说文字原韵表》，胡重；《文字蒙求》，王筠；《文字蒙求广义》，蒯光典；《文字通释略》，钟祖绶；《问字堂集·论说文》，孙星衍；《象形文释》，徐灏；《小学识余(选篇)》，朱骏声；《谐声表》，江有诰；《新订说文部首六书例读》，饶炯；《徐星伯说文段注札记》，徐松；《许君年表考》，陶方琦；《许君事迹考》，严可均；《许君疑年录》，诸可宝；《许叔重木主结衔议》，孙星衍；《雪堂说文研究》，罗振玉；《一切经音义引说文笺》，田潜；《与江晋三说说文牙字》，段玉裁；《越缦堂读说文学名著》，李慈铭；《越缦堂读说文解字》，李慈铭；《转注古义考》，曹仁虎；《字考》，段玉裁；《字说》，吴大澂。

此外，《诂林》未及收的还有一些，如：五代后蜀林罕《字原偏旁小说》三卷；明赵宧光《说文长笺》一百〇四卷；清顾瞻《说文解字镜》三十卷（稿本，国图藏），承培元《说文解字系传校勘记》三卷（道光十九年，小学汇函本），周学汝《说文经字考》十一卷（咸丰间刻本），吴玉搢《说文引经考》二卷补遗一卷（光绪九年咫进斋丛书本），周沐润《说文窥管》，万斯同《书许氏说文解字后》，翁方纲《跋万季野书说文后》，吴玉搢《六书部叙考序》，等等。

除以上所列，可补充的《诂林》未收清末之前的《说文》研究书目还可能不时有所发现。尽管如此，《诂林》仍不失为收罗繁富、编排适当的一部小学纂集型类书，充分展示了古代《说文》研究的发展历史，厥功甚伟，是学习、研究《说文》学必不可少的重要参考书。详录《诂林》所收、今见而《诂林》未及收之《说文》研究书目，旨在为研习《说文》者提供尽可能详尽的参考资料，也可通过历代《说文》研究书目，尤其是清代大量的研究书目，对"《说文》学"的发展历程有一个较为宏观的整体认识。

关于古代学者《说文》论著的研究资料，有李克弘《〈说文〉书目辑略》（《中大图书馆周刊》1956，第5期）、刘新民《清代〈说文解字〉的论著研究》（《图书情报工作》2002，第3期），可资参考。

第七章　现当代《说文》研究综论

现当代人的《说文》研究，可谓涉及面宽广，研究角度多且成果丰硕。本章在普查1900—2013年《说文》研究论著的基础上，对数以千计的《说文》研究成果进行梳理、分类，依托《说文》学学术史研究者所建立的框架，对113年《说文》研究进程及其成果作系统的分类介绍。

本章分三节介绍三方面的内容。第一节将百年《说文》研究分为三个阶段，20世纪前50年、20世纪后50年、21世纪初13年，各阶段内分别按学术派别、研究内容、成果特点分类进行学术发展进程及成果特点的分类介绍，力图以简驭繁而脉络清晰。第二节将精选、汇聚现当代《说文》研究成果较好的《说文解字研究文献集成》(2007)所收资料目录分类录出，便利读者和研究者阅读、选用当代人的《说文》研究成果，所谓“一书在手，纵览全局”。第三节就积累、收集的现当代一千多种《说文》研究成果，编成著作目录、论文目录，便利《说文》学习、研究者查询与利用。

学术史简论、文献汇编、论著目录三节，从不同视角看近现代《说文》研究文献，重复提及的文献篇目自然较多，但各自独出的文献篇目也有不少。我们相信这样详尽列录，能够相互补充和佐证，使文献覆盖面尽可能地宽广，完备度、准确度也就会更高一些。

第一节　现当代《说文》研究进程及其文献简述

有关古人的《说文》研究，有黎经诰《许学考》(1927)，收历代《说文》研究著述250余种，起自汉魏，终于清末，勾勒出古代《说文》学的发展概况。再有丁福保《说文诂林》，汇集历代研究成果，已见本书前文(第六章)的专题介绍。

有关现当代人《说文》研究的进程，也就是现当代“《说文》学”的发展历史，不断有学者进行研究和总结，文章较多。递进式的《说文》学发展史研究论著主要有如下几种：钱基博《近五十年许慎〈说文〉学流别考论》（1925），是对《说文》研究的类型、方法、流派进行分类总结的开创性之作，只是时段兼跨近代和现代；郑师许《近三十年来中国治文字学者的派别及方法》（1933），是对20世纪前30年《说文》研究派别、方法的梳理和总结；胡朴安《中国文字学史》（1937），其中大部分是对《说文》学发展史的论述，注重历史阶段的划分，重视历史线索和理论色彩是该书的特色；张其昀《〈说文〉学源流考略》（1998），时跨古今，系统而全面地论述了《说文》学的历史源流，分类收录历代《说文》研究著述440余种，是资料丰富、考辨详细的《说文》学史研究专著；董莲池《十五年来〈说文解字〉研究述评》（1994），述评了20世纪80至90年代中期的《说文》学研究；班吉庆《建国50年来的〈说文解字〉研究》（2000），分类论述20世纪后50年的《说文》研究，下文将专题引述；黄宇鸿《近二十年来〈说文〉学研究的回顾与思考》（2001）、卞仁海《十年来〈说文解字〉研究述评》（2003）两文，是对一定阶段的《说文》研究作总结与评说。张标《20世纪〈说文〉学流别考论》（2003），是对20世纪百年《说文》研究类型、方法、流派的整体梳理与总结。

本节有关20世纪前50年的《说文》研究，基本依托张标《20世纪〈说文〉学流别考论》的分类，择述其要，合并同类，补充其缺，突出重点，系统而简要地介绍该时期《说文》学发展的著述、方法、流派与进程。有关20世纪后50年的《说文》研究，先简列张标书的流派分类，再按班吉庆《建国50年来的〈说文解字〉研究》分阶段作内容简介。21世纪初的13年，因时间较短，主要流派、基本内容是此前的延展，故只作主要特点的概述，不再分类讨论，后一节列详细研究论著目录，可以参考。这样，就将现当代113年《说文》研究的概貌作了一个全面的勾勒。

一、20世纪前50年的《说文》研究进程及其流别

此节主要介绍张标书“前编”（七章）所论20世纪前50年的《说文》研究进程及其流派，其中第四章“异军突起的纂集派”是专论丁福保《说文诂林》的，本书在第六章有专门介绍，故此处不再重复。其余归为几大类介绍，有的大类涉及20世纪后50年的某些研究者及成果，是为了照顾流派划分的系统性和连贯性。

1. 章太炎、黄侃的《说文》学

虽然有人称章太炎、黄侃为清代小学的殿军，章太炎的《说文》研究论著多被《说文诂林》收入，但论及现当代《说文》学，从学术思想、研究方法、成果及影响上看，无疑需首推章太炎、黄侃的《说文》研究，也就是“章黄学派”的《说文》学。张标《20世纪〈说文〉学流别考论》在“前编”(1900—1949)的第一章称章、黄《说文》学为“超越前代的传统派”，分“章氏《说文》研究特色、黄氏对章学的继承和发展、章黄学派的历史贡献、章黄《说文》学成因及不足”等节，全面介绍并评述章黄《说文》研究的成就、特点和贡献。

章太炎(1869—1936)特别重视《说文》，曾说：“《说文》之学，稽古者不可不讲。时至今日，尤须拓其境宇。举中国语言文字之全，无一不应究心。”(转引自潘重规《章太炎先生之气节》，台北《中国一周》第555期)他非常重视读《说文》原本，告诫后学：“凡看《说文》，虽博采众注，必不可不看原本。”(章太炎《答金祖同论甲骨文书》四，《制言》第五十期，1939)而他自己就是反复研究原本的：“在东闲暇，尝取二徐原本，读十余过。”(章太炎《自述学术次第》，《制言》第二十五期，1936)“客居廖寂，日披大徐《说文》，久之，觉段、桂、王、朱见俱未谛。适钱夏、黄侃、汪东辈相聚问学，遂成《小学答问》一卷。又以为学问之道不当但求文字，文字用表语言，当进而求之语言。语言有所起，人仁、天颠，义率有缘，由此寻索，觉语言统系秩然。”(诸祖耿《记本师章公自述治学之功夫及志向》，《制言》第二十五期，1936)因此，他讲授《说文》时是采用普遍联系的方法来贯通全书的，不孤立地讲某一个字的形和义，而是以词义变化为核心，以语音通转为线索来串通众词，从而建立词义源流系统。

章太炎《说文》研究成果甚多，《章太炎说文解字授课笔记》(商务印书馆2008)，是太炎先生1908年4月至1909年初在日本东京“始一终亥”三遍讲授《说文》时学生朱希祖、钱玄同、周树人等所作的听课笔记集编。在反复研读、讲授《说文》原本的基础上，相继撰成《小学答问》(1907)、《新方言》(1907)、《文始》(1908)、《国故论衡·上》(1910)等力作，还有一些单篇论文，后集中收录在浙江图书馆编《章氏丛书》(1917—1919)、上海人民出版社《章太炎全集》(七，1999)中。其中，《小学答问》主要是对学生学习《说文》有关提问作答的汇集，《新方言》是利用《说文》来研究各地方言用语，《国故论衡·上》“小学略说”10篇，也是研究《说文》韵转、声纽、双声、重音、转注、假借等问题。最重要的则是《文始》，是用新思维来系联《说文》字(词)族，从理论到实践，全面探索汉语词源系统。主体内容是：把《说文》独体字定为初文，把合体象形和指事、省变、兼声、迭体四种介于独体与合体之间的字为定准初文。把所得初文(准初文)510字看成原始文字(语根),其他字都由这510个初文发展变化而来,途径有“变易、孳乳”两种:音义相同、音近义同而字形不同的为“变易”;义自音衍而有迹可寻的为“孳乳”。全书将510初文分立437条,逐条按字的声韵关系分析变易、孳乳的条理。声韵关系上,定古声21纽、古韵23部,制作《成均图》阐明韵部对转、旁转之理。再将初文、准初文按韵分成9大类,按音读关系把字(词)义串联起来,由此推求汉字、汉语变易、孳乳的来龙去脉,从而系联成为同源词族系统。可以说,《文始》是以《说文》为研究材料创建的,汉语史上第一部理论、方法、条例初具规模的语源学著作。黄侃誉其“总集字学、音学之大成”,许寿裳赞其“体大思精”,可谓是汉语语源学里程碑性的经典之作。

太炎先生一生致力于《说文》的研究与讲授,晚年(1935)在苏州办“章氏国学讲习会”,听讲者有大中学教师、大学生等500余人,学程二年四期,设小学、经学、史学、诸子学27门课程,四期都是首列“《说文》略说”“《说文》”课(参见沈延国《记章氏国学讲习会》,《章太炎生平与思想研究文选》,浙江人民出版社1986,第30~37页),足见其重视程度之高。

黄侃(1886—1935)治小学主要以《说文》《广韵》为根基,强调以音韵贯穿文字训诂。他认定《说文》“于小学实主中之主”,研治《说文》用功极勤,尤其重视《说文》同源字(词)的研究,继承、发展其师章太炎有关《说文》的语源学,经研究认定《说文》“声训则居十之七八”(黄侃《文字声韵训诂笔记》,上海古籍出版社1983,第90页)。音韵学上,为补其师《成均图》音韵通转上的失之宽泛,他继承清代古音学中古韵研究的成果,悉心考定古韵28部、古声19纽,把音变系联严格限定在双声、叠韵、对转范围之内,较其师严密而完善。训诂学方面,在《说文略说》《文字声韵训诂笔记》等著述、讲课记录中,全面梳理《说文》的训释术语和条例,首次建立训诂学的理论体系,在训诂学史上占有重要地位。

黄侃慎于著述,其《说文》研究成果很多,除了成文的《说文略说》(1936)外,留下大批点校、笺识和读书笔记,今存武汉大学档案馆者达150多种,其中大部分是《说文》研究成果。经后人整理,其笺识类影印出版的有《黄侃手批十三经》《黄侃手批说文解字》《黄侃手批广韵》等。论著类经后人整理编辑出版,有《黄侃论学杂著》《黄侃声韵未刊稿》《文字声韵训诂笔记》《说文笺识四种》《尔雅音训》《黄季刚先生遗书》等,后收入《黄侃文集》(中华书局2008)中。其中最突出的是《黄侃手批说文解字》稿本,黄侃在手头常备批读的清孙星衍所刊仿宋刻大徐本《说文解字》上,写满数十万字批语和40余种校读符号，凡声母多音、形音并异而实为一字、群经中古文而不见于《说文》者，均逐一注明，是他研究《说文》的重要成果，据此分类编制了多种《说文》研究表格和同类材料汇集，以备日后撰写专著之用，现珍藏于武汉大学档案馆。1987年上海古籍出版社根据原稿本影印《黄侃手批说文解字》，黄焯加“弁言、叙例”，说明符识体例及该书的特点，是探求黄氏《说文》学方法与成就、研究黄氏学术思想的宝贵材料。黄焯从中分专题辑录出“《说文》同文”“字通”“《说文》段注小笺”“《说文》新附考原”四类，合为《说文笺识四种》(上海古籍出版社1983)。其《说文同文》可视为对《文始》的验证和补苴，语源探讨更趋于严密，两相比照，“完全相同者占67%，部分或某方面相同者占21%，不同者占12%”(陆宗达、王宁《论〈说文〉字族研究的意义》，见《训诂与训诂学》，山西教育出版社1994，第407页)，说明章黄《说文》字(词)族研究的方向是大体相同的，而黄氏《说文同文》更为审慎，在声音相近、词义明晰方面的要求更为严密，基本上只取直接的音义同源者加以系联。

陆宗达、王宁总结道：“章黄《说文》学实含文字形义学、理论训诂学、词根字源学、方言词汇学与实证音韵学等，方法独特，理论深刻、实践丰富，的确是传统语言文字学中十分可贵而奇异的财富……章黄《说文》学的内容，许多是初创性的，它先赖太炎先生宏博的思想，后赖季刚先生精翔的理证，于清人则集其大成而异峰突起，于现代则承上启下而启迪犹多。”(陆宗达、王宁《论章太炎、黄季刚的〈说文〉学》，见《训诂与训诂学》，山西教育出版社1994，第350~351页)

附：刘师培的《说文》学

刘师培(1884—1919)，亦名光汉，字申叔。江苏仪征人，出身经学世家，少承世业，尤其精通经学、小学，造诣深广，同辈黄侃师事之。二十岁前即行著述，虽三十六岁早逝，然著述达七十余种之多。

刘氏《说文》研究的主要特色，在于继承并拓展清儒“因声求义”的语源学理论与实践，主要集中于《字义起于字音说》《正名隅论》《小学发微补》等著述，收入《刘申叔遗书》(1934年初版，江苏古籍出版社1997年再版)中，张标称之为“传统字源派”。

《字义起于字音说》重点讨论《说文》谐声字中主谐字与被谐字意义不相吻合的问题，谓“《说文》一书亦恒假转音之字为本字，即谐声之字所从之声亦不必皆本字，其与训释之词同字者，其本字也；其与训释之词异字而音义相符者，则假用转音之字，或同韵之字也”。其后，沈兼士高度评价这一研究成果，并用以增进右文说推阐的完善；杨树达将刘氏的探索总结为具体的条例；黄焯进而写出“形声字借声说”；陆宗达、王宁总结为“声符不必都是根词，而且与所从之字未必同源”。(陆宗达、王宁《论字源学与同源字》，见《训诂与训诂学》，山西教育出版社 1994，第 374 页) 可见刘氏创例之功的贡献之大。《正名隅论》主要论“同韵之字义必(多)相近”，认为：同一谐声偏旁构成的形声字多属同一古韵部，其义多相近；非同一谐声偏旁之形声字同古韵部者，其义亦多相近。列举了大量《说文》的训释、段注的说解来证明。刘氏语源学有对音义结合的必然性求之太过的偏向，他在《中国文学教科书》(1905) 第九课中说：“造字之时，有声即有义，声本于义而义即寓于声，故只有右旁之声，声之所存，即义之所在也。”如说“江字从水工声，而工字像江水屈曲之形，即此义也”，就是把同音借用的纯粹表音声符强解为同源派生的表义声符。刘氏的字源学研究主要是拓展前人声旁表义之说，没有章太炎语根字族及声转推源的系统性，也不及杨树达运用甲金文材料拓新《说文》研究的深度。刘师培的《说文》研究论著还有《转注说》(《国粹学报》1909 年第 60 期)、《古重文考》与《古本字考》(见左盦外集) 等。

刘师培已经开始从社会历史文化角度研究《说文》，吸收当时西方进化论的观点，在系统地依类分析《说文》字系中有定类别字形的构字意图之后，将它们与初民的社会生活内容对应起来，从而探讨社会进步的轨迹。他在《论中土文字有益于世界》(1902) 一文中说：“而中土之文，以形为纲，察其偏旁，而往古民群之状况昭然毕呈。故治小学者，必与社会学相证明。”又撰《论小学与社会学之关系》，选取几十组《说文》字词，系统考察“田渔游牧耕稼时代字征”。虽然有些举证推论有失妥当，然确为后来的“《说文》文化学”研究开启了新视野、新思路。

后来承刘师培“《说文》文化”研究最有成绩者，当属**程树德**的《说文稽古篇》三卷 (1930)，是受西方考古发掘之学影响，利用《说文》进行社会学研究的专书。该书“因字求史”，主要辑录《说文》“与逸史、制度、风俗有关者”150 条，按事类编次，以考察古代社会历史文化。虽深度有待加强，其研究思路和方法对后世有很好的借鉴作用。

2. 章黄弟子的《说文》研究

章黄《说文》学形成学术流派——“章黄学派”，是因为章、黄门下聚集了一批虚心受业、恪守师训的后学弟子，而且代代相传。这些弟子忠实地继承章黄学说且不断发展，各有所长。

张标书“前编”第二章“继起的章黄弟子”，分三节列述造诣颇深、成果颇著、影响颇大的章黄弟子——吴承仕、钱玄同、沈兼士，谓：“吴氏的最大特点是以唯物史观为指导来研究《说文》；钱氏以由‘尊许’转为‘诋许’著称；沈氏则开始用现代科学的理论和方法对《说文》阐释，注重理论上的总结。”其实，章、黄弟子在《说文》研究上有建树的还有很多，这里择要作介绍：

吴承仕(1884—1939)，字检斋，又作“絸斋”，出身于官宦世家，长于经学，尤其是“三礼”。小学建树亦不菲，著有《经籍旧音辩证》(1924)、《经典释文序录疏证》(1933)等，为章太炎所推重，与黄侃、钱玄同并称“章门三大弟子”。他继承章氏《说文》学，著有《〈说文〉略说笺识》《〈说文〉韵表》《读〈说文〉随笔》，均为未刊稿；又有《六书条例》(北平中国学院 1933，石印本)、《〈说文〉讲疏》(制言 1936，第 18、20、21 期)。20 世纪 30 年代，吴氏接受唯物史观，加入中国共产党，写成《语言文字之演进过程与社会意识形态》(1934，未刊稿)、《从〈说文〉研究中所认识的货币形态及其他》(《盍旦》第 1 卷第 2 期，1935)、《从〈说文〉研究中所认识的交换形态之史的进展》(1935，未刊稿)，是运用唯物史观对《说文》材料进行社会文化研究的尝试，为《说文》研究引入新内容。这些著述后收入《吴絸斋遗书》(北京师范大学出版社、中华书局 1983)。

钱玄同(1887—1939)，名夏，字玄同，号疑古。其自述称自己 8 岁识《说文》部首，14 岁读段玉裁、王筠、严可均等人的《说文》研究著作。19 岁在日本从章太炎听《说文》课，写下大量听课笔记，用小篆精写清人周沐润《说文窥管》，依照小篆用楷书笔势写章氏《小学答问》，后来章门出版《章氏丛书》，多涉及《说文》本字形体，也是他精心排校。他早年极端尊崇许慎《说文解字》，著述有《说文部首今语解》(《教育今语杂识》第 5、6 期，1911)、《说文部首今读》(北京大学出版社 1933)、《说文段注小笺》(油印本)、《说文音符今读》(存目于黎锦熙《国语运动史纲》)。其音读考订开《说文》今音标注的先河，《文字学音篇》(北京大学讲义，1917)由文字及音韵，最见钱氏学术造诣之深，使其成为建立现代科学体系“音韵学”探索的第一人。这些论著后来都收录于《钱玄同文集》(中国人民大学出版社 1999)第四、五卷中。钱玄同后期是新文化运动的主将，又师从今文学家崔适，为康有为《新学伪经考》作长序，十分偏激地抨击旧文化，撰《歌戈鱼虞模考附记》(1923)、《答顾颉刚先生书》(1923)、《论〈说文〉及壁中古文经书》(1926)等文章，转而对许学及汉字大肆诋毁，冷嘲热讽，以至于谩骂，颇不近常理。

沈兼士(1887—1947)，浙江吴兴人，早年留学日本，师从章太炎，后在北大、清华等高校讲授语言文字学。沈兼士继承章氏《文始》的研究传统，潜心进行汉语字族、语源的系统探索，努力向现代语言学方向推进。其代表作为《右文说在训诂学上之沿革及其推阐》(1933)、《声训论》(1941)、《广韵声系》(1945)、《中国文字形义学》(北京大学讲义)等。此前与《说文》学相关的文章还有：《文字学之革新研究》(《北京大学月刊》1919，第2期)、《研究文字学形和义的几个方法》(《北京大学月刊》1921，第8期)、《〈说文解字〉段氏注摘例序》(《北大国学周刊》1925，第1期)、《从古器款识上推寻六书以前之文字画》(《辅仁学志》1927，第1卷第1期)、《汉字义读法之一例——〈说文〉重文之新定义》(1941，载华北文教协会《辛巳文录初集》)，还有《段砚斋杂文》(北平东厂胡同协和印书局1947)所收有关造字原则、文字学书序等数篇。这些论著多收入《沈兼士学术论文集》(中华书局1986)中。沈氏的《说文》研究，在继承章黄传统方法基础上，努力尝试用现代科学的理论和方法来对《说文》材料进行阐释与研究。他的文字形义分析尝试进行构形体系的建构，区分独体“文”与合体“字”，努力从构形理论上阐发“文”(字根)生“字”的内在规律，率先提出“字体之最小分子”概念，即分析提取汉字最小的基本构形部件，提出确定“各最小分子之作用及其分类”。与此配套，沈氏提出文字发展“三期”观：第一期，文字画；第二期，意符文字(象形、指事、会意)；第三期，音符文字(形声、转注、假借)，“分子”大体从意符文字中析出，组合生成音符文字。可惜这些构想未能全面实施，但为后人的汉字构形学理论体系的建立和实践开拓了新思路。沈氏汉字生成理论的构想和初步实践，得益于吸收西学思维，他尝试用西学的思维心理学原理来探究汉字造字规则的发生程序，如借用西方史学家所拟的人类思想发达阶段类比考察“六书”产生的先后次序：(1)象征主义——指事字(记号)；(2)模型主义——象形字(由记号进化为象形)；(3)因袭主义——借象字(因袭物状以代思想)；(4)个性主义——复象字(拼合象形体以表新意)；(5)主观主义——会意字(主观地把文字间的关系看作有机的化合以表意)。这种比附不一定合理，但为《说文》研究开了新的风气，拓宽了研究思路。沈氏还提出要对文字进行历史、文化方面的研究，要利用甲骨、金文来探索汉字形体构造的原始，也注意从流派的角度来考察学术源流等。沈氏确实为《说文》研究带来了科学的新思维和新气象，影响深远。

刘赜(1891—1978)，字博平，湖北广济人，武汉大学教授。1891年生于湖南牛鼻滩一舟上，故自号牛鼻滩生。1914—1917年就读于北京大学，师从著名国学大师黄侃先生。1929年始就教于国立武汉大学文学院(中文系)，讲授文字、声韵、训诂和《周易》研究诸课程，兼任系主任多年，1956年由教育部评定、国务院公布为一级教授。至1978年病逝，毕生50年贡献于武大，为中文系“五老”之一。1929—1963年，刘博平先后在《武汉大学文哲季刊》《武汉大学学报》等学术刊物发表《〈说文〉释例匡谬》《楚语拾遗》《古声同纽字义多相近说》《〈说文〉形声释例》等多篇重要论文，1963年出版《说文古音谱》一书，1978年病逝时留有《初文述谊》和《小学札记》两部遗著，1983年上海古籍出版社影印为《刘赜小学二种》，是从民族思维发展史上探索汉字创造、演变规律的力作。刘博平是章黄学派嫡传弟子，1932年他将声韵学教案整理编撰成《声韵学表解》，寄请黄侃审阅，黄侃特意请自己的老师章太炎为书作序，序中评价道：（此书）“言古今韵，能得大体”，并称许刘博平为“再传弟子”。

马宗霍（1897—1976），湖南衡阳人，章氏弟子。早年著作有《文字学发凡》（1935），融文字、音韵、训诂于一书。《说文》研究的代表作是《说文》“四考”（1958—1959），即《〈说文解字〉引经考》《〈说文解字〉引方言考》《〈说文解字〉引通人说考》《〈说文解字〉引群书考》，主要是把章黄古音研究成果应用于《说文》的考证，注重音义的贯通，并运用甲金文成果作为《说文》考证的辅助资料，取得了较多的成绩。

黄焯（1902—1984），字耀先，一字迪之，黄侃之侄，武汉大学教授。在经学、小学上多有贡献，上海古籍出版社1983年连续出版其《毛诗郑笺平议》《诗疏平议》《古今声类通转表》等。《说文》研究方面，主要是整理出版一系列黄侃《说文》学论著，成绩卓著。他自己撰写的《说文》研究论著，早年有《说文说解常用字》和《说文声母字重音抄》（1936），后有《说文新附考源》（附《说文笺识四种》中）、《形声字三论》（《古汉语研究》第一辑，湖南教育出版社1985），其他如《说文义异形同举证》《说文形声字有相反为义说》《篆文中多古文说》《形声字借声说》等，收入《黄焯文集》（湖北教育出版社1989）。

殷孟伦（1908—1988），字石臞，四川郫县人。早年师从小学家赵少咸，后从黄侃受学，且留学日本接受西方语言学理论，形成中西结合的治学路径。《说文》研究成果主要有：《论治中国语言文字之要籍》（1940）、《中国语文学概说》（1949）、《〈说文解字〉形声条例述补》（1957）、《段玉裁和他的〈说文解字注〉》（1961）、《〈说文解字〉、〈释名〉两书简析》（1961）等。其学术不背师承，坚持以声音贯通形义，又不墨守旧学，具有现代语言学眼光，故其研究成果扎实厚重，又透出新的时代气息。

徐复（1912—2006），字士复，一字汉生，江苏省武进人，章黄学术传人。一生从事语言文字学研究，著述甚富，如《章氏〈成韵图〉疏证》（1978）、《广雅诂林》（主编1992）、《訄书详注》（2000）等。《说文》研究方面主要有：《〈说文〉疑义举例》（1931）、《〈说文〉心部诸形声会意字诠释》（1931）、《〈说文〉部首均语注补谊》（1937）、《〈说文〉引经段说述例》（1937）、《蓟汉大师〈说文〉讲记》（1937）、《〈说文〉义系叙例》（1937）等。晚年有《说文解字补释》（1982）、《〈说文〉五百四十部首正解》（徐复、宋文民2003）等。特点是研究面宽，条理清晰，以音为纲而贯通形义。

3. 古文字学家的《说文》研究

自宋代大量出土商周器物以来，研究钟鼎彝器铭文的金石之学得以勃兴，至近现代发展成为成果丰硕的金文之学。元代**戴侗**《六书故》用钟鼎文考校补订《说文》，清人**庄述祖**《说文古籀疏证》、**严可均**《说文翼》、**吴大澂**《说文古籀补》都是利用钟鼎文考订《说文》的力作。清末发现殷商甲骨文，一时间研究成果叠出，与《说文》篆、籀、古文比较，甲骨文多出字形可补《说文》之未备，形体相同者可证《说文》之是，不同者可正《说文》之误。其象形如图画，可明《说文》构形意图，其一字多殊体可补《说文》之阙失。张标书“前编”第三章“独辟蹊径的今证派”，称利用出土文字（主要是甲骨、金文）来比证《说文》的现代学者为“今证派”，列王懿荣、孙诒让、罗振玉、王国维、郭沫若为代表。

王懿荣（1845—1900），字正儒，光绪六年（1880）进士，官至祭酒，《清史稿》有传。自幼聪颖好学，泛涉书史。青年时代“笃好旧椠本书、古彝器、碑版图画之属”，潜心金石之学。广求文物古籍，珍藏且研究，撰有《汉石存目》《南北朝存石目》《福山金石志》等书，是当时著名的金石学家。1899年偶然发现甲骨刻辞，参照《说文》细为考订，断定为殷商的卜骨，所刻为古代文字，时代在篆籀之前。他是我国第一位甲骨学家，被誉为“甲骨学第一功臣”，甲骨文的发现，开创《说文》研究全新的天地。

孙诒让（1848—1908），字仲容，号籀庼。清末名儒，出生于翰林之家，自幼好学，十岁浏览《汉魏丛书》，十三岁著《广韵姓氏刊误》，十八岁著《白虎通校补》。学术研究广及经、史、子及小学，雅好甲骨、金文之学，其金文研究成果主要有《古籀拾遗》三卷（1872）、《古籀余论》三卷（1903），主要是订正前人金文考释之误。1903年，他看到刘鹗《铁云藏龟》，即撰写《契文举例》，成为第一部研究甲骨文的专著。1905年又完成第二部甲骨文考释专著《名原》。孙氏研究甲骨、金文十分注重用《说文》作比较，他在《名原·叙》中说：“今略摭金文、龟甲文，与《说文》古籀互相勘校。”在《古籀余论·自序》中说：“汉许君作《说文》，据郡国山川所出鼎彝铭款以修古文，此以金文说字之始。”因而认定用出土古文字与《说文》互相考证是顺理成章的事。由于有甲金文的比照，孙氏客观地看待《说文》，破除清人对《说文》

的迷信，他凭借甲金文可信的材料，指出《说文》的漏脱文字、传写之误、解说之误，有很多扎实的成果。孙诒让的研究成果虽然产生在迈入现代的门槛上，但他为现代人利用甲金文字研究《说文》探索了新思路和新方法，筚路蓝缕之功实不可没。

罗振玉(1866—1940)，字叔蕴、叔言，号雪堂、贞松老人，浙江上虞人。中国近代金石学家、语言文字学家、甲骨文学家和文物收藏家。平生著述140余种，刊印各类文献400余种。尤以治甲骨学著称，与王国维、董作宾、郭沫若合称“甲骨四堂”。钱基博(1925)评：“订许字名家，并世当推上虞罗振玉、海宁王国维二氏。”罗氏首撰《殷商贞卜文字考》(1910)，释甲骨文300来字；又撰《殷虚书契考释》(1915)，释甲骨文485字，1927年增订版增加到571字，后人验证其十之七八是确凿可信的，成就超出孙诒让甚多。罗氏考释甲骨文，已更多利用现代科学方法，但最基本的方法还是运用《说文》进行比勘。其《殷虚书契考释·序》云：“由许书以溯金文，由金文以窥书契，穷其蕃变，渐得指归。”他注意《说文》与金文、甲骨文互相参证，不拘泥于《说文》。既利用《说文》释读出土文字，又凭借出土文字来纠正《说文》的讹误。如王国维所说，罗氏综合运用“训诂、《说文》、古韵三者”来考释甲骨文，取得甲骨学的重大成就，是清代三百年小学的结束者，也是甲骨学真正的建立者。

王国维(1877—1927)，字静安，号观堂，浙江海宁人。清华国学研究院“四大导师”之一。王氏是中国新学术的开拓者，在文学、美学、史学、哲学、古文字、考古学等领域成就卓著。平生著述60余种，最突出的是甲骨学，撰有《殷卜辞中所见先公先王考》《殷卜辞中所见先公先王续考》《殷周制度论》《殷虚卜辞中所见地名考》《殷礼徵文》《古史新证》《观堂古今文考释》等，《观堂集林》还收有一批单篇文字考释文章。他用地下的材料(甲骨文)同纸上的材料(历代古籍)作对比研究，用卜辞补正文献记载的错误，进而探讨殷周制度，得出崭新的结论，考证方法极为缜密，论断堪称精审，称为“二重证据法”。其中，用《说文》来对比、考释甲骨文也是最重要的常用手法。陈梦家《殷墟卜辞综述》记载，王氏1913年“圈读段注《说文》”，1925—1926年在清华国学研究院开“《说文》讲习”课，每周一学时。弟子刘盼遂存有“《说文》练习笔记”，就是听王氏讲《说文》的摘记。王氏直接研究《说文》的文章还有：《史籀篇疏证》(1916)、《〈说文〉“今叙篆文合以古籀”说》(1916)、《战国时秦用籀文六国用古文说》(1916)、《〈说文〉所谓古文说》、《书小徐〈说文解字篆韵谱〉后》、《补高邮王氏谐声谱》(1923)等，多收入《王国维遗书》(商务印书馆1940)中。王国维《说文》学成就甚高，既得益于用出土文字材料来考校、补订《说文》，也得益于继承和发展乾嘉学术的优良传统。他在《毛公鼎考释序》中说："考之史事与制度文物以知其时代之情状，本之《诗》《书》以求其文之义例，考之古音以通其义之假借，参之鼎彝以验其文字之变化。"正是其多方结合的科学考据方法，才结出古文字学、《说文》学的累累硕果。

郭沫若（1892—1978），字鼎堂，号尚武，四川乐山人。甲骨学四堂之一，自幼颂习《说文》，流亡日本考释甲骨文时，《说文》是置诸案头经常翻检之书。他的古文字考释著作，有《甲骨文字研究》《卜辞通纂》《殷契余论》《殷契粹编》《殷周青铜器铭文研究》《两周金文辞图录考释》《金文丛考》等，多用《说文》来对比、研究古文字。

主要利用甲金文材料来研究《说文》的学者还有不少，成果突出的如：**容庚**《金文编》（1922）及《中国文字学形编》（1932）、**胡光炜**《说文古文考》（1924）、**舒连景**《说文古文疏证》（1937）、**商承祚**《说文中之古文考》（1940）等。

其实，研究或利用出土古文字的学者，诸如董作宾、王襄、叶玉森、吴其昌、陈直、丁山、孙海波、朱芳圃、陈梦家、于省吾等，无不是既通古文字又兼通《说文》的。直接的《说文》研究成果如：孙海波《甲金文中所见〈说文〉之逸文》（1936）与《〈说文〉籀文古文考》（1936），丁山《〈说文〉阙义笺》（1930）及《与顾起潜先生论〈说文〉重文书》（1927）等。都属于张标书所分的《说文》研究"今证派"，在此不一一细述。

4. 杨树达的《说文》研究

在20世纪上半叶的《说文》研究中，杨树达占有十分突出的地位。张标书"前编"第五章"卓跞出人的汇通派"专论杨氏《说文》学。

杨树达（1885—1956），字遇夫，号积微，晚年号耐林翁，湖南省长沙县人，著名的中国语言文字学家。杨氏少年打下很好的传统学术功底，青年时留学日本，精熟日语、英语，回国后一直任教于湖南、北京等地高校。先主治文法学，1930年始专治文字之学，尤其是古文字与《说文》之学。他既不墨守传统，也反对全盘西化，真正熔古今中外为一炉而融会贯通，卓然成一家之言。著述极丰，主要有解释古书类、语法修辞类、校刊考证类、文字训诂类、甲骨文类、金文类等。各家出版社出版其著作不重复的有29种之多，2009年上海古籍出版社《杨树达文集》收录较全。

杨氏《说文》研究成果属于文字训诂类，多收入《积微居小学金石论丛》（商务印书馆1937）、《积微居小学述林》（中国科学院出版社1954）。其《说文》研究成果最为精粹的，语源学方面有：《形声字声中有义略证》（1934）、

《字义同缘于语源同例证》(1935)、《〈说文〉求是》(1940)、《造字时有通假证》(1943)、《〈说文〉"读若"探源》(1946)、《文字孳乳之一斑》(1947)、《声训杂记》、《积微居小学金石论丛》卷一卷二求语源短论"释慈"至"说比"57篇(1932—1936)、《积微居小学述林》卷一求语源短论45篇(1936—1952);形义学方面:《积微居小学述林》卷二卷三考释文字短文75篇(1937—1949)、《文字初义不属初形属后起字考》(1950)、《文字中的加旁字》(1952)、《主名与官名的会意字》(1952)等;还有《中国文字学概要》和《文字形义学》(湖南大学石印讲义1940),也主要是论《说文》所收字之形义关系的。

杨氏治《说文》具有科学的世界观和方法论,其《积微居小学述林·自序》归纳治学方法为"六纲",主要是三点:一是对西方语源学的接受与运用,创立汉字汉语"语源学"的新体系;二是利用甲、金文等新材料新成果来研究《说文》,他在出土文字研究上倾注大量心血,成果很多,与《说文》研究紧密结合而相得益彰;三是继承传统并发扬光大。他自述18岁通读大徐本《说文》就"心歆其美",在《形声字声中有义略证》中说:"吾国字书,莫精于许氏《说文解字》……许书实为今日根究古义唯一之宝书。"但宝重传统也不应盲从,他在《答人论文字学书》中说:"于许书不肯过信,亦不欲轻诋,可信者信之,疑而不能决者阙之。其有订正许书者,必于故书雅记广求征证,确见其不然,然后言之。若单文孤证,则姑以为假定,不敢视为定论也。"他对清代段、王等《说文》大家也是尊崇而不迷信,因此他全面研究《说文》,不轻从轻诋,持论有故,多所发明,成果为世所重,曾运乾称他为"苍史之功臣,许君之诤友"。

杨氏《说文》研究的成果多,而且独具特色,最突出的贡献是在语源研究上的重大突破。他积极推进语源学理论的探寻,所谓"创通大例",发现"条贯",阐明《说文》"形声声类有假借"。《积微居小学金石论丛·自序》概括:赐从易声,易无增义,实假借益为易,益有增义;诗从寺声,寺无心声义,实假借志为寺,志有心声义,等等。他把"声符有义"之说推阐得更落实更明白。黄焯在此基础上总结为"形声字有借声",甚为有理。杨氏努力使形声字语源探索理论系统化、条理化,他把《积微居小学述林》45篇明形声字语源的短文中归纳为三类:"一为用同音之字或声近之字为语源者"(即声符假借),"二为同一声类之孳乳字为语源者","三为声旁即语源者"。概括力非常强。杨氏还对《说文》的"孳乳"条例有很好的阐发,归纳为"能动、受动、类似、因果、状名、动名"六类孳乳方式,在章太炎《文始》"孳乳"理论的基础上更条理化、具体化,完善同源字分化与系联的规则,操作性很强。他还总结出语源研究的“四善”，也就是语源研究的四大意义，也是富于创造性的。

杨氏在文字形义学上的贡献也很突出：一是用甲金文对照《说文》并加以补正，在此基础上再进行六书的归类，详细而准确；二是较多引入语法、修辞学观念作字形结构分析，多有可喜的新收获；三是继承并发扬自顾炎武至章太炎的古音学研究，用于文字形义的分析，如从音同、双声、叠韵、音转等角度来分类与举证，取得不少新的成绩。

5.《说文》“六书”方面的研究

张标书称马叙伦的《说文》六书研究为“发展前进的六书疏证派”，称吕思勉、戴君仁、唐兰、张世禄等人对传统“六书”的批判性研究为“重建六书派”，在此分两小类作介绍。还有一些延展性的传统“六书”研究，附列于本题之后。

(1)马叙伦的《说文》六书疏证

马叙伦(1885—1970)，字彝初，浙江余杭人，早年受学于俞樾，与章太炎同乡同门。是著名的民主革命家、语言文字学家，精熟于文字、音韵、训诂之学。

马叙伦撰《说文解字六书疏证》，继承徐锴、段玉裁等对《说文》的注释、考订及六书构形分析的成果，吸收章太炎语源探索的创建精神和系统成果，博采诸家之长，又充分发挥自己熟练使用甲骨文及各类相关材料的优势，对《说文》字系作六书构形上的系统分析与归类，形成独具风格的学术体系与成果。

该书的撰写始于1911年，成于1928年，几经增补修订，初稿名《六书分纂》，打乱《说文》原有次序，以表格方式分类纂注。后复创体式如今书，更名《疏证》，曾向章太炎请教而得许可，方终其事。全书30卷，科学出版社1957年初版，为手稿影印，前7卷为甲骨文学者陈邦怀代书。

该书的撰写目的，是要补正前人研究的不足，运用新思路、新材料和新方法，系统而精确地阐释“六书”，从而说清楚汉字的构造规律，根据规律对《说文》九千多字重新进行分类整理，既是对传统《说文》学的传承和发展，又具有鲜明的时代特色。其主要的成就与贡献为：①广泛而细致地爬梳、采撷前人的相关资料与成果，对《说文》作精细的校勘，取得不少精到的成果。②比对各家对“六书”的解释，参考出土古文字的字形，对“六书”作进一步的阐释，然后对《说文》所收字逐一进行结构分析，书末附“六书分类字表”。马氏的字形构造(六书)分析比此前各家都系统而详尽，尤其是对有异议、难以分析的那些字，运用古文字、器物、文化、民俗等多种材料来分析与论证，作尽可能合理的“六书”划分。如“行”字，《说文》为“从彳从亍”的会意，王筠分归为指事，马氏分析：“罗振玉曰，卜辞作[illegible]，象四达之衢，人所行也……由[illegible]而变为[illegible]，形已稍失；许书作[illegible]，则形谊皆不可见。于是许君乃释行为人之步趋，谓其字从彳从亍，失弥甚矣……篆当依锴本作[illegible]，象形。”比较而言，马氏的“象形”说更合造字本意，长于诸家之说。③运用近代以来数十家甲骨、金文等古文字研究成果，来解说《说文》所收字的形义，比较众说，证以新材料，判断是非，疏证详实。马氏用现代语言学观念和科学方法疏证形义，进入语言文字本体研究层次，认为“不但须用科学方法，更非靠别种科学如社会学、人类学等等的帮助不可。至于材料方面，当然不限于《说文》，而且也不限于金甲文，世界的象形文字也是参考的重要资料，实物也是需要的佐证。而且并非因为要通‘经学’所以才研究文字，所以完全拿文字做对象，要了解到文字的来源、构成等等，实在是文化的一部分的研究”。④拓展“转注”的涵义，注重探求语源。他解释六书转注“建类一首，同意相授”，谓“建类”是指同一部首，“一首”是指声纽相同和韵部通转，“同意”是字词义绝对相同。根据这三项，他从《说文》中找出的转注字“几乎占了全部形声字数三分里二分还有多”。实际上是从语音通转的角度，对《说文》作系统的同源词系联，只是借“转注”术语而为之。他说：“文字所以记录语言之声音，而一切文字，其声非人力所强为。如各从其语源求之，则文字之音义，皆可得其正确之规定。伦始就许书九千余文，为语源之研究。”这方面的研究，与章太炎《文始》一脉相承，是语源学的探索性研究，只是比章太炎更谨慎一些，严格限制在音同音近的同义词范围之类。

马氏《说文解字疏证》也有不足之处，如有些论证证据不足而显得武断，使用古文字资料很多而错讹不少，利用古音也常有疏失之处，等等。尽管如此，马氏仍然是现代《说文》学研究的重要代表人物，特别是在系统的六书构形分析、古文字资料的广泛运用、语源学的探索等方面，对后世的影响很大。

除《说文解字疏证》之外，马氏的《说文》学研究著述还有：《六书之商榷》(《国文学会丛刊》1924 年第 1 卷第 2 期)、《清人所著说文之部书目初编》(《图书馆学季刊》1926 年第 1 卷第 1 期)、《中国文字构造法》(暨南大学讲演稿，1927)、《说文解字研究法》(商务印书馆 1928)、《六书解例》(商务印书馆 1931)、《中国文字之源流与研究方法之新倾向》(《学林》1941 年第 6 辑)等。这些著述中的不少论述、资料，是《说文解字疏证》实践的理论说明和资料准备，有很好的参考价值。

(2)吕思勉、戴君仁、唐兰、张世禄等人的“六书”研究

张标书称20世纪20年代以来批判传统“六书”并探索新的汉字构形理论的研究者为“重建六书派”，他们在当时疑古思潮影响下，着力批判旧传统，努力建构新的理论体系。

吕思勉(1884—1957)，《说文》研究代表作为《中国文字变迁考》(1923)和《字例略说》(1923)，对《说文·叙》及正文有关文字起源、“六书”理论的说解进行猛烈的驳难，旨在破除对“六书”的迷信，打破“六书”成说，拟立“八书、十书”条例与“六书”对抗，虽未实现，但对“六书”的深入研究是有推动作用的。吕氏还撰有《说文解字文考》，只是建树不大。

戴君仁(1901—1978)，著有《中国文字构造论》(1934)，是重建“六书”框架的探索，书分四章，分“形表法、义表法、形义兼表法、取音法”四大类14小类来分析汉字的构造，试图摆脱《说文》“六书”分析法，建立新的汉字构形理论系统，探索的勇气可嘉。

唐兰(1901—1979)，早年精研《说文》，写过《说文注》四卷(稿佚)，在西南联大开过《说文》课，考释出甲骨文字一百多个，是著名的文字学家。唐氏修订其《古文字学导论》(1936)时，批评《说文》“六书”有不精密、不清晰的缺点，提出修正的构想。后在《中国文字学》(1949)中，逐条批判“六书”的义例，修正完成其“三书说”，即“象形字、象意字、形声字”。唐氏“三书说”虽不无缺陷，但当时在学界引起强烈反响，可谓是汉字构形理论研究上的重大突破。

张世禄(1901—1991)，撰《中国文字学概要》(1941)，是继唐兰之后不用传统“六书”的人，他用“写实、象征、标音”作为“三书”，用来分析字形结构，锐意创新。

还有一些学者也研究“六书”，他们不着意否定传统“六书”，而是运用新材料、新方法对“六书”理论加以精密阐释，完善条例，用以合理分析字形构造。其中成就较大的如：朱宗莱《文字学形义篇》(1918)、顾实《中国文字学》(1926)、蒋善国《中国文字之原始及其构造》(1930)、刘大白《文字学概论》(1933)、马宗霍《文字学发凡》(1935)、齐佩瑢《中国文字学概要》(1942)等。各自书中都有一些章节讨论、介绍《说文》“六书”理论及其应用，为完善传统“六书”理论作出了一定的贡献。

二、20世纪后50年与21世纪前13年《说文》研究的分类评介

新中国成立后的50年(1949—2000)，《说文》研究蓬勃发展，尤其是后20年成果丰厚，收集到的论著有一千多种。资料如此浩繁，整体介绍颇难

驾驭。好在《说文》学学术史研究的成果也不少，其中张标《20 世纪〈说文〉学流别考论》“后篇”评述该时期的研究流派较为详备，故依之作研究流派上的简述。班吉庆《建国 50 年来的〈说文解字〉研究》分阶段和内容介绍该时期的《说文》研究成果，条理较为清晰，故依之作分阶段的研究内容简介。

21 世纪前 13 年(2001—2013)的《说文》研究，时间较短，总体格局是继承上世纪后 20 年而有所拓新，故只作主要特点的介绍，具体成果可参见后文的详细论著目录。

1. 后 50 年《说文》研究流派的简述

张标《20 世纪〈说文〉学流别考论》“后编”，分十章介绍、评议后 50 年(1949—2000)的《说文》研究流派，材料丰富，论述详细，因篇幅所限，这里只简述其各章节的要点，一些地方有所调整或补充。

第一章“述中有作的新传统派”，集中介绍并评述**陆宗达**(1905—1988)、**王宁**(1936—)的《说文》研究成就，分“章黄学统的集中体现、主要著述、研究方法、主要贡献、学派成因、可商榷处”六节全面讨论“陆王之学”。

主要著述，陆宗达《训诂学简论》(1980)、《说文解字通论》(1981)、《陆宗达语言学论文集》(1996)，陆宗达、王宁《训诂方法论》(1983)、《训诂与训诂学》(1994)，王宁《说文解字与汉字学》(1994)、《训诂学原理》(1996)、《汉字学概要》(2001)。论文有刊于《中国语文》《中国社会科学》《北京师范大学学报》等杂志及文集中的 21 篇(见后文目录)。研究方法：以“语义学”为出发点和落脚点；贯彻黄侃“理、证”并举的材料与观点相统一的原则；中西结合，洋为中用；提高与普及、研究与应用相结合。主要学术贡献：明确“《说文》学”所属及相关学科定位；清理旧术语并建立新的术语体系；突破语义分析中“词、词义”等“原子主义”概念，引入并设立“义素、义位”基本概念及其附属概念，推进语义分析；科学总结传统字源学得失，建立科学的汉语语源学系统理论并用于《说文》研究的实践；运用电脑技术，对《说文》小篆形音义系统进行全面测查，建构《说文》小篆构形学体系。

第二章“陆氏的同门及门下弟子”，我们将张标书此处介绍的“陆氏同门”刘赜至徐复移到“章黄弟子的《说文》研究”处去介绍了，此处集中介绍陆宗达、王宁门下弟子的《说文》研究。主要有：**许嘉璐**《说文解字在词典史上的地位和价值》(1985)、《说文解字释义方式研究》(1985)等 5 篇论文；**李国英**著作《小篆形声字研究》(1991)，《说文的造意》(1987)、《说文解字研究的现代意义》(1995)等论文；**石定果**《说文会意字研究》(1996)；**宋永培**《说文与文献词义学》(1994)、《说文汉字体系研究法》(1999)、《说文与上古汉语词义研究》(2001)等著作及相关论文多篇。

其实，陆、王门下弟子研究《说文》的成果很多，在王宁汉字构形学框架下进行汉字各阶段字系的构形研究就有十来位，还有多种传统方式的《说文》研究成果。主要的补述如：**李运富**《读〈说文段注改篆评议〉》(1995)及多种异体字研究论著；**王贵元**《〈说文解字〉与同源词探索》(1991)、《〈说文解字〉新证》(1999)、《〈说文解字〉版本考述》(1999)及后来的《〈说文解字〉校笺》(2002)等；**万献初**协助王宁师整理《章太炎说文解字授课笔记》，撰写硕士论文《论章太炎的说文学》(1995)，后来出版《说文字系与上古社会》(新世界出版社 2012)及整理音注《说文解字注》(中华书局 2013)；**齐元涛**《〈说文〉小篆构形系统相关数据的计算机测查》(1996)及后来相关的系列论文等。

第三章“由事及理的新综述派”，介绍运用现代语言学理论对《说文》进行性质、规律、原理等方面的理性研究。主要研究成果有：**郭沫若**《古代文字之辩证的发展》(1972)；**周祖谟**《〈说文解字〉之传本》、《陶刻孙本〈说文解字〉正误》及《孙星衍平津馆重刻宋本〈说文解字〉校勘记》(1935)、《徐锴的〈说文〉学》(1947)、《唐本〈说文〉与〈说文〉旧音》(1948)、《许慎和他的〈说文解字〉》(1956)、《关于唐本〈说文〉的真伪问题》(1957)、《论段氏〈说文解字注〉》(1962)、《〈说文解字〉概论》(1984)等；**王力**《中国语言学史》(1962)等论及《说文》研究的历史观和新方法；**郭在贻**《训诂丛稿》及《说文》段注研究系列论文(5篇)；**何九盈**《中国现代语言学史》(1995)及《乾嘉时代的语言学》(1984)、《〈说文〉省声研究》(1991)、《〈说文〉段注音辨》(1993)；**曹先擢**《〈说文解字〉的性质》(1985)、《开拓〈说文〉研究新领域》(1988)、《〈说文解字〉的省声》(1990)、《研读〈说文〉释义应注意的若干问题》(1991)等。划归“理法型”的，还列举了一些含《说文》理性研究章节的文字学、训诂学著作。“教材型”的，除先提到以前的**郦承铨**《说文解字叙讲疏》(1935)、**唐玉书**《说文部首讲义》(1935)及**陈汉章**《说文讲义》外，还分类详细介绍**陆宗达**《说文解字通论》(1981)、**姚孝遂**《许慎与说文解字》(1983)、**蒋善国**《说文解字讲稿》(1988)、**余国庆**《说文学导论》(1995)、**董希谦与张启焕**《许慎与说文解字研究》(1988)。附列**章季涛**《怎样学习说文解字》(1983)、**王梦华**《说文解字释要》(1990)、**王世贤**《说文解字导论》(1993)、**苏宝荣**《说文解字助读》(1993)等教材。

第四章“努力登攀的新注疏派”，介绍该时期对《说文》作全面注释的著述，主要有**张舜徽**《说文解字约注》(1983)、《说文解字导读》(1990)，**黄绮**《说文解字三索》(1994)、《说文部首》(1957)、《转注假借解》(1979)，**蒋人**

杰《说文解字集注》(1996),**罗君惕**《说文解字探原》(1982),**梁光华**《唐写本说文解字木部笺异注评》(1998)。

第五章“独树大纛的新文化派”,介绍该时期有关《说文》文化研究的著述,主要有**臧克和**《说文解字的文化说解》(1995),**黄德宽和常森**《汉字阐释与文化传统》(1995),**雷汉卿**《说文示部字与神灵祭祀考》(2000),**谢栋元**《说文解字与中国古代文化》(1994),**王宁、谢栋元、刘方**《说文解字与中国古代文化》(2000)等。还附列了李咬滋(1991)、朱积孝(1987)、许仰民(1986)、赵小刚(1996)、殷寄明(1993)、白振有(1999)等人的37篇从不同视角研究《说文》文化的论文(见后文目录)。

第六章“后出转精的古文字学派”,主要介绍该时期古文字与《说文》相结合的研究成果。有**姚孝遂**《许慎与说文解字》(1983),**祝敏申**《说文解字与中国古文字学》(1998),**裘锡圭**《说文解字与出土古文字》(1991),**赵诚**《说文解字的形和义》(1978)、《甲骨文字学纲要》(1993)、《说文谐声探索》3篇等。还附列了张建中(1987)、郭小武(1991)、刘钊(1991)、詹鄞鑫(1996)、董琨(1991)、荆贵生(1996)、[日]阿裒哲次(1998)、王贵元(1999)等人这方面的研究论文(见后文目录)。

第七章“推陈出新的新词汇派”,用现代语言学理论,把《说文》材料当作断代的历史词汇来研究。主要介绍**冯蒸**《说文同义词研究》(1995)、**崔枢华**《说文解字声训研究》(2000)。附列许威汉(1991)、端木隽(1985)、冯利(1993)、李传书(1988)等人的35篇《说文》词汇学方面的研究论文(见后文目录)。

第八章“不断创新的新六书派”,先介绍“传统六书派”,主要有**梁东汉**《汉字的结构及其流变》(1959)、**高亨**《文字形义学概论》(1963),还有**孙雍长**《转注论》(1991),**孙中运**《论六书之转注》(1999),**蒋善国**《汉字学》(1987),**黄建中、胡培俊**《汉字学通论》(1990),**詹鄞鑫**《汉字略说》(1991)。再介绍“非传统派”:“三书”说有**刘又辛**《从汉字演变的历史看文字改革》(1957)、**林沄**《古文字研究简论》(1986),“二体二用”说有**王力**《古代汉语》(1962),“八书”说有**任学良**《说文解字引论》(1985),“五书”说有**王元鹿**《汉古文字与纳西东巴文字比较研究》(1988),“七书”说有**王凤阳**《汉字学》(1989),新“四书”说有**张玉金**《汉字学概论》(2001)。还有从文化学、心理学角度探讨“六书”的,如周有光《比较文字学初探》(1998)、聂鸿音《中国文字概略》(1998)、姚淦铭《汉字心理学》(2001)。

第九章“后来居上的新段注派”,重点介绍**蒋冀骋**《〈说文段注〉改篆评议》(1993)、**李传书**《〈说文段注〉研究》(1997)、**马景仑**《段注训诂研究》

(1997)、**余行达**《〈说文段注〉研究》(1998)。此外收录李建国(1981)、鲍善淳(1983)、周光庆(1985)、朱承平(1985)、左民安(1981)等人的68篇段注研究论文(见后文目录)。

第十章“其他研究”，将该时期上述九派之外的《说文》研究分为几小类。“形体研究”介绍**赵平安**《说文小篆研究》(1999)、**王宁**《汉字构形学讲座》(1995)及齐元涛《说文小篆构形系统相关数据的计算机测查》(1996)等，附列顾之川(1986)、陈枫(1989)、曾宪通(1982)、徐无闻(1984)、管锡华(1987)、罗会同(1996)等人的26篇有关《说文》籀文、古文、小篆、隶书、重文、俗体等形体结构的论文(见后文目录)。“徐锴、戴侗研究”介绍**古敬恒**《徐锴〈说文系传〉研究》(1995)、**党怀兴**《〈六书故〉研究》(2000)，附列张标(1997)、李恕豪(1986)等人的该类论文目录10篇。“部首研究”主要介绍**冯蒸**《〈说文部首今读〉新订并说明》(1996)、**邹晓丽**《基础汉字形义释源》(1990)、**徐耀民**《说文解字部首解读》(2000)，附列申志均《说文部首字典》(1990)、周万春《汉字部首例解》(1991)、董莲池《说文部首形义通释》(2000)等。“学术史研究”介绍**张其昀**《说文学源流考略》(1998)、**刘志成**《中国文字学书目考录》(1997)。“年谱研究”介绍**张震泽**《许慎年谱》(1986)。“普及”类著作，介绍**汤可敬**《说文解字今释》(1997)，附列李恩江《文白对照说文解字译述》(2000)、王宁与董希谦主编《许慎与说文学小丛书》九种(1994)、潘天烈《说文解字导读辞典》(1995)、古敬恒与刘利《新编说文解字》(1991)、焦传生《说文释例举要》(1997)、马海江《新说文解字》(1997)、范进军《说文解字古今音读》(1995)、崔枢华与何宗慧《标点注音说文解字》(2000)等。“校点整理重刊”类，主要介绍该时期《说文》大徐、小徐、“四大家”、诂林各类版本的整理刊行及王夫之《说文广义》的印行。“检索”类，介绍刘永耕等《说文解字四角号码通检》(1988)、陈祥民等《说文解字今读与通检》(1992)、洪文涛《说文八种单字索引》(1996)、李行杰《说文今读暨五家通检》(1997)、陈茂森《说文解字四角号码检字表》(1999)，还选列几家附在《说文》专书后的索引。

2. 后50年《说文》研究的阶段与内容分类简述

班吉庆《建国50年来的〈说文解字〉研究》(2000)，把新中国成立后50年(1949—2000)的《说文》研究分为三个不同的阶段。第三阶段(1978—1999)的20年，是振兴《说文》研究最为重要的20年。各阶段按研究内容分专题，选取代表性成果加以概述。班氏文所列的文章，有些是今天不易检索到的，故详列于此以备参考。

(1)继承发展阶段(1949—1965)

继承清末至新中国成立前以章太炎、黄侃、杨树达等为代表的《说文》研究传统，新中国成立后的全新学术氛围，对《说文》学研究有所发展。该时期的研究成果：①《说文》总体研究。论著主要有周祖谟《许慎和他的〈说文解字〉》、陆宗达《介绍许慎的〈说文解字〉》、殷孟伦《〈说文解字〉、〈释名〉两书简析》等；1955年、1957年商务印书馆两次重印马叙伦《说文解字研究法》，1958年新知识出版社影印钱玄同《说文部首今读》，1963年中华书局影印出版的大徐本《说文》成为最通行的《说文》读本。②《说文》"六书"研究。最重要的成果是马叙伦《说文解字六书疏证》，详考甲骨金文，博采众说，先校雠再疏证，分析许书文字，按"六书"各归其类。还有郭子直《六书初探》、杜定友《象形字》、殷孟伦《说文解字形声条例述补》、刘赜《说文形声释例》、郑权中《关于许慎假借义例的解释和批评》等，从不同的角度对六书进行了研究。③《说文》声韵研究。刘赜仿黄侃之法将《说文》9000多字分隶于古本韵28部及古本声19类的表格之中，写成《说文古音谱》，还有方孝岳《论谐声音系的研究和"之"部韵读》等。④《说文》语源研究。杨树达《积微居小学述林》卷一至卷三考释《说文》单字120个，"尽量地寻找语源"，明字形之初文，探形声之语源，胜义迭出，影响很大。还有徐复《释"畐、㸚"二字之语源》等文章。⑤《说文》征引研究。马宗霍《说文解字》引经考、引方言考、引群书考、引通人说考的系列文章，援据翔实，博而不繁，颇有参考价值。

(2)衰微停滞阶段(1966—1977)

"文革"十年，学术研究冷落萧条，《说文》研究几近停滞，偶有《批判〈说文解字〉的尊儒反法思想》这样的文章，已不是研究而是曲解。但这一阶段，也有一些学者私下潜心钻研，成果后来才得以面世。

(3)恢复繁荣阶段(1978—1999)

"文革"之后，学术研究走上正轨，《说文》研究渐趋繁荣。相继成立许慎研究会，举办多种《说文》学术研讨会。老一辈学者指导、带动，中青年学者迅速崛起，20年间《说文》研究不断向广度、深度拓展，取得丰硕成果。

①《说文》总体研究。姚孝遂《许慎与说文解字》，用治古文字学的方法研究《说文》；张舜徽《说文解字约注》，对前人注疏释择善而从，存其精义，且颇重视推求语源；蒋善国《说文解字讲稿》，全面介绍《说文》的内容，探索《说文》研究方法和要求，并附参考目录；黄绮《说文解字三索》，探索许慎《说文》诸字形、音、义三方面说解的来源；蒋人杰《说文解字集注》，对前人繁富的注文择优撮要，引述甲金文字考释，用极少篇幅总括各家研究成

果；曹先擢《〈说文解字〉的性质》深入浅出，全面论述了《说文》性质的多重性；张其昀《说文学源流考略》，系统论述《说文》学的源流，收录历代《说文》研究著述；上海古籍出版社出版黄侃《说文笺识四种》、《黄侃手批〈说文解字〉》等重要书籍；董希谦等编《许慎与〈说文解字〉研究》、《许慎与〈说文〉研究论集》和《〈说文解字〉研究》(一)等，汇集该类重要的研究成果，还有一批《说文》研究的单篇论文，质量也很不错。

②《说文》"六书"研究。俞敏《六书献疑》、杨柳桥《六书拨疑》、皇甫权与蒋仲青《六书辩疑》、罗君惕《六书说》、张舜徽《说文六书类抄》、李恩江《对许慎六书说的再认识》、向光忠《论六书的本旨与序列》等，是"六书"总论方面的代表。分论也较多：形声方面有王宁与李国英的《论〈说文解字〉的形声字》、陈世辉《略论〈说文解字〉中的省声》、车先俊《〈说文〉省声字研究》、曹先擢《〈说文解字〉的省声》、何九盈《〈说文〉省声研究》、汤可敬《〈说文〉"多形多声"说研究》、刘又辛《"右文说"说》等；转注方面有黄绮《转注假借解》、白兆麟《转注说源流述评》、杨春霖《转注臆解兼论六书之性质》等论文，还有孙雍长的专著《转注论》；假借方面有曹先擢《通假字例释》、刘又辛《通假概说》等专著，论文有许威汉《通假质疑》、祝鸿熹等《〈说文〉所称古文中的假借字》、周大璞《假借质疑》、戚桂宴《许慎的六书"假借"说》等。

③《说文》词义研究。陆宗达与王宁《〈说文解字〉与本字本义的探求》，将形义统一原则作为探求本字本义的依据。宋永培《说文》词汇系统研究论文，如《〈说文〉词义系统研究提要》、《论〈说文〉意义体系的内容与规律》、《〈说文解字〉与文献词义学》等，再现了《说文》贮存的周秦汉语词义系统，具有创新性。冯蒸的专著《〈说文〉同义词研究》，以语音为线索，分同义词为"非同源同义词、同源同义词"两大类，是较新的观点。还有张发颖《说文疑义举例》、端木隽《〈说文〉同形词初探》、张志毅《〈说文〉的词源学观念》、许威汉《论〈说文〉研究对词汇研究的启示》、王若江《〈说文解字〉中的互训词分析》、钟明立《〈说文解字〉的同义词及其辨析》等，也属于词汇研究的内容。

④《说文》声韵研究。主要是根据《说文》的谐声和读若来研究古代声韵，管燮初《从〈说文〉中的谐声字看上古汉语声类》，分析《说文》谐声字 8545 个，得出古声母 28 类。张鸿魁《从〈说文〉"读若"看古韵鱼侯两部在东汉的演变》，经分析得出东汉鱼侯两部依然对立的结论。谢纪锋《〈说文〉读若声类考》，论证《说文》读若的声类与上古音迥别而与中古音基本一致。严学宭《论〈说文〉谐声阴入互谐现象》，分析《说文》阴声韵与入声韵互谐，指出其谐声来自各方言，与《切韵》非一线发展。赵诚《〈说文〉谐声探索》(一、二、

三），借助出土材料探讨《说文》谐声，认为其是不同时代形成的，并非属于同一个音系。此外还有何琳仪《〈说文〉声韵钩沉》等。

⑤《说文》部首研究。余行达《试谈〈说文〉五百四十部中列字先后的规律》、汤可敬《部首说略》、薛克谬《论非形声字的归部及〈说文解字〉部首的形成》和《论〈说文解字〉的亦声部首》、邹晓丽《〈说文解字〉540部首述议》、苏新春《〈说文〉部首四论》、张显成《〈说文〉部首字说解与所属字说解违反同一律考》等论文，讨论《说文》部首的性质、形成、编次等，创获颇多。邹晓丽专著《基础汉字形义释源——〈说文解字〉部首今读本义》一书，利用古文字来探求《说文》部首本义，阐明汉字构形的基础理论，既实用又有深度。王梦华《说文解字释要》、王世贤《说文解字导论》二书中，也有较大篇幅讲析540部首。

⑥《说文》与历史、文化研究。《说文》中蕴藏很多古代社会文化的信息，清末民初以来，柳诒徵、顾颉刚、胡朴安、程树德、吴承仕等就开始了这方面的探索。本时期学者不断深入，多有新见。著作类如陆宗达《说文解字通论》有"《说文解字》中所保存的有关古代社会状况的资料"、谢栋元《〈说文解字〉与中国古代文化》、臧克和《〈说文解字〉文化说解》、黄德宽与常森《汉字阐释与文化传统》、宋永培《〈说文〉汉字体系与中国上古史》、雷汉卿《〈说文〉示部字与神灵祭祀考》等。论文有许仰民《〈说文解字〉所反映的古代社会的等级与阶级关系》、周艺《〈说文解字〉中的阴阳五行说》、范进军《试论〈说文〉玉部字中所表现的中国玉文化》、许嘉璐《说"正色"——〈说文〉颜色词考察》、赵小刚《〈说文〉反映的古代葬俗》和《〈说文〉反映的上古婚制》、班吉庆《从〈说文解字〉看中国古代饮酒文化》、何毓玲《从〈说文〉女部字窥古代社会之一斑》、孙永义《〈说文〉字义体系与中国古代图腾崇拜文化》、白振有《〈说文解字〉马部字的文化蕴涵》、王平《从〈说文解字〉看中国古代的卫生保健措施》等。

⑦《说文》与古文字研究。有对《说文》中所收古文的研究，也有《说文》与出土古文字的比较研究。商承祚《〈说文〉中之古文考》，将新中国成立前的旧文汇集成册，参验甲骨文、金文及六国文字，对《说文》461个古文加以疏通证明，很有影响。曾宪通《三体石经古文与〈说文〉古文合证》一文，指出《说文》古文与石经古文乃是同一系统的文字，与战国文字实为一家，澄清了不少疑难问题。裘锡圭《〈说文解字〉与出土古文字》一文，证《说文》古文字形多与出土古文字吻合，两者的研究应该结合起来。郭小武《〈说文〉篆籀字汇与甲骨文字考释》，肯定《说文》保存古形对远古文字考释很有价值。祝敏申专著《〈说文解字〉与中国古文字学》，充分征引考古学、古文字学成

果，对《说文》的文字产生理论、所收古文籀文、六国文字异形、隶书草书的肇端等问题作全面的考察，确立《说文解字》在中国古文字学史上、中国古代文明史上的不朽地位。此外还有董琨《古文字形体讹变对〈说文解字〉的影响》、刘钊《〈说文解字〉匡谬(四则)》、仓林忠《从〈说文解字〉索解中国古文字产生的历史》等，也是这方面颇有建树的论文。

⑧《说文》注疏研究。该类对徐锴《说文解字系传》、清代《说文》四大家的研究比较多，其中对《说文》段注的研究最多。本阶段研究段注的论文有100多篇，而马景仑专著《段注训诂研究》尤为扎实，全面论述段注在《说文》条例揭示、训诂方法研究、同义词辨析、"浑言"与"析言"、词义引申、音义关系、反训问题等方面的建树，创获甚多。其他注疏研究有：朱星《评〈说文通训定声〉》、盛九畴《朱骏声及其〈说文通训定声〉》、郭在贻《〈说文〉段注与汉语词汇研究》及《从〈说文〉段注看中国传统语言学的研究方法》、经本植与罗宪华《〈说文解字注〉与四川的方言和名物》、魏励《读王筠〈说文释例〉》、张庆绵《略述徐锴〈说文解字系传〉》、徐德明《严可均〈说文校议〉对"说文学"的贡献》、梅季坤《〈说文广义〉之不足》等。

⑨《说文》的方法论研究。黄焯整理黄侃《文字声韵训诂笔记》，清理了黄侃有关《说文》学习门径、研究方法、重要条例等方面的研究。许嘉璐《黄侃先生的小学成就及治学精神》专章介绍了黄侃研治《说文》的方法。许嘉璐《苍史功臣，叔重净友——〈说文〉杨氏学述略》和孙雍长《遇夫先生研究〈说文〉的态度》，介绍杨树达研究《说文》的方法。宋永培《论陆宗达、王宁的〈说文〉意义之学》，介绍陆宗达、王宁的《说文》研究方法。还有许嘉璐《〈说文解字〉释义方式研究》、陆宗达与王宁《〈说文解字〉与"以形索义"的训诂方法》、张舜徽《〈说文解字〉导读》、宋永培《〈说文〉汉字体系研究法》、杨荣祥《〈说文〉中的否定训释法》等，是探讨多种《说文》研究方法的文章。

⑩《说文》与许慎研究。张震泽《许慎年谱》，史料丰富，考辨严密，许慎生平、学术思想和学术成就都得以展示。其他重要论文有洪笃仁《〈说文解字〉的作者许慎》、张汝鲤《许慎史料拾遗》、曾世竹《许慎生平事迹新证》、董希谦《许慎生平事迹考辨》、谢文学《许慎生卒年和〈说文解字〉写作经过新考》等文章，对许慎生卒、事迹作了补充和考订。阿祥《许慎生平和思想》、董希谦《论许慎的治学精神》、胡竹安《从许慎的文字观看他的思想倾向》、邹晓丽《论许慎的哲学思想及其在〈说文解字〉中的表现》、姚孝遂《经学、小学与许慎》、宋均芬《从〈说文叙〉看许慎的语言文字观》等论文，是不同角度的许慎研究。

⑪《说文》的普及推广。张舜徽撰《说文解字约注》、《说文解字导读》，

简要地指明研读《说文》的门径，提纲挈领，举重若轻。汤可敬《说文解字今释》逐条句读、注音、译文和注释，参证甲骨文、金文等材料，形经音纬，征引众说，正源求本，融合古今，后附索引，细致而全面。再有任学良《说文解字引论》、章季涛《怎样学习〈说文解字〉》、王世贤《说文解字导论》、苏宝荣《说文解字助读》、李国英与章琼《〈说文〉学名词简释》、余国庆《说文学导论》等，各有用途。《说文》今读与检索方面，有陈祥民《〈说文解字〉今读与通检》、范进军《〈说文解字〉古今音读》等，便利使用。

此外，在《说文》版本、校勘、条例、字体、字族、方言、字词考证，《说文》学研究史等方面都有专题文章。多种训诂学、辞书学著作中设有专章介绍《说文》，不乏精彩的论述和见解。

3. 21 世纪前 13 年《说文》研究简介

新世纪初的《说文》研究，是 20 世纪末 20 年《说文》研究的延续与全面扩展，因时间还比较短，故只作主要特点的简述，不展开分类细说。

(1)论著数量很大，类型与此前研究大体相同

就所收论文目录显示，2000—2013 年年初这 13 年，《说文》研究论文有 611 篇，占百年总量 1474 篇的 41%强，可谓数量巨大。上述 20 世纪后 20 年的"《说文》总体研究、六书研究、词义研究、声韵研究、部首研究、历史文化研究、古文字研究、注疏研究、方法论研究、许慎研究、普及推广"11 类研究，21 世纪前 13 年都有一定量的论著产生，因而无需再度分类举论。当然，除延伸上述 11 类研究之外，也产生了一些新的研究方式与类型，具有新世纪《说文》学的一些新特点。

(2)硕、博士论文的大量增加

随着 21 世纪研究生教育的快速发展，博士、硕士研究生数量日增，学位论文中的《说文》研究论文也随之快速增长。

今检得《说文》研究类博士论文 17 篇，除了吴世峻《说文声训所见的复声母》(台湾东吴大学 1995)、雷汉卿《〈说文〉示部字与神灵祭祀考》(复旦大学 1996)2 篇外，其余 15 篇都是内地 2001 年后的博士学位论文：金玲敬《〈说文解字翼徵〉研究》(华东师范大学 2004)、林源《〈说文解字〉心部字研究》(复旦大学 2004)、安兰朋《〈说文通训定声〉词义引申研究》(安徽大学 2005)、蔡梦麒《〈说文解字〉字音注释研究》(华东师范大学 2006)、俞绍宏《〈说文古籀补〉研究》(安徽大学 2006)、何书《〈说文通训定声〉的词义研究》(南京师范大学 2006)、李艳《〈说文解字〉所收蔬菜及粮食作物词疏解》(浙江大学 2006)、李朝虹《〈说文解字〉互训词研究》(浙江大学 2007)、张亚蓉《〈说文解字〉的谐声关系与上古音研究》(苏州大学 2008)、夏军《〈说文〉会意字研究》(华东师范大学 2009)、张新艳《〈说文〉谐声源流研究》(华中科技大学 2009)、方敏《〈说文解字〉旧音研究》(武汉大学 2012)、李娜《〈说文解字〉"误释字"研究》(河北大学 2012)、江远胜《〈说文解字注〉引雅学文献研究》(苏州大学 2013)。博士论文有博士研究生数年潜心于某一专题的研究，有导师团队的指导与督促，因而在材料、方法、理论三方面都用力很多，成果也相对扎实而厚重些。这些应该是 21 世纪初《说文》研究价值颇丰的成果。

检得《说文》研究的硕士论文 155 篇，除了冯胜利《意义变化理论——论段玉裁的〈说文解字注〉》(北京师范大学 1982)、万献初《论章太炎的〈说文〉学》(北京师范大学 1995)2 篇外，其余 153 篇都是 21 世纪前 13 年的硕士学位论文，涉及《说文》研究的方方面面。由于网络检索大行于 21 世纪，也可能有 2001 年以前的《说文》研究硕士论文没有被检索到，但数量必定很小。

十来年间，出现了这么多《说文》研究的硕士、博士论文，不排除有匆忙、芜杂的成分，但至少说明有一大批新生力量投入到《说文》研究中来，这对于《说文》研究的整体发展而言，无论怎么说也应该是有益的。

4. 高科技时代数字化的研究特色

21 世纪是信息化和高科技迅猛发展的时代，电脑检索、测查、统计、处理语言材料数据的功能极为强大，自然对《说文》研究有越来越多的影响。王宁师指导的多届研究生，在《说文》小篆字系及各历史阶段字系研究中，电脑数据化的应用日显精密和深入，出现了"北师大《说文》小篆字体"等电脑应用成果，也出现了胡佳佳《〈说文解字〉阅读检索软件的开发》(2011)和《〈说文解字〉语料库 XML 标注设计》(2011)这样的高科技成果。而实际的影响远不止此，在 21 世纪的《说文》研究中，《说文》字形结构分析、词义系统研究、音读解析、文献源流研究等，无不运用电脑数据化手段来处理海量的文献和语料，既快捷又准确，真正做到"通过定量来定性"，不再只是感觉加举例型的研究方式了。电脑数字化的运用在 21 世纪《说文》研究论著中是随处可见的。这可能是 21 世纪《说文》研究区别于 20 世纪最为突出的特点，也可能是今后一段时期《说文》研究延续性的特点。

当然，21 世纪初《说文》研究的普通论文数量增长过快，也是有其弊端的。主要是高校教师职称、评估的论文量化规定，各类项目资金的刺激，研究生毕业、评奖学金需发表论文的硬性规定等，形成整体的浮躁学风，有人花钱发文章，论文只求量不求质，这样的风气自然影响到《说文》研究成果的质量，形成数量多而精品少的局面。尽管如此，21 世纪初《说文》研究的成绩还是很大的，大量短平快的论著中仍然不乏卓有建树的厚重成果。具体情况，可参见后文的《说文》研究著作、论文目录。

第二节　现当代《说文》研究资料的甄选与汇聚

古人《说文》研究的资料，有丁福保《说文诂林》作了基本的汇纂。现当代《说文》研究资料，数量浩繁，有的不易见到，如果作一个系统性的精选与分类纂集，会大大便利于当今的《说文》学习者和研究者查检、使用。

董莲池主编《说文解字研究文献集成》（作家出版社 2007），其“现当代部分”有 12 巨册，精选、汇集今人《说文》类著述 497 种，有的是多达数卷的大书，有的是不长的文章。这是目前所见较好的今人《说文》研究论著的精选汇集本。

该书按涉及的主要《说文》研究内容分类为：《说文》通论、《说文》文本研究、《说文》部首研究、《说文》“叙”研究、“六书”研究、《说文》学史研究，通过《说文》进行的语言研究、历史研究、文化研究。共 9 大类，按内容分类汇聚相关文献。该书承用《说文解字诂林》的处理方法，所选文献用复印的方式，然后拼接排版，尽力保持文献的原貌，因而资料的可信度比较高。入选论著为现当代《说文》研究发展史上的主体文献，基本上可以显示百年《说文》研究的概貌，其中很多篇是不易检索和寻找到原文的，有的还是稿本。故在此将其所收论著目录详列于下，便利读者查寻与选读。

第一册“通论”：《说文解字》研究法，马叙伦；《说文》研究法，陈晋；《说文解字》通论，陆宗达；许慎与《说文解字》，姚孝遂；《说文解字》讲稿，蒋善国；许慎与《说文解字》研究，董希谦；《说文解字》导读，张舜徽；《说文解字》与汉字学，王宁；《说文》学导论，余国庆；《说文解字》论纲，钟如雄；《说文解字》第一，朱自清；《说文解字》与训诂学，陆宗达、王宁；《说文解字》及其在文献阅读中的应用，陆宗达、王宁；《说文》“读若”的训诂意义，陆宗达、王宁；文字的贮存与使用——《说文》之字与文献用字的不同，陆宗达、王宁；论“段王之学”的继承和发展，陆宗达、王宁；章太炎与中国的语言文字学，陆宗达、王宁；论《说文》字族研究的意义——重读《文始》与《说文同文》，陆宗达、王宁；字书的兴起，王力；文字形声义，黄侃述、黄焯编；《说文》纲领，黄侃述、黄焯编；《说文解字》与以形索义的训诂方法，陆宗达、王宁；《说文解字》与本字本义的探求，陆宗达、王宁；《说文解字》评介，吴永坤；《说文》作者和版本，班吉庆；《说文》内容和体例，班吉庆；答四川国学学校诸生问《说文》书五通，刘师培；许书述微，张文澍；《说文解字》研究法，种因；《说文》纲领，金毓黻；许慎及其《说文解字》，周祖谟；《说文》要略问答，得一；《说文》略说，黄侃；《说文》借体说，潘重规；《说文》研究法示例，黎锦熙；介绍许慎的《说文解字》，陆宗达；《说文解字》《释名》两书简析，殷孟伦；再论《说文》非形声字的归部，薛克谬；谈谈《说文解字》的历史地位和学术价值，刘又辛；《说文》的几则训诂所说明的一个理论和方法问题，齐冲天；《说文解字》对辞书编纂法的贡献，洪笃仁；《玉篇》和《说文》比较，洪成玉；《说文解字》研究的现代意义，李国英；《说文解字》与汉字规范，史鉴；论《说文解字》——并论汉字之功能，杨向奎；中国古代文字学的建立与许慎《说文解字》的地位和影响，邓文彬；《说文》编纂的《易》哲学视界，姚淦铭；《说文解字》中"先古籀后篆"研究，尹彰浚；《说文》委婉释义刍议，古敬恒；谈谈许慎及其《说文》跟谶纬的问题，王显；许慎与名字训诂学，吉常宏；许慎生平事迹考辨，董希谦；许慎里居新考，顿嵩元；许慎故里考辨，张汝鲤；许慎的语文学说及其思想基础，周远富；许慎生平事迹考辨(一、二、三)，顿嵩元；字圣许慎评传，王蕴智。

第二至第八册"文本研究"：《说文解字》重文提要，周炳蔚；文源，林义光；《说文》阙义笺，丁山；《说文》定声，张长；《说文》综合研究，顾荩丞；《说文》匡鄦，石广权；《说文》举例七卷，陈衍；《说文解字》约注(上、中、下)，张舜徽；《说文》笺识四种(《说文》同文、字通、《说文》段注小笺、《说文》新附考原)，黄侃笺识、黄焯编次；《说文解字》六书疏证廿九卷六书表叙一卷，马叙伦；《说文》古均二十八部声系，权少文；《说文》古音谱，刘赜；《史籀篇》疏证，王国维；《说文》古文考，胡小石；《说文》古文疏证，舒连景；《说文》中之古文考，商承祚；隶定古文疏证十四卷，徐在国；《说文》数名古文考，舒连景；《说文》所称古文释例，孙次舟；黄侃手批《说文解字》，黄侃；《说文》小篆研究，赵平安；《说文解字》考正，董莲池；小学答问，章太炎；释史、释由、释辥、释天，王国维；释朱，闻一多；《积微居小学述林》卷第一、第二、第三，杨树达；《增订积微居小学金石论丛》卷第一、第二，杨树达；小学札记，刘赜；释靁等二十三篇，于省吾；字例略说，吕思勉；《说文解字》文考，吕思勉；《说文解字》补释，徐复；石刻篆文编字说，商承祚；《说文》植物古名今证(及续)，胡先骕；读《说文》记、续，方秋士；《说文解字》六书疏证，马叙伦；《说文》经字考疏证，陈延杰；《说文》汉语疏，刘盼遂；数名古谊，丁山；释武(附容肇祖案语)，商承祚；释朱，商承祚；《说文》集释(及续)，陶惟坻；《说文》练习笔记，王静安讲授、刘盼遂记；《说文》疑义举例，金毓黻；立字质疑，商承祚；《说文》心部诸形声会意字诠释，徐复；《说文》疑义举例，徐复；释申、释靁，商承祚；读《说文》虫、蚰、蟲三部札记，王善业；《说文解字》辨证第一、十三、十四(上、下)，陈衍；《说文解字》讲记(节录)，冯振心；《说文》师说、师说别录，刘盼遂；蕲春黄先生讲授《说文》记录，徐复；《说文》中译音字之研究，郑师许；读《说文》别释，高潜子；《说文》讲疏，吴承仕；葑汉大师《说文》讲记，徐复；《说文》识小录，唐桂馨；《说文》别释，高淞荃；《说文》今义，陈培寿；订笑，万博哉；《说文解字》从刀诸字伸谊，鲍鼎；释年、释弘、释白、释兢、释鼎，商承祚；节注《说文》议，吕思勉；《说文》燕召公史篇名醜解，张政烺；则、瀍度量则、则誓三事试解，孙常叙；牛训理解，郭绍虞；天干地支之起源与作用，罗君惕；说"咢""嚴"，裘锡圭；说字小记，裘锡圭；《说文》与出土古文字，裘锡圭；夭、矢、吴辨——《说文》平议之一，汤余惠；《说文解字》匡谬(四则)，刘钊；益、易同源嬗变探析，王蕴智；《说文解字》的形和义，赵诚；谈谈《说文》言部几个字的义训，董莲池；《说文》"诸，辩也"试解，董莲池；"腹，厚也"旧训质疑，吕朋林；谈考古资料在《说文》研究中的重要性，刘钊；《说文解字》新证，王贵元；"穆"字的形义探索，董莲池；《说文解字》多义字探析，车先俊；论《说文》中的旁见说解，黎千驹；太平经与《说文解字》，饶宗颐讲演；"隻"字小考，李天虹；《说文》收字释义文献用例补阙——以简帛文献证《说文》，张显成；张家山汉简与《说文解字》合证——《说文解字校笺》补遗，王贵元；《说文》"厂"及"厂部"之字试说，江学旺；"稽"字考论，刘钊；古汉字形义探索三篇，董莲池；《说文》声训五则，姚炳祺；声训源流暨《说文》声训，孙雍长；《说文解字》所用字体说，董众；篆书各字隶合为一字篆书一字隶分为数字举例，杜镇球；古文字形体讹变对《说文解字》的影响，董琨；古重文考，刘师培；《说文》重文疏叙，刘盼遂；上黄季刚师论《说文》重文书，刘盼遂；汉字义读法之一例——《说文》重文之新定义，沈兼士；大徐本重文初探，范进军；《说文》重文与正篆关系补论，黄天树；《说文解字》重文声符替换类型及其对应规律，王平；对《说文解字》重文的再认识及其价值，黄宇鸿；《说文》或体字考叙例，董璠；大徐本《说文》小篆或体初探，张标；《说文》篆文校正刍议，詹鄞鑫；云梦秦简与《说文》的用字，魏德胜；论《说文》俗字研究及其意义，黄宇鸿；《说文解字》中俗体字的产生与发展，罗会同；五代以来《说文》逸字研究，樊俊利；疑形声，孔令谷；《说文解字》省形类字疑误辨正，李家祥；《说文解字》中的亦声字——音义关系研究之一，颜亨福；《说文》读若考例言，方勇；《说文》重文读若转音考，钟歆；《说文》汉读通假说，宋为霖；《说文》读若探源(上、下)，杨树达；《说文解字》的"读若"，杨剑桥；《说文解字》"读若"作用类考，冯玉涛；《说文解字》读若音订，陆志韦；《说文》今音讨论，崔枢华；《说文》形声字"读若"注音条例考，王卯根；《说文解字》大徐反切今音标注存在的问题，王平；《说文》"读若"性质研究综述，杨宏；凡某之属皆从某考叙，张智敏；《说文解字》"从某，象某"析，赵伯义；《说文》"一曰"研究，周聪俊；《说文解字》"一曰"试析，叶友文；《说文》"连篆读"发覆，张涌泉；《说文解字》连篆读考，李英；《说文解字》"从某，某亦声"辨正，尹黎云；《说文解字》"省形"分析，冯玉涛；谈《说文解字》"同意"，易敏；《说文》"同意"说评述，赵铮；《说文解字》引群书考、引通人说考、引方言考、引经考，马宗霍；《说文解字》引汉律令考，王仁俊；《说文》序引尉律解，张政烺；《说文》引秘书为贾逵说辨正，丁声树；《说文》兼采三家诗释例，李先华；《说文解字》引《诗》异文对理解诗意的价值，曹兆兰；唐写本《说文解字》木部笺异注评，梁光华注评；《说文解字》校笺，王贵元；正续一切经音义提要，丁福保；《六书故》所引唐本《说文》考，党怀兴；《六书故》所引蜀本《说文》考，党怀兴；《说文》古本考校勘记，本学门编辑室；《说文》校案(二则)，奚世干；《说文解字诂林》后叙，丁福保；《说文解字》之宋刻本——孙刻《说文解字》校勘后记，周祖谟；陶刻孙本《说文解字》正误，周祖谟；汲古阁刻《说文解字》略考——兼与潘天桢先生商榷，孔毅；《本草纲目》所引《说文》考，钱超尘；唐本《说文》与《说文》旧音，周祖谟；关于唐本《说文》的真伪问题，周祖谟；唐写本《说文·木部》残卷与大徐本小篆比较研究，王平；唐写本《说文》管窥，徐时仪；唐写本《说文解字》木部残卷为李阳冰刊定本考，李家浩；日藏唐写本《说文·木部》残卷原件与大徐本小篆形讹字考订，王平、臧克和；《说文解字》版本考述，王贵元；桐人？相人？——《说文》校订之一，瞿润缗；70年代出土的竹简帛书对《说文解字》研究之贡献，陈徽治；刘宝楠《论语正义》征引《说文解字》略论，班吉庆；《原本玉篇》引《说文》笺校补，马学良遗著、刘又辛校补。

第九册(上)"部首研究"：《说文》部首笺正十四卷(附同文略例、小篆通、古文举要)，宋育仁；《说文》部首均语，章太炎；《说文》部首述义八卷，徐绍桢；《说文》部首讲义，唐玉书；《说文》部首，胡小石；《说文》部首形义通释，董莲池；《说文》部首今语解，钱玄同；《说文》部首均语注补谊，章仲铭原注、徐复补谊；《说文解字》部首与甲骨文，黄天树；《说文解字》部首与甲骨文(续一)，黄天树；《说文解字》部首与甲骨文(续二)，黄天树；《说文解字》540部首述议，邹晓丽；《说文》部首部内字形义关系考，王力波。

第九册(下)至第十册(上)"叙、六书研究"：《说文解字》序，章太炎讲演；许慎《说文解字叙》讲记，冯振心；《说文解字·叙》上，洪诚选注；《说文解字序》偶笺，张建木；中国文字的原始与演变(上、下篇)，李孝定；中国文字，董作宾；中国文字略说，钱玄同；战国时秦用籀文六国用古文说、《史记》所谓古文说、《汉书》所谓古文说、《说文》所谓古文说，王国维；《说文》今叙篆文合以古籀说，王国维；四籀文大篆、五古文、六科斗书、七鸟虫书虫书、八隶书左书史书，启功；《说文》古籀文重探——兼论王国维《战国时秦用籀文六国用古文说》，林素清；存在争议的籀文、《史籀篇》年代考、籀文形体浅论，潘玉坤；《说文》籀文研究，赵卫；《说文》前叙称经说，李学勤；试说张家山简《史律》，李学勤；论《说文》及壁中古文经书，钱玄同；论孔子壁中书的文字类型，李学勤；三体石经古文与《说文》古文合证，曾宪通；《汗简》、《古文四声韵》中之石经、《说文》"古文"的研究，黄锡全；《说文》古文与楚文字互证三则，李守奎；小篆为战国文字说，徐无闻；《秦文字集证》序，李学勤；秦始皇"书同文字"的历史作用，北文；大篆、小篆、八体、六书、杂体篆(秦系、汉以后的篆书)、隶书、楷法、八分、飞白，唐兰；隶变研究，赵平安；六书解例，马叙伦；六书微，陈启彤；六书述义十二卷，姜忠奎；六书条例，吴承仕；小篆形声字研究，李国英；论六书次序质顾惕生先生，陈德基；六书次第说，刘大白；六书总论，郑师许；六书札记，粟乎；书许氏《说文解字》六书正论后，孙海波；六书谊增"记号"一书为七书说，陈奇猷；六书古义，张政烺；六书发微(及续)，蒋志范；六书次第当遵许书说，许本裕；六书简论，陆宗达；六书献疑，俞敏；六书拨疑，杨柳桥；六书说，罗君惕；试论汉字的起源及六书之次序，傅毓钤；六书第三耦研究，王伯熙；六书说申许，陈振寰；文字孳乳之一斑，杨树达；六书理论在当代的发展——兼评王宁先生的汉字构形理论，郑振峰；论传统六书之本原意义，白兆麟；文字的构成，唐兰；文字中的加旁字，杨树达；汉字记录语言的方式，林沄；甲骨文字和汉字的构造，陈梦家；汉字基本类型的划分，裘锡圭；20世纪汉字结构类型理论的新发展——以"三书说"和"新六书说"为例，林志强；叙丁氏《说文解字诂林》补遗附释六书三事，吴稚晖；象形古义考(节要)，吴其昌；象形通论，郑师许；指事通论，郑师许；论六书指事之原，陈启彤；指事说，彭裕商；《说文解字》指事发微，赵伯义；广会意，陈柱尊；初期意符字之特性，沈兼士；主名与官名的会意字，杨树达；形声释例，陈兆年；形声字之字义与形旁之关系，陈兆年；形声阐微，陈柱；形声缘起，陈兆年；形声释例，林尹；《说文》形声字之分析，甄尚灵；论汉字意符之范围，甄尚灵；文字声转注声广例，吴予天；《说文解字》形声条例述补，殷孟伦；论《说文解字》的形声字，王宁、李国英；《说文》谐声探索(一、二、三)，赵诚；《说文》声韵钩沈，何琳仪；论汉字形声字的义符系统，李国英；古文字中的"注音形声字"，吴振武；殷墟甲骨文"有声字"的构造，黄天树；略论《说文解字》中的"省声"，陈世辉；论《说文解字》中的省声问题，陈韵珊；《说文》省声字研究，车先俊；《说文解字》的省声，曹先擢；《说文》省声的是与非，宋易麟；《说文》"省声字"中的非形声字，严和来；《说文》省声研究，何九盈；"省声"说略，李敏辞；转注说，刘师培；转注，白沙；转注说，汪荣宝；转注浅说，许笃仁；转注理惑论，闻宥；转注正解，刘大白；转注平议(及续)，陈柱尊；转注论，孟坚；转注例异说考，钱用和；转注正义，李翘；《说文》转注考叙，姜忠奎；六书转注甄微，刘盼遂；论转注，陈启彤；订转注，向楚；转注说源流述评，白兆麟；论转注，梁东汉；古文字转注举例，林沄；《说文》假借考，丁福保；《说文》有借形寄声之例说，曾广源；造字时有通借证，杨树达；论假借，张双棣；假借简论(及续)，周盈科；假借质疑，周大璞；假借转注再研究，陆锡兴。

第十册(下)至第十一册(上)"语言、历史、文化研究"：新方言，章太炎；文始，章太炎；论《说文》字族研究的意义——重读《文始》与《说文同文》，陆宗达；《说文》同义词研究，冯蒸；《说文解字》声训研究，崔枢华；《说文》引伸义考，陈仲；《说文》双声迭韵联语考释，吴庭让；许氏《说文》所称别国殊语与扬氏《方言》异同条证，李道中；从《说文》中的谐声字看上古汉语声类，管燮初；从《说文》读若看古音四声，谢纪锋；论《说文》意义体系，宋永培；《说文解字》中互训词分析，王若江；《说文解字》与同源字探索，王贵元；《说文解字》与南阳俗语，聂振弢、聂振欧；运用《说文解字》考察联绵词的成因和特点，陈淑梅；《说文·収部》同源字及"右文说"，胡从曾；《说文》对反义同义同源关系的表述与探讨，宋永培；论《说文》中词义的系统性，黎千驹；《说文解字》互训词研究，卢凤鹏；《说文解字》的同义词及其辨析，钟明立；字形分析和同源词系联，董莲池；汉语词源研究的回顾与思考，王凤阳；《说文》的语义学价值，洪成玉；《说文》训"词"例考释兼及许慎的虚字观，王平；《说文》声训被释词和训释词异源关系初探，杨华；《说文解字》与粤方言本字考，黄宇鸿；《说文解字》中的联绵词研究，刘晓英；论《说文》的方言研究，华学诚；《说文解字》的训释与双音合成词的内部语义关系，王军；《说文》对上古汉语字词的系统整理，宋永培；《说文》稽古篇，程树德；汉字阐释与文化传统，黄德宽、常森；《说文解字》的文化说解，臧克和；《说文》汉字体系与中国上古史，宋永培；《说文解字》与中国古代文化，王宁；《说文》示部字与神灵祭祀考，雷汉卿；《说文解字》与中国古代科技，王平；论以《说文》证史必先知《说文》之谊例，柳诒徵；答柳翼谋先生，顾颉刚；与顾颉刚先生论《说文》书，疑古玄同；新史料与旧心理，魏建功；论《说文》谊例代顾颉刚先生答柳翼谋先生，容庚；《说文》界说是确切显现两汉的社会意识，陈竺同；《说文》为汉代社会意识之写真(上、下)，陈竺同；《说文》所反映的古代葬俗，赵小刚；说“正色”——《说文》颜色词考察，许嘉璐；从《说文·女部》字窥古代社会之一斑，何毓玲；《说文解字》马部字的文化蕴涵，白振有；《说文解字》女部的文化内涵，张玉梅；从《说文解字》看古羌族对华夏农业的贡献，赵小刚；部首“女”的文化义蕴，陈枫；从《说文解字》看中国古代宗教崇拜——《说文》汉字民俗文化溯源研究之一，黄宇鸿 。

第十一册(下)至第十二册末“《说文》学史研究”：徐锴的《说文》学，周祖谟；徐锴及其《说文解字系传》，张庆绵；徐铉的语言文字观，张秋娥；徐锴《说文解字系传》的学术成就，锐声；徐锴的“词”理论及其影响浅探，肖瑜；徐锴卒年考，孙艳红；《说文解字系传》引书考，杨恒平；段注《说文》正字，胡宗；段注《说文解字》斠误(上、下)，卫瑜章；《说文》段注指例，吕景先；《说文》段注改篆评议，蒋冀骋；段注训诂研究，马景仑；《说文》段注研究，余行达；集汉学派文字学大成之段玉裁，胡朴安；论“段王之学”的继承和发展，陆宗达、王宁；段玉裁的《说文》研究，王力；钱辛伯读《说文》段注札记，周云青；段注《说文》武断说举例，刘世昌；正段，罗君惕；论段氏《说文解字注》，周祖谟；斠段，赵世忠；段玉裁《说文》学之研究，唐文播；余杭章公评校段氏《说文解字注》，章太炎；段氏《说文》注所标韵部辨误，许世瑛；《说文》引经段说述例，徐复；《说文》段注与汉语词汇研究，郭在贻；《说文》“词”字段注质疑，李华年；从《说文》段注看中国传统语言学的研究方法，郭在贻；《说文》段注与汉文字学研究，郭在贻；《说文》段注对《说文》学的贡献，郭在贻；《说文》段注之阙失，郭在贻；段玉裁《汲古阁说文订》与《说文解字注》——兼及段氏校改《说文》文字的缘由，经本植；《说文解字读》考，张和生、朱小健；论段玉裁对《说文》形声字的改说，刘成德；段玉裁《说文解字注》在词义引申研究方面的贡献，黄大荣；试论《说文系传》对段注的影响，米万锁；《说文解字注》词义引申发凡，吕朋林；《说文解字注》和《广雅疏证》的右文说，胡继明；《说文》段注音辨，何九盈；《说文》段注的同源词研究，陆忠发；评段玉裁的转注观——六谈六书之转注，孙中运；段玉裁对《说文》省声字的研究，赵永会；对《说文》段注有关“引申规律”论述的整理研究，宋永培；段玉裁的转注论及其运用，李传书；段玉裁训诂研究的原则和方法，李传书；从《说文解字注》看段玉裁对文字学的理论贡献，李奇瑞；《说文》段注同义词论证方法述略，钟明立；论段玉裁在《说文解字注》中的假借观，郑贤章；对段玉裁《说文解字注》词义引申分析规律的初步整理，李峻岫；《说文》段注俗字类型考略，刘洋；段注辨析同义词的方法，钟明立；《说文》段注据求本字本义校改例，杨光荣；《说文》段注词义考释论略，李先华；段玉裁《说文解字注》对《释名》的校释，李茂康；段注与《释名》，毛毓松；段注所谓《篇》《韵》的考察，张标、任敏；《说文》段注对戴震文字学思想的继承与发展，徐道彬；从《说文解字注》看段玉裁的连绵词观，赵铮；简论段玉裁与桂馥，韩伟；谈谈徐承庆对《说文解字注》的匡谬，董莲池；桂氏馥之文字学，胡朴安；桂馥的《说文》研究，王力；试论桂馥《说文解字义证》及其六书研究特点，韩伟；桂馥文字学思想探析，刘若一；朱氏骏声之字学，胡朴安；朱骏声的《说文》研究，王力；引伸元和朱氏转注说，朱苍许；朱骏声与《说文通训定声》，房建昌；朱骏声转音理论初探，杨一青；从右文说看《说文通训定声》，朴兴洙；再论《说文通训定声》，白兆麟；王氏筠之文字学，胡朴安；王筠的《说文》研究，王力；读王氏《说文释例》，于鬯；《说文句读》识语，王轩；试论王筠对汉字学的贡献——读王筠《说文释例》，陈淑梅；《说文释例》对汉语文字学理论构建的贡献，李传书；王筠“分别文、累增字”及“重文递加字”浅议，孙风华；三钱之文字学，胡朴安；章太炎与中国的语言文字学，陆宗达、王宁；论章太炎、黄季刚的《说文》学，陆宗达、王宁；李阳冰篆书考，周祖谟；论郑樵的《六书略》，张标；黄侃先生《说文》学探论，黄建中；鲁迅与《说文解字》，崔石岗；郑珍《说文逸字》论略，袁本良；顾野王之《说文》研究索隐，姚永铭；《六书故》的“六书”理论和语言学思想，陈会兵；“《说文》学”源流考略，张其昀；宋元明六书学研究，党怀兴；乾嘉以后诸儒之六书说，胡朴安；《说文解字诂林》叙，丁福保；许学管窥，陈炜湛；对《说文解字》学术价值的再认识——许慎与《说文》学国际学术研讨会综述，王宁；十五年来《说文解字》研究述评，董莲池；丁福保和《说文解字诂林》，韩华梅；二十世纪的《说文》字体研究，黎千驹；章黄学派与20世纪的《说文》学，张标；《说文》学的回顾与前瞻，张标、陈春风；20世纪的“《说文》”字体、汉字形体结构与六书说研究，黎千驹。

第三节　现当代《说文》研究论著总目录

现当代《说文》研究论著数以千计，有的常见，有的偏僻难寻，经多年潜心积累、收集、筛选，现编制成“现当代《说文》研究著作目录”“现当代《说文》研究论文目录”两种，以全面展示百年《说文》研究的概貌，为上文《说文》学学术发展史的叙述提供文献参考资料，也为研究和学习《说文》者提供便利。

一、现当代《说文》研究著作目录

我们收集现当代人的《说文》研究著作（1910—2013年初），可称为“百年《说文》研究著作目录”，共收入147种书目。主要收研究型著作、教科书，也收录一部分整理刊行大徐本《说文》、段玉裁《说文解字注》类的读本，酌收小部分与《说文》直接相关的文字学、汉字文化类著作，也收有个别未刊书稿。著作编排，按著者姓名拼音顺序排列。

B

［日］**白川静**：《说文》新义（十四卷），《五典学院》1969—1974；**暴拯群**：《说文解字》与篆刻艺术，河南人民出版社1992（小丛书）。

C

蔡梦麒：《说文解字》字音注释研究，齐鲁书社2007；**曹先擢**：通假字例释，河南人民出版社1985；**曹先擢、董希谦、王宁等**：《说文解字研究》第一辑，河南大学出版社

1991；**陈祥民等**：《说文解字》今读与通检；吉林文史出版社 1992；**陈新雄**：《说文解字》分部编次，《木铎》1977，第 5、6 全刊；**陈衍**：《说文解字》辩证（十四卷）、《说文》举例》（七卷）；**程树德**：《说文稽古篇》，商务印书馆，1933；**崔枢华**：《说文解字》声训研究，北京师范大学出版社 2000；**崔枢华、何宗慧**：标点注音《说文解字》，北京师范大学出版社 2000。

D

党怀兴：《六书故》研究，陕西师范大学出版社 2000；**丁福保**：《说文》钥（前后编、续编），上海医学书局石印本 1933；六书正义，丁氏医学书局石印本，1933；**丁山**：《说文》阙义笺，中央研究院历史语言研究所单刊 1930；**董莲池**：《说文》部首形义通释，东北京师范大学出版社 2000；《说文解字》考正，作家出版社 2005；**董希谦、王兴博**：《说文解字》研究论著索引，附《许慎与说文解字研究》后 1988；**董希谦、张启焕**主编：许慎与《说文解字》研究，河南大学出版社 1988。

F

范进军：《说文解字》古今音读，三秦出版社 1995；**冯胜利、杨润陆等**：《文始》《说文》对照索引，北京师范大学中文系油印 1983；**冯蒸**：《说文》同义词研究，首都师范大学出版社 1995。

G

古敬恒：徐锴《说文系传》研究，重庆大学出版社 1995；**古敬恒、刘利**：新编《说文解字》，中国矿业大学出版社 1991；**顾正**：《说文》段注索引，1948 年编，油印；**郭小武**：《说文》篆籀字汇与甲骨文字考释，1991。

H

韩琳：黄侃手批《说文解字》字词关系研究，中央民族大学出版社 2007；**何九盈**：汉字文化学，辽宁人民出版社 2000；**洪文涛等**：《说文》八种单字索引，中华书局 1996；**胡光炜（小石）**：《说文》古文考，中国科学院 1924；《说文》部首、《说文》古文考，见《胡小石论文集》三编，上海古籍出版社 1995；**黄焯**：《说文》声母字重音钞，1936；**黄侃**：《说文》笺识四种，上海古籍出版社 1983；黄侃手批《说文解字》，上海古籍出版社 1987；**黄绮**：《说文解字》三索，河北教育出版社 1994；《说文》部首讲解，天津人民出版社 1957；**黄永武**：形声多兼会意考，台湾文史哲出版社 1977。

J

吉常宏：许慎与名字训诂学（手稿），山东大学出版社 2011；**季旭升**：《说文》新证，福建人民出版社 2010；**蒋冀骋**：《说文》段注改篆评议，湖南教育出版社 1993；**蒋人杰**：

《说文解字》集注，上海古籍出版社 1996；**蒋善国**：《说文解字》讲稿，语文出版社 1988；**焦传生**：《说文释例》举要，青岛出版社 1997；［日］**井上夫基**：《说文》字母字解。

K

柯淑龄：《说文》上声字根研究，台北中国文化大学，初版 1971。

L

雷汉卿：《说文》示部字与神灵祭祀考，巴蜀书社 2000；**李传书**：《说文解字注》研究，湖南人民出版社 1997；**李恩江、贾玉民主编**：文白对照《说文解字》译述，中原农民出版社 2000；**李国英**：小篆形声字研究，北京师范大学出版社 1996；**李国英、章琼**：《说文》学名词简释，河南人民出版社 1994（小丛书）；**李亮工**：《说文》例十六种、《说文解字》注订、《说文解字》手稿，未刊稿；**李行杰**：《说文》今读暨五家通检，齐鲁书社 1997；**李增杰**：古代六种字书佚文补辑并注（即《仓颉篇》《埤苍》《广苍》《字指》《字统》《字书》），广东高等教育出版社 1990，暨南大学出版社 1993；**梁东汉、王宁主编**：新编《说文解字注》，山西高校联合出版社 1994，山西教育出版社 2006；**梁光华**：唐写本《说文解字》木部笺异注评，贵州人民出版社 1998；**林义光**：文源，中华书局 1988，中西书局 2012；**刘又辛**：通假概说，巴蜀书社 1988；**刘赜**：《说文》古音谱，湖北人民出版社 1963；刘赜小学著作二种（初文述谊、小学札记），上海古籍出版社 1983；**陆宗达**：《说文解字》通论，北京出版社 1981；**陆宗达、王宁**：训诂方法论，中国社会科学出版社 1983；**吕景先**：《说文》段注指例，正中书局 1949，河南人民出版社 1987 年重刊；**吕思勉**：文字学四种，上海教育出版社 1985；中国文字变迁考，商务印书馆 1934；**罗君惕**：正段，考古 1936，第 2 期；六书说，1981。

M

马景仑：段注训诂研究，江苏教育出版社 1997；**马叙伦**：《说文解字》六书疏证，科学出版社 1957 手稿彩印，上海书店 1985；《说文解字》研究法，商务印书馆 1928；六书解例，商务印书馆 1931；**马宗霍**：《说文解字》引经考，台湾学生书局 1971；《说文》引方言考、引通人说考、引群书考，科学出版社 1959。

P

潘天烈：《说文解字》导读辞典，四川辞书出版社 1995。

Q

齐冲天：《说文解字》与篆文字体，河南人民出版社 1994（小丛书）；**钱玄同**：《说文》部首今读，北京大学出版社 1933；《说文》段注小笺（油印本），《钱玄同文集》（五），中国人民大学出版社 1999。

R

任学良:《说文解字》引论，福建人民出版社 1985。

S

商承祚:《说文》中之古文考,《金陵学报》1940 年连载，上海古籍出版社 1983；**申志均**:《说文》部首字典，中州古籍出版社 1990；**沈兼士**：中国文字形义学(北京大学讲义本)，见《沈兼士学术论文集》，中华书局 1986；右文说在训诂学上之沿革及其推阐，国立中央研究院抽印本 1933；**沈康年编**:《说文解字诂林》索引，云南人民出版社 2006；**石定果**:《说文》会意字研究，北京语言学院出版社 1996；**宋易麟**:《说文解字》今注，江西教育出版社 2004；**宋永培**:《说文》与上古词义研究(即《说文》与文献词义学，1994)，巴蜀书社 2001;《说文》汉字体系与中国上古史，广西教育出版社 1996;《说文》汉字体系研究法，广西教育出版社 1999；**苏宝荣**:《说文解字》今注，陕西人民出版社 2000;《说文解字》助读(后修订名《说文解字》导读)，陕西人民出版社 1993；**孙雍长**：转注论，岳麓书社 1991 ；**孙中运**：论六书之转注——揭开转注学千古之谜，学林出版社 1999；**唐玉书**:《说文》部首讲义、《说文》字义补疏，1935。

W

万献初:《说文》字系与上古社会，新世界出版社 2012；注音索引《说文解字注》，中华书局 2013；**王贵元**:《说文解字》校笺，学林出版社 2002；**王国维**:《史籀篇》疏证，民国石印本 1916；**王梦华**:《说文解字》释要，吉林教育出版社 1990；**王宁**:《说文解字》与汉字学，河南人民出版社 1993(小丛书)；**王宁、董希谦主编**：许慎与《说文》小丛书(9 种)，河南人民出版社 1994；**王宁、谢桂元、刘方**:《说文解字》与中国古代文化，辽宁人民出版社 2000；**王世贤**:《说文解字》导论，电子科技大学出版社 1993；**王彤伟**:《说文解字》五百四十部疏讲，巴蜀书社 2012；**王玉仁**:《说文》初步，学林出版社 2009；**王蕴智**：中国的字圣——许慎，河南人民出版社 1994(小丛书)；**王忠林**:《说文》研究，台湾高雄复文出版社 1991；**卫瑜章**：段注《说文解字》勘误，商务印书馆 1935；**魏源**:《说文》假借释例，古微堂外集卷一；**吴承仕**：六书条例，北平中国学院石印本 1933。

X

向光忠主编:《说文》学研究，第一辑，崇文书局 2004;《说文》学研究，第二辑，崇文书局 2006;《说文》学研究，第三辑，江西教育出版社 2008;《说文》学研究，第四辑，线装书局 2010;《说文》学研究，第五辑，线装书局 2010；**谢栋元**:《说文解字》与中国古代文化，河南人民出版社 1994(小丛书)；**徐复、宋文民**:《说文》五百四十部首正解，江苏古籍出版社 2003；**徐前师**：唐写本《玉篇》校段注本《说文》，上海古籍出版社 2008；**徐耀民**:《说文解字》部首解读，黑龙江人民出版社 2000；**许惟贤**:《说文解字注》整理本，凤凰出版社 2007。

Y

杨树达：中国文字学概要 · 文字形义学，湖南大学石印本讲义 1940；**杨柳桥**：六书拨疑，1979；**杨润陆**：怎样读《说文解字》，河南人民出版社 1994(小丛书)；**姚孝遂**：许慎与《说文解字》，中华书局 1983；**殷寄明**：《说文解字》精读，复旦大学出版社 2006；**余国庆**：《说文》学导论，安徽教育出版社 1995；**余行达**：《说文》段注研究，巴蜀书社 1998。

Z

臧克和：《说文解字》的文化说解，湖北人民出版社 1995；**臧克和、王平校订**：《说文解字》新订，中华书局 2002；**曾运乾**：《说文》转注释例，中山大学文学院专刊；**詹鄞鑫**：汉字说略，辽宁教育出版社 1991；**张标**：20 世纪《说文》学流别考论，中华书局 2003；**张其昀**：《说文》学源流考略，贵州人民出版社 1998；**张三夕导读、刘果整理**：《说文解字》注音版，岳麓书社 2006；**张舜徽**：《说文解字》约注，中州书画社 1983；《说文解字》导读，中国国际广播出版社 2008；《说文》谐声转纽谱(旧学辑存上)，齐鲁书社 1988；**张亚蓉**：《说文解字》的谐声关系与上古音，三秦出版社 2011；**张震泽**：许慎年谱，辽宁大学出版社 1986；**章季涛**：怎样学习《说文解字》，河南人民出版社 1988；**章太炎**：文始、小学答问、国故论衡(上)，章氏丛书本、章太炎文集(七)，上海人民出版社 1999；章太炎《说文解字》授课笔记，中华书局 2008；**赵平安**：《说文》小篆研究，广西教育出版社 1999；**钟如雄**：《说文解字》论纲，四川人民出版社 2000；**朱小健、张和生点校**：《说文解字》读，北京师范大学出版社 1995；**朱宗莱**：文字学形义篇(北大讲义)1918；**祝敏申**：《说文解字》与中国古文字学，复旦大学出版社 1998；《说文解字》与中国古文字学(中英文双语版)，大学出版社 1999；**邹晓丽**：基础汉字形义释源，北京出版社 1990、中华书局 2007；**左民安**：细说汉字，九州出版社 2005；**左民安、王尽忠**：汉字部首讲解，福建人民出版社 1998。

二、现当代《说文》研究论文目录

我们收集现当代人《说文》研究论文(1910—2013 年年初)篇目，可称为“百年《说文》研究论文目录”。所收文章，属于《说文》及相关问题研究的成果，除各类正式刊物、文集所刊论文外，已正式提交检索的博士、硕士学位论文也予收录。少数简单介绍类的，借《说文》漫谈文化及其他的，研究成份少而又载于非文科研究型刊物上的，未予收录。即便这样，所收《说文》研究论文也达 1470 多篇，作者 980 多人，足见《说文》学研究之兴盛。

所收论文，来源于各类大专院校学报者为多，学报或分文、理科版，文科版一般标明“社科版、社会科学版、人社版、人文社会科学版、哲社版、哲学社会科学版”等，《说文》研究论文全部属文科类，故引录依次只出作者、文章题目、期刊名、年、期数或卷数(期数)，不再标文科版类。文集中的论文，出作者、文题、文集名、出版社及年份。报纸的日期出“年-月-日”。同一作者的文章集录各自名下，按作者姓名拼音顺序排列，便于检索。

A

[日]**阿辻哲次著、侯印林译**：北京图书馆藏段玉裁《说文解字注》初探，语文教学与研究 1984，1；**阿祥**：许慎生平和思想，辞书研究 1981，1；**艾荣荣**：《说文解字》战具命名研究，青海师范大学，硕士论文 2011；**安兰朋**：《说文通训定声》词义引申研究，安徽大学，博士论文 2005；**安秀荣**：《说文》指事字构字理据分析，阜阳师院学报 2003，4。

B

白健、殷守刚：《说文解字》宀部字解读，玉溪师院学报 2008，11；**白举**：徐锴《说文解字系传》对六书研究的贡献，牡丹江教育学院学报 2011，3；**白利利**：《说文解字注》中的动静引申，陕西师范大学学报 2004 专辑；**白琬琳**，《说文解字》中的法律词语研究，辽宁师范大学，硕士论文 2008；**白兆麟**：通往《说文解字》的津梁——《说文学导论》评介，古籍整理研究学刊 1996，2；转注说源流述评，安徽大学学报 1982，1；**白振有**：《说文解字》马部字的文化蕴涵，延安大学学报 1999，1；犬部字的文化蕴涵，延安大学学报 1997，3；**柏亚东**：《说文解字》释“登”考辨，阜阳师范学院学报 2003，5；**班吉庆**：建国 50 年来的《说文解字》研究，扬州大学学报 2000，5；从《说文解字》看中国古代饮酒文化，扬州师范学院学报 1996，1；试论《说文》对古汉语量词的认识，扬州师范学院学报 1988，3；《说文》互训述评，扬州师范学院学报 1987，1；《说文解字》所收度量衡量词简论，扬州大学学报 2011，4；《汉书》颜注引证《说文》述评，扬州师范学院学报 1994，3；刘宝楠《论语正义》征引《说文解字》略论，扬州大学学报 2001，6；**包明叔**：《说文》部首变迁(上、下)，中国语文 1974，2；**鲍善淳**：一字源流莫万哗——试论《说文》段注在训诂方面的成就，安徽师范大学学报 1983，3；**暴拯群**：论《说文》中转注字的体例，通化师范学院学报 1994，3；通假字论，河南教育学院学报 1990，4；**北大研究所编辑室**：《说文》古本考校勘记，北大国学月刊 1927，9—11；**编写组**：《新编说文解字》叙例，汕头大学学报 1987，3；**卞仁海**：十年来《说文解字》研究述评，信阳师范学院学报 2003，2。

C

蔡梦麒：《说文解字》徐铉注音质疑录，古汉语研究 2007，1；《汉语大字典》引《说文解字》注音辨正，古汉语研究 2005，3；《说文解字》徐铉反切中的音义错位，华东师范大学学报 2007，5；**蔡信发**：《说文》声谱，台北市立女子师范高等专科学校学报 1982，2；《说文》之形声字之多声考，台湾师范大学国史研究评中国学术公刊 1882，6；《说文》部首正补释例，台湾中央大学文学院院刊 1984，2；《说文》正文重出字之商兑，第三届中国文字学国际学术研讨会论文集 1992，3；段注会意形声之商兑，第四届中国文字学全国学术研讨会论文集 1993，3；段注《说文》"古文以为某字"之商兑，国立中央大学人文学报 1993，11；**蔡英杰、李潇云**：试论《说文解字》中的互训，辞书研究 2012，4；**蔡永贵**："右文说"的内涵及其性质的再认识，银川师范高等专科学校学报 1988，4；"右文"表义的奥秘，银川师范高等专科学校学报 1989，1；科学的"右文说"应是"母文说"，宁夏教育学院学报 1995，1；**仓林忠**：从《说文解字》索解中国古文字产生的历史时期，咸阳师范高等专科学校学报 1998，4、5；**[日]仓石武四郎**：《说文解字段注考正考》订补，东方学科 2，1931；读段注《说文》析论，中国语学 1969；段懋堂的双音说，服部先生古稀祝贺纪念论文集，嵩山房 1936；关于段玉裁尺牍集，书苑 3 卷 10 号，1939；论《六书音韵表》，支那学 10 卷 1 号；段懋堂的音韵学，博士论文，均社会 1974；**曹爱成**：《说文解字》饮食词汇的特点，乐山师院学报 2010，2；**曹礼品**：段玉裁《说文解字注》"合二字成文"简论，阜阳师范学院学报 2007，2；**曹先擢**：开拓《说文》研究新领域，语文研究 1988，2；《说文解字》的省声，辞书论稿与辞书札记，商务印书馆 2010；研读《说文》释义应注意的若干问题，说文解字研究(一)，河南大学出版社 1991；《说文解字》的性质，辞书论稿与辞书札记，商务印书馆 2010；**岑运强、张志云**：从玉部文字看中国古代的玉文化，吉安师范高等专科学校学报 1999，1；**柴桂敏**：《说文解字》中"舟"形的来源与分流，安庆师范学院学报 2013，1；**常耀华**：大徐本《说文·糸部》失校证诂，平顶山师范高等专科学校学报 1994，4；许学研究综述，辞书研究 1993，4；**车慧**：《说文解字·田部》字所反映的井田文化，广西教育学院学报 2009，1；**车先俊**：《说文解字》多义字探析，徐州师范大学学报 2000，3；**陈宝珍**：《说文解字》解说文字的特点与方式，大学图书馆报 1985，4；**陈波**：《说文解字》在汉语史上的价值，语文辅导 1986，2、3；**陈春风**：从文字学理论视角看《说文解字注》的价值，求索 2006，12；**陈丹**：试论《说文解字·酉部》字与中国古代酒文化，延安大学学报 2010，1；**陈棣方**：《说文解字》二体叠文说略，达县师范高等专科学校学报 2006，4；《说文解字》新附字研究，兰州大学，硕士论文 2007；**陈殿玺**：《说文解字》"虢"下段注之管见，大连教育学院学报 1998，3；**陈东辉**：略论桂馥《说文解字义证》之价值，古籍整理研究学刊 1996，3；**陈枫**：《说文》中的籀文初探，古汉语研究 1989，3；《说文解字》概念逻辑思想简析，陕西师范大学学报 1999，4；**陈鸿儒**：形声转注新探，龙岩师范专科学校学报 1987，1；**陈徽治**：70 年代出土的竹简帛书对《说文解字》研究之贡献，漯河职业技术学院学报 2003，1；**陈家宁、杨静**：从《说文解字》"酉"部字看中国上古酒文化，信阳师范学院学报 2011，2；**陈建初**：黄侃先生所批《说文同文》初探，古汉语研究 1990，2；《说文同文》勘正，湖南师范大学学报·古汉语专辑 1986；**陈建裕**：《说文解字》"同意"本意辨说，承德民族师范专科学校学报 1998，3；**陈金丽**：论许慎的经学思想与经学成就，山东大学，硕士论文 2007；**陈锦春**：《说文解字校订本》指瑕，图书馆杂志 2006，5；**陈坤德**：《说文解字》注音方法说略，惠州大学学报 1998，2；《说文解字》“读若”析，惠州学院学报 2005，2；**陈立中**：论《说文解字》中的“从反某”“从到某”，中南大学学报 2005，6；**陈良明**：《说文》引《左传》说略，汉字文化 1990，3；**陈平**：“据形系联”、“杂而不越”——《说文》部首间相互系联方式试析，北京教育学院学报 2003，1；**陈平、赵金文**：《说文解字》重文“窻”考，内蒙古大学学报 2011，4；**陈蒲清**：一部熔铸古今、雅俗共赏的《说文》学力作，益阳师范专科学校学报 1998，1；论《说文解字》的文字学成就——兼评对《说文解字》文字学成就的否定，船山学刊 2000，4；**陈其光**：论假借，语言研究 1994 增刊；**陈祺生**：集许学之大成——纪念丁福保先生诞生 120 周年，无锡教育学院学报 1995，2；**陈启彤**：《说文》疑义，国学（上海大东书局）1926，1；**陈绍棠**：马叙伦《说文解字六书疏证》书后，新亚书院学术年刊 1974，8；**陈世辉**：略论《说文解字》中的“省声”，古文字研究 1976，1；**陈淑梅**：试论王筠对汉字学的贡献——读王筠《说文释例》，古汉语研究 2001，1；**陈树**，《说文解字》与汉字构意探求，牡丹江大学学报 2011，2；**陈双新**：试论《说文解字》的历时与共时研究，河北科技大学学报 2006，3；**陈烁**：《说文解字》“羊”诸字说略，西北民族大学学报 2008，6；**陈涛**：评王安石的字学理论及其它，天津师范高等专科学校学报 1997，5；**陈炜湛**：许学管窥，《说文解字》研究（一），河南大学出版社 1991；**陈五云**：《说文解字》和许慎语言哲学初探，上海师范大学学报 2000，4；**陈玺**：《说文解字》解说汉字的方式，青海民族学院学报 2004，3；论《说文解字》对我国文字学史之贡献，青海民族学院学报 2005，3；**陈小玲**：《说文解字》的中医药学价值，吕梁教育学院学报 2010，4；**陈新雄**：《说文》古籀排列次第先后考，中华文苑 1972，9；《说文解字》之条例，香港浸会学院学报 1982，9；《说文》借形为事解，中国语文道论 1991，16；**陈亚平**：《说文·手部》形声字字族研究，西南大学，硕士论文 2006；**陈延杰**：《说文》经字考疏证，国学丛刊 1926，8；**陈衍**：《说文解字》辨证，中国学报 1912—1913，7；**陈燕**：《说文解字》“同意”说，语言科学 2012，5；**陈源源**：大徐本《说文解字》水部讹误举隅，温州大学学报 2011，6；**陈泽寰**：读《说文》会意字之管见，国学 1968，7；论《说文》为眼学，国学（天津）1937，4；**陈哲**：祭祀文化与《说文解字·示部》研究，华中科技大学，硕士论文 2006；**陈仲**：《说文》引申义考，国粹学报 1910；**陈竺同**：《说文》为汉代社会意识之写真，学生杂志 1931，3-4；《说文》界说是确切显现两汉的社会意识，福建师范 1936，1；**程观林**：略论段玉裁在训诂学上的贡献，中文自修 1988，5；**程含林**：《说文解字》八部字研究（上），中南林业科技大学学报 2010，6；《说文解字》八部字研究（下），中南林业科技大学学报 2011，4；《说文解字》八部字研究，华中科技大学，硕士论文 2006；**程少峰**：徐铉校改《说文解字》声符例考辨五则，信阳师范学院学报 2012，1；**崔石岗**：鲁迅与《说文解字》，图书馆论坛 1998，5；**崔枢华**：《说文解字》声训的几种形式，古汉语研究 1998，3；**崔小英**：《说文》小篆构件位置研究，苏州大学，硕士论文 2011；**崔云**：《说文解字》叠文研究，山东大学，硕士论文 2007。

D

笪远毅：《说文解字》段注辑例，铁道师院学报 1994，2；**党怀兴**，假借成因说略，陕西师范大学学报 1998，1；论戴侗的《说文解字》研究，陕西师范大学学报 2001，3；《六书故》所引唐本《说文解字》，陕西师范大学学报 1999，4；**邓春琴**：《原本玉篇残卷》引《说文解字》释义方式说略，乐山师范学院学报 2006，6；**邓声国**：《说文》段注"浑言"、"析言"所涉动词词义分类，镇江师专学报 2000，1；**邓文彬**：中国古代文字学的建立与许慎《说文解字》的地位和影响，西南民族学院学报 2001，8；**邓细南**：段注《说文解字》声训研究，漳州师范学院学报 1994，1；**邓永艳**：《说文解字》中"情绪类心理动词"概念场词汇研究，云南大学，硕士论文 2012；**邓泽**：从《说文解字》的解说看许慎是怎样划分词类的，赣南师范学院学报 1985，2；**邓志瑗**：怎样研究《说文解字》，江西教育学院学报 1981，1；**丁锋**：《说文》声训略例，许慎与说文研究论集，河南人民出版社 1991；**丁福保**：《说文钥》绪言，青鹤杂志 1933，2(3)；《说文》假借考，说文月刊 1942，2；《说文解字诂林》引用书目表跋，国学辑林 1926，9；**丁山**：与顾起潜先生论《说文》重文书，语言历史研究所周刊 1927，11；**丁娅兰**：从《说文解字·衣部》看古代服饰的"礼"文化，西安社会科学 2009，2；**定民**：读《说文稽古篇》，北平晨报·学园 1931，4；**董憨**：《文选》李注引《说文》笺，天津益世报·人文周刊第 10 期，1937-3-12；**董琨**：古文字形体讹变对《说文解字》的影响，中国语文 1991，2；**董莲池**：谈谈《说文》言部几个字的义训，古籍整理研究学刊 1994，2；十五年来《说文解字》研究述评，松辽学刊 1994，3；《说文》"诸，辩也"试解，古籍整理研究学刊 1994，5；**董潘**，《说文》或体字考叙例，北京女子师范大学学术季刊 1930，6；**董潘、江举谦**：许慎和他的《说文解字》，国语日报 1966-3-12；**董希谦**：论许慎的治学精神，许昌师范高等专科学校学报 1985，2 版；许慎及其《说文解字》，殷都学刊 1984，3；《说文解字》产生的历史条件，信阳师范学院学报 1992，2；纪念许慎，振兴中华，古汉语研究，河南大学出版社 1989；许学研究的历史现状与任务，古汉语研究 1989 增刊；《说文解字》的学术价值，河南大学学报 1990，5；纪念杰出的文字学家许慎，许慎与说文研究论集，河南人民出版社 1991；《说文解字》的学术价值——纪念《说文解字》成书 1990 年，河南大学学报 1990，5；**董性茂**：《说文解字·叙》详注，福建师范大学福清分校学报 1987，2；**董众**：《说文解字》所用字体说，东北丛镌 1930，1；**都兴宙**：《说文》"省声"分类及得失，青海师范大学学报 1989，2；**杜桂林**：论转注，宁夏大学学报 1991，4；**杜恒联**：《说文解字》言部字语源义研究，安徽师范大学，硕士论文 2005；**杜恒联、李开**：试论《说文解字》的声训方式，江南大学学报 2006，6；**端木隽**：《说文》同形词初探，南通师专学报 1985，2；《说文》段注词义解释中的朴素辩证观念，南通师范学院学报 1986，3；**段观宋**：段玉裁对汉语词源的探求与利用，湘潭大学学报 1986，3；总结·辨正·拓展——读《说文解字注研究》，湘潭大学学报 1999，2；**段玉泉**：《汉语大字典》援引《说文解字》标点商榷，宁夏大学学报 2001，6；**吨嵩元**：许慎故里考辨，郑州大学学报 1989，3；许慎生平事迹考辨，郑州大学学报 1985，3。

F

樊花、王珏：《说文解字》中反映的中国竹文化，湖南第一师范学院学报 2009，4；**范登脉、赖文**：《说文》声训四则，中华医史杂志 2000，3；**范进军**：试论《说文》玉部字所表现的中国玉文化，湘潭师范学院学报 1993，5；大徐本重文初探，许慎与说文学论文集，河南大学出版社 1991；许学研究的现状及其发展趋向，齐齐哈尔师范学院学报 1992，2；**方德乾**：《说文解字》音注述略，安徽师范大学学报 1986，2；**方敏**：秦汉蒙学书与《说文解字》，湖北大学学报 2010，3；试论《说文》声训的解释形式，湖北大学学报 2005，4；《说文解字》旧音研究，武汉大学，博士论文 2012；**方秋士**：读《说文》记，国学(上海大东书局)1927；**方文一**：从运用中辨析同义词——读段玉裁对同义词的研究，浙江师范大学学报 1989；**方勇**：《说文》读若考例言，国学周刊 1957，2；**方孝岳**：论谐声音系的研究和“之”部韵读，中山大学学报 1957，3；**房建昌**：朱骏声与《说文通训定声》，辞书研究 1984，2；**非厂**：订正《说文》，北平晨报·艺圃，1932-2-1；**费海玑**：《说文》质疑，学宗 1963，3；**丰逢奉**：《说文解字注》的语言学观点和方法，辞书研究 1985，5；**冯端生**：徐锴《说文系传》的学术成就，天津师范大学学报 1989，5；**冯方**：《原本玉篇残卷》引《说文》与二徐所异考，古籍整理研究学刊 2000，2；**冯洪钱**：汉《说文解字》畜病记载考注，农业考古 1998，3；**冯宽平**，《说文解字》释义与《老子》用字辩证法撷阐，青海师范高等专科学校学报 2001，3；《说文解字注》“叙”的词语训释方法考察，青海民族学院学报 2008，4；《说文解字》合口反切 u 的增减说略，青海民族大学学报 2013，1；**冯良珍**：《说文》勹及从勹之字探源，文物研究 1985，1；**冯能斌**：《说文解字》言部字研究，江西师范大学，硕士论文 2012；**冯胜利**：意义变化理论——论段玉裁的《说文解字注》，北京师范大学，硕士论文 1982；**冯玉涛**：《说文解字》“读若”性质考，西北第二民族学院学报 2001，1；《说文解字》“省形”分析，宁夏大学学报 2005，2；《说文解字》省声字分析，宁夏大学学报 2006，3；《说文解字》的流传与版本，图书馆理论与实践 2004，4；《说文解字》“读若”作用类考，宁夏大学学报 1996，3；**冯玉涛、彭霞**：《说文解字》转注研究，宁夏大学学报 2005，1；**冯玉涛、田炳学**：《说文解字》小篆之记号研究，华侨大学学报 2011，4；**冯玉涛、赵兵战**：《说文解字》无从属字部首评析，宁夏大学学报 2001，6；**冯振心**：《说文》异字而偏旁全同之比较，国专月刊 1962，1；《说文解字》讲记，学艺 1934，2；许慎《说文解字叙》讲记，学艺 1933，2；**冯蒸**：《说文》声训型同源词研究，北京师范学院学报 1989，1；《说文》部首今读新订并说明(上)，汉字文化 1996，4；论《说文》学的体系，冯蒸音韵论集，学苑出版社 2006；**伏兆东**：《说文解字》金部字语义研究，云南大学，硕士论文 2010；**[日]福田哲之**：《说文解字》以为汉代小学书的诸相，丛刊东瀛学 1990，63；关于《篆隶万象名义》的篆体——与《说文解字》的比较，书学书道史研究 1991，1；**傅东华**：略谈《说文解字》段注的局限性，中国语文 1961，10、11；**傅华辰**：《说文解字注》的字形辨正，南京晓庄学院学报 2005，1；**傅鉴明**：许慎的《说文解字》及其评价问题，成都大学学报 1983，1；**傅杰**：《说文解字诂林》述论，中国文化 2006，2；**傅毓钤**：试论段玉裁研究词义的方法，辞书研究

1986，4。

G

盖金香：《说文》新附字研究，山东师范大学，硕士论文 2002；**高更生**：批判《说文解字》的尊儒反法思想，光明日报，1975-1-7；**高乐田**：《说文解字》中的符号学思想初探，湖北大学学报 1997，2；**高丽**：《说文解字》辵部字有关字族研究，信阳师范学院，硕士论文 2011；**高列过**：试论《说文解字》所收方言词的区域特征，唐都学刊 2001，3；**高潜子**：读《说文别释》，学术世界 1936，3；**高山、刘韶军**：《说文解字约注》的历史文献学视野，武汉科技大学学报 2012，5；**高万林**：《说文解字注》简评，图书馆建设 1996，2；**高雅婷**：《说文解字注》理据研究，内蒙古师范大学，硕士论文 2006；**高燕**：从《说文解字》看古代与饮食有关的器具文化，怀化学院学报 2008，2；**高一勇**：会意字归部辨析，河北大学学报 1990，4；**高云海**：《说文解字》研究的新成果——《说文解字导读》评介，辞书研究 1996，2；**葛信益**：成都影印《说文》段注的圈点错误，语文研究 1984，4；**耿鹏坤**：谈谈许慎和《说文解字》的几个问题，郑州大学，硕士论文 2004；**工藤早惠**：论十卷本《说文解字篆韵谱》，文学报第 213 号；《说文解字篆韵谱》传本考，中国语学第 234 号；论《说文解字篆韵谱》所据的切韵系韵书，中国文学研究第 11 号；论《说文解字篆韵谱》中的慧琳式反切，开篇第 11 号；**管爕初**：从《说文》中的谐声字看上古汉语声类，中国语文 1982，1；**缑新华**：《说文解字》"女"部字所反映的古代文化，石家庄师范高等专科学校学报 2003，5；**古德夫**：《说文》的声训，徐州师范学院学报 1989，2；**古敬恒**：徐锴《说文系传》对说文解义的补正与发挥，徐州师范学院学报 1994，3；徐锴《说文系传》方法论初探，语言研究论丛第二；《说文解字》中的引申义，徐州师范学院学报 1992，1；《说文系传》阐释引申义条例，辞书研究 1995，6；《说文解字》体例研究的历史演进，河池学院学报 2005，3；《说文》委婉释义刍议，辞书研究 2001，5；**顾瑛**：《说文·衣部》构形表义系统的文化学价值，达县师范高等专科学校学报 2001，1；**顾之川**：《说文解字》书体刍议，河南教育学院学报 1986，2；俗字与《说文》俗体，青海师范大学学报 1990，4；"谐声同部说"评议，西南师范大学学报 1987，6；试论《说文解字》中的省声字，青海民族学院学报 1990，3；**关会民**：《说文解字》与关中方言词，唐都学刊 1996，2；**关树法**：论《说文》部首性质探讨，辽宁大学学报 1990，3；**管锡华**：说《说文》重出字，安徽教育学院学报 1987，1；**郭常艳**：十年来《说文解字》形声研究述评，汉字文化 2005，1；**郭成韬**：《说文》系统的字书，语文战线 1980，5；**郭诚**：对《说文解字》中几个字的异释，湘潭大学学报 1996，1；《说文解字》中一些字之我解，古汉语研究 1995，1；**郭翀**：中国图腾神话与《说文解字》研究，华中科技大学，硕士论文 2006；**郭伏良、梁松涛**：从《说文解字》"疒"部字看古代中医学的成就，汉字文化 2004，1；**郭慧**：《说文解字》新附字初探，汉字文化 2003，2；**郭珑**：段玉裁对《说文解字》连绵词训释所作校补考，兰州大学学报 2005，5；**郭猛**：先秦两汉《说文解字》互训常用词义位的衍生性演变，广西大学，硕士论文 2006；**郭伟**：《说文解字》形变字研究，苏州大学，硕士论文 2003；**郭锡良**：《说文解字今释》确非浮泛之作，益阳师范高等专科学校学报 1998，1；**郭现**：试沦《说文》段注对训诂方法的贡献，西南民族大学学报 2003，8；**郭向敏**：《淮南子》许注与《说文解字》字义之比较(一)，新乡师范高等专科学校学报 2007，6；**郭小斌**："凡从句者皆训曲"——《说文》段注"右文"疏证之一例，浙江教育学院学报 1986，1；**郭焰坤**：《说文》的左与右，黄冈师范学院学报 1996，4；**郭在贻**：《说文》段注之阙失，训诂丛稿，上海古籍出版社 1985；说文段注与汉语词汇研究，社会科学战线 1978，3；从《说文》段注看中国传统语言学的研究方法，中华文史论丛增刊·语言文字研究专辑(上)，上海古籍出版社 1982；**郭照川**：运用语言文字规律校勘《说文解字》刍议——以《一切经音义引说文笺》为例，廊坊师范学院学报 2011，5；**郭子直**：王筠许瀚两家校批祁刻《说文解字系传》读后记，陕西师范大学学报 1989，3。

H

韩陈其：论《说文》会意字，徐州师范学院学报 1991，4；《说文解字》义训条例举隅，盐城师范高等专科学校学报 1982，2；**韩春梅**：《说文解字》三体叠文初探，语文学刊 2010，8；**韩华梅**：丁福保和《说文解字诂林》，文史知识 1995，1；**韩琳**：《说文解字》省形现象初探，山西大学学报 2004，6；**韩伟**：徐锴《说文解字系传》及其字形文化研究，海南师范学院学报 2004，4；段玉裁《说文解字注》与字形文化研究，语言学研究 2008，4；**韩霞**：《说文解字注》假借字研究，浙江大学，硕士论文 2008；**韩祎**：《说文解字》酉部字的中国古代酒文化内涵，唐山师范学院学报 2005，6；**郝晨**：姚文田《说文声系》研究，首都师范大学，硕士论文 2006；**郝慧芳**：张家山汉简用字与《说文解字》义证，北方论丛 2007，4；**郝士宏**：《说文解字》"读与某同"考释，宁夏大学学报 2000，4；**郝中岳**：《说文解字》的语用学释义，平顶山学院学报 2006，4；**何大定**：《说文解字》部首删正，语言历史研究所周刊 1929，11；**何丹**：《段注》发微——假借引申抵牾例通析，浙江师范大学学报 1988，1；论汉字的两度成熟——兼论《说文解字》在汉字史上的地位，浙江师范大学学报 1996，5；**何发甦**：《说文解字》"悳、德"辨析，北京师范大学学报 2008，3；**何九盈**：乾嘉时代的语言学，北京大学学报 1984，1；《说文》省声研究，语文研究 1991，1；《说文》段注音辨，国学研究第一卷 1993；前修未密后出转精——《〈说文解字〉论纲》序，西南民族学院学报 2000，5；**何凯宁**：徐灏《说文解字注笺》对汉字的新解，福建师范大学，硕士论文 2008；**何敏**：推介一部颇具学术功力的专著——读《说文解字注研究》，徐州师范大学学报 1999，1；**何瑞**：宋本《玉篇》与《说文解字》新附字比较，平顶山学院学报 2007，6；**何山**：《说文解字注》与辞书释义，西南科技大学学报 2006，2；**何慎怡**：《说文》段注以声为义述例，湖南师范大学学报 1986 增刊；**何书**：《说文解字注》的同源词研究，南通师范学院学报 2004，2；试论《说文解字注》对汉字构件的研究，信阳师范学院学报 2004，3；《说文解字注》的语法观，徐州师范大学学报 2004，6；《说文解字注》对汉字构形示意的分析，南通大学学报 2007，6；《说文通训定声》的词义研究，南京师范大学，博士论文 2006；**何金松**：黄侃手批《说文解字》符识破解，黄侃学术研究，武汉大学出版社 1997；**何毓玲**：从《说文·女部》字窥古代社会之一斑，古汉语研究 1996，3；**何蝯叟、张石州**：王氏《说文释例》稿本校记，员幅 1936，7；

河南大学编写组：《说文解字新注》叙例，河南大学学报 1988，5；**贺真真**：《说文解字句读》改篆初探，苏州大学，硕士论文 2008；**黑学静**：刘宝楠《论语正义》对《说文解字》征引论析，平顶山学院学报，2008，6；**洪波**：关于《说文》谐声字的几个问题，古汉语研究 1999，1；**洪成玉**：说本义，汉字汉语学术研讨会论文，吉林教育出版社 1991；**洪笃仁**：《说文解字》的作者许慎，辞书研究 1981，3；《说文》对辞书编纂法的贡献，辞书研究 1982，1；论《说文》引方言读若之价值及其体例二则，中国音韵学会首届年会论文，1980；**洪飏**：《说文解字》从"𠘧"之字研究，吉林大学社会科学学报 2012，2；**侯傅勋**：字书选读：《说文解字》，文字月刊 1955，12；**侯彦艳**：《说文解字》蕴含的中国古代酒文化，郑州大学，硕士论文 2008；**侯尤峰**：《说文解字》徐铉所注"俗字"浅析，古汉语研究 1995，2；《说文解字注》中的同源字研究，湖北大学学报 1996，1；《说文解字注》的同源词研究，湖北大学学报 2004，6；**侯占虎**：《说文》中的声训，东北师范大学学报 1993，4；《汉语大字典》利用《说文》释义商榷，古籍整理研究学刊 2000，4；**胡安顺**：释"转注"，喀什师范学院 1988，2；**胡华钢、金明生**：《说文解字》体例管窥，图书馆学研究 1989，2；**胡继明**：《说文解字注》和《广雅疏证》的右文说，四川大学学报 1993，4；**胡佳佳**：《说文解字》阅读检索软件的开发软件，2011，2；《说文解字》语料库 XML 标注设计，社会科学论坛 2011，7；**胡骄键**：《说文解字》时空观简议，成都大学学报 2007，4；《说文解字》部首排序的"思想原则"刍议，宜宾学院学报 2007，8；**胡婧**：《说文解字》房屋建筑类词形义研究，江西师范大学，硕士论文 2011；**胡朴安**：从文字学上考见之中国古代妇女，学林 1940，1；在《说文解字》中所得的人类学资料，上海时事新报，1928-11-8；**胡奇光**：论段玉裁语言学思想的特点，复旦学报 1980，增刊；**胡绍文**：读《说文解字》玉部字，齐齐哈尔大学学报 2000，5；**胡双宝**：声旁的表义作用，语文研究 1985，1；**胡说**：《说文》"诤"之误训"止"说，江西师范大学学报 1996，1；**胡文华**：《说文解字》中的"亦声"字分析，兰州学刊 2009，10；**胡先骕**：《说文》植物古名今证，科学 1915，7；**胡晓萍**：《说文解字》反映的古代战争手段，周口师范学院学报 2008，3；《说文解字》中的声训类型，河南科技大学学报 2006，2；**华学诚**：论《说文》的方言研究，盐城师范学院学报 2002，2；《说文解字新订》的问题和错误，语言科学 2004，5；**黄爱平**：十年来段玉裁和高邮二王研究状况述评，古汉语研究（二），湖南教育出版社 1988；**黄焯**：形声字三论，古汉语研究（一），湖南教育出版社 1985；**黄大荣**：段玉裁《说文解字注》在词义引申研究方面的贡献，贵州师范大学学报 1991，3；**黄德宽**：汉字理论研究的新进展——评孙雍长《转注论》，语文建设 1994，7；**黄德宽、常森**：《说文解字》与儒家传统——文化背景与汉字阐释论例，江淮论坛 1994，6；汉字阐释与文化传统，学术界 1995，1；**黄高飞**：《说文解字注》中"同体重复字"之形音义探微，湛江师范学院学报 2009，2；**黄海波**：《说文》转注含义之探析，学术论坛 2000，6；**黄建宁、彭小玲**：《说文解字》谐声字试探，西南民族大学学报 2004，9；**黄建湘**：《说文解字》与古代地貌、河道，湖南师范大学，硕士论文 2009；**黄交军**：从《说文解字》看中国先民的伦理审美意识，浙江教育学院学报 2007，4；从《说文解字》看中国先民的审美意识，兰州教育学院学报 2007，4；从《说文解字》看中国先民的神鸟文化意识，沈阳教育学院学报 2006，4；

从《说文解字》看中国先民的语言审美意识，临沧师范高等专科学校学报 2007，4；《说文》鸟部字、隹部字研究，广西师范大学，硕士论文 2008；**黄交军、唐亮**：从《山海经》到《说文解字》，忻州师范学院学报 2008，1；**黄侃**：《说文》略说，制言 1936，4；**黄侃讲、徐复记**：蕲春黄先生讲授《说文》，制言 1935，12；**黄灵庚**：《说文》"转注""假借"条例考释，淮北煤炭师范学院学报 1989，3、4；**黄念宁**：《说文解字》校勘初探，武汉大学学报 2004，3；**黄绍箕遗稿、李笠教录**：《说文古籀补》跋，之江学报 1933，4；**黄树先**：读《说文段注改篆评议》，古汉语研究 1995，2；**黄思贤**：《说文解字》非重文中古文说解的一些疑问，兰州学刊 2008，3；**黄锡全**：《汗简》、《古文四声韵》中之石经、《说文》古文的研究，古文字研究(十九)，中华书局 1992；**黄向军**：《说文解字》与我国上古编织文化，南昌大学，硕士论文 2005；**黄宇鸿**：《说文解字》蕴涵的中国饮食文化，钦州师范高等专科学校学报 2003，2；对《说文解字》重文的再认识及其价值，广西大学学报 2003，4；近二十年来"说文学"研究的回顾与思考，钦州师范高等专科学校学报 2001，2；《说文》与《释名》声训之比较研究，武汉教育学院学报 1996，2；《说文解字》与居住民俗文化，钦州师范高等专科学校学报 2004，1；《说文解字》与古代游艺民俗文化，广西社会科学 2008，12；《说文解字》与粤方言本字考，语言研究 2002，4；**黄圆**：段玉裁《说文解字注》中有关古今字论述的考察，安顺师范学院学报 2005，2；**霍生玉**：《说文解字》与汉字规范化，汉语学报 2008，4。

J

姬娜：析《说文解字》部首的归纳原则，新疆石油教育学院学报 2004，3；**吉仕梅**：《说文解字》俗字疏证，乐山师范高等专科学校学报 1992，2；《说文解字》俗字笺议，语言研究 1996，2；**纪茸**：《说文解字》隹类字鸟类字研究，华中科技大学，硕士论文 2009；**季素彩**：试论《说文解字》中的"省变"，河北大学学报 1986，4；"道可道，非常道"——试论《说文解字》的若干问题，汉字文化 2003，2；**季钰**：《说文解字》心部字的文化阐释，河西学院学报 2007，1；**贾雯鹤**：《说文解字》关于太阳循环记载的研究，中南民族大学学报 2003，5；**江举谦**：许慎《说文解字》叙诠疏，东海学报 1974，12；《说文》所引《论语》与今本异同纪略，孔孟月刊 1974，2；许慎与《说文解字》，国语日报 1934，3；**江学旺**：《说文解字》形声字甲骨文源字考——论形声字的形成途径，古汉语研究 2000，2；《说文解字今注》出版，辞书研究 2000，4；**江燕**：《说文解字》所收方言词与现代汉语方言词比较，江西师范大学，硕士论文 2005；**江远胜**：《说文解字注》引雅学文献研究，苏州大学，博士论文 2013；**姜华艳**：《说文解字》中的反形字研究，江西师范大学，硕士论文 2011；**姜亮夫**：就对许慎及其《说文》的指责说一点看法，中国语文 1979，4；**姜永超**：《说文解字》引"通人说"考，华中科技大学，硕士论文 2006；**姜忠奎**：《说文》转注考叙，学衡 1926，12；《说文声转表》叙论，励学(山东大学)1937，5；**蒋成成**：《说文解字·女部》汉字文化内涵研究，兰州大学，硕士论文 2012；**蒋冀骋**：段玉裁古音学的运用，江西教育学院学报 1986，1；《说文》段注改篆简论，古汉语研究 1992，2；**蒋鹏翔**：《说文解字注》文献学方法初探，康定民族师范高等专科学校学报

2006，2；**蒋人杰**：评《说文解字约注》，辞书研究 1988，1；**蒋善国**：形声字的分析，东北人民大学人文科学学报 1957，4；**蒋泽枫**：许慎《说文解字》对后世经学的贡献，通化师院学报 2009，9；**蒋宗福**：《说文解字》与现代通用汉字，西南师范大学学报 2002，4；**解海江、张志毅**：《说文解字诂林》的编纂体例问题，烟台师范学院学报 1993，2；**解植永**：《说文解字》中的不等值训释，云南民族大学学报 2005，4；**金长斌**：《说文解字》页部字文化研究，江西师范大学，硕士论文 2012；**金玲敬**：《说文解字翼徵》研究，华东师范大学，博士论文 2004；**金小春**：《说文》部首以音相次例，杭州大学学报 1985，2；**金毓黻**：《说文》疑义举例，东北丛镌 1930，9；《说文·叙》小笺，东北丛镌 1930，7；**经本植**：段玉裁《汲古阁说文订》与《说文解字注》，四川大学学报 1985，3；**荆贵生**：从远古文字看《说文》，河南师范大学学报 1996，5；**［日］臼田真佐子**：陈奂《说文部目分韵》考，东方学 84 辑，1992；**郡一**：《说文解字》部首和《新华字典》部首的渊源关系，昆明师范高等专科学校学报 1983，1、2。

K

康国章：从《说文解字》看中国古代女性社会地位的变迁，殷都学刊 2008，4；古今文经学之争与许慎的《说文解字》，殷都学刊 2004，3；《说文解字》的字典编纂成就，殷都学刊 2001，2；**康慧根**：中国文字分类(六书)再考，中国人文科学 1992，11；**康建常**：许慎的语言文字观及其对《说文解字》的影响，殷都学刊 1989，2；**康盛楠**：《说文解字》巾部字重文初探，襄樊学院学报 2011，9；**康泰**：《说文》的声训(上)，吉安师范高等专科学校学报 1982，1；《说文》的声训(下)，吉安师范高等专科学校学报 1983，1；试论段玉裁对《说文》声训的弘扬，江西师范大学学报 1997，4；**孔毅**：汲古阁刻《说文解字》略考，古籍整理研究学刊 1989，2；**孔仲温**：《说文》品型文字的造形分析，东莞文史学报 1990，3。

L

赖积船、丁志丛：《说文解字》"同意"考，常德师范学院学报 2003，2；**赖积船、魏湘云**：《说文解字》的训释方式与文化底蕴，汉字文化 1999，1；**赖惟勤**：段玉裁的异平同入说，中国语学第 77 期，1958；《说文解字》段注示部评注，《说文》读书会，1979；关于段玉裁的古音第十二部，小金博士古稀纪念中国学论集，1983；**郎久英**：段玉裁《说文解字注》对古文字的研究和运用，牡丹江师范学院学报 2005，5；**雷汉卿**：《说文》"示"字文化解读，复旦学报 1996，1；**雷黎明**：《说文解字》象形字的几种特殊注音方式，南通大学学报 2009，4；从《说文解字·车部》字研读我国古代的车文化，晋中学院学报 2006，2；试论《说文解字》小篆中的对称字，兰州交通大学学报 2006，2；《说文解字》象形字研究，西北师范大学，硕士论文 2007；**雷琼**：《说文解字·目部》语义场初探，衡阳师范学院学报 2012，1；**雷紫翰**：《说文》鼓字释义辨析——兼言儒家经学对汉代学术的影响，兰州大学学报 2000，3；**黎辉亮**：段注《说文》引申义发凡，海南大学学报 1984，4；**黎锦熙**：《说文》古韵二十八部声音序，西北师范学院学术季刊 1946，3；

《说文》研究法示例，读书通讯 1945，103；**黎千驹**：论《说文解字》中的阴阳五行学说，怀化师范高等专科学校学报 1997，4；证明、阐释、补充、订正——论徐锴《说文解字系传》对《说文解字》词义的研究，辞书研究 2010，1；论《说文》中词义的系统性，殷都学刊 1998，2；20 世纪《说文》声韵与词汇研究，株洲师范高等专科学校学报 2001，6；论《说文》中的旁见说解，辞书研究 1999，3；**黎燕**：《说文解字·示部》认知研究，吉林省教育学院学报 2010，7；**李婵婷**：《说文解字》可为小学部首教学所用，贵州教育学院学报 2006，6；**李长仁**：《说文解字》注音体例概说，松辽学刊 1992，2；**李长云**：浅说《说文解字》中的南阳方言，西安社会科学 2011，1；**李超**：宋本《玉篇》与《说文解字》的比较研究，山西师范大学，硕士论文 2012；**李朝虹**：《说文解字》递训中"偷换概念"现象的原因探析，桂林师范高等专科学校学报 2008，1；**李朝虹**：《说文解字》互训词研究，浙江大学，博士论文 2007；**李晨奋**：《说文解字注笺》改篆初探，苏州大学，硕士论文 2009；**李传书**：《说文》声训的特点和声韵美学，湖南师范大学学报 1986，增刊；《说文》声训的作用及其对后期的影响，长沙水电学院学报 1988，2；汉代经学发展的历史产物——《说文解字》及其作者略评，宁德师范高等专科学校学报 1996，3；《说文释例》对汉语文字学理论构建的贡献，长沙电力学院学报 2001，4；《说文解字注》与辞书编纂，湘潭师范学院学报 1997，2；**李聪聪**：《说文》动物部目字研究，中国海洋大学，硕士论文 2011；**李达良**：李善《文选》注引《说文》考，联合书院学报 1965，4；**李代祥**：六书阐要——重读《说文解字·序》，汉字文化 1998，4；**李道中**：许氏《说文》所称别国殊语与杨氏《方言》异同条证，文澜学报 1936，6；**李德元**：读训诂专著《说文解字札记》，天津语文学会第三届学术年会论文 1984；《说文解字》是祖国医学文献宝库，中国训诂学会第三届年会论文 1984；**李恩江**：从《说文解字》谈汉语形声字的发展，语言学论丛（二十二），2001；对许慎六书说的再认识，郑州大学学报 1986，5；略论汉字部件系统的流革，郑州大学学报 1993，2；**李法信**：《说文解字系传·通释》初探，山东师大学报 1991，1；**李峰**：中国古代第一部字典——《说文解字》，河南图书馆学刊 2000，1；**李福言、周玉函**：《说文解字诂林》失收文献浅论，学习月刊 2013，2；**李广宽**：从示部管窥段玉裁对《说文解字》的研究，语文学刊 2009，10；**李贵生**：从武威汉代医简看《说文解字》的编撰动因及其价值，甘肃中医学院学报 2010，6；**李国英**：《说文》的造意，辞书研究 1987，1；试论"同源通用字"与"同音借用字"，北京师范大学学报 1989，4；《说文解字》研究的现代意义，古汉语研究 1995，4；**李海霞**：虫部字及其文化内涵，文史知识 1992，9；《说文》的部类及其文化探索，松辽学刊 2000，3；**李海英**：孙诒让与"唐写本"《说文解字》木部残卷，汉字文化 2007，6；**李弘毅**：许慎与儒学断想——从《说文》训释"人""仁"谈起，西南师范大学学报 1994，2；**李洪尧**：浅析由《说文》中的互训所形成的双音词，汉字汉语学术研讨会论文集，吉林教育出版社 1991；**李华**：《说文》词字段注质疑，中华文史论丛增刊·语言文字研究专辑（上），上海古籍出版社 1982；**李会木**：《说文解字》"竹部"字语义浅析，铜仁学院学报，2010，2；**李计伟**：《说文解字系传》解说语词语拾零，河南科技大学学报 2005，4；**李家祥**：《说文解字》省形类字疑误辨，贵州文史丛刊 1997，6；《说文解字》省声类字疑误析辨补，贵州文史丛刊 1993，1；**李建**

国：段玉裁的古音学和运用，训诂研究(一)，北京师范大学出版社1981；**李健**：《玉篇》对《说文》部首的改革与改进，河北师范大学，硕士论文2004；**李瑾**：《说文》重文研究例字举证，古汉语研究(二)，河南大学出版社1989；《说文》中告牢同源之语音条件及其分化方式，说文解字研究(一)，河南大学出版社1991；**李峻岫**：对段玉裁《说文解字注》词义引申分析规律的初步整理，潍坊高等专科学校学报1999，4；**李开**：段玉裁《说文解字注》对探讨汉语词汇系统规律的意义，语文学刊1987，1；**李克弘**：《说文》书目辑略，中山大学图书馆周刊1928，7、8；**李丽**：《汉语大字典》引《说文解字》释义方式及失误之商榷，汉字文化2010，6；**李丽琴**：《说文解字·髟部》字研究，华中科技大学，硕士论文2008；**李茂康**：段玉裁《说文解字注》对《释名》的校释，贵州大学学报2002，3；**李娜**：《说文解字》"误释字"研究，河北大学，博士论文2012；**李奇瑞**：从《说文解字注》看段玉裁对文字学的理论贡献，江西师范大学学报1998，2；徐铉兄弟《校定说文序》评析，九江师范高等专科学校学报1990，1；从《说文解字·序》看许慎的语言观，九江师范高等专科学校学报1986，1；**李启修**：《说文》段注以声为义举例叙声，磐石杂志1932，6；**李翘**：《说文》建首系表，语言历史研究所周刊1929，12；**李清桓**：《说文解字》和常宁方言本字，广西社会科学2005，12；《说文解字》与中国古代丧葬文化，南京社会科学2003，8；**李清桓、邹岚**：《说文解字》元语言与古代法律文化，广西社会科学2013，2；**李琼**：《说文解字》中的非同义同训词研究，昌吉学院学报2008，3；**李仁安**：《说文解字》大徐本俗别字初探，宁夏大学学报2006，2；**李人凡、臧克和**：汉字——永葆青春的文化精灵，中国文字与儒学思想，广西教育出版社1996；**李瑞芬**：《说文解字》"一曰"论析，聊城师范学院学报2000，4；**李润**：《说文》省声字说略，四川师范学院学报1990，1；**李尚行**：试论段玉裁"支脂之三分"说阐述的偏颇，江西师范大学学报1987，6；**李守奎**：略论楚文字与小篆的关系——兼论依《说文》部首编著的《古文字编》的体例，北华大学学报(吉林)2003，2；**李恕豪**：论段玉裁的古音研究，四川大学学报1987，6；从《六书故》看戴侗的语言研究，荆门大学学报1986，1；**李天虹**：《说文》古文校补29则，江汉考古1992，4；《说文》古文新证，江汉考古1995，2；**李婷**：《说文解字》玉部字的文化阐释，安康学院学报2010，4；**李万春**：《说文解字》对方言习俗的应用，云南师范大学学报1990，2；**李万福**：《说文解字》的形义学考查，青海民族学院学报1990，2；**李先耕、张居三**：《说文解字》同训词研究，哈尔滨工业大学学报2003，4；**李先华**：论《说文》段注因声求义，河南大学学报1984，5；《说文》兼用三家《诗》凡例说略，安徽师范大学学报1990，4；《说文》段注词义考释论略，安徽师范大学学报2000，4；清代以前《说文》流传与研究述略，安徽师范大学学报1989，2；**李相机**：徐锴的六书说述论，中国人文科学1991，10；**李小虎**：《说文解字》中的音乐文字研究释例，陕西师范大学，硕士论文2009；**李晓明**：《说文解字注》与段玉裁之校勘学，内蒙古师范大学，硕士论文2012；**李肖寅**：《说文解字》犬部字形义研究，江西师范大学，硕士论文2012；**李欣**：《说文解字·女部》形声字字族研究，西北大学，硕士论文2010；**李馨**：《说文解字系传》同源词研究，南京师范大学，硕士论文2006；**李秀明**：《说文解字》心部字的隐喻研究，三明学院学报2006，1；**李亚明**：关于"统言""析言"的类型和本质，辞书研究 1987，6；**李艳**：《说文解字》所收蔬菜及粮食作物词疏解，浙江大学，博士论文 2006；**李艳红**：《说文解字》中人鸟相关的词及其文化蕴涵，中州学刊 2004，2；**李瑶玲**：《说文解字注·木部》字形校订研究，上饶师范学院学报 2011，4；**李咬滋**：《说文解字》与中国古代文化，广东青年语言学论丛 1991，1；**李义琳**：《说文》与现代汉字，贵州文史丛刊 1994，4；**李义平**：《说文解字》叠体字初探，宜宾学院学报 2008，10；**李运富**：读《说文段注改篆评议》，古汉语研究 1995，3；**李振中、李琼**：从《说文解字》看中国先民的建筑文化意识，广西社会科学 2005，11；**李宗晟**：《说文解字》注文模式（一），蒲峪学刊 1996，3；《说文解字》注文模式例探（一），宁夏大学学报 1996，3；**李祖文**：《说文解字》引群书研究，华中科技大学，硕士论文 2006；**李憧、胡俊俊**：《说文解字注·豕部》校勘述略，西南科技大学学报 2009，6；**里文澜**：《说文解字》六书分类表，女子师范学院期刊 1943，13；《说文》音均部表，女子师范学院期刊 1943，26；**栗华**：读《说文》段注札记二则，古籍整理研究学刊 1995，5；**连劭名**：《说文解字》新证五则，北京教育学院学报 2003，1；《说文解字》丛考，北京教育学院学报 2002，3；**梁东汉**：《新编说文解字》序，汕头大学学报 1989，1；**梁光华**：《唐写本说文木部残卷》论略，贵州文史丛刊 1996，5；《说文解字》"示"部字的文化解读，铜仁学院学报 2011，1；**廖春水**：《说文解字》牛部字研究，江西师范大学，硕士论文 2012；**林清书**：《说文》重文的简化与繁华，龙岩师范高等专科学校学报 1995，2；**林银生**：《说文》"一曰"义论析，内蒙古民族师范学院学报 1989，4；《说文》释义方法论，南阳教育学院学报 1990，2；《说文》旁见说解论析，北京师范大学学报 1993，3；**林尹**：《说文》与《释名》声训比较研究，第一届汉学研究会议论文 1980；**林源**：《说文解字》心部字研究，复旦大学，博士论文 2004；**林志强**：郑樵的文字学研究，福建论坛 1998，3；**刘备**：《说文解字》形声重文研究，青岛大学，硕士论文 2010；**刘斌**：戴侗与《六书故》，辞书研究 1988，2；论戴侗文字学理论的价值，陕西师范大学学报 1989，2；**刘兵**：《说文解字》"同意"体例研究，华中师范大学，硕士论文 2007；**刘成德**：试论《说文解字注》对同义词的辨析，兰州大学学报 1989，1；从《说文解字注》看段玉裁的哲学思想，兰州大学学报 1993，1；论段玉裁对《说文》形声字的改说，兰州大学学报 1991，2；**刘川民**：《说文》段注辨析同义词的方式，杭州大学学报 1997，1；**刘冬慧**：段玉裁《说文解字注》所论讹字研究，西南大学，硕士论文 2009；**刘福根**：戴侗"因声以求义"的理论与实践，古汉语研究 1996，4；**刘宏伟**：《说文解字》、《宋本玉篇》异体字比较研究，曲阜师范大学，硕士论文 2007；**刘剑波**：论《说文解字注》的训诂方法，福建师范大学，硕士论文 2005；**刘金荣**：《说文解字注》中的声训，绍兴文理学院学报 2002，5；**刘景耀**：论"转注"诸注之优劣，承德师范高等专科学校学报 1993，1；**刘乃叔**：《说文》重文与识义校勘，吉林师范学院学报 1986，4；**刘盼遂**：《说文》汉语疏，国学论丛 1927，1（2）；《说文声谱》自序，国学论丛 1927，1（2）；《说文》重文疏序，学文 1930，1（1）；上黄季刚师论《说文》重文书，学文 1930，1（1）；《说文》师说，北强月刊 1930，2（2）；六书转注录甄微，学文 1931，1（2）；段玉裁先生年谱，清华学报 1932，7（2）；跋王贯山《说文部首表》，励学（河南大学）1957，14；**刘芹**：《集韵》所引《说文》与徐铉《说文解字》注音比对，宁夏大学学报

2010，3；**刘青松**：李善《文选注》对《说文解字》释义的改造，河北科技大学学报 2007，4；**刘琼**：《说文解字·艸部》所反映的思维方式，语文学刊 2010，1；**刘锐、蒋人杰**：《说文解字》研究刍议，辞书研究 1980，3；**刘瑞岗**：《说文解字·辵部》字研究，延边大学，硕士论文 2012；**刘师培**：文字学史序，国粹学报 1905，4；转注说，国粹学报 1909，60；答四川国学学校诸生问《说文》书五道，雅言 1914，1(8、9)；古重文考、古本字考，刘申叔遗书·左庵外集；正名隅论、字义起于字音说、小学发微补，刘申叔遗书·左庵外集；**刘世昌**：段氏《说文》武断说举例，师大月刊 1935，10—1936，4；**刘世俊**：评清代小学家的字词观，宁夏大学学报 1987，2；试论段玉裁的"浑言""析言"说，宁夏大学学报 1984，2；**刘淑学**：《说文解字》中的读若与古声母的考订，语言研究 1994 增刊；**刘文华**：开山巨制泽被千秋——简介许慎《说文解字》，山西财经大学学报 2001 增刊；**刘伟唯**：《说文解字》女部字研究，辽宁师范大学，硕士论文 2012；**刘卫宁**：《说文解字》中的"喬"族字试析，广西社会科学 2004，12；**刘相臣、孙汝建**：白璧之微瑕——《说文解字》不足之表现及原因，江南大学学报 2004，1；**刘晓晖**：《说文解字系传》对段玉裁、桂馥《说文》研究的影响举例，陕西师范大学，硕士论文 2004；**刘晓英**：《说文解字》中的联绵词研究，邵阳学院学报 2002，4；**刘晓颖**：《说文解字系传·部叙》初探，吉林省教育学院学报 2010，3；《说文解字系传·部叙》研究，河北大学，硕士论文 2003；**刘欣然**：《说文解字·肉部》浅析，潍坊学院学报 2012，3；**刘新民**：清代《说文解字》的论著研究，图书情报工作 2002，2；清代"说文学"专著之书目研究，中国科学院研究生院，硕士论文 2002；**刘兴奇**：《说文解字》徐铉所注俗字研究，华中科技大学，硕士论文 2006；**刘秀华**：论段玉裁对《说文》的勘误成就，曲阜师范大学，硕士论文 2008；**刘秀生**：《说文》读若字研究，语言历史研究所周刊 1928，8；**刘亚辉**：《说文解字注》中的词义引申，广西师范大学学报 2003，4；**刘艳**：从《说文解字·女部》看许慎的妇女观，广西师范学院学报 2003，3；**刘艳华**：《说文解字》建筑词的文化阐释，内蒙古师范大学，硕士论文 2006；**刘洋**：《说文解字》与上古服饰，郑州大学，硕士论文 2005；**刘瑶瑶、杨晓宇**：《说文解字注》声训条例述评，兰州学刊 2006，6；**刘勇**：《说文解字》土部的文化说解，扬州教育学院学报 2009，2；**刘又辛**："右文说"说，语言研究 1982，1；《原本玉篇》引《说文》笺校补，文史，2005，1；从汉字演变的历史看文字改革，中国语文 1957；**刘渊**：叶德辉的《说文解字》研究，湖南师范大学，硕士论文 2007；**刘赜**：刘博平谈研究《说文解字》，江汉学报 1962，5；**刘振荣**：《说文解字》中疒部古代病名训诂，中医文献杂志 2004，4；**刘志基**：试论《说文解字》递训的价值，辞书研究 1990，3；**刘智伟**：浅析《说文解字注》建立汉语同义系统的原则和方法，华北水利水电学院学报 2002，1；**刘忠华**：《说文解字》来母与非来母谐声的特点，宁夏大学学报 2008，5；从"合韵"看《说文解字》读若字与正篆异部问题，陕西理工学院学报 2013，1；段注《说文解字》正篆与读若合韵现象研究，广西社会科学 2012，7；**刘作清**：《说文解字》声训释例，广西大学学报 2001 增刊；**柳诒徵**：论以《说文》证史的先知《说文》之义例，史地学 1924，1、2；《说文句读》校记，中央大学国学图书馆年刊 1929，1；**柳玉宏**：《说文解字》中的省声字探究，宿州学院学报 2005，2；**龙仕平**：《说文解字》训释语引证中的假借观，乐山师范学院学报 2007，4；《说文解字》训释语常用词研究，西南大学，硕士论文 2007；**楼兰**：《说文解字》“异词同训”现象研究，平顶山学院学报 2007，6；**卢翠**：《说文解字》颜色字研究，信阳师范学院，硕士论文 2012；**卢凤鹏**：《说文解字》互训词研究，毕节师范高等专科学校学报 1997，3；《六书故》引唐本《说文》“械”篆试析，毕节师范高等专科学校学报 2003，2；从《说文》看杜林的训诂思想，贵州师范大学学报 1995，2；《说文解字》互训词研究，贵州文史丛刊 1998，4；段玉裁《说文解字注》的整体观照，贵州教育学院学报 2008，8；《说文解字》异词同训的定位分析，毕节师范高等专科学校学报 1994，2；**卢凤鹏、刘明华**：《说文解字》异向同训的语义分析，贵州师范大学学报 1996，4；**卢巧琴**：《说文解字·木部》语义场浅析，唐山师范学院学报 2005，3；**卢新良**：《说文解字》亦声字研究，陕西师范大学，硕士论文 2005；**卢艳琴**：《说文解字》误释类型研究，内蒙古师范大学，硕士论文 2007；**鲁实先**：《说文》正补之一，大陆杂志 1975；**鲁一帆**：据《字林》校《说文解字》摭谈，天中学刊 2007，6；**陆蓉秀**：从《说文解字·叙》看许慎的文字观，江汉大学学报 1983，1；**陆志韦**：《说文》、《广韵》中间声类转变的大势，燕京学报 28，1940；《说文解字》读若音订，燕京学报 30，1964；**陆忠发**：《说文》段注的同源词研究，古汉语研究 1994，3；试论《说文解字注》的同源研究在汉语语言学史上的意义，古籍整理研究学刊 1988，2；《说文》段注的同源词研究，古汉语研究 1994，3；**陆宗达**：我与《说文》，书品 1987，2；介绍许慎的《说文解字》，北京师范大学学报 1961，3；陆宗达讲《说文解字》，光明日报，1961-7-20；《说文解字》的价值和功用，北京师范大学学报 1978，3；六书简论，北京师范大学学报 1978，5；谈《说文解字》中的形声字，语言文学 1981，2；《说文解字》及其在文献阅读中的应用，文史知识 1981，5；从段玉裁的《说文解字注》谈辞书的编纂，辞书研究 1982，3；《说文》“读若”的训诂意义，训诂学的研究与应用，内蒙古人民出版社 1986；《说文解字》与训诂学，训诂学的研究与应用，内蒙古人民出版社 1986；文字的贮存与使用——《说文》之字与文献用字的不同，湖南师范大学学报 1987，2；介绍许慎的《说文解字》，北京师范大学学报 1961，1；**陆宗达、王宁**：论求本字，汉中师范学院学报 1983，1；浅论传统字源学，中国语文 1984，5；《说文解字》与本字本义的探求，辞典与辞典编纂的学问，上海辞书出版社 1985；章太炎与中国的语言文字学、论《说文》字族研究的意义、论字源学与同源字、论《说文》字族研究的意义、论“段王之学”的继承和发展，训诂与训诂学，山西教育出版社 1994；**路广正**：顾野王《玉篇》对许慎《说文解字》的继承与发展，文史哲 1990，4；**吕菲**：浅谈《说文解字》中的亦声字，太原师范学院学报 2011，2；**吕建辉**：《说文解字》训释语中双音词初探，安庆师范学院学报 2005，1；**吕朋林**：《说文解字注》词义引申发凡，文献 1993，3；《说文解字注》中的“引申假借”，松辽学刊 2000，3；**吕胜男、王寒娜**：《说文解字》鬼部与中国鬼神文化，和田师专学报 2006，4；**吕友仁**：钱大昕与《说文》两大家，河南师范大学学报 1989，3；钱大昕对朱骏声《说文通训定声》的影响，嘉定文化研究，三秦出版社 1990；**吕宗宾**：《说文解字》“段注”释例序列，学艺 1936，4；**罗红胜**：《说文解字》与清代书法篆刻艺术，首都师范大学，硕士论文 2004；**罗红胜、刘守安**：《说文解字》的汉字史论与结构构成价值，求索 2007，6；**罗会同**：小议《说文》

中的等级观念，呼兰师范高等专科学校学报 1994，3；《说文解字》中俗体字的产生与发展，苏州大学学报 1996，3；《说文》的释义方式浅析，呼兰师范高等专科学校学报 2000，2；**罗骥**：释禹、禺、内并论远古华夏蛇崇拜，古汉语研究 1997，2；**罗杰**：《说文》演例叙，船山学报 1936，1；**罗君惕**：我怎样研究《说文解字》，辞书研究 1982，5；释《说文解字》“爻、棥、爾、爽、教、學”诸字，上海师范大学学报 1981，4；**罗墨懿**：《现代汉语通用字表》和《说文解字》的对比研究，北京语言大学，硕士论文 2009；**罗恰**：从《说文解字》看形近合并字，保定学院学报 2011，1；**罗庆云**：《说文解字》中所见今新洲方言本字续考，江汉大学学报 2011，6；**罗汝忠**：简论《说文解字》的优缺点，广西民族师范学院学报 1982，2；**罗宪华**：论方言俗语的来源及段玉裁的贡献，四川大学学报 1990，4；**罗宪华、经本植**：《说文解字注》与四川方言和名物，四川大学学报 1982，3；**罗小如**：试析《说文解字》中的“并”族字，福州大学学报 2006，2；**罗志翔**：《说文》“心部字”研究及溯源，河北大学，硕士论文 2003；**骆鸿凯**：假借与形声，湖南大学学报 1935，4(1)。

M

马芳：从《说文解字》石部字义简论华夏石文化，新余学院学报 2012，5；**马固钢**：读《说文解字注》杂记一则，湘潭大学学报 1990，1；**马国权**：研究汉字的经典——《说文解字》，中国语文研究 1976，17；**马恒君**：许慎转注原意述，河北师范学院学报 1987，3；假借析论，河北师范学院学报 1990，4；许慎转注条例考，河北师范学院学报 1984，2；**马建东**：甘谷方言与《说文解字》同声字说明的问题，天水师范学院学报 2010，1；**马景仑**：试论《说文》段注的哲学思想，南京师范大学学报 2000，2；《说文》段注“浑言、析言”在汉语词义研究中的意义，徐州师范大学学报 1998，2；《说文》段注“散文、对文”与“浑言、析言”的异同，文教资料 1997，6；《说文》段注求证本义的方法，古汉语研究 1996，3；《说文》段注对事物命名缘由的探讨，南京师范大学学报 1998，3；**马立春**：段玉裁《说文解字注》古今字类析，贵州教育学院学报 2008，8；段玉裁《说文解字注》句法观念研究，江西教育学院学报 2012，1；**马树杉**：《说文》段注与金坛方言，山西师范大学学报 1987，2；**马太玄**：关于姚文田《说文考异》稿本，中大图书馆周刊 1928；**马叙伦**：六书之商榷，国文学会丛刊 1924，1(2)；清人所著《说文》之部书目初编，图书馆学季 1926，1(1)；吴颖芳《说文解字理董》残稿跋，浙江师范学院学报 1955，1；中国文字源流与研究方法之新倾向，学林 1941，6；研究中国古代史的必须了解中国文字，中国建设 1947，4(4)；从中国文字上看社会和邦国家族的意义，大学 1947，6(1)；《说文古籀三补》序，图书馆学季刊 1934，8(3)；《说文解字六书疏证》摘记，说文月刊 1939，1(4)，说文月刊 1940，2(6、7)；**马宗霍**：《说文解字》引经考叙例，民主评论 1959，1；**毛疏松**：论段玉裁《说文解字注》的“因文求义”，广西师范大学学报 2003，1；**毛玉玲**：《说文解字》中所见的云南方言词，云南师范大学学报 1985，3；段玉裁的浊声说，昆明师范学院学报 1983，1；**梅季坤**：《说文解字今释》序，益阳师范高等专科学校学报 1997，2；《说文广义》之不足，船山学报 1986，1；**梅书静**：段玉裁《说文解字注》"浑言、析言"术语研究，漳州师范学院，硕士论文 2012；**孟志钢**：评《唐写本说文解字木部笺异注评》，贵州文史丛刊 1998，4；**孟琢**：《说文解字》"娄、妓"解，辞书研究 2011，6；论《说文解字》对两汉方言学的吸收与改造，台州学院学报 2012，2；论《说文》文字学思想与《周易》的历史渊源，民俗典籍文字研究 2013，11；**米万锁**：《说文解字》"贝"部字的文化意蕴，语言研究 1997，4；**缪九花**：许慎《说文解字》部首排列系联方式新探，南昌大学学报 2010，4。

N

那钦："解字"话《说文》，语文学刊 2007，9；**倪怀庆**：略论《说文解字》中的反形字，宁夏大学学报 2011，5；**聂小刘**：《说文解字》木部五十字集释研究，辽宁大学，硕士论文 2012；**聂振欧**：《说文解字》与南阳俗语，新疆大学学报 1993，2；**牛慧芳**：浅谈《说文解字注》词义的平行式引申，陕西师范大学学报 2004 专辑；**牛亚丽、杨超**：《说文解字》颜色词的文化阐释，内江师范学院学报 2010，3。

P

潘采田：许慎及其《说文解字》的历史贡献，齐齐哈尔师范学院学报 1985，3；**潘承弼**：《说文答问疏证》校异，北平图书馆馆刊 1934，1；**潘天烈**：试论《说文解字》的"重文"，江西南昌职业技术师范学院学报 1987，3；《说文解字》建立部首的原则，甘肃教育学院学报 1988，2；《说文解字》"省形"初探，渝州大学学报 1988，3；论许慎生平系年，四川教育学院学报 1994，3；**潘天祯**：汲古阁本《说文解字》的刊印源流，北京图书馆馆刊 1997，2；**潘重规**：《说文》约论，新亚书院学术年刊 1963，9；《说文》借体说，武汉大学文哲季刊 1931，7；**潘尊行**：《说文》异字读出同字同语考，文史学研究所辑刊 1931，7；**庞子朝**：论《说文解字》的文化意义，华中师范大学学报 1995，5；许慎《说文解字》与阴阳五行说，华中师范大学学报 1988，5；**裴伟娜**：《说文解字注》中的词义引申小议，绥化学院学报 2011，1；**彭林**：段玉裁与《说文解字注》，人物 1988，1；**彭望苏**："说文学"的集大成巨著——马叙伦先生《说文解字六书疏证》浅介，贵阳师专学报 2001，2；**彭小川**：《说文》会意字归部初探，暨南大学研究生学报 1986，1；**彭小红**：《说文解字》水部字研究，江西师范大学，硕士论文 2012；**皮明**：《说文》古今音辨——兼论审音原则，武汉大学，硕士论文 2013；**濮茅左**：中国古文字学和《说文》的科学研究，复旦大学学报 2000，5；**朴玉心**：与手有关部首的形义特点及字形演变规律研究，山东大学，硕士论文 2011。

Q

戚桂宴：许慎的六书"假借"说，山西大学学报，1991，2；**亓瑶**：《说文解字注》行废字研究，浙江大学，硕士论文 2007；**齐冲天**：论《说文》声训，《许慎与说文研究论集》，河南人民出版社 1991；**齐元涛**：《说文》小篆构形系统相关数据的计算机测查，古汉语研究 1996，1；**钱大昭**：《说文统释》自序，国学（上海大东）1926，1；**钱基博**：近五十年许慎《说文》学流别考论，清华周刊 1925，24 卷 11 期；**钱剑夫**：《说文解字》概述，辞书研究 1979，1；《说文》“兽”字说解段注平议，河北师范学院学报 1987，4；**钱荣贵**：许慎《说文解字》的编纂思想及其体系，东南大学学报 2009，6；**钱玄同**：《说文》部首今语解，反音今语杂识 1911，5、6；《说文》音符今读，钱玄同文集第 4、5 卷，中国人民大学出版社 1999；论《说文》及壁中古文经书，北京大学国学周刊 1926，14；《说文》段注小笺，钱玄同文集 5 卷，中国人民大学出版社 1999；与顾颉刚先生论《说文》书，北京大学国学周刊 1926，1；**钱曾怡**：段玉裁研究古音的贡献，文史哲 1985，6；**钱宗武**：《说文》引《书》的词义分析，怀化师范高等专科学校学报 1996，4；**乔二虎**：《说文》同源词系联法初探，辽东学院学报 2013，3；**乔俊杰**：《说文解字》元语言的象似性与汉人元认知理念的演变，理论月刊 2010，9；**秦弘**：《说文解字》研究史简述，探索与争鸣 1987，6；**秦蕾**：《说文解字》纺织服用词汇的文化阐释，湖南师范大学，硕士论文 2003；**邱尚仁**：《说文解字·序》注，语文应用与研究 1993，1；**裘锡圭**：汉字的性质，中国语文 1985，1；《说文解字》与出土古文字，说文解字研究（一），河南大学出版社 1991；**瞿继勇**：《康熙字典》与《说文解字》部首归并的对比分析，内江师范学院学报 2006，3；**瞿润缗**：桐人？相人？——《说文》校订之一，文学年报 1932，7；**权相老**：《说文解字》十二支义释，大陆杂志 1960，7。

R

饶尚宽：段氏《说文解字注》训诂说略，新疆大学学报 1986，2；**任继昉**：许慎的语源研究，说文解字研究（一），河南大学出版社 1991；**任克**：从《说文解字》研究有关纺织学的若干问题，苏州丝绸工学院学报 1991，2；**任莉莉**：《说文解字》释义考证，辽宁师范大学，硕士论文 2011；**任胜国**：《说文》亦声字说略，烟台师范学院学报 1994，1；**容庚**：论《说文》演例代顾颉刚先生答柳翼谋先生，北京大学研究所周刊 1926，14；**锐声**：徐锴《说文解字系传》的学术成就，天津师范大学学报 1989，5。

S

单殿元、梁孝梅：《说文解字》肉部的文化阐释，汉字文化 2007，6；**单晓琳**：从《说文解字》“示”部字看上古的自然崇拜，西南科技大学学报 2009，1；**商承祚**：《说文》中之古文考，金陵学报 1934. 11—1936. 11；**商忠**：《说文解字》中宇宙全息思想的蕴涵，河南师范大学学报 2007，2；**尚磊明**：《说文解字》异部重文七则，语文学刊 2009，11；**邵敏**：徐锴《说文解字系传》版本考，信阳师范学院学报 2007，6；徐铉、徐锴整理《说文解字》之异同，吉林省教育学院学报 2008，7；**邵英**：《说文解字注》中的文化阐释，汉字文化 2002，1；**邵则遂**：《说文》中的荆州方言词，湖北教育学院学报 1989，1；**申红义**：《说文解字》所引“通人”说新证，重庆三峡学院学报 2012，6；《说文解字》“一曰”考析，陕西师范大学，硕士论文 2003；**申红义、梁华荣**：《说文解字》“一曰”条例分析，语文学刊 2009，4；**申小龙**：论中国古代语言学之《说文解字》传统，汉字文化 1997，3；《说文解字》系统论，长沙水电师范学院学报 1996，1；**沈光海**：《说文解字》之或体及其变迁，湖州师范高等专科学校学报 1987，2；浅论黄侃治《说文解字》之方法，湖州师范高等专科学校学报 1994，3；关于六书的界说——读《说文解字研究法》札记之二，湖州师范高等专科学校学报 1998，2；《说文解字》中表服饰的字，湖州师范学院学报 2002，5；**沈鸿泓**：朱骏声《说雅》研究，辽宁师范大学，硕士论文 2008；**沈兼士**：文字学之革新研究，北京大学月刊 1919，2；研究文字学形和义的几个方法，北京大学月刊 1921，8；《说文解字》段氏注摘例序，北京大学国学周刊 1925，1；从古器款识上推寻六书以前之文字画，辅仁学志 1927，1(1)；汉字字义读法之一例——《说文》重文之新定义，1941，华北文教协会：辛巳文录初集；**沈乾一**：写《说文解字》记，国学辑林 1926，9；**盛九畴**：朱骏声及其《说文通训定声》，学术论坛 1979，1；**施安昌**：唐人对《说文解字》部首的改革，故宫博物院院刊 1981，4；**石云孙**：以字考经，以经考字——读《说文注》后，安庆师范学院学报 1985，4；**舒宝璋**：《说文解字注》的校对工程，辞书研究 1985，5；**舒怀**：求本义新法，湖北大学学报 1998，4；《说文解字》取资纬书说，湖北大学学报 2005，6；**舒连景**：《说文》教名古文考，励学(山东大学)1935，4；**舒志武**：《说文解字旧音》的性质，语言研究 1997，2；《诗经》押韵与《说文》谐声中的方音，中南民族学院学报 1992，4；**双木**：释《说文解字》中的干支字，新疆师范大学学报 1995，4；**司晓莲**：《说文解字》车类名物词命名理据研究，集美大学学报 2011，3；**宋继华、李桂芳**：《数字化《说文解字》教学系统的设计，现代教育技术 2007，3；**宋继华、李国玉、王宁、郑振峰**：《说文解字》中描述性知识的知识表示建模，河北师范大学学报 2006，4；《说文解字》音义关系的产生式表达，中文信息学报 2006，2；**宋继华、王宁**：基于超文本环境的《说文解字》知识库的建立，语言文字应用 1999，3；**宋金兰**：论小篆字系中的形统，北京师范大学学报 1991，6；**宋举成**：略谈许慎和他的《说文解字》，内蒙古师范大学学报 1983，3；**宋均芬**：从《说文叙》看许慎的语言文字观，汉字文化 1997，2；《说文解字》与汉语音韵研究，汉字文化 1999，3；**宋娜**：《说文解字》日部字语义场研究，镇江高专学报 2013，1；**宋平**：王筠文字学研究，山东师范大学，硕士论文 2005；**宋铁全**：高邮王氏是正《说文解字注》失误例说，西华师范大学学报 2013，2；《说文解字注》"三字句"研究，嘉兴学院学报 2009，4；《黄侃手批说文解字》字词关系批语辨析，山西大学学报 2007，2；**宋为霖**：《说文》汉读与《广韵》部对比举例，制言 1936，11；**宋玮明**：《说文解字》与许慎思想浅析，湘潭工学院学报 2001，2；**宋易麟**：《说文解字》重文未叠字字表，江西师范大学学报 1996，2；《说文》省声的是与非，江西师范大学学报 1998，2；《说文解字》中的重文未叠字，江西师范大学学报 1996，2；**宋永培**：《说文》意义体系记载了"尧遭洪水"事件，古汉语研究 1991，2；论《说文》意义体系的内容与规律，华东师范大学学报 1992，6；《说文》意义体系与成体系的中国上古史，四川大学学报 1994，1；论《说文》中单个词的词义系统，川东学刊 1994，3；《说文》与先秦文献词义，南海师范大学学报 1992，2；《说文》对反义、同义、同源关系的表述与讨论，河北大学学报 1992，4；《说文》与文献词义学的发展，文科教学 1993，1；《说文》段注总结了汉语词义引申的系统性与规律，四川师范学院学报 1984，2；论《说文》中单个词的词义系统，河北大学学报 1995，3；对《说文》段注有关"引申的系统性"论述的整理研究，古籍整理研究学刊 1996，2；论古代汉语词义的系统辨析，语言学与汉语教学论文集，北京语言学院出版社 1990；论陆宗达、王宁的《说文》意义之学，四川大学学报，1996，3；**宋忠博**：《说文解字》同体会意字研究，辽宁师范大学，硕士论文 2010；**苏宝荣**：《说文解字》的释义解疑，辞书研究 1992，1；**苏宝荣等**：论许慎《说文解字》的语言文字学观点，文科教学 1985，2；**苏宝荣、宋永培**：论汉语词义的系统性及说解词义的方法，河北师范大学学报 1985，2；**苏铁戈**：《说文解字》的版本与注本，古籍整理研究学刊 1997，4；考据的历程——读《说文解字的文化说解》，长沙电力学院学报 1997，4；**苏新春**：从《说文·叙》段注看段玉裁研究语言的几个观点，华南师范大学学报 1984，1；《说文》部首四论，词典研究丛刊 1991，11；**苏馨**：《说文解字》羊部字与中国民俗文化，辽宁教育行政学院学报 2008，2；**孙常叙**：假借形声和先秦文字的性质，古文字研究（十），中华书局 1883；**孙海波**：甲金文中所见《说文》之逸文，师范大学月刊 1936，4；《说文》籀文古文考，文哲月刊 1936，9；**孙鹤**：《说文》释“爽”辨疑——兼谈爽、奭同源，周口师范高等专科学校学报 1999，4；**孙红梅**：《说文解字注》对同义动词的辨析，渭南师范学院学报 2006，6；《说文解字注》对同义名词的辨析，宝鸡文理学院学报 2009，2；试论《说文解字注》对同义词研究的不足，渭南师范学院学报 2009，4；**孙玲**：《说文解字》小篆隶定初探，吉林大学，硕士论文 2008；**孙姗姗**：谈段玉裁《说文解字注》中的“引申假借”，重庆工学院学报 2006，10；**孙晓玄**：《说文解字义证》义位、义位变体、字形关系探讨例证，山东大学，硕士论文 2006；**孙学峰、王向华**：《说文解字》“人头空为甲”辩，信阳师范学院学报 2011，6；**孙彦**：《说文解字》的字典性质及其影响，南昌大学，硕士论文 2010；**孙雍长**：《说文解字》订补，湖北大学学报 1994，6；《说文》补订五则，湖南师范学院学报 1984，4；**孙永义**：《说文》字义与中国古代图腾崇拜文化，西南师范大学学报 1997，5；**孙振田**：《说文解字系传校勘记》撰者订误，山东图书馆季刊 2006，4；**孙稚雏**：《说文解字》与篆书艺术，中山大学学报 1996，3；**孙仲容**：与海昌唐瑞夫文学仁寿论《说文》书，国粹学报 1909；**孙卓**：《说文解字·戈部》的文化阐释，语文学刊 2010，4。

T

谈承熹：《说文解字》的义界，辞书研究 1983，4；谈《说文解字》的声训，山西大学学报 1987，1；段玉裁的假借说，辞书研究 1987，4；**谭步云**：《说文解字》所收异体篆文的文字学启示，中山大学学报 2008，3；**谭洁**：段玉裁《说文解字注》的哲学解读，贵州师范学院学报 2010，10；**谭世宝**：《说文》崇殷商之举证，学术研究 2003，9；**汤可敬**：《说文》“多形多声”说研究，湖南城市学院学报 1991，5；部首说略，益阳师范高等专科学校学报 1984，2；《说文解字》崇高的历史地位，益阳师范高等专科学校学报 1997，2；《说文解字》说解的特点，益阳师范高等专科学校学报 1997，3；**唐剑锋**：从《说文解字·竹部》看中国竹文化，喀什师范学院学报 2007，5；**唐丽珍**：《说文解字》“黑”义类词浅论，安阳师范学院学报 2005，6；**唐生周**：假借、通假、形声辨析，吉首大学学报 1987，1；形近通假论，吉首大学学报 1985，4；**唐松波**：汉字体系与汉字统一的问题——纪念《说文解字》成书1880年，汉字文化2001，4；**唐文**：《说文》大徐本反切考——声类考，铁道师范学院学报1988，2、3；段注所引吴语与辞书解义，辞书研究1986，3；**唐祖敏**：《说文解字》所见小篆隶变楷化规律初探，娄底师范高等专科学校学报1998，1；**唐作藩**：《说文》读若所反映的声调现象，纪念王力先生百年诞辰学术论文集，商务印书馆2002；**陶生魁**：《说文解字约注》成就述略，殷都学刊2010，2；2000—2008年《说文解字》研究的统计分析，兰州学刊2011，4；**藤金丽**：《说文解字》重文研究，渤海大学，硕士论文2012；**田耕渔**：《六书故》所引《说文解字》唐本、蜀本材料辑评，西南科技大学学报2012，5；《说文解字》中的古代舞蹈，绵阳师范学院学报2003，3；《说文解字注》识微，西南民族大学学报2011，2；《六书故》所引李阳冰《广说文解字》辑论，西南科技大学学报2012，5；**田倩君**：许氏《说文》部首字诠释，中国文字1974，9；**田泉**：五种陈刻大徐本《说文》文字互异同举例，古籍整理研究学刊2003，3；**田山民**：试论《说文解字·叙》中的训诂原理，淮北职业技术学院学报2009，1；**田涛**：从《说文解字》的同义词看同义并列双音词词素义的历时演变，滨州学院学报2008，1；**童春华**：《说文解字》引《诗》研究，首都师范大学，硕士论文2009；**童琴**：《说文解字》"祖"字释义考辨，汉字文化2008，4；《说文解字》引方言研究述评，江汉大学学报2011，6。

W

万莉、胡星：《说文解字》禾部字的文化阐释，临沧师范高等专科学校学报2009，1；**万献初**：《说文解字注》中的"浑言、析言"词及其发展，咸宁师范高等专科学校学报1985，2；论章太炎转注假借理论的实质，咸宁师范高等专科学校学报1995，2；章太炎《说文解字》讲授笔记的梳理及其学术价值，北京师范大学学报1994增刊；由《说文》鬲、䰜二部字考察初期器皿烹饪的形制（上、下），中国烹饪1996，6、7；《说文》贝部五十九字通考，人文论丛2001年卷；《说文》犬豕牛羊马五畜字汇考，人文论丛2003年卷；由《说文》从火字探究原始烹饪的形态，中国烹饪1996，12；章太炎在汉字理论上的贡献，长江学术2006，4；章太炎的《说文》讲授笔记及其文化阐释，中国典籍与文化2001，1；英语词语与《说文解字》在释义上的契合，咸宁师范高等专科学校学报1999，2；论章太炎的《说文学》，北京师范大学，硕士论文2005；**万献初、金德平**：从《说文》贝部字谈先秦时期的货币，中国钱币1997，2；**万业馨**：《说文解字》中同声源字"省声"的初步分析，南京大学学报1983，3；**汪璧**：六书与《说文解字》，人文科学1976，36；**汪启明**：《六书音韵表·四》合韵字研究，楚雄师范高等专科学校学报1987，2；**汪荣宝**：转注论，华国月刊1924，1卷9期；**王保才**："凡言以为者，皆发明六书假借之法"献疑——读段玉裁《说文解字注》札记，天津师范大学学报1986，3、4；**王伯熙**：汉字的分类和汉字的性质，中国语文1984，1；**王彩琴**：《说文解字》中蕴含的审美文化，中州学刊2010，5；《说文》新附考异——观《正续一切经音义》后，许昌师范高等专科学校学报1990，1；**王大庆**：《说文》中的籀文探析，新疆师范大学，硕士论文2010；**王功龙**：段玉裁古音学述评，古汉语研究1989，3；**王贵元**：《说文解字》与同源词探索，说文解字研究(一)，河南大学出版社，1991；《说文解字》中的“词”，辞书研究 2011，4；《说文解字》版本问题，汉语史研究集刊第 5 辑，2002；《说文解字》新证，古汉语研究 1999，3；张家山汉简与《说文解字》合证，古汉语研究 2004，2；《说文解字》版本考述，古籍整理研究学刊 1999，6；**王国维**：《说文》所谓右文说，观堂集林卷七，中华书局 1959；**王海根**：探幽烛隐，考镜源流——试论《说文解字注》一大特点及其应用，河南师范大学学报 1984，2；试论许慎著《说文解字》之贡献，宁夏大学学报 1985，3；试论《说文解字》一大特点及其应用，河南师范大学学报 1981，6；**王卉**：汉代金文篆文与《说文解字》篆文比较研究小结，宁夏社会科学 2008，3；**王建军**：《说文解字》宫室类名词研究，广西师范大学，硕士论文 2007；**王健庵**：“六书”和《说文》的性质及其关系，淮北煤碳师范学院学报 1987，1；**王京传、刘以慧**：从《说文解字·玉部》看汉代对玉的认识，广西社会科学 2003，11；**王军**：自《说文解字》论“双声”条例分析段氏上古声类观，河北师范大学学报 1999，1；《说文解字》的训释与双音合成词的内部语义关系，河北师范大学学报 2003，4；**王俊英**：《说文解字》省形字研究，陕西师范大学，硕士论文 2003；**王克让**：《说文解字注》拾遗，四川大学学报 1995，4；**王蕾**：《说文解字》門部的文化学阐释，齐齐哈尔师范高等专科学校学报 2008，4；**王礼贤**：《说文解字》释义解读，辞书研究 2007，4；**王力波**：《说文》部首部内字形义关系考，古籍整理研究学刊 2002，1；**王立**：谈《说文解字》中的“读若”，外交学院学报 1999，2；**王丽**：《说文解字》农耕词研究，西南师范大学，硕士论文 2005；**王丽丽**：《说文解字·土部》字中同义语义场探析，语文学刊 2010，9；**王卯根**：《说文》形声字“读若”注音条例考，古籍整理研究学刊 2003，4；浅释《说文解字》的“声读同字”现象，古籍整理研究学刊 2006，4；**王宁**：论章太炎、黄季刚的《说文》学，汉字文化 1990，4；训诂学与语义学，中国社会科学 1993，6；汉字与汉字构形学讲座(12 讲)，中国教育报 1995，1 月至 11 月连载；**王宁等**：基于超文本环境的《说文解字》知识库的建立，语言文字应用 1999，3；**王平**：《说文解字》重文声符替换类型及其对应规律，天津师范大学学报 2003，5；《说文解字》蕴涵的中国古代科技信息，中国典籍与文化 2000，4；从《说文解字》看中国古代的卫生保健措施，中国文字研究(一)，河南教育出版社 2007；唐写本《说文》木部残卷与大徐本小篆比较研究，古籍整理研究学刊 2001，4；《说文》训“词”例考释兼及许慎的虚字观，古籍整理研究学刊 2002，2；《说文解字》与中国古代科技引论，天津师范大学学报 2001，3；《说文解字》中的宇宙天文思想，北方论丛 2002，2；**王平、陈蒲清**：论《说文解字》的文字学成就——兼评对《说文解字》文字学成就的否定，船山学刊 2000，4；**王琪**：《说文解字·女部》排列规律及其概念逻辑观，咸阳师范高等专科学校学报 2001，2；《说文解字·女部》与传统文化，咸阳师范学院学报 2004，1；《说文解字》“火、心、人”部字的语义研究，延边大学，硕士论文 2010；**王倩倩**：《说文解字》手部含“持”义字研究，廊坊师范学院学报 2011，5；**王钦**：《说文》酒器简释，鄂州大学学报 1998，4；**王晴**：《说文解字》五百四十部首研究，江西师范大学，硕士论文 2009；**王仁俊**：《说文解字》引汉律令考，国学(上海大东)1926，10、11；《说文解字》考异订叙例，中国学报(民元)1913，1；**王若江**：《说文解字》中互训词分析，《说文解字》研究》(一)，河南大学出版社1991；**王世伟**：《说文解字诂林》述略，辞书研究1992，5；**王释非**：《说文解字》漫谈，安徽高校图书馆1983，1；**王维贤**：《说文解字注》中的语义学，广播电视大学报1998，2；**王伟**：《说文解字·卤部》字意义探究，沙洋师范高等专科学校学报2008，3；**王霞**：《说文解字》与古代地理，内蒙古师范大学，硕士论文2009；**王显**：就对许慎及其《说文》的指责谈一点看法，中国语文1978，4；谈谈许慎及其《说文》跟谶纬的问题，古汉语研究(一)，湖南教育出版社1985；**王献唐**：《说文解字》韵隶叙，北平华北日报图书副刊，1934-12-31；**王小莘**：从《说文解字注》看段玉裁在语言研究上的历史观点，广西大学学报1984，1；**王晓丽**：《说文解字》话女性，赤峰学院学报2011，6；**王轩**：《说文句读》识语，国故1919，5(9)；**王亚凤**：《说文解字》以义会意字研究，浙江师范大学，硕士论文2008；**王燕**：《说文解字》酉部初探，兰州教育学院学报2011，4；《说文》"女部"字与中国传统文化，郑州大学，硕士论文2007；**王耀东**：《说文解字注》所引方言材料考论，昆明理工大学学报2010，1；**王以公**：琐谈《说文解字》的说解，铁岭教育学院学刊1988，4；**王应龙**：《说文》误释探源，延安教育学院学报2002，1；**王英明**：《说文解字诂林》的体例和性质，辞书研究1994，5；**王莹**：《说文解字》车部字研究，四川大学，硕士论文2005；**王永强**：《说文》"亼"字说解申许，古汉语研究1994，4；**王远明**：《说文》称引《春秋左传》散论，阿坝师范高等专科学校学报1992，2；**王岳**：《说文解字》气象用字考释，中文自学指导2001，2；**王蕴智**：《说文解字》的学术价值及其历史局限，平顶山学院学报2005，3；**王兆春**：《说文解字》释义中对词的语法类型说解举例，六盘水师范高等专科学校学报2011，2；**王志刚**：丁福保与《说文解字诂林》研究，东北师范大学，硕士论文2007；**王志清**：《说文》收字与文献用字差异研究，兰州大学，硕士论文2006；**王忠林**：《说文》引语通假字考，台湾师范大学图文研究所1968；**王作新**：《说文解字》复体字的组合与系统思维，北方论丛1997，5；《说文解字》的"形位旁解"，古汉语研究2004，3；《说文解字》的汉字聚合论，湖北师范学院学报2007，6；**望月真澄**：《说文》所引《诗》试解，汉文学会报·中国文化48号，大修馆书店1990；《说文》所引《春秋传》试释，上田正博士八十寿纪念汉文学论集，1991；**尾崎雄二郎**：以段玉裁的《六书音韵表》观察讨论字解，古田敬一教授告退纪念中国文学语言论文集，1985；**卫继文**：《说文解字》应用刍议，陕西教育学院学报1995，2；**魏丽君**：从《说文解字注》看段玉裁的古音学原理及应用，蒲峪学刊1996，4；**文生**：崇祯算命与《说文解字》，陕西图书馆1989，4；**闻惕生**：《说文》示例，河南中山大学文科季刊1930，1；**闻宥**：转注理惑论，东方杂志1927，24(10)；**翁闿运**：汉字排列顺序研究与《说文》"册"字解谬，上海大学学报1989，2；**吴承仕**：从《说文》研究中所认识的货币形态及其他，盍旦第1卷第2期，1935；《说文》讲疏，制言1963，18、20、21；**吴东平**：试论《说文解字》中的"从某、某省声"，武师孝感分院学报1982，2；《说文解字》中的省声研究，中南民族学院学报2001，4；《说文解字》中的"亦声"研究，山西师范大学学报2002，3；**吴根平**：经学背景下的《说文解字》，江西师范大学，硕士论文2007；**吴敬恒**：叙丁氏《说文解字诂林补遗》附释六书三事，大陆杂志1932，1(2)；《说文诂林补遗》叙，青鹤1932，12；**吴玲**：徐锴《说文解字系传·通释》训释内容及方法阐释，福建师范大学，硕士论文 2008；**吴培德**：《说文解字》引《诗》辨析，贵州文史丛刊 1987，4；**吴平**：《说文》段注明假借论，江西师范大学学报 1988，2；试论《说文》段注明假借的方法，赣南师范学院学报 1987，4；**吴倩**：《说文解字注》中的汉代词汇浅析，语文学刊 2009，10；**吴庆峰**：段玉裁古韵研究方法论，山东师范大学学报 1990，1；**吴世峻**：《说文》声训所见的复声母，台湾东莞大学中国文学研究所，博士论文 1995；**吴廷让**：《说文》义系叙例，东北丛镌 1931，4；《说文》双声叠韵联语考释，东北大学周刊 1928. 9—1929. 1；**吴辛丑**：《说文》同意字与转注字浅析，语言研究 1998，1；**吴昕**：段玉裁与他的《说文解字注》——评段玉裁的治学方法，江西社会科学 2001，6；**吴秀荣**：《说文解字》表情词研究，山东师范大学，硕士论文 2001；**吴艳娜**：《说文解字》中误释的省声字，和田师范高等专科学校学报 2006，6；**吴叶霞**：《章太炎〈说文解字〉授课笔记》述例，杭州师范大学，硕士论文 2011；**吴英华**：《说文》古声考序，国学(天津)1937，4；评清代文字家段玉裁氏之《说文解字注》，工商学志 1963，4；**吴泽顺**：试论段玉裁古音十七部分类说，古籍整理研究学刊 1988，4；《说文解字》声训的特点及其在音转研究史上的价值，云梦学刊 2004，6；《六书音韵表》述评，徽州师范高等专科学校学报 1988，4；《说文解字》亦声字论，吉首大学学报 1986，1；**吴战君**：《说文解字》与古代军事，内蒙古师范大学，硕士论文 2008；**吴稚晖**：叙丁氏《说文解字诂林》补遗，大陆 1932，8；**武雪皎**：浅议《说文解字注》的引申类型，佳木斯大学学报 2005，4；**武跃进、闫桂银**：论析《说文解字》中的中医药文字，长春中医学院学报 2004，4。

X

奚世干：《说文》校案，国学(上海大东书局)1926，10(11)；**奚挺筠**：《说文解字》通考纂例，国学周刊 1947，11；**夏伯峰**：《说文》会意模式初探，北京师范大学，硕士论文 2008；**夏慧茹、惠宏**：《说文解字》“疒”部字选释，浙江中医杂志 2011，9；**夏军**：《说文》会意字研究，华东师范大学，博士论文 2009；**夏先培**：评《说文注》得失探乾嘉学幽微——读《说文解字注研究》，长沙电力学院学报 1998，1；**向熹**：段玉裁与《诗经》研究，词典研究丛刊 1987，8；《说文》阅读一得，语言学论丛(一)，商务印书馆 1981；优秀的《说文》研究新成就，益阳师范高等专科学校学报 1998，1；**萧晟洁**：《说文》中的妇事字研究，华中科技大学，硕士论文 2008；**萧世民**：《说文解字》所收标点符号“亅”“丶”考，苏州大学学报 2001，3；**萧世民、萧红艳**：《说文解字·艸部》草药类植物词语补释，南昌大学学报 2010，1；**萧泰芳、陈剑**：《说文解字》读若字及徐铉等所注切音举误，中国海峡两岸黄侃学术研讨会论文集，华中师范大学出版社 1993；**萧璋**：谈转注，史学论文集——纪念陈垣诞辰百周年，北京师范大学出版社 1981；读《说文》说假借，古汉语研究 1989，1；**小川弘树**：论《说文篆韵谱》的部次问题，语言研究 1983，11；**小林靖幸**：《文选》李善注所引《说文解字》，文薮 1—3，1975—1976；**筱溪、刘雪春**：从《说文解字》看中国古代社会的女性，山东师范大学学报 1996 增刊；**肖方平**：《说文解字》“窌”族字探究，唐山师范学院学报 2012，1；**肖改艳**：试析《说文解字》中小篆异体字形成原因及类型，陕西师范大学，硕士论文 2008；**肖文辉**：《说文解字》饮食词研究，西南大学，硕士论文 2007；**肖兴**：《说文》段注申许法举例，古汉语研究 1995，1；**谢栋元**：从《说文解字》看汉字的分化，辽宁师范学院学报 1979，1；简析《说文解字》与中国古代文化，辽宁教育学院学报 1991，4；《说文解字》：中国辞书奠基之作，辽宁师范大学学报 2000，5；**谢纪锋**：《说文》“读若”声类考略，河北师范学院学报 1986，4；**谢建防**：从《说文解字》透视古代居室的结构布局，山东理工大学学报 2011，1；**谢娟**：《说文解字》与古代手工业，内蒙古师范大学，硕士论文 2009；**谢文学**：许慎生卒年和《说文解字》写作经过新考，许昌师范高等专科学校学报 1987，4；**邢怒海**：《说文解字》宀部的社会文化意义阐释，兰州学刊 2011，6；《说文解字》宀部字在卜辞与《诗经》里的使用，焦作师范高等专科学校学报 2008，1；**熊茂松**：《说文》“颖、芳”考证，重庆三峡学院学报 1999，1；20 世纪《说文》声韵与词汇研究，重庆三峡学院学报 1996，2；**熊杜**：《说文解字·序》存疑举要，广西大学学报 2000，1；**徐朝晖、程少峰**：《说文解字》构形释义补正，新疆师范大学学报 2013，2；**徐道彬**：《说文》段注对戴震文字学思想的继承与发展，安徽师范大学学报 2003，1；**徐得仁**：《说文》部首条例探，宁夏教育学院学报 1985，3；**徐复**：《说文》心部诸形声会意字诠释，金陵大学文学院季刊 1931，1(2)；《说文》部首均语注补谊，制言 1937，32；《说文》引经段说述例，制言 1937，37、38；章氏《成韵图》疏证，南京师范学院校庆学术讨论会论文，1978；蓟汉大师《说文》讲记，制言 1937；《说文》疑义举例，金声 1931，5；释“畐、夋”二字之语源，南京师范学院学报 1962，1；《说文》义系叙例，金声 1937，6；**徐莉莉**：《说文》同训研究，汉语论丛，华东师范大学出版社 1989；**徐前师**：段玉裁关于《说文解字》列字归部的讨论，长沙理工大学学报 2005，3；**徐瑞**：《说文解字》手部动作互训词词义语法研究，河北师范大学，硕士论文 2012；**徐时仪**：读《唐写本说文解字木部笺异注评》，贵州文史丛刊 2003，1；唐写本《说文》管窥，黔南民族师院学报 2002，1；**徐望驾**：《说文解字》注释语言常用词的语料价值，合肥师院学报 2009，2；**徐锡远、徐文梅**：女部汉字与中国妇女文化，驻马店师范高等专科学校学报 1993，1；**许海超**：《说文解字注匡谬》研究，陕西师范大学，硕士论文 2009；**许嘉璐**：《说文解字》释义方式研究，词典和词典编纂的学问，上海辞书出版社 1985；沈兼士、章太炎词源学比较，沈兼士纪念论文集，紫禁城出版社 1990；说“正色”——《说文》颜色词考察，古汉语研究 1994，4；《说文解字》在词典史上的地位和价值，辞书与语言，湖北人民出版社 1985；《说文》杨氏学述略，杨树达诞辰百周年纪念文集，湖北人民出版社 1986；**许世瑛**：段氏《说文》注所标韵部辨误，燕京学报 1948，74；段氏《说文》注所标韵部辨读，燕京学报 1941，29；**许威汉**：通假质疑，上海师范学院学报 1980，4；论《说文》研究对词汇研究的启示，许威汉语文研究文存，中华书局 2008；**许仰民**：《说文解字》所反映的古代社会的等级与阶级关系，信阳师范学院学报 1986，1；《说文解字》读若注音方法辨证，驻马店师范高等专科学校学报 1990，2；训诂之圭臬、校雠之准的——读段玉裁《说文解字注》，驻马店师范高等专科学校学报 1986，2；**许印林**：《说文义证》定本，北平华北日报图书副刊，1936-3-9；**许征**：《说文》连篆读述评，新疆师范大学学报 1996，2；**薛安勤**：《说文通训定声》中的“说文”，辽宁师范大学学报 1986，6；**薛克谬**：论非形声字的归部及《说文解字》部首的形成，河北大学学报 1987，3；论《说文解字》的亦声部首，河北大学学报 1990，4；再论《说文》非形声字的归部，河北大学学报 1991，4；段玉裁《说文解字注》两辨，河北大学学报 1985，8；**薛万鹏**：《说文解字》水部古今水名考释，河南师范大学，硕士论文 2011；**薛永刚**：《说文解字》小篆异体字初探，陕西师范大学，硕士论文 2003。

Y

严和来：《说文》"省声字"中的非形声字，南方文物（南昌）2003，3；试论《说文》古文的来源，四川大学，硕士论文 2004；**严军**：中国地名文字学的开创性著作——评《说文解字》的地名研究成就，杭州师范学院学报 2002，6；**严学宭**：大徐本《说文》反切之音系，国立北京大学国学季刊 1936，6（1）；论《说文》谐声阴入互谐现象，音韵学研究（三），中华书局 1994；**颜亨福**：《说文解字》中的亦声字，贵州大学学报 1985，2；论《说文解字》的注音方法，贵州民族学院学报 1990，2；**阳名强**：《说文解字注》述论，赤峰学院学报 2011，8；**阳太**：从《说文解字》看许慎的系统思想，古汉语研究 1990，2；**杨安**：《说文解字》重文考略，牡丹江大学学报 2009，1；**杨宝忠**：《说文解字注》句读识误，河北大学学报 2000，5；**杨倍川**："六书"的性质与作用置疑，广西大学学报 1990，5；**杨波**：《说文解字》犬部字研究，华中科技大学，硕士论文 2008；**杨春霖**：转注臆解兼论六书之性质，西北大学学报 1982，2；**杨丹**：《说文解字·口部》小议，齐齐哈尔师范高等专科学校学报 2007，1；**杨帆**：《说文解字》单音形容词、副词等义项的增减考察，商丘师范学院学报 2013，4；**杨飞**：《说文解字》宀部的文化阐释，信阳师范学院学报 2006，1；**杨光荣**：《说文》段注的校用语例，山西大学学报 2000，2；《说文》段注据求本字本义校改例，井冈山师范学院学报 2001，1；**杨光荣、沙文杰**：《说文》段注校释词例研究（四则），山西大学学报 2001，4；**杨合鸣**：《说文》"一曰"语略考，辞书研究 1992，3；《说文》引《诗》略考，武汉大学学报 1991，1；**杨恒平**：《说文解字系传》引书考，古籍整理研究学刊 2006，2；试论《说文解字系传》的文献学价值，图书馆论坛 2007，4；**杨佳佳、任连明**：《说文解字》人体义域形声字本义与源义关系举隅，辽东学院学报 2010，2；**杨剑桥**：段玉裁古音学的评价问题，温州师范学院学报 1988，2；《说文解字》的"读若"，辞书研究 1983，3；**杨晋霖**：转注臆解兼论六书之性质，西北大学学报 1982，2；**杨军**："音同换读"的产生与消亡，汉语史学报（二），上海教育出版社 2002；**杨蕾**：《说文解字》"囗部"的文化阐释，玉溪师范学院学报 2009，11；**杨明照**：《说文》采通人说考，考古社刊 1937，6；**杨清澄**：论郑樵六书学说之不足，学术论坛 1999，2；《说文》"词"训辨，固原师范高等专科学校学报 1990，1；辞书中《说文》"词"训误读误解举例，辞书研究 1999，3；**杨荣祥**：杨树达先生学术成就述略，荆州师范高等专科学校学报 1999，1；《说文》中的"否定训释法"，古汉语研究 1994，3；**杨蓉蓉**：段玉裁的段注理论，辞书研究 1985，5；**杨瑞芳**：郑珍《说文新附考》初探，汉字文化 2003，2；**杨润陆**：《文始》说略，北京师范大学学报 1989，4；**杨淑丽**：对《说文解字注》"浑言、析言"的多角度分析，哈尔滨学院学报 2008，2；**杨树达**：形声字声中有义略证、字义同缘于语源同例证、《说文》求是、造字时有通假证、声训杂记——文字初义不属初形属后起字考、文字中的加音字，积微居小学述林、《说文》“读若”探源，积微居小学述林，科学出版社 1954；**杨希英**：《说文解字》“读与某同”作用类考，广西民族大学学报 2010，3；**杨向奎**：论《说文解字》——并论汉字之功能，中国社会科学院研究生院学报 2000，5；论段玉裁的《说文解字注》，齐鲁学刊 1990，1；**杨秀恩**：《玉篇残卷》等五种材料引《说文》研究，河北师范大学学报 2003，2；《说文解字》“说解重文”今证，宁夏大学学报 2009，2；**杨永龙**：《说文》今方言考，语言论丛第二辑，河南大学出版社 1992；《说文解字·水部》补校，古籍整理研究学刊 2000，1；**杨玉飞**：徐锴《说文解字系传》古文研究，天津师范大学，硕士论文 2003；**杨泽全**：从字形学看《说文》省声字，郑州大学出版社 1989，5；评形声主声说，郑州大学学报 1991，5；**姚炳祺**：《说文）声训十则，广东职业技术师院学报 2003，1；从《说文》中的得声之字的音读、义训看形声字声符的兼义作用，广东职业技术师院学报 2002，1；《说文》声训五则，学术研究 1999，1；《说文》声训四则，中山大学学报 2000，6；《说文》所训壴、鼓、鼔三篆辨析，广东职业技术师院学报 1998，1；**姚淦铭**：《说文》编纂的《易》哲学视界，辞书研究 2001，5；**姚琳琳**：《说文解字》省声字浅探，和田师范高等专科学校学报 2006，4；《说文解字·竹部》字研究，西南大学，硕士论文 2007；**姚永铭**：顾野王之《说文》研究索隐，古汉语研究 2002，1；**姚志红**：《说文解字》大徐反切音系考，首都师范大学，硕士论文 2004；**叶斌**：《说文解字》的形训理论，古汉语研究 2000，3；读《说文解字》第一部，杭州师范学院学报 1996，2；《说文解字》造意说解举例，杭州师范大学学报 2008，6；《章太炎说文解字授课笔记》传承与创新一例，浙江学刊 2011，6；《章太炎说文解字授课笔记》的时代气息，江西社会科学 2012，1；**叶斌、付哲婷**：《章太炎说文解字授课笔记》的方法创新，杭州师范大学学报 2013，3；**叶昌炽**：宋芸子《说文部目订读》序，华国月刊 1925，1；**叶磊**：《说文解字》与古代行路文化初探，湖北师范学院学报 2011，2；上古交通工具研究，湖北师范学院，硕士论文 2012；**叶启勋**：《说文》重文小篆考，金陵学报 1936，11；**叶树发、谭耀炬**：《说文解字》中造字假借考，赣南师范学院学报 1988，3；**叶太青**：《说文解字》中的屏南话方言词，乐山师范学院学报 2007，6；**叶友文**：《说文解字》“一曰”试析，语言学论丛(十五)，商务印书馆 1998；**叶正渤**：《说文解字》中所见之民族字研究，徐州师范学院学报 1996，2；试论《说文解字》的逻辑思想与逻辑方法，汉中师范学院学报 1990，3；《说文解字》部首字释义类型浅析，镇江高范高等专科学校学报 2010，1；《说文解字》中所见之民族字研究，徐州师范大学学报 1996，2；**叶正渤、张集文**：《说文解字·叙》段注所谓的古字考，徐州师范大学学报 2007，1；**亦平**：《说文解字》蕴含的古代宇宙天文意识，中文自学指导 2001，1；**易国杰**：《说文解字》的作用不可低估，南通师范高等专科学校学报 1987，2；**易敏**：谈《说文解字》“同意”，赣南师范学院学报 2005，2；**易志文**：《说文解字·虫部》字的意义体系(一)，萍乡高等专科学校学报 2007，4；**殷寄明**：本义析求方法刍议，杭州大学学报 1992，3；形声字声符新论，古汉语研究 1992，2；《说文》的特点及释义之得失，浙江师范大学学报 1992，2；**殷凌燕**：《说文解字》戈部字的义类与重文问题，语言研究，2002 特刊；**殷孟伦**：段玉裁和他的《说文解字注》，中国语文 1961，8；《说文解字》、《释名》两书简析，山东大学学报

1961，3；《说文解字》形声条例述补，山东大学学报 1957，2；黄侃先生在古汉语研究方面的贡献，江苏语言学会会刊 1981，2；论治中国语言文字之要籍，斯文 1940，1(11、12)；**尹靖**：《说文解字》的多形多声字，天津师范大学学报 1986，2；《说文解字》省声字初探，荆州师范高等专科学校学报 1986，3；**尹彰浚**：《说文解字》中"先古籀后篆"研究，四川大学学报 2001，6；**雍淑凤**：《说文解字》中的"奄"族字试析，宁夏大学学报 2001，6；**游超峰**：《说文解字》省声字研究，郑州大学，硕士论文 2007；**游修龄**：《说文解字》"禾、黍、来、麦"部的农业剖析，浙江大学学报 2001，5；**于鬯**：读王氏《说文释例》，国学(上海大东)1926，1；**于船**：《说文解字》为汉代兽医科技的发展提供了有关论据，中国兽医杂志 2001，10；**于洁**：看《说文解字》中的一组同训词，唐山师范学院学报 2003，3；《说文解字注》引申研究述评，唐山师范学院学报 2011，3；**余国庆**：段玉裁音近义通理论的分析，辞书研究 1986，6；说文"以形说义"析，辞书研究 1988，5；朱珔《说文假借义证》词例之分析，辞书研究 1998，5；**余国庆、黄德宽**：朱珔与《说文假借义证》，古汉语研究 1996，4；**余璐**：《说文解字》楚方言词研究，安徽大学，硕士论文 2007；**余行达**：《说文》段注前后矛盾新谈，四川大学文学系刊 1948，2；《说文》五百四十部中列字先后的规律，成都大学学报 1981，2；《说文》段注校释群书索引序例——附《古文尚书撰异》校释群书索引，阿坝师范高等专科学校教学与研究 1983，5；段玉裁《说文解字注》述评，南充师范学院学报 1982，4；**余延**：《说文》汉字体系研究的新创获——评宋永培《说文汉字体系与中国上古史》，汉字文化 2000，3；**俞敏**：六书献疑，中国语文 1979，1；**俞绍宏**：《说文古籀补》研究，安徽大学，博士论文 2006；**禹建华**：《说文解字注》"说"字条辨正，长江学术 2010，3；**喻遂生**：《说文解字》的复音词，西南师范大学学报 1987，1；**喻遂生、郭力**：《说文解字》的复音词，西南师范大学学报 1987，1；**袁本良**：郑珍《说文逸字》论略，贵州大学学报 2000，1；**袁光、解长霞**：《说文解字》表"居室"义的汉字及其文化蕴义，新余高等专科学校学报 2010，4；**袁庆述**：《说文》联编词谱，湖南师范大学学报 1986 增刊；**岳俊峰**：《说文解字》小篆的记号和记号字研究，华侨大学，硕士论文 2012。

Z

臧克和：《说文今读暨五家通检》评介，辞书研究 1998，5；《说文解字》中的"夸父"意象，学术研究 1995，5；**曾华强**：《说文》"读若"例笺识，杭州大学学报 1988 增刊；**曾宪通**：三体石经古文与《说文》古文合证，古文字研究 1982，7；**曾永英**：论《说文解字注》中的"之言、之为言"，重庆大学学报 2003，6；**曾运乾**：六书释例，东北大学周刊 1929，71；**曾世竹**：许慎生平主要事迹新证，湘潭大学学报 1987，3；**曾昭聪**：谈《说文解字》对声符示源功能的研究，古籍整理研究学刊 1998，4、5；徐锴《说文解字系传》中的词源探讨述评，绵阳师范学院学报 2005，6；**翟金平**：《说文》引《诗》考异，许昌师范高等专科学校学报 1985，2；**翟相君**：《说文》解"隰"有误，西北大学学报 1988，2；**詹鄞鑫**：《说文》连篆研究，辞书研究 1986，1；《说文》篆文校正刍议，古汉语研究 1996，3；关于本义的两个问题，汉语论丛，华东师范大学出版社 1989；《说文》别义研究，辞书研究 1986，5；**湛玉书**：《说文解字》"读若"本质及其他，西南民族大学学报 2004，4；**张标**：大徐本《说文》小篆或体初探，河北师范大学学报 1990，1；论郑樵的《六书略》，古汉语研究 1997，2；六书的汉代三家说，河北师范大学学报 1987，1；《说文》部首与字原，河北师范大学学报 1988，1；"书同文"正形说质疑，河北师范大学学报 1986，1；**张标，陈春风**：《说文》学的回顾与前瞻，徐州师范大学学报 2003，2；**张波**：浅谈段玉裁《说文解字注》的农事名物考证，中国农史 1984，2；**张博**：《六书故》同族词研究述评，固原师范高等专科学校学报 1990，1；**张崇礼**：《说文解字》大徐本按语研究，山东师范大学，硕士论文 2003；《说文解字》大徐本俗别字研究，汉字文化 2006，6；**张大英**：二十年来(1988—2009)《说文解字》言部字研究述评，信阳师范学院学报 2011，3；**张道俊**：《说文解字注》"合韵"论析，语言研究 2013，2；《说文解字注》假性古韵部考辨，黔南民族师范学院学报 2012，5；**张道升**：《说文解字·叙》的中国语言学史研究，阜阳师范学院学报 2011，3；**张涤华**：《说文》段注与辞书编写，辞书研究 1984，5；略论《说文解字》的说解，词典和词典编纂的学问，上海辞书出版社 1985；**张发颖**：《说文》疑义举例，社会科学辑刊 1979，3；**张风岭**：《说文解字》义界释义方法研究，汉字文化 2008，5；《说文解字》与《尔雅》释义方法比较研究，长春理工大学学报 2012，4；《说文解字》双音词训释研究，山东教育学院学报 2008，3；《说文解字》增字足义释义方法研究，菏泽学院学报 2012，1；《说文解字》中的联绵词释义方法研究，吕梁学院学报 2012，1；《说文解字》释义方法研究，山东师范大学，硕士论文 2006；**张峰、孙丽娜**：《说文解字》重出字研究，佳木斯大学学报 2007，1；**张福存**：《说文解字·艸部》"类聚"的宽与严，许昌学院学报 2011，4；**张晗**：《说文解字注》增篆考，宁夏大学学报 2013，1；**张和生、朱小健**：《说文解字读》考，北京师范大学学报 1987，5；**张家权**：《说文解字》的传统文化特征初探，北京语言大学，硕士论文 2009；**张建中**：《说文》人部字与甲金文的比较，广西师范大学学报 1987，4；**张居三**：《说文解字》同训词研究，黑龙江大学，硕士论文 2002；**张蕾**：《说文》小篆讹形研究，天津师范大学，硕士论文 2007；**张丽**：《说文解字》玉部字显示的古代玉文化意识，安庆师范学院学报 2008，4；**张丽娜**：大徐本《说文》篆文讹形举例，吉林大学，硕士论文 2009；**张丽霞**：《说文解字》文字训释中的农业向心性，语文学刊 2011，9；《说文解字》文字训释中的农业文化思想，内蒙古师范大学，硕士论文 2008；**张鲁明**：《说文解字》目部字探析，鸡西大学学报 2012，1；**张楠**：《说文解字》的玉部、车部字与中国古代文化分析，山西大学，硕士论文 2006；**张盼**：《说文解字索隐》研究，陕西师范大学，硕士论文 2010；**张其昀**：《说文解字》在传统小学中的地位，扬州大学学报 2007，1；王筠《说文释例》述评，盐城师范学院学报 1998，2；《说文解字》"爲"训"母猴"辩，信阳师范学院学报 2012，2；论训诂别类为训之认识价值——以《说文解字》为例，信阳师范学院学报 2011，2；段玉裁《说文解字注》述评，扬州大学学报 1999，6；**张青松**：试谈《说文》段注的语源研究，语文学刊(呼和浩特)2003，5；**张清波**：美学视野下的《说文解字》玉文化研究，山东师大，硕士论文 2012；**张庆绵**：略述徐锴《说文解字系传》，辽宁大学学报 1992，1；**张庆元**：《说文解字》字本义错误举隅，云南师教育学院学报 1998，1；**张汝舟**：谈谈转注，贵州社会科学

1980，2；**张社列**：徐锴《系传》对字义的再阐释，黑龙江大学，硕士论文 2002；**张生汉等**：《说文解字注》勘误（正、续），华中师范学院研究生学报 1984，3，华中师范学院研究生学报 1985，1；**张素凤**：《说文解字》说形解义体例研究，唐山师范学院学报 2007，1；《说文解字》多形多声字成因探析，徐州师范大学学报 2006，5；《说文解字》中多形多声字研究，河北大学，硕士论文 2001；**张维伟**：从现代语言学角度看《说文解字》，天水师范学院学报 2010，6；**张文霞**：浅析《文选》李善注引《说文》之被释字，晋东南师范高等专科学校学报 2003，1；**张显成**：《说文》部首字说解与所属字说解违反同一律考，四川大学学报 1992，2；**张祥友**：《说文解字》军事词研究，西南大学，硕士论文 2007；**张新艳**：《说文解字》中的形近讹混声符，信阳师范学院学报 2011，1；《说文》谐声源流研究，华中科技大学，博士论文 2009；**张亚蓉**：《说文解字》基本声首的认定，宁夏大学学报 2009，2；《说文解字》谐声字的音韵关系及上古声母的讨论，苏州大学，硕士论文 2005；《说文解字》的谐声关系与上古音研究，苏州大学，博士论文 2008；**张艳琴**：《说文解字》颜色词探究，吉林省教育学院学报 2008，2；**张燕**：论《说文解字》“以义说形”——兼评现代汉字识字教学，玉溪师范高等专科学校学报 1999，2；**张燕青**：《说文解字注》词义引申术语，语文学刊 2007，11；**张仪良**：《说文解字》“昌”字释义考辨，贵州教育学院学报 2008，10；**张永胜**：浅析《说文解字》的释义方法，内蒙古教育学院学报 1994，2、3；**张友群**：《说文解字》中同训词研究，六盘水师专学报 2000，3；《唐写本说文解字木部笺异》的文献价值，毕节师范高等专科学校学报 2000，3；**张汝鲤**：许慎史料拾遗，河南大学学报 1984，2；**张玉春**：《说文解字》引《诗》释例，古籍整理研究学刊 1986，3；《说文解字》引《礼》《礼》所无考，古籍整理研究学刊 1989，2；《说文》引《明堂月令》考，长春师院学报 1989，2；**张玉惠**：浅说《说文解字》中的“一曰”与“阙文”，松辽学刊 1991，3；**张玉梅**：王筠“取象解字”对《说文》“因形说义”的纠正，中国文字研究 2009，1；《说文解字》女部的文化内涵，内蒙古工业大学学报 2001，1；**张媛**：《说文解字》中汉代郡国级政区新线索，首都师范大学学报 2011，5；**张月明**：许慎汉字观管窥，内蒙古电大学刊 1994，2；**张云**：《说文解字约注》释例，山东大学，硕士论文 2012；**张政烺**：《说文·序》引尉律解，史语所丛刊第 17 本，1948；**张植青**：凿破混沌——试论段玉裁在古音研究上的贡献，安徽师范大学学报 1986，2；**张志毅**：《说文》的词源学观念，辞书研究 1991，4；段注的实用价值，语文教学 1984，5；《说文诂林》编纂体例问题，烟台师范学院学报 1993，2；《说文》的功用，语文教学 1983，6；**张智敏**：《说文》凡某之属皆从某考并叙，女子师范学院期刊 1963，5；**张祝平**：《说文解字》美学拾零，南通师范学院学报 1996，2；**章念驰**：鲁迅与《说文解字札记》，文物天地 1988，6；**章太炎**：《说文解字》序，国风月刊 1935，11；**章太炎评、骆鸿凯录**：余杭章公评校段氏《说文解字注》，制言 1936，1；**章仲铭注、徐复补谊**：《说文》部首均语注补谊，制言 1937，1；**赵爱武**：从《说文解字》女部字看女性社会地位的变化，信阳师范学院学报 2005，2；**赵伯义**：《说文解字》象形发微，河北师范大学学报 2002，3；《说文解字》部首新论，许慎与《说文解字》研究论集，陕西人民出版社 1991；《说文解字·宀部》解读，信阳师范学院学报 2012，6；《说文解字》顺递析形，河北师范学院学报 1999，3；《说文解字》迭体析形，殷都学刊 1994，2；《说文解字》方位析形，宁夏大学学报 1994，2；《说文解字》叙述析形论议，汉中师范学院学报 1995，2；《说文解字》“从某，象某”析，河北师范学院学报 1989，4；**赵长兴**：《说文解字段注考正补》序，四川大学季刊 1935，7；**赵诚**：《说文解字》的形和义，语言研究 1981；古文字发展过程中的内部调整，古文字研究(十)，中华书局 1983；《说文》谐声探索(一、二、三)，80 年代古代汉语音韵论稿，中华书局 1991；**赵惠敏**：逐渐远去的刀光剑影——《说文解字》中所映射的古代兵器文化浅论，喀什师范学院学报 2009，2；**赵金丹**：论段玉裁在《说文解字注》中的哲学品格，四川教育学院学报 2006，9；**赵静莲**：从《说文解字·金部》透视上古对金属的利用，山西大同大学学报 2012，3；**赵菊**：《说文解字》水部字的文化研究，四川师范大学，硕士论文 2010；**赵克勤**：段玉裁《说文解字注》中的“浑言”与“析言”，王力先生纪念论文集，商务印书馆 1990；**赵丽明**：清代关于大徐本《说文》的版本校勘，《说文解字》研究，河南大学出版社 1991；**赵娜**：《说文》《广韵》声音词研究，苏州大学，硕士论文 2009；**赵宋婷**：《说文解字》人部字研究，江西师范大学，硕士论文 2009；**赵天吏**：《说文声类谱》叙例，儒教月刊 1946，2 卷 1 期；**赵卫**：《说文》中籀文与小篆形体之比较，汉语言文化论丛，人民出版社 1995；**赵小刚**：《说文》所反映的古代葬俗，古汉语研究 1994，4；《说文》反映的古代商贸进程，西北师范大学学报 1994，5；《说文》所反映的上古婚制，兰州大学学报 1995，1；假借、形声、转注新探，宁夏大学学报 1991，3；《说文》所见古代动物图腾事象，兰州大学学报 1996，3；从《说文解字》看古羌族对华夏农业的贡献，兰州大学学报 2001，1；**赵新民**：《说文解字》直训系联显示的意义关系及其价值，南都学坛 2001，2；**赵云涛**：试从《说文解字》示部字看我国古代祭祀文化，宜宾学院学报 2009，7；**赵振兴**：读《说文学导论》，古汉语研究 1996，2；**赵铮**：从《说文解字注》看段玉裁的连绵词观，湖北大学学报 2003，5；《说文解字系传》在《说文》研究中的开创性意义，襄樊职业技术学院学报 2004，1；**郑春兰**：浅析《说文解字》或体之构成形式，语言研究 2002 特刊；《说文解字》或体研究，华中科技大学，硕士论文 2004；**郑琳**：《说文解字》大徐注研究，河北大学，硕士论文 2000；**郑权中**：关于许慎假借义例的解释和批评，复旦学报 1959，8；**郑师许**：丁福保编《说文解字诂林》正编及补遗，图书评论 1933，2(1)；近三十年来中国治文字学者的派别及方法，学艺 1933，12(1)；《说文》中译音字之研究，学艺 1935，8；**郑文焯**：《说文》间诂，国粹学报 1909；**郑贤章**：论段玉裁在《说文解字注》中的假借观，古汉语研究 1998，2；**郑献芹**：从《说文解字注》看段玉裁对汉语词义学的研究，殷都学刊 2001，1；**郑英南**：《说文解字》土部字研究，延边大学，硕士论文 2012；**钟发远**：《说文解字》示部字语义考察，宜宾学院学报 2005，3；**钟明立**：《说文》段注“义同”字类型论考，浙江大学学报 1999，2；《说文解字》的同义词及其辨析，贵州文史丛刊 1999，1；从《说文解字》看许慎的同义词意识，中文自学指导 1998，4；《说文》段注同义词论证方法述略，江西师范大学学报 1998，2；**钟歆**：《说文》重文读若转音考，制言 1936，11；**周大璞**：假借质疑，武汉大学学报 1982，2；**周法高**：《说文》音训所反映的带 l 复声母，声韵论丛(四)，台湾学生书局，1992；**周凤玲**：《说文解字》反映出的月相变化，内蒙古师范大学学报 2005，6；释《说文解字·雨部》字及其中的自然现象，成都教育学院学报 2006，10；《说文解字》与古代天文学，内蒙古师范大学，硕士论文 2003；**周复刚**：段氏《说文注》训诂方法论试探，语言文学论集，贵州人民出版社 1987；唐写本《说文》木部笺异，贵州历史文献研究会论文季刊 1989，6；**周光庆**：《说文解字注》的词汇学理论，图书馆与读者 1985，1；段玉裁对古汉语词义特征的探求，华中师范大学学报 1987，2；**周国瑞**：段玉裁《说文解字注》阅读札记，殷都学刊 1986，2；**周继琛**：试论戴侗《六书故》中关于词义引申的学说，古汉语研究 1989，3；**周路红**：小议《本草纲目》中引用的《说文解字》，山西中医学院学报 2002，1；**周顺楚**：《说文・糸部》形声字试探，广西师范大学，硕士论文 2003；**周文**：从《说文解字》看中国古代乐器文化，语言研究 2002 特刊；**周祥**：段玉裁《说文解字注》中假借字的音近度研究，德州学院学报 2012，5；**周雪梅**：《说文解字》艸部字研究，西南大学，硕士论文 2006；**周艺**：《说文解字》中的阴阳五行说，中南民族学院学报 1989，2；**周永琴**：汉字文化观批判——简论许慎《说文解字》的文化观，汉字文化 2003，3；**周攸胜**：《说文解字》酉部酒文化初探，湘潭师范学院学报 2006，3；**周玉鸽**：《说文解字》部首相同部件字浅析，长江师范学院学报 2012，5；**周云青**：《说文》外编跋，国学辑林 1926，9；**周祖谟**：论段氏《说文解字注》，问学集(下)，中华书局 1996；陶刻孙本《说文解字》正误，国学季刊 1935，5(1)；《说文解字》之传本，国学季刊 1935；徐锴的《说文》学，大公报，1947-3-28；唐本《说文》与《说文》旧音，史语研究集刊 20 本(上)，1948；许慎和他的《说文解字》，中国语文 1956，9；关于唐本《说文》的真伪问题，中国语文 1957，5；李阳冰篆书考，问学集(下)，中华书局 1996；跋丁少山复刻监本《说文解字》，天津益世报・读书周刊，1935-1-16；《说文解字》概论，中国文化研究 1997，1；孙星衍平津馆重刻宋本《说文解字》校勘记，国学季刊 1935，3；**朱葆华**：《说文解字》中“野”字之古文考辨，汉语史研究集刊 6 辑，2002；**朱承平**：段玉裁的古声类观，中南民族学院学报 1986，3；段玉裁假借研究述评，西南师范学院学报 1985 增刊；**朱栋**：段玉裁改订《说文解字》正篆及古文字体得失例证，长春大学学报 2012，3；**朱芳毅**：《说文解字》心理动词语义网络研究，广西师范大学，硕士论文 2008；**朱国祥**：《说文解字》书证引《诗》考，湘潭大学，硕士论文 2006；**朱惠仙**：《说文解字》声训研究述论，浙江工业大学学报 2003，2；**朱积孝**：《说文解字》里所记载反映的古代生活，玉林师范高等专科学校学报 1987，1；《说文解字》的历史文献价值，殷都学刊 1986，2；**朱疆**：《说文解字》艸部命名举隅，岱宗学刊 1999，2；**朱孔彰**：《说文》重文考，中国学报(民元)1913，2；释《说文》读若例，国粹学报 1934，8；**朱敏**：《说文解字注》异读字研究，苏州大学，硕士论文 2011；**朱声琦**：段氏注《说文》，重韵不重声，山东师范大学学报 1996，1；**朱维德**：古殳考究：兼及《说文》中心词隐含机制阐释，衡阳师范学院学报 2003，2；**朱鹭涵**：《说文解字》中的饰物字考释，吉林省教育学院学报 2012，8；**朱小健**：段玉裁对《说文》中互训的发明诠释，学术之声，北京师范大学学报 1990 增刊；**朱星**：评《说文通训定声》，北京师范大学学报 1978，5；**祝鸿熹、黄金贵**：《说文》所称古文中的假借字，语言研究 1982，2；**祝鸿熹等**：王国维对古文献所称“古文”的卓识，杭州大学学报 1995，2；**祝敏申**：试论《说文解字》及许慎学术思想的进步性，复旦学报 1979，2；**邹德文、梁亚东**：

《说文解字》对书法理论的制约及原因探析，哈尔滨学院学报 2002，5；**邹酆**：《说文解字注》的“浑言”和“析言”，辞书研究 1984，2；**邹晓丽**：论许慎的哲学思想及其在《说文解字》中的表现，北京师范大学学报 1989，4；《说文解字》540 部首述议，说文解字研究（一），河南大学出版社 1991；《国故论衡·成均图》论解，罗常培纪念论文集，商务印书馆 1984；**左民安**：汇许学之渊海、治小学之津梁——《说文解字诂林》述论，宁夏大学学报 1987，2；浅谈段玉裁对《说文解字》的研究，训诂研究（一），北京师范大学出版社 1981；《说文解字·叙》句读质疑，宁夏大学学报 1980，3。

附录　台湾《说文》研究论文目录

本目录收录台湾《说文》研究论文520余篇，含少数大陆学者在台湾发表的论文。所收论文时段为1949—2013年，分三种类型：所收期刊发表论文，利用“台湾期刊论文索引系统”检索；所收台湾各大学硕博士学位论文，用“台湾博、硕士论文知识加值系统”检索；各类文集中的论文，收集时参考了南京大学博士生赵成杰《台湾说文学研究综述》(未刊稿)所收目录，一并致谢。期刊论文信息，依次出作者、论文名称、期刊名、期数、发表年(月)，“期数”有时也作“卷数(期数)”。文集论文，出论文作者名、论文名称、文集名、年份。硕博士论文，出作者名、论文名称、学校、学位类型、年份。同一作者的论文汇于各自名下，整体按作者姓名拼音顺序排列。

B

白冰：《说文解字》读与某同作用类考，语文建设通讯(香港)54，1996. 12；**班吉庆**：广征《说文》探赜索隐——刘宝楠《论语正义》训诂特点研究之一，清代扬州学术，2005；**包明叔**：《说文》部首变迁，中国语文19(5)，1966. 11；《说文》部首变迁下，中国语文19(6)，1966. 12；《说文》部首通释外篇，中山学术文化集刊4，1969. 11。

C

蔡纯华：《说文》止□等十部考订，“国立”台湾师范大学，硕士论文1972；**蔡欣恬**：从《说文解字》中探析古代农牧渔猎，“国立”中央大学，硕士论文2008；**蔡信发**：《说文》正文重出字之商兑，第三届中国文字学国际学术研讨会论文集，1992；《说文》“从某某，某亦声”之商兑，第一届国际暨第三届全国训诂学学术研讨会论文集，1997；《说文》部首增补之商兑，第四届近代中国学术研讨会论文集，1998；《说文》会意字部居之误，第六届中国文字学全国学术研讨会论文集，1995；《说文》俗字之商兑，中国文学

“学理与应用”学术研讨会论文集——中国语文教育之“学理与应用”，2001；《说文》形声字之多声考，中国学术年刊4，1982.06；《说文》声谱，台北市师范高等专科学校学报14，1982.06；《说文》部首正补释例，“国立”中央大学文学院院刊2，1984.06；《说文》答问，国文天地3(11)，1988.04；《说文》答问，国文天地8(6)，1992.11；段注《说文》“古文以为某字”之商兑，中央大学人文学报11，1993.06；《说文》失收字之商兑，国文天地14(7)，1998.12；段注《说文》会意有轻重之商兑，先秦两汉学术3，2005.03；段注《说文·邑部》古今字之商兑，辅仁国文学报34，2012.04；《说文》中一字正反之商兑，文字论丛第二辑，2004；段注《说文》古今字之商兑，文字论丛第二辑，2004；段注《说文》磺、廾非一字之商兑，第三届国际暨第八届清代学术研讨会论文集，1993；段注《说文》会意有轻重之商兑，傅一勤中英语言学论文集，2004；段注会意形声之商兑，第四届中国文字学全国学术研讨会论文集，1993；以假借造字检验《说文》字义，第一届中国训诂学学术研讨会训诂论丛，1994；**蔡郁焄**：朱骏声《说文通训定声》十八部谐声表析评，世新中文研究集刊3，2007.06；段注《说文》论列俗字滋生之因，东海中文学报23，2011.07；朱骏声《说文通训定声》之古音研究，中兴大学，硕士论文2006；**蔡宗阳**：《说文》从大之字初探，国文学报11，1982.06；**陈光宪**：慧琳《一切经音义》引《说文》考，文化大学，硕士论文1970；**陈光政**：《说文》段注应用声韵学校勘示例(七则)，第二届国际暨第十届全国声韵学学术研讨会论文集，1992；六书学纷争论试辨举隅，第六届中国文字学全国学术研讨会论文集，1995；转注说述评——《说文解字诂林》所引四十四家转注说述评，高雄师范学院学报7，1979.01；《说文》同部与异部转注之总示例，高雄师范学院学报11，1983.04；段注《说文》以声探形十三则，中国国学21，1993.11；**陈焕芝**：玄应《一切经音义》引《说文》考，文化大学，硕士论文1969；**陈建雄**：《说文》引《诗》证义与《诗》毛氏传同异考，明志工专学报3，1971.11；**陈立中**：论《说文解字》中的迭字，语文建设通讯(香港)57，1998.10；**陈丽桂**：从郭店竹简《五行》检视帛书《五行》《说文》对经文的依违情况，哲学与文化26(5)，1999.05；**陈丽珊**：《说文》段注音义关系研究，文化大学，硕士论文1980；**陈茂松**：严可均《说文校议》研究，逢甲大学，硕士论文1998；**陈梅香**：《说文》联绵词之音韵现象探析，声韵论丛8，1999.05；《说文》既言“某声”又注“读若”之音韵现象初探——以声母部分为主，声韵论丛10，2001.05；**陈美华**：《说文》干支字研究，中国文化大学，硕士论文1985；**陈明宏**：《说文》中之巫术研究，"国立"中正大学，硕士论文2002；**陈佩琪**：《说文》学术之转型——以隋唐至清代为研究范畴，辅大中研所学刊18，2007.10；**陈立**：《说文》字形订补(16则)，书目季刊45(4)，2012.03；**陈清仙**：王绍兰《说文段注订补》研究，逢甲大学，硕士论文1999；**陈绍慈**：徐灏《说文解字注笺》说本形本义之探析，第七届中区文字学学术研讨会，2004；徐灏《说文解字注笺》研究，东海大学，博士论文2002；**陈绍棠**：马叙伦《说文解字六书疏证》书后，新亚书院学术年刊9，1967.09；**陈胜长**：《说文》所说字义或非本义考辨并论所谓“微辞”问题，中国文化研究所学报12，2003；**陈双新**：试论《说文解字》的历时与共时研究，中国语文通讯79，2006.09；**陈素贞、高秋凤**：《说文》所见方言研探，中国学术年刊8，1986.06；**陈素贞**：严可均《说文》声类一书之内容与体例浅探，中台医学高等专科学校学报 4，1987.04；论严可均治《说文》的方法，中国文学研究 10，1996.05；**陈婉君**：《说文》小篆异化现象研究，逢甲大学，硕士论文 2012；**陈新雄**：《说文》古籀排列次第考，中华学苑 9，1972.03；《说文解字》之条例，木铎 10，1984.06；《说文》借形为事解，中国语文通讯 16，1991.09；《说文解字》分部编次，锲不舍斋论学集，1984；无声字多音说，形声专题学术研讨会论文集，2004；章太炎先生《转注假借说》一文之体会，文字论丛第二辑，2004；**陈雄根**：《说文解字》通训研究，东方文化 39(2)，2005.10；**陈秀玲**：《说文》“天干地支”本义的疏辨，屏中学报 7，1997.12；**陈洵慧**：徐承庆《说文解字注匡谬》研究，逢甲大学，硕士论文 2000；**陈雅雯**：《说文》分别文的孳乳观研究，辅仁大学，硕士论文 1991；《说文解字》数术思想研究，“国立”成功大学，博士论文 2008；**陈怡婷**：神话与《说文》相关字群之研究，“国立”中央大学，硕士论文 2009；**陈永丰**：《说文解字》中的五行学说思想，树仁学报 1，2000.05；**陈远止**：《说文》王筠句读平议，东方文化 22：2，1984；论《说文》转注与“方言”转语的关系，语文建设通讯(香港)59，1999.04；**陈韵珊**：论《说文解字》中的省声问题，中央研究院历史语言研究所集刊 57(1)，1986.03；严可均对《说文》体例的认识，中国文字新 21，1986.12；**陈镇卿**：《说文解字》“古文”形体试探，“国立”中央大学，硕士论文 1995；**陈之迈**：景印先曾祖东塾公《说文声表》跋，传记文学 18(4)，1971.04；**陈志信**：论许慎作《说文解字》的意图——一个思想史的解释，大陆杂志 93(4)，1996.10；**陈致元**：段注本《说文》依字书补订考，中国文化大学，硕士论文 2010；**陈智贤**：清儒以《说文》释《诗》之研究：以段玉裁、陈奂、马瑞辰之著作为依据，”国立”政治大学，博士论文 1996；**成玲**：黄季刚先生《说文同文》训诂术语类例初探，陈伯元先生六秩寿庆论文集，1994；**丛培凯**：段玉裁《说文解字读》研究，辅仁大学，硕士论文 2007；论《谐声谱》“丝牵绳引法”对于陈澧《说文》声训体系之影响，先秦两汉学术 16，2011.09；**崔国光**：一部鲜为人知的奇书——谈馆藏《说文解字义证》的学术与版本价值，文献学研究的回顾与展望：第二届中国文献学学术研讨会论文集，2002。

D

戴淑珍：《说文解字》“女”部所描述的美女形象，中国语文 95(5)，2004.11；**丁亮**：《说文解字》部首及其与从属字关系之研究，东海大学，硕士论文 1996；**丁曼棻**：《说文》日母主谐字例外谐声之初探，“国立”中山大学，硕士论文 2008；**董俊彦**：《说文》语原之分析研究，“国立”台湾师范大学，硕士论文 1970；**杜负翁**：《说文》部首通释及《说文》概论序，学粹 10(1)，1967.12；**杜学知**：《说文》造字假借字例疏证，成功大学学报 3，1968.05；《说文》“造字假借”字例疏证，图书馆学报 11，1971.06；《说文》重文或体字大例，大陆杂志 43(1)，1971.07；**杜忠诰**：《说文》从“釆”诸字篆文形体之探讨，国文学报 37，2005.06；《说文》篆文与出土简牍帛书，国文天地 23：12，2008.05；《说文》篆文讹形释例三则“姡”、“半”、“乘”，第十三届全国暨海峡两岸中国文字学学术研讨会论文集，2002；《说文》篆文讹形研究，“国立”台湾师范大学，博士论文 2000。

F

方怡哲：《说文》重文相关问题研究，东海大学，硕士论文 1993；**冯金山**：《说文解字》中呈现之"规矩"文化现象研究，"国立"屏东教育大学，硕士论文 2010；**冯瑞生**：《说文》与俗字，中国语文通讯 38，1986.06。

G

高明：《玉篇零卷》引《说文》考序，高明小学论丛，1978；对《说文解字》之新评价，辅仁大学人文学报 1，1970.09；《说文》丛刊叙录，中华学苑 10，1972.09；《说文解字》传本考，东海学报 16，1975.06；论《说文解字》之编次，辅仁大学人文学报 5，1976.05；《说文解字》传本续考，东海学报 18，1977.06；**高婉瑜**：试论《说文》中的阴阳五行，大陆杂志 101(6)，2000.12；试论黄季刚《说文》条例——以形声字为例，大陆杂志 102(3)，2001.03；**高绪价**：《说文解字》字根造字研究：文字孳乳新探之一，台北师范高等专科学校学报 10，1982.06；《说文解字》字根造字研究：文字孳乳新探之二，台北师范高等专科学校学报 11，1984.06；《说文解字》字根造字研究：文字孳乳新探之三，台北师范高等专科学校学报 12，1985.06；《说文解字》字根造字研究：文字孳乳新探之四，台北师范高等专科学校学报 14，1987.06；《说文解字》字根造字研究：文字孳乳新探之五，台北师范学院学报 1，1988.06；《说文解字》字根造字研究：文字孳乳新探之六，台北师范学院学报 2，1989.06；《说文解字》字根造字研究：文字孳乳新探之七，台北师范学院学报 6，1993.06；**弓英德**：段注《说文》亦声字探究，师范大学学报 9，1964.06；**关国暄**：《御览》所见《说文》逸字考，大陆杂志 30(1)，1965.01；《御览》所见《说文》逸字考，大陆杂志 30(3)，1965.02；**郭必之**：从《说文解字注》看段玉裁"合韵"说的运用，中国文化研究所学报 9，2000；段玉裁《说文解字注》"严分之、脂、支"现象析论；《说文解字读》和《说文解字注》音韵说的比较研究，中国文化研究所学报 10，2001；**郭怡雯**：《说文》复举字研究，逢甲大学，硕士论文 2004；《唐写本说文解字木部残卷》之复举字探析，第七届中区文字学学术研讨会，2004。

H

韩相云：六书故引《说文》考异，"国立"台湾师范大学，硕士论文 1985；**何树环**：《说文解字》"省体会意字"初探——以大徐本为主的讨论，先秦两汉学术 3，2005.03；《说文解字》省体字初探——省体字的初步整理与研究，傅一勤中英语言学论文集，2004；**何添**：从《说文解字》推寻文字孳乳方法刍议，第一届国际暨第三届全国训诂学学术研讨会论文集，1997；**何玉云**：《说文解字》或体别义考，淡江大学 100 硕士论文；**何志华**：许慎和他的文字学经典之作——《说文解字》，中国语文通讯 5，1989.11；**洪阿李**：《说文》字形研究——以静嘉堂、汲古阁、平津馆、段注本第一卷为对象，"国立"台湾师范大学，硕士论文 2006；**洪承裕**：《说文》小篆类化现象研究，逢甲大学，硕士论文

2010；**洪丽月**：《说文解字》象形辨疑，“国立”台湾大学，硕士论文 1972；**洪燕梅**：秦金文与《说文》小篆书体之比较，政大中文学报 5，2006.06；**侯伟仁**：浅论常见姓氏自我介绍——由《说文解字》观点出发，中国语文 99(5)，2006.11；**胡建雄**：文学本事——许慎和《说文解字》，小作家月刊 3(2)，1996.06；**花登正宏**：关于日本东北大学所藏的写本钦定四库全书《说文解字》，第二届国际清代学术研讨会论文集，1999；再论《古今韵会举要》所引的《说文解字》，第一届国际暨第三届全国训诂学学术研讨会论文集，1997；**黄碧云**：文字溯源辨迹法——《说文解字》在华文教学上的效用，第三届世界华语文教学研讨会论文集：教学与应用篇，1994；**黄翠芬**：《说文》部首省并之商榷，朝阳学报 6，2001.06；**黄桂兰**：《集韵》引《说文》考(上)，“国立”政治大学，硕士论文 1972；**黄国伦**：《说文》部首类释与《说文》部首诠释，中国语文 95(5)，2004.11；**黄慧芬**：徐复观先生《周官非古文》读后——兼论许慎《说文叙》称引《周官》之经学意义，云汉学刊 26，2013.02；**黄慧萍**：钱大昕《说文》学之研究，屏东师范学院，硕士论文 2004；**黄建中**：《说文》性理字辑，学粹 1(1)，1958.12；**黄庆萱**：《说文》的圈点和整理，学林寻幽—见南山居论学集，1995；**黄然伟**：《说文解字》段注改正校补，中国文字第五卷，1966；**黄荣顺**：古文字字形演变之实证——以《说文解字》第五卷(上卷)为例，台湾大学，硕士论文 2006；**黄淑汝**：段玉裁《说文解字注》“浅人说”探析，“国立”成功大学，硕士论文 2000；**黄婉宁**：《说文》误形声为会意字考,”国立”台湾师范大学，硕士论文 2001；**黄锡全**：《汗简》、《古文四声韵》中之石经、《说文》“古文”的研究，古文字论丛，1999；**黄馨仪**：从《说文解字·女部》看女性地位之转变，中国语文 104(1)，2009.01；**黄永武**：《说文》引易学宗孟氏考，东吴学报 1，1971.09；**黄云冠**：《说文》用字假借之研究，玄奘大学，硕士论文 2005；**黄正纯**：从《说文解字》探索古代对人体及疾病的认知，“国立”中央大学，硕士论文 2010；**黄子降**：《说文》形声字释形疏误汇考之一：误以象形为形声考，大仁学报 10，1992；《说文》形声字释形疏误汇考之二，大仁学报 11，1993.04。

J

冀小军：“觥饭不及壶飧”旧说辨正——以《篆隶万象名义》印证《说文》一例，中国文字新 38，2012.12；**简宗梧**：论汉代文字的新陈代谢——以《说文解字》与汉赋为例，古文字学论文集，1999；**江举谦**：许慎《说文解字叙》诠疏，东海学报 6(1)，1964.06；《说文》所引论语与今本异同纪略，孔孟月刊 5(12)，1967.08；《说文》籀篆渊源关系论析，东海学报 10(1)，1969.01；《说文》古文研究，东海学报 21，1980.06；《说文》所引论语与今本异同纪略，中国文化月刊 87，1987.01；许慎与《说文解字》，中国文化月刊 102，1988.04；从《说文》入声语根论析上古字调演变，东海学报 7(1)，1965.06；转注原论，中央研究院国际汉学会议论文集：语言文字组，1981；**江敏华**：《说文》、《释名》中所反映的汉代方言现象，台大中文学报 16，2002.06；**江英**：《说文解字》省体形声字释例，女子师范高等专科学校学报 1，1972.05；如何运用《说文解字》，“国教月刊”20(4)，1973.04；《说文解字》省体字释例，女子师范高等专科学校学报 7，1975.05；**姜千**

家：《说文》象形研究，玄奘人文社会学院，硕士论文 2003；**姜学廉**：《说文解字》概述，教与学 4(5、6)，1971.02；**蒋妙琴**：俗写字在校勘上的价值——以《说文系传校录》所载为例，吴凤学报 2，1994.05；论《新集藏经音义随函录》引《说文》之价值，艺见学刊 3，2012.04；**金德建**：《说文》"读若"本字古文举例，金德建古文字学论文集，1991；《说文》引古文本《尚书》考，金德建古文字学论文集，1991；《说文》引今文本《论语》考，金德建古文字学论文集，1991；《说文》引今文本《仪礼》考，金德建古文字学论文集，1991；《说文》引今文本《易经》考，金德建古文字学论文集，1991；**金经一**：《说文》中有关象形文之研究，中国文化大学，硕士论文 1984；**金祥恒**：跋"国立"中央图书馆藏残宋本《说文解字》，大陆杂志 18(3)，1959.02；许慎及其《说文解字》，中国文字与中国文化论文集，1985；**金钟赞**：《说文》"帝"字与其声符"朿"字之声韵关系，第二届国际暨第十届全国声韵学学术研讨会论文集，1992；论《说文》一些迭韵形声字及其归类问题，声韵论丛 4，1992.05；许慎《说文》会意字与形声字归类之原则研究，"国立"台湾师范大学 80 博士论文；**金周生**：读《说文》札记(一)，辅仁国文学报 9，1993.06；**臼田真佐子**：论胡重《说文字原韵表》和陈奂《说文部目分韵》，傅一勤中英语言学论文集，2004；论李涛《说文解字五音韵谱》标目的读若与《集韵》，古音与方言，1994；**[日]臼田真佐子著、李寅生译**：陈奂《说文部目分韵》考，陈奂研究论集，2000。

K

康才媛："莲"、"荷"同异考辨——以《尔雅》、《说文解字》为例，"国立"历史博物馆馆刊 12(3)，2002.03；**柯金虎**：《大广益会玉篇》引《说文》考，"国立"政治大学，硕士论文 1970；**柯明杰**：《说文》段注"以许证许"浅析，傅一勤中英语言学论文集，2004；《说文解字》释义析论，"国立"中央大学，硕士论文 1991；《说文解字》同训浅析，"国立"中央大学中国文学研究所论文集刊 2，1995.06；《说文解字义证》训诂简述，第六届中国训诂学全国学术研讨会论文集，2003；《说文解字义证》引"本书"释义浅析，第十三届全国暨海峡两岸中国文字学学术研讨会论文集，2002；《说文通训定声》"或曰"浅析，新世纪、新思维国际学术研讨会：应用语文组论文集，2001；《说文通训定声》之假借说浅析，文字论丛第二辑，2004；**柯淑龄**：《说文》形声商榷，先秦两汉学术 3，2005.03；**柯雅蓝**：《说文》从某不成文例试探，东吴中文研究集刊 6，1999.05；**孔仲温**：《说文》"品"型文字的造形试析，东吴文史学报 8，1990.03；段注《说文》"牡妹"二字形构述论，孔仲温教授论学集，2002。

L

赖贵三：许慎《说文解字》引《易》补释与《易》理蠡探，春风煦学集——黄庆萱教授七秩华诞受业论集，2001；**赖慧玲**：段玉裁的《周礼》学——以《说文解字注》为范畴，"国立"台湾师范大学硕士论文，1999；**赖雁蓉**：《尔雅》与《说文》名物词比较研究——以器用类、植物类、动物类为例，"国立"中正大学，硕士论文 2006；《尔雅·释木》与《说文·木部》之比较研究，中正大学中国文学研究所研究生论文集刊 8，2006.06；**李**

彻：《说文》部首研究，"国立"台湾师范大学，硕士论文 1986；**李达良**：李善《文选注》引《说文》考，联合书院学报 4，1965；李善《文选注》引《说文》校记，联合书院学报 9，1971；**李佳信**：《说文》小篆字根研究，"国立"台湾师范大学，硕士论文 1999；**李俊松**：从《说文解字》与相关古籍探讨古代社会食物概况，"国立"嘉义大学，硕士论文 2012；**李平平**：《说文》复体字研究，台北市立教育大学，硕士论文 2011；《康熙字典》及其引用《说文》与归部之探究，"国立"中央大学，博士论文 1999；段注《说文》"某行而某废"之探讨，中正大学中文学术年刊 10，2007. 12；析论转注字之形成及其先后次第，第六届中国训诂学全国学术研讨会论文集，2003；**李水英**：《说文解字》"女部"字之形义及其文化考察，台湾大学，硕士论文 2005；**李添富**：从《说文》重文考求上古汉语复辅音声母的省思，辅仁国文学报 32，2011. 04；段玉裁形声说商兑，纪念陈伯元教授荣誉退休学术研讨会论文集，2000；**李相机**：二徐《说文》学研究，辅仁大学，硕士论文 1988；**李孝定**：论《玉篇》增删《说文》部首：汉字新分部法初探，大陆杂志 70(3)，1985. 03；**李欣玲**：论《说文》广字的释义，中正大学中研所第二届硕士专班论文集刊，2003；**李雄溪**：《说文通训定声》对字形的研究，岭南学院中文系系刊 2，1995；朱骏声《说文段注拈误》述评，岭南学报 2，2000. 10；**李秀娟**：《说文》"古文以为"考释与段注"形借"说之检讨，第二届先秦两汉学术全国研究生论文发表会论文集，2000；黄季刚先生《说文》学之研究，辅仁大学，博士论文 2005；**李绣玲**：《说文》段注假借字例依声托事之探究，第十三届全国暨海峡两岸中国文字学学术研讨会论文集，2002；《说文》段注假借字研究，"国立"中正大学，硕士论文 2001；**李学勇**：说"枫"和"槭"——注释《说文》的两位奇葩王筠和徐锴及他们的影响，语文建设通讯(香港)71，2002. 08；**李咏健**：《说文》籀文形体特点试探——兼论籀文与西周金文之关系，人文中国学报 17，2011. 09；**李玉珍**：《说文》后起形声字考辨，"国立"中央大学，硕士论文 1993；**利瓦伊棻**：《说文》氏氐音义辨证，淡江学报 7，1970. 11；**郦承铨**：《说文解字叙》讲疏——附严可均《许君事迹考》，文字学论文集第一册，1976；**连蔚勤**：《说文解字》合体字形体结构初探，东吴中文研究集刊 10，2003. 09；《说文》会意字释形用语与义之所重探究，有凤初鸣年刊 2，2006. 07；泰山、琅琊台刻石与《说文》篆形探析，东吴中文在线学术论文 6，2009. 06；**廖容梓**：中国青铜礼器用途与形制研究——以《说文解字》所见为限，"国立"中正大学，硕士论文 2003；**廖素琴**：《说文解字》重文中之籀文字形研究，高雄师范大学，硕士论文 2007；**林鼎盛**：《说文解字》中与情绪有关的字：情绪人类学的初探，人类与文化 32、33，1998. 07；**林芳伊**：《说文》小篆同形现象研究，逢甲大学，硕士论文 2002；**林贯秋**：《说文》误解字之辨正，文化旗 28，1970. 02；《说文解字》之"一字注"正误例案，国魂 297，1970. 08；

林宏佳：古文字字形演变之实证——以《说文解字》第一卷为例，"国立"台湾大学，硕士论文 2002；**林佳瑜**：朱骏声《说文通训定声》叚借说之研究，"国立"屏东教育大学，硕士论文 2010；**林进忠**：《说文解字》与六国古文书迹，艺术学报 63，1998. 12；**林晋士**：《说文解字》第一篇之初文问题浅探，辅英学报 15，1995. 12；**林静怡**：《说文解字》谐声字音韵研究，台北市立教育大学，硕士论文 2010；**林美娟**：《说文解字》古文研究，"国立”暨南国际大学，硕士论文 1999；**林美玲**：《说文》读若综论，“国立”师范大学，硕士论文 1997；《说文》读若综论，“国立”台湾师范大学国文研究所集刊 42，1998.06；**林明正**：《说文》阴阳五行观探析及对后世字书之影响，中国文化大学，硕士论文 2000；**林平和**：敦煌《隶古定尚书》写卷中原自《说文解字》古文之隶字研究，第四届中国文字学全国学术研讨会论文集，1993；**林圣峰**：大徐本《说文》独体与偏旁变形研究，“国立”台湾师范大学，硕士论文 2005；**林素清**：《说文》古籀文重探：兼论王国维“战国时秦用籀文六国用古文说”，中央研究院历史语言研究所集刊 58(1)，1987.03；**林宛臻**：《说文》古籀文来源的性质及年代试探，中国语 103(2)，2008.08；**林维祥**：《说文解字叙》析论，中国文化大学，硕士论文 1991；**林轩钰**：《说文》与国中国文科的文字教学，国文天地 18(5)，2002.10；**林叶连**：《说文古籀补》研究，中国文化大学，硕士论文 1985；**林尹**：《说文》二徐异训辨序，师范大学学报 9，1964.06；《说文》与《释名》声训比较研究，木铎 9，1980.11；**林颖雀**：徐灏《说文段注笺》研究，逢甲大学，硕士论文 2001；**林郁屏**：《说文》无声字声化研究，“国立”高雄师范大学，硕士论文 2003；**林月惠**：薛传均《说文》答问疏证”述评，嘉义师范学院学报 11，1997.11；**刘承修**：《说文》形声字形符综论，东吴大学硕士论文 2001；**刘建鸥**：唐类书引《说文》考，复兴岗学报 30，1983.12；唐类书引《说文》释义考，复兴岗学报 31，1984.06；唐类书引《说文》形义考，复兴岗学报 33，1985.06；唐类书引《说文》用字考例，复兴岗学报 34，1985.12；《说文》读若字考音——同声母读若例之一，复兴岗学报 46，1991.12；《说文》读若字考音——双声读若例，复兴岗学报 49，1993.06；**刘佩姿**：论朱骏声《说文通训定声》的转注，中国语文通讯 89、90，2010.03；**刘学伦**：朱骏声《说文通训定声》概述，“国立”中央大学中国文学研究所论文集刊 9，2004.03；**刘雅芬**：《说文》形声字构造理论研究，“国立”成功大学，硕士论文 1997；慧琳《一切经音义》“古文例”异体字中所见《说文》古文，辅仁国文学报 28，2009.04；**刘尹婷**：许慎《说文解字》俗字观——与徐铉、徐锴、段玉裁三家俗字观之异同，中兴大学，硕士论文 2012；**龙宇纯**：《说文》古文“子”字考，大陆杂志 21(1、2)，1960.07；《说文》读记之一，东海学报 33，1992.06；**鲁实先**：《说文》正补之一，大陆杂志 37(11、12)，1968.12；《说文》正补之二，大陆杂志 38(2)，1969.01；《说文》正补之三，大陆杂志 38(6)，1969.03；《说文》正补之四，大陆杂志 38(7)，1969.04；《说文》正补之五，大陆杂志 38(10)，1969.05；《说文》正补之六，大陆杂志 39(1、2)，1969.07；**吕慧茹**：《古今韵会举要》引《说文》考，东吴大学，硕士论文 2000；**吕慧茹**：《说文解字》亦声说之检讨，东吴中文研究集刊 6，1999.05；**吕瑞清**：《说文》段注“声义同源”考徵，玄奘大学，硕士论文 2009；**罗凡晸**：段玉裁《说文解字注》数字内容之设计与建置，中兴大学人文学报 42，2009.03。

M

马舒怡：《说文解字》列字次第之探究，“国立”中央大学，硕士论文 1995；**马伟成**：《说文解字》部首亦声字初探，傅一勤中英语言学论文集，2004；论段玉裁《说文解字注》言“俗作某”之字例，中兴大学中文学报 24，2008.12；王筠《说文解字句读》“声符兼义”

探析，逢甲大学，硕士论文 2002；王筠《说文解字句读》“声兼意”之探析，第十三届全国暨海峡两岸中国文字学学术研讨会论文集，2002；**马显慈**：王筠《说文句读》的字形研究，新亚学报 26，2008. 01；王筠《说文句读》字音研究论释，新亚学报 27，2009. 02；王筠《说文句读》字义研究阐释，新亚学报 28，2010. 03；**毛子水**：读《说文概论》序，中国语文 14(2)，1964. 02；新书：《说文》部首通释序，中国语文 21(1)，1967. 07。

N

南基琬：《说文》段注古今字研究，辅仁大学，硕士论文 1988；《说文》籀文至小篆之变所见中国文字演变规律，第三届中国文字学国际学术研讨会论文集 1992。

P

潘重规：《说文》约论，新亚书院学术年刊 5，1963. 09；**庞贵聪**：《字汇》引《说文》之研究，“国立”嘉义大学，硕士论文 2006；**庞海珊**：《说文》多形多声字考辨，辅仁大学，硕士论文 1995；**朴兴洙**：《说文通训定声》述要，中国学术年刊 17，1996. 03；朱骏声《说文》学研究，“国立”台湾师范大学，博士论文 1993；**朴真哲**：《说文》亦声说之检讨，东吴中文研究集刊 10，2003. 09。

Q

乔衍管：论经韵楼本《说文》段注，中国学术年刊 10，1989. 02；**秦光豪**：《说文解字》形声字形符考辨，中国文化大学，硕士论文 1985；**秦榕**：猴祖崇拜之字源考论——《说文》所收猴属字例释，东方人文学志 7(2)，2008. 06；**邱博玮**：《说文解字》数字编辑规画研究——以绘图、检索与排版为探讨对象，“国立”中央大学，硕士论文 2011；**邱德修**：《说文》“早”篆形构考，中等教育 49(4)，1998. 08；《说文》“假借”段注新笺，师范大学学报人文与社会科学类 52(1、2)，2007. 10；**权敬姬**：《说文义证》释例，东吴大学，硕士论文 1989；**权相老**：《说文解字》十二支义戋释，大陆杂志 21(1、2)，1960. 07；**阙蓓芬**：《说文》段注形声会意之辨，“国立”中央大学，硕士论文 1992；**阙育铃**：惠栋读《说文》记研究，“国立”成功大学，硕士论文 1989。

R

饶宗颐：太平经与《说文解字》，大陆杂志 45(6)，1972. 12。

S

单周尧：《说文释例》“累增字篇”研究，东方文化 22(2)，1984；《说文释例》异体字诸篇管窥，香港大学中文系集刊 2，1987；《说文释例》有关籀文、或体、俗体诸篇之研究，第一届国际暨第三届全国清代学术研讨会，1993；读王筠《说文释例》“同部重文”篇札记，第一届国际暨第三届全国清代学术研讨会，1993；清代“《说文》家”通假说斠诠，第一届国际暨第三届全国清代学术研讨会，1993；王筠之《说文解字》异部重文研究，第三届国际暨第八届清代学术研讨会论文集，1993；章炳麟《小学答问序》评朱骏声语管窥，文字训诂丛稿，2000；**Serruys、PaulL-M**：On the System of the PuShou（部首）in the Shuo-wenchieh-tzu（《说文解字》），中央研究院历史语言研究所集刊 55（04），1984.12；**［日］神田喜一郎解说、黄锦鋐译**：宋版《说文》正字解说（附原书），文史季刊 1（3），1971.04；**沈宝春**：论段玉裁《说文解字注》的金文应用，第三届国际清代学术研讨会论文集，1993；由桂馥《说文解字义证》的取证金文谈“专胪古籍，不下己意”的问题；**沈秋雄**：《说文解字》段注质疑，“国立”台湾师范大学国文研究所集刊 18，1974.06；**沈心慧**：《说文解字·女部》姓氏婚姻字群文化意涵探析，东吴中文学报 22，2011.11；**沈壹农**：《原本玉篇》引述唐以前旧本《说文》考异，“国立”政治大学，硕士论文 1986；**施人豪**：《说文》所载形声字误为会意考，女子师范高等专科学校学报 2，1972.08；《说文》所载形声字误为会意字续考，女子师范高等专科学校学报 4，1974.03；**史宗周**：《说文》增声字释例，幼狮学报 2（1），1959.10；**宋建华**：《说文》句读中有关“句读”之研究，中国文化大学中文学报 1，1993.02；“《说文》部首表”研究，中华文化学报 3，1996.03；《说文》部首字释义与释形相互矛盾现象考释，逢甲大学人文社会学报 2，2001.05；《说文》五百四十部首系联用语初探，第六届中国文字学全国学术研讨会论文集，1995；《说文》小篆字库的设计与应用，文字论丛第二辑，2004；王筠《说文》学探微，文化大学，博士论文 1992；**苏法昭**：《说文解字》及其功臣的研究，德明学报 3，1975.11；**苏莹辉**：浅释见于《说文解字》的籀文、大篆、古文三种书体，中国图书馆学会会报 36，1984.12；论孔壁的古文经与《说文》所谓古文以及魏石经中的古文一体，中国书目季刊 18（4），1985.03。

T

汤炳正：《说文》歧读考源：兼论初期文字与语言之关系，中国语文研究 9，1987.09；**唐雪凝、张金圈**：重“女”轻“男”——《说文解字》中“女”部字和“男”部字不对称现象浅析，国文天地 23（7），2007.12；**田倩君**：许氏《说文》部首字诠释（一），中国文字第七卷，1967；**涂玉嫣**：《说文古籀补·附录》初探，第七届中区文字学学术研讨会，2004。

W

王初庆：《说文》段注引伸假借辨，第一届中国训诂学学术研讨会训诂论丛，1994；《说文》引《诗》重出、互见探颐，傅一勤中英语言学论文集，2004；论《说文》与六书，形声专题学术研讨会论文集，2004；试由《说文系传·祛妄》蠡测李阳冰之《说文》刊本，辅仁国文学报 8，1992.06；黄季刚先生《说文》学之承传与发皇，辅仁国文学报 20，2004.07；《说文》引《诗》重出、互见探赜，辅仁学志·人文艺术之部 35，2007.06；再论《说文》说解本不及六书，辅仁国文学报 25，2007.10；谈治《说文》学与治古文字学之关系，新世纪、新思维国际学术研讨会：应用语文组论文集，2001；**王宏杰**：《说文》亦声字之“会意兼声”性质初探，辅仁大学中国文学研究所学刊 14，2004.09；**王丽雅**：钮树玉《说文解字校录》研究，逢甲大学，硕士论文 2001；**王巧如**：段玉裁《说文解字注》引《尔雅》考，辅仁大学，硕士论文 2011；**王仁禄**：《说文解字》的价值，文史学报 2，1972.05；《说文》训诂释例，文史学报 11，1981.06；《说文解字》的撰作，文史学报 10，1980.06；**王胜昌**：《说文》篆韵谱之源流及其音系之研究，“国立”台湾师范大学国文研究所集刊 19，1975.06；**王胜忠**：《广韵》引《说文》之研究，屏东师范学院，硕士论文 2004；**王世豪**：词典编辑与经典诠释语言比较研究：以《说文解字》与经学文献用字训义为论，中正汉学研究 2012(1)，2012.06；**王云五**：《说文解字诂林》台三版序，东方杂志 3(5)，1969.11；**王忠林**：《说文》引经通假字考，庆祝高邮高仲华先生六秩诞辰论文集，1968；**王紫莹**：《原本玉篇》引《说文》研究，“国立”中央大学，硕士论文 1998；**魏伯特**：略论《说文解字》“重文”的性质及其在音韵学上的价值，中国文学研究 1，1987.05；**魏慈德**：成家彻郎“《说文解字》的研究”译介，东华汉学 4，2006.09；**魏子云**：杜忠诰的博士论文——“《说文》篆文讹形研究”读后，国文天地 19(8)，2004.01；**温文锡**：李善文选注引《说文》考绪论，学粹 8(5)，1966.08；李善文选注引《说文》考绪论，学粹 8(6)，1966.10；**翁敏修**：清代《说文》校勘学研究，东吴大学，博士论文 2008；唐五代韵书引《说文》考，东吴大学，硕士论文 1999；倭名类聚抄引《说文》考，东方人文学志 6(4)，2007.12；清代《说文》校勘材料辑录析论——以他书所引异文为论述中心，汉学研究集刊(云林科技大学)6，2008.06；从出土汉简来看《说文》所引汉律令，政大中文学报(9)，2008.06；**翁世华**：《说文》引《楚辞》考，楚辞考校，1987；从《说文解字》引《楚辞》说起，中国书目季刊 10(4)，1977.03；**巫俊勋**：《六书正义》删并《说文》部首初探，辅仁国文学报 28，2009.04；《说文解字》分部法研究，辅仁大学，硕士论文 1993；段玉裁《说文解字注》所称“音义同”之内涵探析，第七届中区文字学学术研讨会，2004；论《说文解字》之部次原则，第一届先秦两汉学术全国研究生论文发表会论文集，1997；**吴碧贞**：从《说文解字》“女”部之字看中国文化中的女性观，哲学与文化 29：4，2002.04；**吴璧雍**：桂馥及其《说文解字义证》，故宫文物月刊 11(4)，1993.07；**吴浩宇**：文献性质与学术发展：论《说文解字》在宋代从字书到六书学的新开展，书目季刊 40(4)，2007.03；**吴焕瑞**：《说文》字根衍义考，“国立”台湾师范大学，硕士论文 1970；《说文》字根衍义考，“国立”台湾师范大学国文研究所集刊 16(上)，1972.06；**吴美珠**：《说文解字》同源词研究，淡江大学，硕士论文 1999；**吴世畯**：《说文》声训所见的复声母，东吴大学，博士论文 1994；部份《说文》“错析”省声的音韵现象，声韵论丛 8，1999.05；《说文》读若所反映的几个汉代声母，声韵论丛 10，2001.05；**吴贤俊**：从《说文》声训追踪同源词族举隅，侨光学报 24，2004.10；**吴仪凤**：论李阳冰刊定《说文》之是非——以大、小徐本中所见引者为对象，辅仁大学中国文学研究所学刊 6，1996.06；**吴忆兰**：《说文解字》与《玉篇》部首比较研究，东海大学，硕士论文 1989；《系传》类聚探析，傅一勤中英语言学论文集，2004；**吴玙**：《说文》幽眇阙误探微，第三届中国文字学国际学术研讨会论文集，1992；《说文》重文透视所谓简化字之根源，中文 11，2005；**吴哲夫**：重刊许氏《说文解字》五音韵谱十二卷，图书季刊 2(4)，1972.04。

X

相菊潭：《说文》二徐异训辨自序，学粹 7(3)，1965.04；**谢康**：许氏《说文》所见中国上古社会生活，中山学术文化集刊 4，1969.11；从《说文》研究古代礼俗，出版与研究 28，1978.08；**谢美龄**：《诗经》韵部《说文》字表—之部例，龙宇纯先生七秩晋五寿庆论文集，2002；《说文》与《字汇》分部浅探，兴大中文学报 8，1995.01；从(古)文字学观点论证《说文》上古音研究略例，台中师范学院学报 15，2001.07；诗经韵部《说文》字表，东海大学，博士论文 1997；**谢一民**：六书体用说，庆祝高邮高仲华先生六秩诞辰论文集，1968；六书形声义例，台湾师范大学校友学术论文集，1985；析论黄侃先生《说文》条例——"凡形声字之正例，必兼会意"，成功大学中文学报 2，1994.02；**谢元雄**：吕景先《说文段注指例》研究，辅仁大学，硕士论文 2007；**谢沅谷**：《说文》失收字之研究，玄奘大学，硕士论文 2004；**谢云飞**：《说文》中训词解字义的方位，文海 1(5)，1964.05；《说文》训诂之得失，学粹 8：6，1966.10；**徐从权**：从《说文通训定声 · 丰部》引《诗经》看朱骏声假借之得失，中国语文通讯 76，2005.12；**徐士贤**：《说文》亦声字二徐异辞考，"国立"台湾大学，硕士论文 1989；**徐淑娟**：王筠《说文句读》校改《说文》之研究，"国立"屏东教育大学，硕士论文 2007；**徐耀民、徐婷**：也谈《说文解字》的注音，国文天地 20(11)，2005.04；**徐耀民**：试谈《说文解字》的有部无字问题，国文天地 18(11)，2003.04；**徐元南**：《说文解字》段注改大徐篆体之研究，"国立"政治大学，硕士论文 1997；从《说文解字注》改篆见段玉裁之精审及其局限性，中文研究学报 1，1997.06；**徐再仙**：《说文解字》食、衣、住、行之研究，"国立"政治大学，硕士论文 1992；**许明德**：重探《说文 · 木部》的真伪问题——从口部残卷与《篆隶万象名义》的比较谈起，书目季刊 47(2)，2013.09；**许世瑛**：段氏《说文注》所标韵部辨误，许世瑛先生论文集(三)，1974；**许舒絜**：《说文解字》部序之初探，思辨集 1，1997.12；《说文》"从某、象形"例及其相关问题之探讨，东吴中文学报 10，2004.05；《说文》讹误释例，先秦两汉学术 3，2005.03；《说文》释义变例举要——以一曰类及迭释多义类为讨论范围，东吴中文学报 19，2010.05；《说文》引扬雄《方言》不见字词考徵，东海中文学报 23，2011.07；《说文解字》文字分期研究，"国立"台湾师范大学，硕士论文 1999；**许锬辉**：《说文》段注假借说述议，第四届清代学术研讨会论文集，1995；《说文》讹误释例，傅一勤中英语言学论文集，2004；《说文》训诂释例——以《说文》释"以为"诸字为说，第一届中国训诂学学术研讨会训诂论丛，1994；《说文》训诂条例之二—补述释例，训诂论丛(第四辑)：第二届国际暨第四届全国训诂学学术研讨会论文集，1999；《说文》训诂条例之四——《说文》引经例述(以引《尚书》例为说)，第六届中国训诂学全国学术研讨会论文集，2003；《说文解字》重文谐声考，"国立"台湾师范大学，硕士论文 1964；《说文》重文形体考序篇，国文学报 2，1973.04；《说文》"以为"考，中国学术年刊 7，1985.06；《说文》形声字声符不谐音析论，东吴中文学报 1，1995.05；形声字形符表义释例，形声专题学术研讨会论文集，2004；**许育龙**：《说文》亦声字研究，淡江大学，硕士论文 2004；大徐本《说文》"非声字"试探，书目季刊 45(2)，2011.09；**薛惠琪**：《说文解字》

与《康熙字典》部首比较研究，康宁学报 1(2)，1999.03；**薛榕婷**：《说文解字》人与自然类部首之文化诠释，淡江大学，硕士论文 2003。

Y

严一萍：《说文》四字辨源，中国文字第一卷，1960；跋宋本《说文解字》，大陆杂志 19(1)，1959.07；**严正**：荒谬的《说文解字综合研究》(江举谦著)，新夏月刊 23，1971.08；**晏士信**：《说文解字》指事象形考辨，"国立"成功大学，硕士论文 2000；王国维"《说文》今叙篆文合以古籀说"申议，云汉学刊 8，2001.06；**杨龙立**：《说文解字》育教学三字字义的新探，人文及社会学科教学通讯 11(4)，2000.12；**杨志团**：王筠《说文释例·存疑》驳证段注论述之研究，东吴大学，硕士论文 2007；**姚志豪**：对《说文解字》部叙结构的新理解，汉学研究集刊，云林科技大学 16，2013.06；**叶纯芳**：朱骏声《说文通训定声》概述，东吴中文研究集刊 4，1997.05；**叶纮宙**：《说文解字》中军事相关字汇之研究，淡江大学，硕士论文 2005；**尹定国**：《说文》所存古史考，辅仁大学，硕士论文 1968；**尹锡礼**：《说文解字》递训初探，"国立"台湾大学，硕士论文 1982；**游国庆**：新出简帛文字与《说文》篆形之研究——以唐写本《说文》残卷为例，辅仁国文学报 13，1998.11；**于维杰**：《说文》汉说疏证，成功大学学报 22，1987.10；**余风**：《说文解字》方言地理区探析，东海中文学报 23，2011.07；《说文解字》邑部及其地理文化之研究，逢甲大学，硕士论文 2005；**余颖**：标记概念在《说文解字》女部字中的运用，语文建设通讯(香港)73，2002.02；**袁志豪**：段注《说文》之方式试探，辅大中研所学刊 17，2007.04。

Z

臧克和：《说文》中的女性意象，走向新世纪的语言学——庆祝徐德江先生六十华诞论文集，1998；**曾蕙芳、张靖如**：从《说文解字》探究米食文化，中国语文 106(2)，2010.02；**曾启雄、林雪雰**：《说文解字》中之色彩表达文字，科技学刊人文社会类 19(3)，2010.12；**曾勤良**：二徐《说文》会意形声字考异，辅仁大学，硕士论文 1967；**曾荣汾**：《说文解字》编辑观念析述，先秦两汉学术 3，2005.03；**曾伟婷**：朱骏声《说文通训定声》之同族词研究，"国立"台湾师范大学，硕士论文 2010；**曾馨仪**：从《说文解字》牛部字析探其反映的古代社会文化，中正大学中研所第三届硕士专班论文集刊，2004；**曾忠华**：《玉篇零卷》引《说文》考 1，大陆杂志 36(1)，1966.01；《玉篇零卷》引《说文》考 2，大陆杂志 36(2)，1968.01；《玉篇零卷》引《说文》考 3，大陆杂志 36(3)，1968.02；《广韵》引《说文》考，国文学报 5，1976.06；**张翠云**：《说文系传》板本源流考辨，"国立"台湾师范大学，硕士论文 1987；**张达雅**：《说文》谐声字研究，东海大学，硕士论文 1979；**张涤华**：《说文》段注与辞书编写，张涤华目录校勘学论稿，2004；略论《说文解字》的说解，张涤华目录校勘学论稿，2004；**张国志**：《说文》部叙体例研究，东海大学，硕士论文 2001；**张惠贞**：《说文解字》部首误合研究，人文及社会学科教学通讯 2(2)，1991.08；**张建葆**：《说文》假借释义，"国立"台湾师范大学，博士论文 1970；《说文》声训考，台湾省立师范大学国文研究所集刊 8，1964.06；《说文》中的加形加声字，鲁实先先生学术讨论会论文集，1992；**张进明**：《说文解字》会意字探源，静宜大学，硕士论文 2000；**张沛心**：汉字中的犬文化研究——以《说文》为例，佛光人文社会学院，硕士论文 2004；**张其昀**："读《说文》概论"序，中国一周 712，1963. 12；**张穗芳**：《说文》音训字声母研究，醒吾学报 20，1996. 11；**张维信**：《说文解字》古文研究，"国立"台湾大学，硕士论文 1973；**张文彬**：《说文》无声字衍声考，"国立"台湾师范大学，硕士论文 1968；**张晓芬**：古籍异文论文字的演变规律以《说文解字注》为主要研究材料，书友 217，2005. 04；**张秀娇**：《说文解字》假借考证，玄奘人文社会学院，硕士论文 2002；**张以仁**：《说文》"训""诂"解，文史季刊 2(1)，1970. 10；**张意霞**：《说文系传》研究，逢甲大学，硕士论文 1993；徐锴《说文系传》训诂术语析例，复兴学报，1999. 12；**张振熚**：《说文解字》部中字叙研究，逢甲大学，硕士论文 2005；《说文解字》部中字叙研究初探——以卷一、卷二为主体，第七届中区文字学学术研讨会，2004；**赵鸿楷**：《说文解字》五〇四部首蒙汉文比较研究，中国边政 24，1968. 12；**赵玉琦**：五代释义楚编撰《释氏六帖》引《说文》考，书目季刊 46(3)，2012. 12；**郑邦镇**：《说文》省声探迹，辅仁大学，硕士论文 1973；**郑成益**：正史唐人注引《说文》考，辅仁大学，硕士论文 2004；**郑佩华**：《说文》解字形声字研究，"国立"师范大学，硕士论文 1997；**郑乔尹**：冯桂芬《说文解字段注考正》校勘之研究，铭传大学，硕士论文 2008；**郑锡元**：《说文》段注发凡，"国立"台湾师范大学，硕士论文 1982；**郑志明**：从《说文解字》谈汉字的鬼神信仰，鹅湖 26(7)，2001. 01；**钟明彦**：声训及《说文》声训分析，东海大学，硕士论文 1995；**钟哲宇**：沈涛《说文古本考》研究，"国立"中央大学，硕士论文 2008；段玉裁与桂馥《说文》学之比较研究，"国立"中央大学，博士论文 2012；王筠《说文释例》与《文字蒙求》之六书观比较，"国立"中央大学中国文学研究所论文集刊 11，2006. 06；《说文》"四大家"形成溯源：一个学术史的考察，东吴中文在线学术论文 15，2011. 09；桂馥《说文》义例观念试论，人文社会科学研究 7(2)，2013. 06；**周聪俊**：《说文》一曰研究，"国立"台湾师范大学，硕士论文 1976；**周国正**：《说文》"娈、慕也"辨，人文中国学报 13，2007. 09；**周何**：《说文解字》读若文字通段考，台湾省立师范大学国文研究所集刊 6，1962. 06；大徐《说文》版本源流考，庆祝高邮高仲华先生六秩诞辰论文集，1968；**周惠菁**：由《说文》女部见古代女性的社会地位，玄奘大学，硕士论文 2004；**周美华**：《说文》所见汉儒思想举隅，经学研究论丛第十辑，2002；**周小萍**：《说文》段注声义同源说发微：第一部分——文字声义未始相离，复兴岗学报 24，1980. 12；《说文》段注声义同源说例证，复兴岗学报 26，1982. 12；**周雅丽**：《说文》以后的象形会意字，"国立"台湾大学，硕士论文 1988；**朱寄川**：《说文解字》引《诗》考异，中国文化大学，硕士论文 2003；**朱绍甫、李玫芳**：从《说文解字》看《诗经》时代的粮食作物，中国语文 109(4)，2011. 10；**朱小健**：从《说文解字集斠》看《惠氏读说文记》之性质，第十三届全国暨海峡两岸中国文字学学术研讨会论文集，2002；**朱星**：《说文解字》部首浅说，朱星古汉语论文选集，1996；《说文通训定声》述评，朱星古汉语论文选集，1996；**朱学琼**：《玉篇》引《说文》考异，"国立"编译馆馆刊 3(2)，1974. 12；**竺家宁**：《说文》音训所反映的带 L 复声母，声韵论丛 4，1992. 05；**庄锦津**：《说文解字》释形释例，文化大学，硕士论文 1980；**庄舒卉**：《说文》中之兼义兼声字，中国语文 91(5)，2002.11；《说文解字》形声考辨，“国立”成功大学，硕士论文 1999；**庄雅州**：从科学的观点探讨《说文解字》，庆祝周一田先生七秩诞辰论文集，2001；论《说文解字》之疏失，中正大学中文学术年刊 4，2001.12；《尔雅·释鱼》与《说文·鱼部》之比较研究，经学研究集刊 7，2009.11。

后记

传统“小学”是一切学问之根基，而《说文》又是小学“主中之主”（黄侃语）。章太炎先生1908年在日本“始一终亥”三遍讲《说文》，培养了一大批民国时期的著名学者。他晚年在苏州开办“章氏国学讲习会”，二年四期学程都首讲《说文》课。其《文始》一书，更是以《说文》为研究对象的汉语词源学巨著。黄侃先生一生学术以讲授、研究《说文》为主，著有《说文略说》《手批说文解字》等，成果卓然，影响深广。故“章黄学派”的学术是以“《说文》学”为主导的。

我的学术生涯，与二“文”有不解之缘：一是陆德明《经典释文》，有关音韵和音义；二是许慎《说文》，有关文字训诂。当年虔心赴北京师范大学从王宁师受学，听讲《说文》是最主要的课业，整理章太炎《说文》授课笔记是整年的课程实习，硕士论文是《论章太炎的说文学》，毕业时王宁师送我一套《说文诂林》二十册，是我非常需要而买不起的，可以想见当时是何等感激与欣喜。

这样的学术传统，使我深深认识到《说文》之学在我国传统学术中具有重要的基础地位，也深切感受到在现时教学体系中《说文》学（传统汉字学）基础知识的教学是何等的缺乏，因而愿意为此做一些切实可行的工作。诸如后来出版《说文字系与上古社会》（新世界出版社2012）、整理音注《说文解字注》（中华书局2013）之类的，就是这种努力的一部分。更多的努力，是坚持不懈地开设、讲授《说文》学课程。在武汉大学，先开设硕士研究生“《说文解字》讲读”课，再开设博士研究生“《说文解字》研读”课，又开设全校本科生公共选修的“说文解字”课程（限200人的大课），还为留学生开设“汉字字根——《说文》部首讲析”课程。后来又走出去，为“乾元国学、明伦国学、上海中欧国际工商学院国学会、深圳中道文化”等多种班次讲授《说文解字》课程。

令人感慨的是，这种“周礼八岁入小学”的识字课程，从内到外，从低到高，从专业到业余，各个层次的听讲者都很喜欢，都很惊奇。博士生感慨，“我的名字跟我快三十年，终于知道是什么意思了，赶快补八岁小学的课”；硕士生感慨，“惭愧，作为中国人，会背十万托福单词，却不会背《说文》540部首”；中欧国际的成功人士学员全班起立鼓掌，“老师讲课的功劳，就是把我们都变成了文盲”；公选课的本科生在“评师网”上踊跃评论“说文解字课”，说“这是每一个中国人都应该补上的课”。我的“《说文解字》讲读”36集视频，在超星学术视频、土豆网等网站上，点击都以数十万计，很多回复都是惊叹天天使用的汉字居然有这么多既有趣又易懂的内涵故事，小时候为什么没人教我们呢？

由于有这样多的勉励，我讲《说文》学的各种课程都很卖力。我们的“文化根教育——汉字知识”此前是大大缺失了，现在的想法是：不管目前的社会如何功利浮躁，能多影响一个就是一个，大家的文化素质总会慢慢高起来的。所以我每次都认真备课，有什么好的想法，就及时补充到讲义中，保证讲起来有激情、有趣味、有知识含量与深度。多年来，不同层次、不同深度的教案、讲义和资料积累了很多，总是上不同的课之前就让学生们复印不同的材料。其实，早就该出版一本教材了，还是在武汉大学出版社出版我的《音韵学要略》时，《说文》教材就列入了“十一五”出版规划，出版社拟将“《训诂学初稿》《音韵学要略》《〈说文〉学导论》”三书配合为“文字、音韵、训诂”一套完整的武汉大学文学院的传统语言文字学教材，只是自己顾不上完成书稿。现在，“十二五”出版规划都过去几年了，赶着赶着，才把这本教材书稿赶出来。赶赶也好，书出版了，就用不着烦各类同学们不断去复印了。

写出一本比此前出版的此类书多些用途的《说文》学教材，实际做起来真的很不容易。在我多年的讲课过程中，很多同学给我提供了不少的问题、想法、建议和资料。历届修习《说文》课的博士、硕士生们，在文本材料收集整理、电脑数据统计分析、参考资料的核查、稿子的校对等方面，为教材的编写与出版做了很多工作，其中李福言、李华斌、黄雪晴、张道俊、王贤明、刘会龙等用的功夫最多，在此一并致谢！

武汉大学出版社教育出版分社的王雅红社长为本教材争取立项，一直关注、支持该书的撰写，并宽容我的延误。该书的古字形多而编排难度大，程牧原编辑为该书做耐心细致的编校工作。在此深致谢忱！

是为记

万献初

2013年11月9日于珞珈山东山头寓所